성 어거스틴의 고백록

✝ 크리스챤출판사

This book was first published in the USA
by Moody Publishers with the Title of By *The Confessions of St. Augustine*,
Copyright 2007 by Moody Bible Institute Translated by permission.

이 책은 미국의 Moody 출판사에 의해 2007년에 출판된
*The Confessions of St. Augustine*의 원본을 크리스챤출판사에서 번역한 것이다.

Korean Edition
Copyright ⓒ 2010 by Christian Publishing House
Seoul, Korea

성 어거스틴의 고백록

2010년 8월 15일 1판 1쇄 발행

저 자	어거스틴
옮긴이	신호섭
발 행 인	류근상
발 행 처	크리스챤출판사
주 소	경기도 고양시 덕양구 토당동 364 현대 107-1701호
전 화	031-978-9789
핸 드 폰	011-9782-9789, 011-9960-9789
팩 스	031-978-9779
등 록	2000년 3월 15일
등록번호	제79호
판 권	ⓒ 크리스챤출판사 2010
정 가	14,000원

ISBN 978-89-89249-68-9

The Confessions of St. Augustine

by St. Augustine

목차

개론_5

제1권: 하나님의 위대하심과 신비하심에 대한 고백_17

제2권: 구체적인 죄악의 고백_49

제3권: 어거스틴의 17세에서 19세까지 카르타고에서의 생활_67

제4권: 어거스틴의 19세에서 28세가 되기까지의 삶_93

제5권: 어거스틴의 29세 때의 삶의 모습_125

제6권: 밀라노에 온 어머니 모니카_155

제7권: 어거스틴의 31세 때의 삶의 모습_189

제8권: 어거스틴의 32세 때의 삶의 모습_227

제9권: 어거스틴이 그의 삶을 하나님께 드리기로 결심함_263

제10권: 어거스틴이 세례를 받은 후 그의 지난 삶을 돌아보고 참회함_303

생각해 보기_375

개론

어거스틴의 고백록
by R. A. Torrey

누가 나를 도와 하나님 당신 안에 안식할 수 있게 하겠나이까? 누가 나에게 도움을 주어 당신을 내 마음에 오시게 하여 내 마음을 취하게 하고 나로 하여금 나의 죄악을 잊게 하고 나의 유일한 선이신 당신을 영접할 수 있게 하겠나이까?

-제1권 5장-

어거스틴은 교회가 낳은 인물 가운데 가장 위대한 지성인이며, 그의 저명한 『고백록』 역시 세상에서 가장 위대한 작품 가운데 하나로 인정받고 있습니다. 제1권을 시작하는 문장인 "그리스도 안에서 안식하기 전까지 우리에게 참된 안식은 없습니다"라는 글은 그것이 어디에서 나온 누구의 글인지도 모르면서 도처에서 인용되고 있습니다. 심지어 어떤 이들은 이 글이 성경 말씀이라고 생각하기도 합니다.

또한 많은 사람들은 모니카가 오랫동안 그의 아들을 위해 신실하고 열정적으로 기도했던 어거스틴의 어머니인 것과 어거스틴이 결국 회심하여 배반적이며 난잡한 삶으로부터 회심한 것을 잘 알고 있습니다. 그러나 슬프게도 『고백록』이 죄에 관한 한 신학적이며 심리학적인 통찰력에 있어서 대단히 극적이며 풍성하고 설복적이며 전적으로 현대적인 작품임에도 불구하고 신학교나 기독교학교에 있는 아주 소수의 사람들만이 어거스틴의 『고백록』을 추천할 뿐입니다. 그저 감정만 자극하는 부드러운 대중문화와 달리 사계절을 관통하는 이 『고백록』은 언제나 시급히 필요한 책이 아닐 수 없습니다. 심지어 일시적으로 우연히 그 한 부분만을 읽는다 할지라도 기억에 남을 만한 책입니다.

어거스틴의 『고백록』의 13권(본서에서는 10권까지만 다루었습니다)은 복잡한 정서적 이해와 위대한 지성적 은사가 강력한 의지와 합쳐진 인물에 의해 집필되었습니다. 그는 철학과 신학과 심리학의 천재였고 성경연구의 개척자였으며, 언어에 비범한 은사를 지닌 강력한 지도자였습니다. 어거스틴은 고의적으로 방탕하며 살았던 이교적인 삶으로부터 돌이켜 교회의 엄격한 삶과 훈련을 받아들였고 신학자들과 교회의 지도자들과 일반 신자들에게 영속적으로 영향을 미치는 엄청난 인물이 되었습니다. 예를 들면, 마틴 루터는 어거스틴을 교부라 칭했고 은혜와 칭의 교리에 대해 논할 때는 항상 어거스틴을 인용했습니다.

어거스틴은 354년에 알제리아의 동쪽 국경에 인접한 북아프리카에 위치한 누미디아의 작은 마을인 타가스테에서 태어났습니다. 이곳은 이방인의 재산 소유가 가능한 로마 행정구역이었고 이곳에서 모니카는 신실한 가톨릭교도로 살았습니다. 그녀에게는 두 명의 형제가 있었는데 그 가운데 하나는 종교에 귀의한 퍼페추아였습니다. 4세기 중반으로 접어들면서 타가스테는 농업적으로 번성했고 로마인들이 아프리(아프리카인들)라고 불렀던 사람들의 거처가 되었습니다. 이들은 본래 좋은 피부를 지닌 유럽인들이었는데 이교의 풍습과 신을 섬기는 사람들이었습니다. 어거스틴은 아마도 이 북아프리카 원주민에 속한 사람이었을 것입니다. 하지만 그의 가족은 동시에 로마지배계급과도 관련이 있었고 타가스테의 기독교 공동체와도 관계가 있었습니다.

어거스틴은 어려서부터 지적인 장래성을 나타냈지만 어린시절 잔인한 학교 선생님으로 인해 좋은 교육을 받지 못했습니다. 그 결과 어거스틴은 헬라어를 제대로 배우지 못했고 결국 그는 "헬라어를 혐오했다"고 고백할 수밖에 없었습니다(제1권 13장). 마다우로스에서의 계속되는 교육을 통해 어거스틴은 이교문학을 공부했고 플라톤의 철학에 익숙하게 되었습니다. 이후 16세 되던 1년 동안 어거스틴은 학교에서 돌아오면, 항상 거짓말하고 도둑질하며 "하나님의 모든 법"을 어기는 난잡한 삶의 방식을 포함하는 "정욕의 물결에 휩싸인" 사람이 되었다고 쓰고 있습니다. 그는 자신을 가리켜서 분명하게 "쓸모없는 영혼 ... 정욕의 사람"이라고 묘사했습니다(제2권).

본서에서 자신이 "악의 해부학"이라고 불렀던 죄의 동기에 대한 그의 분석은 계속해서 죄를 범하고 있는 독자들로 하여금 참으로 두려워하게 하는 단어이며, 그러한 죄를 단념하는 사람들로 하여금 그 결정에 감사하게 하는 단어였습니다. 정말 철저하게 솔직했던 어거스틴은 죄의 초기의 매력을 부인하지 않았습니다. "아름다운 육체와 금과 은과 다른 모든 것들에는 광채가 넘치고 ... 세상의 명예와 다른 이들에게 명령하게 그들을 다스리는 권세에도 뛰어남이 있다"고 말했습니다(제2권 10장). 죄에게 매력이 없다면 도대체 누가 죄를 짓겠습니까? 자신을 꾀던 매력을 경탄하며 바라보던 어거스틴은 모든 죄에는 선의 어두운 모방의 국면이 있다는 것을 인식했습니다. 그는 이렇게 말합니다. "오직 하나님께서만 모든 것을 아심에도 불구하고 호기심은 지식의 갈망을 가장하는도다"(제2권 13장). 어거스틴은 죄가 불법한 것이기 때문에 그 죄를 짓고서 "오, 더러움이여! 오, 괴물 같은 삶이여, 가장 깊은 죽음이로다"라고 절망적으로 외칩니다(제2권 14장).

19세 되던 해 어거스틴은 카르타고로 갔고 그곳에서 이름이 알려지지 않은 한 여인을 만났습니다. 그러나 회심 이후, 모친의 질책과 함께 그는 그녀를 그들이 함께 살고 있었던 밀라노에서 아프리카로 돌려보냈습니다. 이 결정은 어거스틴의 마음을 끔찍하게 아프게 하는 것이었습니다. 그녀는 아데오다투스라는 아들을 낳았습니다.

어거스틴의 회심 이전에 그는 분명한 어조로 끊임없이 여자를 원한다고 고백했습니다. 그는 이렇게 말합니다. "왜냐하면 내 마음 속에는 나의 하나님이신 당신, 즉 내게 필요한 내적 양식이 결핍되어 있었기 때문입니다... 나는 썩지 아니할 양식을 갈망하지 않았습니다"(제3권 1장).

어거스틴은 하나님께서 자신의 쾌락의 경험을 통하여 던져 버린 쓸개를 허용하신 것에 대해 감사했습니다. 이 쓸개는 어거스틴에게 쾌락의 극치를 경험하게 해주었지만 실상 이 쾌락의 경험은 "질투, 의혹, 공포, 분노, 분쟁 등으로 빨갛게 달구어진 쇠붙이로 징계를 받고 있는 것"이었습니다(제3권 1장). 흥미롭게도 그리고 인간적으로 어거스틴은 이 부분에서 자신의 슬픔을 사모하게 되었다고 말합니다. 그는 심지어 "슬픔의 기회"를 찾기까지 했습니다. 그는 특별히 연극을 통해 인간의 슬픔을 느끼기를 즐거워했습니다. 이것은 또한 오늘날의 시청각적이며 영화에 사로잡힌 세상에서도 동일하게 적용되는 것입니다.

카르타고에서 수사학과 문학과 음악과 수학과 헬라어와 라틴 철학에 대한 어거스틴의 지식과 그의 지성적 품격은 더욱 깊어졌지만 이런 것들은 모두 다 자신이 고백하고 있듯이 "허무에 함몰되는 무익한 것"뿐이었습니다(제3권 6장). 카르타고에서 많은 이들이 주목했듯이 그의 갈망과 합쳐진 어거스틴의 이러한 무상함은 비록 기만적인 인간의 도피로 쉽게 대체되는 것이긴 하지만, 마니교에 먹이가 된 것처럼 여전히 영적인 것이었습니다.

이러한 인간적 도피 가운데 가장 두드러진 것이 바로 영지주의 또는 구원으로 인도하는 특별한 지식을 지녔다고 주장하는 또는 악과 선이 동등하다고 주장하는 이교적 사상이었습니다. 어거스틴은 이러한 교훈을 전적으로 "마귀의 올가미"라고 쓴 바 있습니다(제3권 10장). 어거스틴은 숙달된 심리학자이며 "기본적으로 욕정의 노예이면서도 교양학문에 관한 모든 책을 읽고 이해해야 한다고 생각하는 자기 자신의" 모순적인 상태를 신랄하게 풍자했습니다. 그는 자신의 상태를 다음과 같이 훌륭하게 묘사합니다. "나는 빛에게 등을 돌리고 있었으므로 내 얼굴은 그 빛이 비추이는 것들만 보게 되었습니다. 그래서 비추이는 것들만 보고 있던 내 얼굴은 전혀 빛을 보지 못하고 있었던 것입니다"(제4권 30장).

383년에 어거스틴은 로마를 향해 떠났고 그의 모친 역시 어거스틴과 함께 떠나기 위해 해안가에서 기다리고 있었습니다. 분명히 어거스틴은 모친을 두고 떠나기 위해 속임수를 썼습니다. 그러나 어쨌든 그의 모친은 어거스틴이 밀라노에 있을 때 그와 다시 만나게 되었습니다. 로마에서조차 어거스틴은 계속해서 마니교와 관계했습니다. 그리고 한 마니교도의 집에 머물고 있었을 때 심한 질병으로 고통을 받기도 했습니다. 그러다가 연설의 기술을 훌륭하게 가르쳤던 밀라노에서 수사학 교수로 임명되는 행운을 얻기도 했습니다.

그러나 이 때, 어거스틴은 도덕적으로 지성적으로 그리고 영적으로 끊임없는 고통에 시달려야 했습니다. 그는 진실한 삶을 살기 원했지만 그렇게 하기에는 자신이 너무나 유약하다고 느꼈습니다. 그러나 어거스틴은 밀라노에서 위대한 수사학자이자 설교자인 암브로우스 감독을 만났는데, 그가 어거스틴에게 한 말이 어거스틴을 움직였고 그리스도를 향한 여행을 시작하게 만들었습니다. 암브로우스 감독이 보여주었던 것처럼, 모든 목사와 교사들은 반드시 영혼을 움직이는 능력과 권세에 대한 어거스틴의 묘사를 읽어야 합니다. 어거스틴은 암브로우스 감독의 설교의 능력에 대해 이렇게 고백합니다. "동시에 내가 좋아했던 말의 형식과 함께 내가 무관심했던 말의 내용이 내 마음을 차지했습니다... 내가 그의 웅변술에 마음을 열었을 때 동시에 그가 말하는 진리의 내용까지 내 마음에 점차적으로 들어오게 되었습니다"(제5권 24장).

『고백록』을 통해 독자들은 항상 어거스틴의 경험의 모든 부분을 다 사용하시는 하나님의 추적하는 권세를 읽을 줄 알아야 합니다. 하나님은 결코 당신의 피조물에 의해 제한을 받지 않으십니다. 어거스틴이 발견한 것은 하나님의 고집스러운 사랑하심 안에 갇혀버린 자신의 완고한 고집이었습니다. 어거스틴의 『고백록』은 바로 이러한 이해에 관한 신비로 가득 차 있습니다.

제8권의 책을 통해 어거스틴은 결코 더 멋지게 개작할 수 없는 잘 알려진 회심과 사역의 최절정을 설명해 나갑니다. 어거스틴은 자신의 "하찮은 쾌락, 헛되고 헛된 오래된 탐욕"과 그의 등 뒤에서 이것들이 없이는 결코 살 수 없을 것이라는 유혹적인 속삭임으로 인해 오래된 무화과나무에 자신을 내던져 슬피 울 때까지 하나님의 은혜의 충만하심을 지체시켰습니다. 무화과나무에 엎드려 울고 있을 바로 그 때, 어거스틴은 "집어 들어 읽으라"는 어린 아이의 계속되는 음성을 들었습니다. 그래서 그가 일어나 성경을 펴 읽은 부분이 바로 "낮에와 같이 단정히 행하고 방탕하거나 술 취하지 말며 음란하거나 호색하지 말며 다투거나 시기하지 말고 오직 주 예수 그리스도로 옷 입고 정욕을 위하여 육신을 도모하지 말라"는 말씀이었습니다. 이 말씀을 읽은 어거스틴은 "그 구절을 읽은 후 즉시 확실성의 빛이 내 마음에 들어와 의심의 모든 어두운 그림자를 몰아내었다"고 고백했습니다(제8권 29장).

이 격변적인 영적 사건에 이어 제9권과 10권은 자유케 된 영혼의 간증을 담고 있습니다. 어거스틴의 언어는 은유적으로 결코 잊혀지지 않는 언어와 같습니다. "이제 내 영혼은 명예와 탐욕과 간질거리는 정욕을 긁고 뒹구는 괴로운 불안에서 해방되었습니다. 오, 나의 주 하나님이여, 이제 나는 나의 빛이요, 나의 부요함이요, 나의 구원이 되신 하나님 당신께 어린 아이와 같이 말할 수 있게 되었습니다"(제9권 1장). 나는 내 자신의 구원의 경험을 느끼지 않거나 하나님을 더욱 사랑하고자 하는 마음 없이는 결코 어거스틴의 이 고백을 읽을 수 없습니다.

그러나 둘째로 어거스틴은 그가 과거에 저지른 죄를 한탄하고 애통해합니다. 그는 쓸모없이 소비해버린 자신의 삶에 대해 스스로에게 분노합니다. "당신은 그리도 오래 되시고 그리도 새로운 아름다움이심에도 불구하고 나는 너무 늦게 당신을 사랑했습니다. 당신이 내 안에 계셨음에도 나는 당신을 밖에서 찾고 있었습니다. 결국 흉하게 되어 버린 나는 당신이 아름답게 만드신 피조물들 속으로 떨어져 들어가고 말았습니다... 그 피조물의 아름다운 겉모습이 나를 당신에게서 멀리 떠나게 한 것입니다. 그러나 그것들은 실로 당신 안이 아니고서는 존재할 수도 없는 것들인데 말입니다"(제10권 38장). 과거의 죄악들을 슬퍼하는 것 이외에 어거스틴은 치통과 가슴 통증으로 고통을 당했고 숨을 제대로 쉬지 못했습니다. 어거스틴의 이야기는 우리들에게 극적인 영적 변화가 편안하고 안락한 삶을 보장하지 않는다는 것을 상기시켜 줍니다.

그가 묘사하듯이 "말의 장사꾼"으로서의 교수직을 사임한 이후 어거스틴과 그의 몇몇 친구들과 모친 모니카는 카시야스라는 작은 시골 마을의 공동체로 피정하여 그곳에서 종교에 관한 철학적이며 신학적이며 문학적인 논의를 시작했습니다. 387년 부활절 날에, 어거스틴은 드디어 암브로우스 감독을 통해 감격적인 세례를 받게 됩니다. 그 후 어거스틴과 그의 모친은 북아프리카로 돌아갈 준비를 하고 있었는데, 그 때 어거스틴의 모친 모니카가 아들의 회심을 보기 위한 수년 동안의 고통스러운 기도 이후에 병든 채 끝내 회복하지 못하고 로마의 항구도시인 오스티아에서 하나님의 품으로 돌아갔습니다. 모니카의 죽음에 대한 설명은 『고백록』의 가장 고상한 묘사 가운데 하나로 유명합니다. 깊은 슬픔 가운데 자신을 위로하면서 어거스틴은 다음과 같이 쓰고 있습니다. "나는 실로 어머니가 마지막 병석에서 내게 해주신 말씀으로 큰 기쁨과 위로를 받았습니다. 어머니는 자식 된 도리를 수행하던 저를 어루만지면서 착한 아들이라 말씀해 주셨습니다"(제9권 30장). 얼마 지나지 않아 두 번째 슬픔이 어거스틴을 강타했습니다. 그것은 어거스틴이 타가스테로 돌아와 신앙 공동체를 세우던 때 자신이 칭찬하고 온 소망과 기대를 다 걸었던 그의 기쁨이자 즐거움인 그의 아들 아데오다투스가 죽었던 것입니다.

이 신앙공동체 안에서 어거스틴은 묵상했고 연구했으며, 책을 썼습니다. 그의 명성은 빠르게 퍼져나갔고 그의 작품의 분량과 훌륭함은 실로 엄청난 것이었습니다. 391년 어거스틴은 히포의 항구도시에서의 행정관이라는 새로운 일을 시작했습니다. 이 일은 히포라는 도시에 각기 다른 민족들과 종교적 단체들이 혼합되어 있었고 특별히 도나투스 이단이 매우 강력했기 때문에 매우 어려운 일이었습니다. 어거스틴은 또한 이곳에 수도원을 세웠고 이 수도원은 서방기독교 신앙의 중심지가 되었습니다. 396년 어거스틴은 히포의 감독으로 선임되었고 그곳에서 자신이 죽던 해인 430년까지 감독직을 수행했습니다.

그의 모친의 임종에 대한 아름다움 그리고 동반된 슬픔에 대한 묘사 이후 바로 이어지는 제10권에서 어거스틴은 기억의 본질에 관한 정교한 논의에 빠집니다. 이것은 어거스틴의 『고백록』에 포함된 것으로서 심리학 분야에 관한 한 가장 상세한 작품이라고 불리었습니다. 왜냐하면 그는 이미 10권에 이르기 전까지의 모든 분량인 제1권에서 9권을 통해 자신의 삶의 발자취를 기록하는 거대한 과업을 완성했기 때문입니다. 어거스틴은 자신의 삶 안에서 역사하신 이 능력과 권세의 본질을 다루고 있는 것입니다. 그는 질문합니다. "오, 주님, 당신은 내 기억 안의 어디에 계십니까? 내 기억 안의 어느 곳에 계시는 것입니까?"(제10권 36장). 그는 『고백록』의 기록을 위한 자신의 동기를 조사하고자 했습니다. 그는 또한 음악과 예술과 문학과 자신의 모든 욕망에 대한 사랑과 자신이 인정하고 있듯이 "지나친 엄격함으로 인한 실수"도 고찰하기를 원했습니다(제10권 50장). 아마도 극단으로 치닫는 어떤 특정한 일들에 대한 배격은 자신의 초창기의 무절제 때문인 것으로 보입니다. 반면에 하나님을 향한 그의 흔들림 없는 사랑과 거룩해지려는 엄격함은 흠잡을 수 없을 만큼 고결한 것입니다.

한 가지 아주 분명한 것은 어거스틴은 오늘날 우리가 흔히 볼 수 있는 다른 작가들처럼 전혀 자기방어적인 전기 작가가 아니라는 것입니다. 이 책은 상투적인 의미에서의 자서전이 아닙니다. 오히려 『고백록』은 신학적인 작품이라 할 수 있습니다. 왜냐하면 제1권부터 9권에 이르기까지 독자들은 어거스틴 뿐만 아니라 주 예수 그리스도를 만날 수 있기 때문입니다. 『고백록』의 모든 페이지에는 항상 두 인물이 나타납니다. 바로 어거스틴과 하나님입니다. 인간의 경험이라는 내용과 하나님의 사상이 나란히 제시되어 있는 것입니다. 『고백록』은 우리가 하나님과 그의 구원하시는 은혜를 깨닫게 하기 위해 기록된 책입니다. 어거스틴은 이러한 이상을 마음에 품은 채 그에게 얼마나 하나님이 필요했었는지를 자신의 삶의 사건들을 통해 제시하고 있는 것입니다.

시간이 흐름에 따라 어거스틴은 신학의 기초를 놓기 시작했습니다. 당시 교회는 삼위일체 교리를 어떻게 정의할지에 몰두해 있었고 반면에 구원론에 대해서는 명료한 정의를 내리지 않았습니다. 397년에 구원론에 대한 책이 저술되었을 때, 어거스틴은 이 구원론에 관한 논의(이것은 근세 복음주의자들이 이해하기에 어려운 것이기도 했습니다. 왜냐하면 그들은 신학을 희생시키면서까지 과도하게 복음전도를 강조했기 때문입니다)의 선구자 역할을 했습니다. 어거스틴은 죄와 믿음과 찬미의 고백을 포함해서 자신이 쓰는 모든 글을 성경에 기초하였습니다. 우리는 어떤 의미에서 어거스틴의 어깨 아래 있을 뿐입니다.

어거스틴의 『고백록』의 또 다른 특징 가운데 하나는 바로 어거스틴은 자신의 죄를 생각하지 않고서는 하나님을 생각한 적이 없고, 그리스도를 생각하지 않고서는 자신의 죄를 생각한 적이 결코 없었다는 점에 있습니다. 그는 계속해서 "적게 사함 받은 자는 적게 사랑한다"는 점을 강조했습니다. 그의 최고의 행복은 하나님과 그의 독생자 예수 그리스도이셨습니다. 어거스틴에게서 배울 수 있듯이 사람은 반성과 성찰을 통해 더욱 더 하나님을 잘 알게 됩니다. 그는 "기억의 능력은 너무 크고 끝도 없는 내면의 방"이라고 말합니다(제10권 15장). 하지만 그는 계속해서 이 기억의 내용은 우리 삶 안에서 역사하시는 하나님의 일하심에 대한 간증으로 사용되어야 한다고 말합니다. 그것은 하나님께서 과거에 우리를 위해 행하신 성화를 위한 자극제와 같은 것입니다. 이제 어거스틴은 다음과 같이 결론을 내리며 자신의 신앙고백을 마감합니다. "이 모든 일로 미루어 볼 때, 당신 밖에서는 내 영혼을 위한 안전한 장소를 찾을 수 없나이다"(제10권 40장).

제1권

하나님의 위대하심과 신비하심에 대한 고백

하나님의 위대하심과 신비하심에 대한 고백과 자신의 어린시절과 소년시절의 제멋대로의 행동, 즉 게으름의 죄와 15세 때까지 하나님께서 주신 은사와 학문의 남용에도 불구하고 그에게 베풀어주신 하나님의 자비하심에 관한 고백

1. 오, 주님, 당신은 크게 찬양을 받으실 참으로 위대하신 하나님이십니다. 하나님 당신의 능력은 심히 크시고 당신의 지혜는 헤아릴 수 없나이다(시 145:3; 147:5). 인간은 당신의 피조물로서 당신께 찬양을 돌립니다. 인간은 단지 유약한 도덕과 스스로 지은 죄의 증거와 하나님은 교만한 자를 물리치신다는 증거를 몸에 지니고 있습니다(약 4:6; 벧전 5:5). 인간이 비록 피조물의 한 작은 조각임에도 불구하고 인간은 당신을 찬양하기 원합니다. 당신은 인간의 마음을 움직여 당신을 찬양하고 즐기게 하십니다. 그것은 하나님 당신께서 우리를 당신을 위해 살도록 창조하셨으므로 우리 마음이 하나님 안에서 안식하기까지 우리에게는 참된 안식이 결코 없기 때문입니다.

주님, 내게 지혜를 주사 당신의 이름을 부르는 것이 먼저인지 당신을 찬양함이 먼저인지, 또는 당신을 아는 것이 먼저인지 당신께 아뢰는 것이 먼저인지 알고 깨닫게 하시기를 소원합니다. 당신을 알지 못하고서 어찌 당신을 부르겠나이까? 하나님을 알지도 못하고 부르는 자는 하나님이 아니라 다른 어떤 것을 부르는 것에 지나지 않습니다. 우리가 하나님을 부르는 것은 하나님을 알기를 원하기 때문일 것입니다. 그러나 믿음 없이 어떻게 사람들이 하나님을 부르며 전하는 자가 없이 어찌 하나님 당신을 믿을 수 있겠습니까(롬 10:14)? 이제 주를 찾는 자가 주를 찬양하리니(시 22:26), 찾는 자마다 주를 만날 것이요(마 7:7), 만나는 자가 주님을 찬양할 수 있을 것입니다. 주님, 이제 내가 주님을 간절히 찾습니다. 이제 내 가 당신을 불러 아뢰옵니다. 당신의 아들의 성육신과 당신의 설교자[1])의 사역을 통해 나에게 불어 넣어 주신 내 믿음이 당신을 불러 아뢰옵니다.

2. 그러면 이제 내가 나의 하나님 나의 주님을 어찌 부를 수 있겠습니까? 내가 하나님을 부르는 것은 내 안으로 오시라 간구하는 것인데 도대체 내 하나님이 내 안에 들어오실 무슨 자리가 있다는 말입니까? 하늘과 땅을 창조하신 하나님께서 어떻게 내 안에 들어오신다는 말입니까? 내 주 하나님, 내 안에 무엇으로 당신을 영접할 수 있겠나이까? 하나님 당신이 하늘과 땅을 창조하시고 또한 그 안에서 나를 조성하셨는데 하늘과 땅이 감히 당신을 품을 수 있습니까? 존재하는 모든 것을 하나님께서 창조하셨기에 그것들이 당신을 받아들일 수 있다는 말입니까? 그렇다면 이미 하나님께서 먼저 내 안에 거하시지 않으셨다면 존재할 수 없었던 내가 어떻게 하나님 당신에게 간구하여 내 안에 오시도록 하는 것입니까? 내가 만일 지옥에 내려갈지라도 하나님은 거기에 계십니다(시 139:8). 그러므로 모든 것이 주에게서 나오고 주 안에 있고 주로 말미암아 있사옵니다. 나도 역시 당신 안에 있지 않으면 존재할 수 없습니다. 주여, 그러하옵니다. 하나님 당신께서 이미 내 안에 계시거늘 내가 어떻게 하나님을 불러 오시게 하겠으며, 하나님을 어디서부터 내 안에 오시게 하겠습니까? 하나님 당신은 이미 "나는 천지에 충만하지 아니하냐"(렘 23:24)고 말씀하시지 않았습니까?

3. 그렇다면, 하나님께서 하늘과 땅에 충만하시기 때문에 그 하늘과 땅이 하나님을 모셔들이는 것입니까? 아니면, 하늘과 땅이 결코 당신을 품을 수 없기 때문에 하나님 당신께서 그것들을 충만케

---

1) 암브로우스 감독; 어거스틴은 암브로우스 감독의 설교를 통해 회심을 시작하게 되고 그를 통해 세례를 받았다.

하시고 넘쳐흐르시는 것입니까? 그렇다면 하늘과 땅을 채우시고도 남는 당신의 충만은 어디에 부으시는 것입니까? 당신은 모든 것을 충만케 하시기에 다른 아무것에 의해서도 채워질 필요가 없으십니다. 왜냐하면, 하나님 당신은 모든 것을 포용하시고 그것들을 충만하게 채우시기 때문입니다. 하나님 당신이 채운 그릇들이라 해도 그것들이 당신을 제한시킬 수 없음은 설령 그것들이 깨어진다고 해도 하나님 당신은 결코 쏟아지지 않기 때문입니다. 그러므로 하나님이 우리에게 부어주신다고 할 때도(행 2:28) 그것 때문에 하나님께서 흘러 밑으로 내려오신 것이 아니요, 도리어 우리를 위로 일으켜 올리십니다. 하나님 당신은 흩어지심 없이 우리를 하나로 모으십니다. 하나님 당신이 모든 것을 채우신다 할 때 당신의 전부를 채우시는 것입니까? 아니면, 이 모든 것이 당신을 전부 포용할 수 없기에 일부분만을 포용하는 것입니까? 그것도 아니면 만물이 당신의 한 부분을 동시에 포용하는 것입니까? 아니면, 각기 따로 당신을 포용함으로 큰 것은 많이 작은 것은 적게 당신을 포용하는 것입니까? 그러면 당신의 어떤 부분은 더 크고 어떤 부분은 더 작은 것인가요? 그렇지 않으면 당신은 어디에서든지 충만하게 무소부재 하시되 세상에 있는 아무것도 당신 전부를 포용할 수는 없는 것입니까?

4. 그러면 나의 하나님 당신은 만물의 주님이 아니고 누구이시겠습니까? 주님 외에 또 누가 하나님이십니까?(시 35:3) 당신은 지극히 높으시고 선하시며, 전지전능하시며, 지극히 자비로우시며 의로우시고, 지극히 은밀히 계시면서 동시에 가장 가까이 현존하시고, 지극히 선하시며 동시에 지극히 강하시며, 항상 계시되 어디에 의

존해 계시지 않으시며, 스스로 변치 않으시되 모든 것을 변화시키시며, 새롭게 되거나 옛것으로 돌아가지 않으시되 모든 것을 새롭게 하시는 분이십니다. 당신은 교만한 자들을 무력하게 하시되 그들은 이것을 알지 못합니다. 당신은 항상 역사하시되 쉬시고, 항상 추수하시되 부족함이 없으시며, 항상 우리를 지지해 주시고, 채워 주시며, 보호하십니다. 하나님 당신은 항상 창조하시고, 보존하시고, 완전케 하십니다. 당신은 무엇 하나 부족한 것이 없으심에도 우리를 찾으십니다. 당신은 우리를 사랑하시되 불안치 않으시며, 질투하시되 평온하시고, 뜻을 돌이키시나 괴로워하시지 않으시며, 진노하시되 진정하십니다. 하나님 당신은 당신이 하시는 일을 변경하시되 그 뜻과 계획은 결코 변치 않으시며, 무엇을 찾으실 때 그것은 아주 잊어버린 것을 찾으심이 아니십니다. 당신은 결코 가난치 않으시나 무엇을 얻을 때 기뻐하시고, 욕심이 없으시나 덕을 요구하십니다(마 25:27). 인간들은 하나님 당신께 필요 이상으로 많은 것을 드려 당신으로 하여금 빚진 자로 만들려 합니다. 그러나 기실 인간이 가진 것 중에 하나라도 하나님의 것이 아닌 것이 또 어디 있겠습니까? 하나님 당신은 우리에게 빚지지 아니하시되 마치 빚진 자처럼 갚아 주십니다. 또한 하나님께 진 빚을 없애주신다 해도 그것으로 인해 손해를 보는 분이 아니십니다. 오, 나의 생명, 나의 거룩한 기쁨이 되신 주 하나님, 내가 지금 무엇을 떠들고 있는지요? 인간이 당신에 대하여 말할 때 참으로 무엇을 말할 수 있겠나이까? 벙어리라도 당신을 위대하게 찬양하오니, 당신을 찬양해야 할 때에 입을 열지 않는 자들에게는 화가 있으리로다!

5. 누가 나를 이끌어 하나님 당신 안에서 안식케 할 수 있나이까? 누가 당신을 내 마음에 오게 하시고 내 마음을 취하게 함으로 내 죄악을 잊게 하고 나의 유일한 기쁨이신 당신을 포용할 수 있게 하겠나이까? 내가 당신께 어찌 해야 하옵니까? 자비를 베푸사 나로 하여금 입을 열어 당신께 말하게 하소서. 내가 무엇이기에 당신을 사랑하지 않으면 격노하셔서 고통스러운 진노를 느끼도록 위협하시나이까? 당신을 사랑하지 않음은 사소한 일이 아님을 깨닫게 하시는 내 주 하나님이여, 도대체 당신은 나와 무슨 상관이 있나이까? 자비를 베풀어 말씀해 주옵소서. "내 영혼에게 나는 네 구원이라 이르소서"(시 18:13). 나로 하여금 그 말씀을 듣게 하소서. 오, 주님, 나의 마음의 귀가 당신의 면전에 있사오니 나의 귀를 열어 주소서. "나는 네 구원이라." 내 영혼에게 말씀해 주소서. 내가 그 말씀을 듣고 당신을 좇아 당신을 붙들게 하옵소서. 당신의 얼굴을 내게서 돌리지 마옵소서. 내가 죽도록 살기 위하여 당신의 얼굴을 뵙고자 하나이다.

6. 하나님 당신을 모시기에 내 영혼의 집은 작사오니 당신이 내 영혼을 넓혀 주소서. 폐허가 되었사오니 내 영혼을 고쳐주소서. 내가 당신을 거슬리게 한 것이 너무 많사옵니다. 내 영혼이 그것을 알고 고백합니다. 그러나 주 밖에 누가 그것을 깨끗케 할 수 있나이까? 하나님 당신 외에 누구에게 "주여, 나를 숨은 허물에서 벗어나게 하소서 남들이 지은 죄에 빠지지 않도록 당신의 종을 건져 주소서"라고 부르짖을 수 있겠나이까? 내가 믿으니 당신께 아뢰옵니다(시 19:12; 116:10; 32:5). 주님, 내가 당신에게 지은 죄를 고백

할 때 당신은 내 마음의 죄악을 사하여 주셨던 것을 주님은 알고 계십니다. 내가 지금 진리이신 당신과 쟁론코자 함이 아닙니다(욥 9:3). 내 죄악이 스스로 거짓 증거함으로써 나 자신을 속이는 것도 원치 않습니다(시 26:12). 그러므로 나는 당신과 쟁론하지 않습니다. 오, 주님, 만일 당신이 감찰하시면 누가 감히 그 앞에 서겠습니까?(시 130:3)

7. 오 주님, 내가 먼지요, 티끌 같은 존재이지만 당신의 자비를 힘입어 고백하게 하옵소서(창 18:27). 나를 비웃고 조롱하는 자들이 아니라 하나님 당신의 자비를 향해 고백하려 하오니 부디 나로 다시 고백하게 하옵소서. 아마 하나님마저 나를 비웃을지 모르지만 부디 돌이켜 불쌍히 여겨주옵소서(렘 12:15). 오, 나의 주 하나님. 도대체 내가 어디서부터 이 죽어가는 생명(그렇게 부를 수 있다면) 또는 살아있는 죽음의 세상으로 온 것입니까? 그러나 내 육신의 부모를 통해 당신의 자비의 위로하심이 처음부터 나를 붙들어 살게 하셨음을 들었을 때 위로를 받았나이다. 당신은 그들을 통하여 적당한 때에 나를 조성하셨습니다. 내가 여인의 젖으로 양육을 받았으나, 실은 나의 모친이나 유모가 그들의 젖을 가득 채운 것이 아니라 모든 것을 주관하시는 하나님 당신의 풍성하심과 법칙에 따라 어린 나에게 생명의 양식을 주신 것입니다. 당신은 또한 그들에게 풍성한 분량을 주어 그들로 하여금 기쁨으로 나를 먹이게 하셨습니다. 그것은 그들을 통해서 오는 나의 축복이 바로 그들의 축복이었기 때문입니다. 그러나 실은 그 축복이 그들에게서 온 것이 아니라 하나님 당신으로부터 그들을 통해서 내게 온 것입니다. 오, 하나님,

당신은 모든 축복의 근원이시며 나의 모든 건강도 당신으로부터 오는 것을 고백하나이다. 물론 저는 이것을 훨씬 나중에 당신께서 나의 안팎에 베풀어 주신 은혜로 말미암아 당신이 내게 말씀해 주실 때에 비로소 깨달아 알게 된 것입니다. 나의 유아기 때, 나는 다만 젖을 빨기와 배부르면 자고, 아프면 우는 것밖에 아는 것이 없었던 것입니다.

8. 그 이후 나는 웃기 시작했습니다. 처음에는 자면서 웃었고 나중에는 깨어 있을 때도 웃었습니다. 이것조차 내가 장성한 이후 다른 사람들이 내게 말해 주거나 다른 아이들에게서 같은 것을 내가 보고 알게 되었을 뿐 전혀 그것을 기억할 수는 없었습니다. 나는 조금씩 내가 어디에 있는지 알게 되었습니다. 그래서 나의 요구를 들어줄 수 있는 사람들에게 원하는 바를 말하고자 애썼습니다. 그러나 내 뜻을 그들에게 충분히 표현할 수는 없었습니다. 나의 원함은 내 안에 있었고 그들은 내 밖에 있었기 때문입니다. 뿐만 아니라 그들은 어떤 힘으로도 내 영혼 안으로 들어올 수 없었습니다. 그래서 나는 할 수 있는 한 내 팔과 다리를 움직이고 소리를 내어 내가 원하는 몸짓을 하기 시작했습니다. 그러나 그 몸짓은 내가 마음에서 원한 것과 똑같지 않았고 따라서 그들은 나의 뜻을 이해하지 못했습니다. 그들이 나를 이해하지 못한 것인지 내가 원한 것이 유익하지 못한 것이었는지 알바는 없습니다. 그러나 어쨌든 그들이 나의 소원을 들어주지 않고 어른들이 내 말을 들어주지 않는다는 이유로 나는 성질을 내고 울며 그들에게 복수했던 것입니다. 복수의 수단은 겨우 성질을 내고 울음을 터뜨리는 일이었습니다. 나는

아주 어린 아이들이 모두 다 이렇다는 것을 커서야 그들을 관찰함으로 알게 되었습니다. 이 어린 아이들이 비록 나를 알지는 못했어도, 내가 어떠한 상태에 있었다는 것을 나를 실제로 길러주었던 자들보다 훨씬 더 잘 보여 주었던 것입니다.

9. 나의 어린 시절은 이미 지나간지 오래되었고 지금 나는 여전히 살고 있습니다. 오, 주님, 그러나 당신은 영원히 살아 계신 분이 아니십니까! 당신 안에서는 아무것도 죽는 것이 없으십니다. 당신은 창세 전 훨씬 그 "이전"부터 모든 피조물의 하나님이시오, 주님이셨습니다. 그러므로 당신 안에는 모든 존재의 영원한 원리가 있습니다. 천지만물의 근원이 당신 안에서만 영원히 존재합니다. 변천하는 모든 만물의 변치 않는 근원, 비이성적인 것과 시간적인 모든 존재의 영원한 원리가 말입니다. 오, 하나님, 당신께 간구하는 나에게 말씀해 주옵소서. 오, 자비로우신 하나님이여, 불쌍한 종에게 말씀해 주옵소서. 나의 어린 시절이란 과연 이미 없어져 버린 또 다른 나의 삶을 뒤따른 것입니까? 그것은 과연 내가 어머니의 복중에 있었던 때였습니까? 사람들은 그와 비슷한 것을 내게 가르쳐 주었고 나 또한 스스로 아이를 가진 부인들을 보아 알기도 하였습니다. 나의 기쁨이신 하나님, 그러면 나의 어린 시절 이전은 어떠했습니까? 나는 어디에 있었고 또 누구였습니까? 이것에 대하여 나를 가르쳐 줄 수 있는 자가 누구이겠습니까? 내 부모나 다른 사람들의 경험이나, 내 자신의 기억도 이것에 대하여 설명해 줄 수 없습니다. 하늘에 계신 하나님이시여, 이런 나를 보고 웃고 계십니까? 나로 하여금 내가 아는 모든 것을 인하여 당신을 인정하고 찬미하라 명령하시는지요?

10. 천지의 주재이신 하나님이여, 내가 존재의 시작과 유아시절을 기억하지 못하지만 당신을 고백하고 찬미를 돌립니다. 하나님 당신은 우리 인간으로 타인을 통해 자기 자신을 이해하도록 하셨습니다. 또한 자신을 양육한 약한 여인들의 강함을 통해서도 많은 것을 배우게 하셨습니다. 그때 나는 분명히 존재했고 어린 시절이 끝나갈 무렵, 내 감정을 다른 사람들에게 알리기 위해서 노력했습니다. 오, 주님, 당신이 아니고서 이러한 피조물이 도대체 어디서 오겠습니까? 그가 무슨 충분한 능력이 있어 자신을 만들어 낼 수 있겠습니까? 그렇지 않으면 어떤 다른 근원으로부터 존재와 생명이 우리들에게 흘러들어 왔겠습니까? 오직 주님이 되시는 하나님께서 우리를 지으셨습니다. 당신에게는 존재와 생명이 하나이기에 당신은 최고의 존재와 최고의 생명 그 자체이십니다. 하나님 당신은 지고하시고 변함이 없으시니(말 3:6) 당신 안에서는 오늘이란 현재가 끝나지 않으며, 동시에 그 오늘이란 날은 당신 안에서 끝날 것입니다. 왜냐하면 모든 것이 하나님 당신 안에 있기 때문입니다. "주의 연대는 무궁"하시기(시 102:27) 때문에 당신의 연대는 항상 오늘입니다. 우리와 우리 조상의 얼마나 많은 날들이 당신의 "오늘"을 통해 지나갔으며, 당신의 "오늘"로부터 그 존재의 척도와 모습이 결정되었습니까? 뿐만 아니라 도래하는 모든 이들의 존재의 척도와 모습 역시 하나님 당신의 오늘을 통하여 결정될 것입니다. 그러나 당신은 언제나 동일하신 분이시기에 아직 도래하지 않은 내일의 일들과 지나가 버린 어제의 일들을 당신의 오늘로 모아 현존케 하십니다. 누구도 이것을 이해하지 못한다 해도 그것이 내게 무슨 상관이 있습니까? 그럼에도 그들로 하여금 기쁨으로 "이것이 무엇이

냐?"고 묻게 하옵소서(출 16:15). 따라서 이 질문에 대한 대답을 얻지 못했지만 기쁨과 즐거움으로 당신을 찾아 만나는 것이 도리어 질문에 대한 답을 얻었음에도 하나님 당신을 찾지 못한 것보다 훨씬 더 기쁘고 좋은 일임을 깨닫게 하옵소서.

11. 오, 하나님 저의 기도를 들으소서. 아아, 슬픈 인간의 죄악이여! 인간이 부르짖으면, 하나님 당신은 불쌍히 여기십니다. 그것은 바로 당신께서 인간을 창조하셨기 때문입니다. 그러나 인간 안의 죄는 당신이 창조하지 않으셨습니다. 누가 내 유년 시절의 죄를 깨닫게 해 주겠습니까? 당신 앞에서는 죄 없는 자가 하나도 없사오니 이 세상에서 하루를 살았던 어린아이라도 그러하옵니다(욥 25:4). 누가 나로 하여금 그것을 기억하여 알게 하겠습니까? 비록 내가 그때의 나를 기억치 못한다 할지라도 내가 지금 목도하고 있는 저 어린아이들이 내 죄를 기억하게 해주는 것이 아니겠습니까? 그러면 그때 나는 어떠한 죄를 지었는지요? 울면서 젖을 달라고 하던 것이었습니까? 만일 내가 지금 젖이 아니고 나에게 필요한 음식을 달라고 그처럼 울었다면 나는 웃음거리가 되었을 것이요, 꾸지람을 받았을 것입니다. 그때 나는 분명히 꾸지람을 들을 만한 일을 했을 것입니다. 그러나 그때 나는 꾸짖는 이들을 이해할 수 없었기 때문에 세상의 풍속이나 상식이 나를 꾸짖지 않고 그대로 받아주었을 것입니다. 인간은 자신이 성장함에 따라 이런 유치한 모습을 뽑아 없애 버립니다(요 15:2). 그러나 나는 지혜로운 사람이 나쁜 짓을 버리려다, 좋은 것까지 버리는 일을 보지는 못했습니다. 알지도 못한 채 울면서 위험한 것을 달라던 짓이나, 나이가 많고 지혜로운

이들을 향하여 나의 그릇된 욕심을 들어주지 않는다고 사납게 성내던 짓, 그리고 내게 해로울까봐 내 말을 들어주지 않은 그들에게 도리어 원한을 품어 해를 끼치려고 했던 짓들을 과연 좋은 것들이라 말할 수 있겠습니까? 따라서 어린아이의 약함은 그 의지에 있는 것이 아니라 그 순진무구함에 있는 것입니다. 나는 일찍이 어린아이가 질투하는 것을 보고 깨달았습니다. 아직 말도 할 줄 모르는 아이가 제 젖을 먹는 다른 아이를 보자 새파랗게 질린 얼굴을 하는 것입니다. 누가 이런 것을 모르겠습니까? 어머니와 유모들은 우리들에게 이것을 고칠 수 있다고 말하지만 나는 그들이 무슨 치료책을 가지고 있는지 알 수가 없습니다. 자기가 배불리 먹고 남아 흐르는 젖을 굶주린 아이나 또는 생존을 위해 반드시 젖이 필요한 다른 아이와 함께 그 젖을 나누어 먹기 싫어하는 그 짓이 어찌 순진하다고 말할 수 있겠습니까? 그러나 우리가 그것을 관대하게 받아들이는 것은 그 짓이 악한 것이 아니라든가 또는 사소한 일이어서가 아니라 나이가 들어가면서 그런 짓을 하지 않기 때문입니다. 그것은 사실 어린아이들이나 하는 짓이기에 그냥 넘어갈 뿐이지 만일 어른들이 그런 짓을 한다면 누가 그것을 참고 받아주겠습니까?

12. 오, 나의 주 하나님, 당신은 어린 저에게 생명과 육체를 주시고(우리가 아는 바와 같이), 그것에 감각과 지체를 주어 튼튼하게 하셨으며, 용모를 주어 아름답게 하시고 건강과 안전을 위하여 생명의 모든 능력을 안겨 주셨습니다. 지극히 높으신 하나님이시여, 당신은 우리를 명하여 이런 것을 주신 당신께 찬양을 돌리게 하시며, 감사와 찬미로 그의 이름을 송축하라 명하십니다(시 92:1). 하

나님 당신 이외에 이런 일을 할 수 있는 자가 없사오니 오직 당신만이 진실로 전능하시고 선하신 하나님이십니다. 유일한 하나님이신 당신에게서 이 모든 것이 왔사오니 당신이 이 모든 것을 아름답게 만드시고 당신의 법도에 따라 질서 있게 다스리십니다.

오, 주님, 그러나 내가 나의 어린 시절을 기억할 수 없으므로 다른 사람들의 말을 듣고 믿거나 다른 아이들을 보고 추측할 수밖에 없는 내 어린 시절을 지금 생각하고 싶지는 않습니다. 왜냐하면 그때란 어머니의 태속에서 시간을 보낸 것과 마찬가지로 망각의 어둠 속에 있기 때문입니다. 그러나 만일 내가 죄 중에서 잉태되었고 내 어머님이 태 안에서 나를 죄 가운데서 길렀다면(시 51:7), 내 주 하나님이여 내가 기도하오니 내게 과연 죄가 없었던 때가 있었겠습니까? 그러나 지금은 그 시절을 그저 지나려 합니다. 기억할 수도 없는 그 시절에 대해 내가 과연 어떤 일을 할 수 있겠습니까?

13. 그렇다면 이제 내가 유년기로부터 자라서 소년기로 지나온 것입니까? 아니면 도리어 내게 소년기가 찾아와 유년기를 나타낸 것입니까? 나의 유년기란 사라지지 않았습니다. 그것이 사라졌다면 어디로 갔겠습니까? 다만 그것은 이미 지나가 현존하지 않을 뿐입니다. 이유는 내가 이제 말할 줄 모르는 어린아이가 아니라 재잘거리는 소년이 되었기 때문입니다. 나는 이것을 기억하고 있습니다. 그리고 내가 어떻게 말하기를 배웠는지도 후에 알게 되었습니다. 어른들이 처음에 나에게 말을 가르쳐 준 것은 후에 어떤 가르치는 법을 따라 나에게 글을 가르쳐 준 것과 같지는 않았습니다. 당신이 주신 마음을 가지고 나는 중얼거리고 각가지 소리를 내며 몸의 여

러 부분을 흔들어 내 마음의 뜻을 나타내려고 노력했습니다. 그러나 나의 뜻을 온전히 전하지도 못했고 어떤 표시로 그것을 나타내지도 못했습니다. 내 생각에 나는 기억을 통해서 언어를 습득한 것 같습니다. 사람들이 어떤 물건의 이름을 불러서 그것을 가리키고 그것을 향해 몸짓을 하면 나는 즉시 그것을 보고 그 말이 바로 그 물건을 가리키는 것임을 알게 되었습니다. 그래서 나는 그들이 뜻하는 것을 그들의 몸짓에 의해 확실히 알게 되었습니다. 이것은 모든 사람들에게 공통된 자연의 언어입니다. 그것은 얼굴의 표정과 눈짓과 몸의 다른 부분의 움직임과 목소리를 통해서 나타납니다. 그 표현은 사람들이 무엇을 소유하기를 원하는지 그리고 무엇을 피하고 거절하고 싶어 하는지 따위의 심정을 알게 해줍니다. 결국 나는 많은 말들을 자주 들었고 그 말이 의미하는 것을 점점 분명히 알게 되었습니다. 따라서 자 내 입은 이런 표시를 반복하는 데 익숙해졌고 그것으로 내 의사를 표현할 수 있게 되었습니다. 그렇게 함으로써 나는 주변에 있는 사람들과 의사를 표현하는 말을 주고받으며 내 의사를 전달할 수 있게 되었고 부모의 권위와 어른들의 지도에 의존하면서 거친 풍랑이 일고 있는 인간 사회로 점점 깊숙이 들어가게 되었습니다.

14. 오, 하나님, 나의 하나님, 내가 세상에서 번성하고 헛된 명예와 부를 얻게 해 주는 웅변술에 통달하기 위해서 나는 선생님에게 복종해야만 했습니다. 그러나 유년 시절에 그렇게 하는 것이 당연하고 마땅한 것이라고 강요를 당할 때 내가 얼마나 많은 괴로움과 조롱을 경험했는지 모릅니다. 이 때문에 나는 학교에 가서 문학을

배웠지만 그것의 가치를 이해하지 못했습니다. 그 때 배우기를 게을리 하면 매를 맞기까지 했습니다. 어른들은 이런 일을 잘하는 것이라고 생각했습니다. 우리 이전의 많은 사람들도 같은 길을 걸었고 우리로 하여금 이 슬픔의 길을 걸어가야 할 전철을 만들었습니다. 결국 우리 역시 아담의 후손들에게 수고와 슬픔을 더해 주는 그 길을 가야만 했습니다. 주님, 나는 그 즈음에 당신께 기도하는 사람들을 보고 그들로부터 당신에 대해 배우고 알게 되었습니다. 당신은 비록 우리가 느낄 수 있도록 나타나시는 분은 아니지만 우리의 기도를 들으시고 우리를 도와주시는 위대한 분이심을 깨닫게 되었습니다. 그래서 나는 나의 도움과 피난처가 되시는 당신께 기도하기 시작했습니다. 바로 그 때 포로 되었던 내 혀는 풀리기 시작했습니다. 나는 비록 작은 아이였지만 결코 정성만은 작지 않게 학교에서 매 맞지 않게 해달라고 진심으로 기도했습니다. 하지만 하나님께서 내 기도를 들어 주시지 않으셨을 때도 나는 결코 그것을 어리석게 여기지는 않았습니다(시 21:3). 어른들, 특별히 내가 아프기를 원치 않았던 나의 부모님까지도 내가 형벌 받음을 당연한 것으로 여겼고 이런 일은 내게 대단히 심한 마음의 고통이 되었습니다.

15. 주님, 혹시 세상에 위대한 영을 가지고 있어서 당신을 깊이 사랑하는 자가 있습니까? 그러나 그 사람이 당신을 그토록 사랑하고 의지한다고 해서 세상 사람들이 심히 무서워하고 피하려는 형틀이나 또는 올가미와 여러 형벌들을 가볍게 생각할 수 있겠습니까? 물론 어떤 자는 마음이 굳어져 그럴 수도 있습니다. 하지만 그가 우리 부모님들이 선생님들에게 책망을 받는 우리를 보고 조소했던

것 같이 이런 형벌을 무서워하는 자들을 보고 비웃을 수가 있겠습니까? 마찬가지로 우리는 사람들이 형벌을 무서워하여 피하려는 것보다 더욱 책망과 매를 무서워했고 그것을 피하게 해달라고 기도했습니다. 그러나 우리는 이런 두려움에도 불구하고 우리가 마땅히 해야 할 작문과 읽기와 연구에 게을러 항상 죄를 짓곤 했습니다. 오, 주님, 그때 내가 능력이 없고 기억력이 부족했던 것은 아닙니다. 당신의 은혜는 제 나이에 적절한 능력과 기억력을 주었습니다. 그러나 나의 마음은 공부가 아니라 노는 데 정신이 팔려 있었기 때문에 선생님들로부터 벌을 받았던 것입니다. 하지만 우리를 가르치는 선생님들 역시 노는 데 마음을 두고 있었던 것도 사실입니다. 그럼에도 불구하고 사람들은 어른들이 놀면 그것을 "일"이라 부릅니다. 하지만 우리가 놀면 벌을 받습니다. 그러나 그 누구도 어린 아이나 어른들을 불쌍하게 생각해 주지는 않았습니다. 아마 일반 사람들은 내가 공부를 해야 할 시간에 공을 갖고 놀았기 때문에 공부에 방해를 받았으니 그에 상응하는 벌을 받았다고 생각할 것입니다. 그러나 달리 생각해 보면, 바로 그 공부 때문에 후에 어른이 되어 더 부끄러운 노릇을 하게 된 것은 아니겠습니까? 그리고 나에게 매를 대고 책망한 그 분도 별다른 사람은 아니었습니다. 그 역시 다른 동료 선생님들과 시시한 논쟁을 하다가 지면 내가 공놀이 하다가 친구에게 질 때보다 훨씬 더 큰 분노와 질투를 나타내었던 것입니다.

16. 그러나 저는 만물의 창조자요 주권자이신 하나님 당신께 죄를 지었습니다. 또한 부모님과 선생님들에게 불순종하는 죄를 지었

습니다. 그들이 어떤 이유로 내게 공부를 하라 했는지 알지는 못해도 그 공부는 분명 미래에 도움이 되는 공부였습니다. 그러나 나는 모든 놀이에서 승리하기를 좋아했고, 거짓된 우화 듣는 것을 더 즐거워했습니다. 결국 그것들은 내 귀를 더욱 더 간질거리게 만들었습니다. 이와 같은 호기심은 나의 귀에서 눈으로 옮겨갔고 나이가 들면서 어른들이 하는 놀이와 연기와 연극에 더욱 호기심을 보였습니다. 사람들은 그러한 연기자들을 높이 평가했고 자기 아이들도 그렇게 되기를 원했습니다. 그러나 그들은 바로 그러한 연기로 인해 공부에 방해가 되면 아이들에게 매를 때려도 좋다고 생각하면서도 사실 부모님들이 자식들에게 바라는 그 공부란 그들이 장차 커서 그러한 연기를 보여 줄 수 있도록 하게 하는 것에 불과했습니다. 오, 주님, 우리들에게 자비를 베풀어 주셔서 부르짖는 우리들을 구원하여 주소서. 그리고 아직도 당신께 부르짖지 않는 자들 역시 장차 하나님 당신께 부르짖을 수 있도록 그들을 구원하여 주시옵소서.

17. 그 후, 내가 아직 소년이었을 때 이미 교만한 우리에게 친히 내려오신 주 하나님의 겸손을 통해서 약속된 영생에 관한 가르침을 들었습니다. 그 때 나는 이미 당신을 깊이 신앙하던 내 어머니의 태중에서부터 그의 십자가의 표시와 소금으로 인침을 받았습니다.[2] 오, 주님, 당신은 내가 어렸을 때 갑자기 배가 몹시 아파 죽게 되었던 일을 알고 계십니다. 그때도 당신은 나를 지키시고 보호하셨습니다. 그리고 제가 얼마나 내 어머니와 우리 모두의 어머니 되

---

[2] 서방교회의 의식, 세례받기 이전의 예비 신자로 입문하는 경우 요구되는 정결함과 부패하지 않음 그리고 사려분별에 대한 의식을 말한다.

신 당신 교회의 경건에 감화되어 열렬한 믿음으로 내 주 하나님이신 그리스도의 세례를 받으려고 열망했는지 당신은 알고 계십니다. 내 육신의 어머니는 간절한 마음으로 나를 위한 영생의 산고를 위해 힘쓰고 힘쓰셨습니다(갈 4:19). 주 예수님, 이렇게 나의 어머니는 내가 당신께 회개함으로 죄를 사함 받아 구원의 세례로 깨끗이 씻고 구원받은 신자의 무리에 들도록 힘쓰셨습니다. 그러던 중 갑자기 나의 병이 나았습니다. 그러자 나의 세례가 늦추어졌습니다. 그것은 내가 만일 병에서 나아 더 오래 살면 내 삶을 더럽힐 것이 분명하고 또한 세례 받은 이후에 짓는 죄는 더 크고 위험하기 때문인 것 같았습니다. 그때 나는 이미 신자였고 아버지를 제외한 온 집안과 어머니 역시 다 믿었습니다. 나의 아버지는 아직 믿지 않았어도 내 안에 있는 어머니의 경건한 신앙을 넘어뜨리거나 그리스도에 대한 나의 신앙을 방해하지는 않았습니다. 주 나의 하나님, 나의 어머니는 온 노력을 다 기울여 내가 나의 육신의 아버지보다 당신을 더욱 나의 아버지로 삼기를 원하셨습니다. 이 일에 있어서 당신은 어머니로 하여금 그녀의 남편을 이기게 하셨지요. 그럼에도 어머니는 영적으로는 아버지보다 탁월하셨으나 그에게 계속 순종하였습니다. 이렇게 순종하는 것이 실은 어머니가 당신께 순종하는 것이었으니 이것을 명하신 분은 당신이었기 때문입니다.

18. 오, 나의 하나님, 당신이 허락하신다면, 그 때 내 세례가 도대체 무슨 목적으로 연기되었는지 이유를 알고 싶습니다. 그 때 고삐가 늦추어져 죄를 더 짓게 한 것이 참으로 나에게 유익한 것이었습니까? 아니면 그렇게 하지 않았어야만 했습니까? 도대체 왜 지금

도 사방에서 내 귀에 "그저 그를 자기 하고 싶은 대로 내버려 두어라. 그는 아직 세례를 받지 않았다"라고 속삭이고 있는 것입니다. 그러나 내 육체의 건강 문제에 대해서는 아무도 "내버려두어라. 더 상처를 받게 내버려 두어라. 그는 아직 치료되지 않았으니"라고 말하지는 않습니다. 내가 그 때 만일 단번에 치료가 되었고 나와 내 친구의 끊임없는 노력을 통하여 당신의 보호 하에 안전하게 인도되어 왔다면 얼마나 더 좋았겠습니까? 진실로 이렇게 되었더라면 나에게 훨씬 유익할 뻔 했습니다. 그러나 내게는 유년기 이후에 훨씬 더 많고 큰 시험의 파도가 닥쳐왔습니다. 이것을 미리 깨달은 나의 어머니는 나중에 그리스도의 형상대로 이루어지고야 말 나를, 그러나 아직은 어떤 형상을 이루고 있지 않은 그 진흙 덩어리를 그 시험의 파도에게 맡기는 편이 훨씬 더 낫다고 생각한 것 같습니다.[3]

19. 나는 소년시기에(물론 청년시기보다는 덜 무시무시한 것이었지만) 공부하는 것을 대단히 싫어했고 강제로 공부시키는 것 역시 좋아하지 않았습니다. 그럼에도 나는 강제로 공부를 하게 되었습니다. 나는 이런 공부를 잘하지는 못했지만 어쨌든 그것은 내게 유익한 것이 되었습니다. 만일 강제로라도 공부를 시키지 않았으면 나는 전혀 공부를 하지 않았을 것이기 때문입니다. 사람이란 자기가 좋아서 하는 일 조차도 강제로 하는 것은 좋아하지 않습니다. 나의 하나님, 사람들이 나를 강제로 공부시킨 것은 잘한 일은 아니었지만 하나님 당신은 그것이 나에게 도움이 되도록 바꾸셨습니다. 내게 강제로 공부시킨 그들의 관심은 다만 부끄러운 영광과 재물에

---

[3] 하나님의 형상이 아직 각인되어지지 않은 중생 받지 못한 상태를 지칭한다.

대한 끝없는 욕심을 만족시켜 보자는 목적뿐이었지요. 그러나 우리 머리카락까지 세시는 하나님 당신은(마 10:30), 공부를 억지로 시킨 그들의 잘못을 나를 위해 선용하시어 유익하게 만드셨고, 공부하기 싫어했던 나의 잘못은 내가 벌을 받는 이유로 만드셨습니다. 나는 작은 소년이었으나 내가 저지른 죄악들은 큰 것이었습니다. 따라서 내가 벌을 받는 것은 당연한 일이었습니다. 이런 방식으로 하나님 당신은 좋지 못한 일을 하는 자들을 통하여 나를 좋게 해주셨고 내가 지은 죄를 통해 나를 벌하시었습니다. 과도하고 무절제한 마음은 스스로에게 벌이 되오니 이것이 바로 당신이 정해 주신 그대로 될 법도입니다.

20. 나는 지금까지도 어릴 때부터 왜 그렇게 헬라어 공부를 싫어했는지 그 이유를 알지 못합니다. 반면에 라틴어는 대단히 좋아했습니다. 단 초등 교사들이 아니라 저명한 문법학자들이 가르치는 것을 더 좋아했습니다. 초보자들의 공부인 읽기, 쓰기와 수학은 헬라어를 공부하는 것과 같은 짐이요 고역이었습니다. 하지만 이런 것들이 나의 죄와 교만으로부터 온 것이 아니고 무엇이겠습니까? 나는 육체뿐이라 가고 다시 오지 못하는 바람(시 78:39) 뿐이었습니다. 내가 처음에 배운 초등과목들은 나로 하여금 글을 읽고 그 글을 스스로 적을 수 있는 능력을 습득하게 해주었습니다. 따라서 그것들은 내가 이후에 배운 다른 과목들보다 더 유익하고 분명한 것이었습니다. 그 밖에 다른 과목을 배울 때 나는 알지도 못하는 어떤 에네아스Aeneas의 표류기를 강제로 암송해야 했고 사랑 때문에 자살한 디도를 위해 울어 주어야 했습니다. 하지만 그때 나는 나 자신의 방탕은 전혀 생각하지도 않았고, 나의 생명이신 하나님

당신을 떠나서 죽어가고 있는 나에 대해서는 단 한 방울의 눈물도 흘리지 않았습니다.

21. 에네아스의 사랑 때문에 죽는 디도를 생각하여 눈물을 흘려도 당신을 사랑하지 않아서 죽어가는 자신에 대해서는 눈물하나 흘리지 않았으니 내 자신의 비참함을 슬퍼하지 않는 것보다 더 가엾은 일이 이 세상에 또 무엇이 있겠습니까? 오, 하나님, 당신은 내 마음의 빛이시며, 내 영혼의 양식이시며, 내 마음과 내 생각의 심연을 연결시켜 주는 힘이십니다. 나는 당신을 사랑하지 않고 당신을 멀리 떠나 음탕한 생활을 했습니다. 내 주위에 있는 자들은 나와 함께 죄를 지으면서 "잘한다. 잘한다"라고 소리를 질렀습니다. 당신을 떠나 세상을 사랑함이 바로 간음이 아니고 무엇이겠습니까?(약 4:4) "잘한다. 잘한다"는 소리는 이러한 일을 하지 않는 사람을 부끄럽게 만들기 위한 유혹뿐이었습니다. 나는 이러한 내 상태에 대해서는 전혀 슬퍼하지 않으면서도 칼날에 엎드러져 자살한 디도의 죽음을 슬퍼하고 있었습니다. 그러면서 나는 하나님 당신을 떠나 피조물의 제일 밑바닥을 찾아 내려갔으니 흙이 다시 흙으로 빠져 들어가는 것과 다를 바 없었습니다. 그때 만일 나에게 그런 책들을 읽지 말라고 명했다면 나를 슬프게 하는 책을 읽지 못하게 한다고 더욱 슬퍼했을지도 모릅니다. 나는 이런 어리석은 것들이 초기에 배운 읽기와 쓰기보다 훨씬 더 훌륭하고 유익한 것이라고 생각했던 것입니다.

22. 그러나 나의 하나님, 이제 내 영혼에 소리쳐 주시옵소서. 당신의 진리의 말씀으로 "그렇지 않다. 그렇지 않다. 처음에 배운 것

이 훨씬 더 나은 것이다"라고 소리쳐 주옵소서. 나는 이제 쓰기와 읽기를 잊어버리기보다 에네아스의 표류나 그런 따위의 모든 것들을 잊어버리기를 원합니다. 지금도 저 유명한 문법을 가르치는 학교의 정문에는 휘장4)이 덮여져 있습니다. 그러나 그것은 어떤 깊은 뜻을 품고 있는 명예의 상징이 아니라 그들의 오류를 가리는 덮개를 의미할 뿐입니다. 이제 내 영혼이 갈망한 나의 하나님 당신께 고백함으로 마음의 평안을 얻고 내 죄악의 길을 정죄함으로 당신의 거룩한 길을 사랑코자 합니다. 그러니 이제 저들로 하여금 나를 향해 고함을 치지 못하게 하소서. 이제 나는 저들을 두려워하지 않습니다. 또한 저 문법을 팔고 사는 자들로 하여금 나를 향해 소리를 지르지 못하게 하소서. 내가 만일 그들에게 시인이 말한 대로 에네아스가 한때 카르타고에 왔었다는 말이 참말이냐고 묻는다면 그 중 무식한 자들은 알지 못한다고 대답할 것이요, 식자들은 그것이 사실이라는 것을 부정할 것입니다. 그러나 내가 에네아스라는 이름이 무슨 글자로 되어 있느냐고 묻는다면 이것을 배운 자들은 인간들이 서로 일정하게 책정한 기호에 따라 바르게 대답할 것입니다. 내가 만일 다시 "읽고 쓰는 것과 허구의 이야기 이 둘 중에서 어떤 것을 잊어버릴 때 우리들에게 가장 심한 불편을 가져오겠느냐?"고 묻는다면 기억력을 전혀 상실하지 않은 자라면 누구나 잘 대답할 수 있을 것입니다. 그러나 나는 소년시절 그때에 오류를 범하여 나에게 유익한 공부보다 헛된 것을 더 좋아했습니다. 오히려 전자를 미워하고 후자를 사랑했습니다. 내게 있어서 "하나 더하기 하나는 둘",

---

4) "엠블렘"emblem은 휘장과 같은 것으로서 예배의 장소에서의 명예와 영광의 상징이며, 법정이나 황제의 궁전 그리고 심지어 개인 집에서도 이것은 명예를 상징한다.

"둘 더하기 둘은 넷"이라는 노래는 참으로 싫증난 것이었습니다. 그러나 "무장한 군인들이 가득 탄 이야기" 그 "목마와 트로이", 그리고 "크레우사의 유령"과 같은 허황된 이야기들은 나에게 가장 흥미를 돋우는 재미있는 것들이었습니다.

23. 그렇다면 나는 왜 그런 이야기로 가득 차 있는 그리스 문학을 싫어했을까요? 호머Homer는 그러한 이야기를 엮어가는 대가였습니다. 하지만 그의 글이 흥미는 있었지만 허구가 아니겠습니까? 그래서 소년인 나에게는 전혀 그것이 맞지 않았습니다. 나의 생각에 만일 그리스 소년들에게 버질Virgil을 강제로 배우게 했다면 내가 호머를 싫어한 것처럼 그들도 버질을 싫어했을 것이 분명합니다. 사실 외국어를 배우는 어려움은 저 달콤한 그리스 신화의 맛에다 쓸개를 타놓은 것 같았습니다. 왜냐하면 나는 그 언어의 단어 하나도 알지 못하는데 그것을 배우도록 무서운 벌과 위협을 받았기 때문입니다. 물론 나는(유아기에) 라틴어를 전혀 알지 못한 때가 있었습니다. 그러나 라틴어 같은 경우 나는 어떤 두려움이나 형벌의 고통 없이 유모들의 귀엽게 해주는 말, 나를 보고 웃는 자들이 해준 재미있는 이야기, 또는 나와 같이 놀아준 사람들의 장난을 통하여 그저 자연스럽게 그것을 습득하게 되었습니다. 나는 어떠한 벌의 압력에 고무됨이 없이 라틴어를 배웠으니 내 마음이 나를 재촉하여 내 자신의 감정을 표현하게 한 것입니다. 그 단어는 나를 가르치는 선생님들로부터 배운 것이 아니고 나에게 친절히 말해 준 사람들로부터 귀담아 듣고 내가 느낀 것을 그들에게 나타낸 것입니다. 이것으로 분명히 알 수 있는 것은 바로 어린이의 언어 학습에 관한 한 공포를 주어 가르치는 것보다 자유로운 호기심이 훨씬 효과가 있다

는 것입니다. 오, 하나님, 그러나 당신의 법은 지나친 자유를 징계로 제재하시지 않습니까? 그것은 선생님의 채찍으로부터 순교자의 시련에 이르기까지 다 관계되오니 당신의 효력 있는 법은 유익한 쓴 맛을 섞어서 우리를 전에 당신으로부터 분리시킨 저 해로운 쾌락에서 다시 당신께 돌이키게 하십니다.

24. 오, 주님, 나의 기도를 들어 주소서. 내 영혼으로 하여금 당신의 징계로 인하여 실망치 않게 하시고 당신의 자비를 찬양하기에 피곤치 않게 하소서. 당신의 자비로 나를 그릇된 길에서 구해 주셨사오니 오직 하나님 당신만이 내가 이때까지 따르던 모든 달콤한 유혹보다 더 달콤한 희락이 되어 주옵소서. 나로 하여금 온 힘을 다하여 당신을 사랑하게 하시고 내 마음의 힘을 다하여 당신의 손을 붙들게 하심으로 모든 유혹의 위험에서 나를 구해 주옵소서. 주여, 당신은 진실로 나의 왕이요 나의 하나님이시오니 내가 소년시절에 배웠던 모든 유용한 것을 당신을 섬기는 데 바치게 하시고 말하고-쓰고-읽고-셈하는 모든 것이 당신을 섬기는 데 유익하게 하소서. 내가 헛된 것을 배울 때에도 당신은 징계로 나를 교훈하셨고 그러한 헛된 것에 탐닉한 저의 죄까지도 용서해 주셨습니다. 그러한 헛된 것을 공부하는 중에도 유익한 것을 많이 배우기도 했습니다. 그러나 그러한 유익된 말은 헛되지 않은 학문에서도 배울 수 있사오니 따라서 바로 이 길이 어린이들이 걸어가야 할 안전한 길이라 믿사옵니다.

25. 화 있으라! 인간이 하는 일의 급류여! 누가 너의 길을 막을 수 있겠는가? 네가 말라붙을 날이 언제이겠는가? 너는 언제까지 이

브의 자녀들을 저 넓고 무서운 바다로 휘몰아 넣으려고 하느냐? 방주에 오른 자들조차 바다를 건너가기란 거의 불가능하지 않는가? 내가 그대에게 악한 자에게 벼락을 치고 동시에 간음을 하는 주피터Jupiter의 이야기를 말해주지 않았는가? 그러나 의심의 여지없이 그가 동시에 두 가지를 할 수는 없는 법! 그가 이 두 가지를 다 했다고 전해지지만 사실은 인간이 벼락이라는 속임수로 실재 간음을 모방하도록 충동을 주기 위해 꾸며낸 이야기일 뿐이다. 그러나 자기들의 학교에서 교육받은 어느 사람이 "이것은 호모의 소설이다. 그는 인간들의 잘못을 신들에게로 옮겨 놓았다. 그는 신들의 하는 일을 인간들에게 옮겨 놓았어야만 했다"고 말한다면 긴 가운을 입은 학자들 가운데 이 소리를 들어줄 사람이 누가 있겠는가? 그러나 그는 더욱 진실하게 다음과 같이 말했어야만 했다. "이것들은 실제로 호머가 꾸민 허구의 소설이다. 그러나 그는 신의 속성을 죄를 지은 인간들의 속성처럼 보았는데 그 이유는 인간이 범한 범행이 신들의 행동을 모방하는 것처럼 보이게 해서 실제로 죄악을 죄악으로 간주하지 않게 함으로 사람들로 하여금 아주 절망하지 않게 하기 위해서이다."

26. 그러나 오, 지옥의 급류여! 많은 돈을 바치면서 그러한 학문을 배우지만 결국 지옥의 급류로 던져지고 마는구나! 더욱이 이런 것들을 가르치는 선생들은 공개 광장에서 가르칠 때 법이 정해준 봉급을 받고, 또한 사례금 이외에도 더 많은 이익을 챙기는구나. 그리하여 너는 바위를 치며 소리 지르기를 "여기는 말을 가르치는 곳, 네가 생각한 대로 사람을 설득하고 조종하는 데 필요한 웅변을

통달할 수 있게 하는 곳, 너의 의견을 토로하는 데 아주 적절한 곳"이라 말하는구나. 그들은 말하기를 테랜스Terrence의 글이 아니었더라면 우리는 다음과 같은 말, 즉 "황금비, 여인의 품, 하늘의 신전"등의 말들을 알지 못했을 것이라 한다. 테랜스는 자기의 글에서 간음의 본보기로 주피터 신을 따르려는 한 청년을 등장시켜 벽에 붙은 한 그림을 보게 한다.

"그 그림은 주피터 신이 다나애의 품에 황금비를 내려
순진한 그 여인을 속인 것을 묘사한 것이다."

그 청년이 그 그림을 보고 마치 하늘의 권위를 얻은 것처럼 자기의 정욕을 어떻게 발작시켰는지 보라. 그 청년은 이렇게 말한다.

"무슨 신을 내가 본뜰 것인가?
하늘의 신전을 큰 소리로 뒤흔드는 그 신?
그렇다면 나와 같은 불쌍한 인간이라고 해서 그런 짓을 못해?
나는 벌써 그런 짓을 했어! 아주 즐겁게!"

이런 추행을 통해서 배우는 것은 여기 기록된 말만은 아니다. 그런 말을 통해서 그와 같은 추행이 더욱 떳떳이 행해지고 있는 것이다. 나는 말을 탓하는 것이 아니다. 소위 말이란 귀하게 가려낸 좋은 그릇일 뿐이다. 그러나 내가 유감스럽게 생각하는 것은 술 취한 선생님들에 의해 우리들의 그릇에 부어진 오류의 술이다. 우리가 그 술을 마시지 않을 때는 매를 맞았고 분별력 있는 재판장에게 호소할 수 있는 자유마저 빼앗겼다. 오, 하나님, 그러나 나는 이제 당신의 존전에서 옛 이야기를 상기하며 말한다 해도 두려움을 느끼지 않습니다. 그러나 불행하게도 그때의 내가 이런 것을 즐겨 배웠기 때문에 사람들은 그런 나를 소망 있는 소년이라 칭했습니다.

27. 오, 하나님, 나로 하여금 당신의 선물인 나의 재능과 그것을 쓸데없이 낭비한 나의 어리석음에 대하여 잠깐 말하게 하옵소서. 그때 나의 마음을 심히 불안하게 한 과제가 하나 주어졌습니다. 그것을 잘하느냐 못하느냐에 따라 칭찬이나 부끄러움 또는 채찍이 기다리고 있었습니다. 그 과제란

트로이의 왕이 라티움Latium으로 들어오는 것을

막지 못해 분해하고 슬퍼하는 여신 유노Juno의 말을 웅변으로 말해 보라는 것이었습니다. 내가 듣기로는 유노는 절대로 이런 말을 하지 않았다는 것입니다. 그러나 우리는 이 시인의 허구한 이야기를 따라 모방을 해야만 했고 시적인 음율을 산문으로 다시 고쳐 읊조려야 했습니다. 이 웅변에서 우리가 거기에 나온 인물들의 감정과 슬픔을 적절하게 나타내고 그것을 가장 적당한 말로 장식하면 우리는 찬사를 받게 되었습니다. 그러나 나의 참 생명이신 하나님, 내 웅변이 나의 동년배들이나 내 동급생들보다 훨씬 더 칭찬을 받을 만하다고 해서 그것이 도대체 내게 무슨 소용이 있다는 말입니까? 그것은 사실 모두 다 피어나는 연기요, 사라지는 바람이 아니겠습니까? 나의 재능과 혀를 쓸 수 있는 길이 이리도 형편없었단 말입

니까? 주님, 당신을 찬양함이 당신의 성경에 기록된 말씀을 통해 내 마음의 연약한 넝쿨을 받쳐주었더라면 내 마음의 넝쿨은 저 허망한 것들에 의해 끌려가지 않았을 것이요, 공중 권세 잡은 자에게 부끄러운 희생제물이 되지 않았을 것입니다. 참으로 타락하고 배역한 천사에게 희생되는 길은 한두 가지가 아닙니다.

28. 오, 하나님, 나를 놀라게 하는 것은 내가 당신의 존전을 떠나 헛된 것을 향해 빠져 들어가게 되었다는 것입니다. 그 때 내가 나의 모범으로 삼고 추종하였던 사람들은 자기들의 행동을 문법에 틀린 말로 묘사하다가 비난을 받으면 부끄러워했던 자들입니다. 또한 자기들의 음탕한 행동을 정확하고 아름다운 말로 묘사하다가 칭찬을 받으면 무척이나 좋아하던 자들이었습니다. 오, 주님, 당신은 이것을 보시면서도 평강을 유지하시니 당신은 실로 오래 참으시며 진리와 자비가 풍성하신 분이십니다(시 86:15). 그러면 당신은 평강을 영원히 지키시겠습니까? 지금도 당신을 찾고 당신의 즐거움을 목마르게 갈구하면서 내 마음이 주께 말하되 여호와여 내가 주의 얼굴을 찾으리이다(시 27:8)라고 부르짖는 영혼을 당신은 저 무서운 깊은 웅덩이에서 건져 주시는 분이십니다. 어두워진 마음(롬 1:21)은 당신에게서 멀리 떠나는 것과 같습니다. 그러나 우리가 떠나는 것이나 돌아가는 것은 결코 우리의 발걸음이나 공간적인 문제가 아닙니다. 탕자가 먼 곳에 가서 당신이 주신 재물을 탕진하고 아버지의 집을 떠날 때, 말이나 수레나 배를 빌어서 간 것이 아니요, 보이는 날개를 타고 가거나 걸어서 간 것도 아닙니다(눅 15:13). 떠나는 자식에게 사랑으로 대해 주셨고 비참하게 되어 돌아왔을 때 더

큰 사랑으로 대해 주셨던 우리 하나님 아버지! 욕정에 사로잡혀 당신을 떠나는 것, 즉 마음이 어두워져 당신의 얼굴에서 멀리 떨어져 나오는 것, 바로 이것이 당신의 얼굴을 멀리 하는 것입니다.

29. 오, 나의 주 하나님이여, 당신이 항상 그러하시듯 오래 참으시고 불쌍히 여겨 주시옵소서. 인간의 자식들이 사람들로부터 배워 온 글자와 음절의 관습적인 법칙들은 열심히 따라 지키지만 당신으로부터 받은 영원한 구원의 법도는 얼마나 대수롭지 않게 여기는지요! 옛날부터 정해져 내려온 발음의 법칙을 따라 말하고 가르치는 사람이 만일 문법에 맞지 않게 사람Human이란 글자의 첫 음절인 H를 빼 버리고 발음하면 사람들은 대단히 불쾌하게 생각합니다. 그러나 당신의 계명을 어긴 그가 다른 사람을 미워하는 경우에는 사람들은 그것을 대수롭지 않게 여깁니다. 사람들은 인간이 남을 미워할 때는 그 자신을 흥분케 하는 그 증오 자체가 미워하는 원수보다 더 자기 자신을 해롭게 한다는 사실을 알지 못합니다. 또한 사람들은 그 증오로 말미암아 자기 원수보다 자기 영혼이 더 해를 받고 있음도 깨닫지 못합니다. 이제 내가 확실히 알게 된 것은 어떤 글의 지식이라 할지라도 "네가 그렇게 대접을 받기 싫으면 너도 남에게 그렇게 행하지 말라"는 양심의 글보다 더 내면성을 가진 글은 없다는 것입니다. 높은 곳에 거하셔서 침묵과 신비 가운데 존재하시는 위대하신 하나님, 당신은 피곤치 않은 법으로 옳지 못한 욕정에 맹목이란 벌을 던져 주었습니다(사 33:5). 사람이란 웅변의 명성을 얻기 위하여 인간 재판관 앞에서 그리고 자기를 둘러싼 청중 가운데서 분노와 증오가 담긴 말로 자신의 적을 공격할 때 그의 혀

가 문법적인 실수를 하지 않도록 심한 주의를 기울입니다. 그러나 자기 영혼의 분노로 인해 사람을 진정한 인간들의 사회로부터 소외시키며 살인을 저지르지나 않을까 주의를 기울이는 자는 아무도 없습니다.

30. 소년이었을 때 나는 불쌍하게도 이러한 세상의 풍속에 던져져 있었습니다. 이곳은 바로 경기장이었고 나는 여기서 문법적으로 틀리지 않게 말하는 것을 보고 부러워하기는커녕 내가 실수를 범하지나 않을까 더 무서워했습니다. 나의 하나님, 내가 이것을 당신께 고백하여 말합니다. 나는 사람들에게 박수갈채를 받았으니 그때 나의 생각에는 그런 사람들을 즐겁게 해주는 것이 보람 있는 삶이라고 생각한 것입니다. 그리하여 나는 당신의 눈에서 멀리 떨어져 치욕의 심연 속으로 빠져 버리고 말았습니다(시 31:22). 그 때 나보다 더 형편없는 어리석은 자가 또 어디 있었겠습니까? 나는 내 자신이 싫을 정도로 거짓말을 많이 했고 가정교사와 학교 선생님들, 그리고 부모님을 모두 속였습니다. 나는 즐기고 싶었고, 쓸데없는 구경을 하고 싶었으며, 무대에서 연기하는 것을 보고 그 흉내를 내고 싶은 욕망 때문에 그런 거짓말을 했던 것입니다. 더욱이 나는 부모님이 쓰는 창고에서 또는 식탁에서 도둑질까지 했습니다. 때로는 무엇이 먹고 싶어서 그랬고 때로는 아이들과 놀이를 할 때 다른 아이들에게 무엇을 주어 그 경쟁놀이에서 이기고 싶어서 그렇게 했습니다. 그들도 나와 마찬가지로 그 놀이에서 이기기를 원했으나 내가 그들에게 무엇을 제공해 주면 그들은 내게 승리를 넘겨주곤 했습니다. 이와 같이 나는 놀이에 있어서도 다른 아이들을 다 이기

고 싶은 헛된 욕망에 사로잡혀 남을 속이기까지 하면서 부정직한 승리를 노렸던 것입니다. 내가 남에게 하는 거짓말을 다른 아이들에게서 발견할 때 나는 참지 못해 얼마나 가혹하게 욕설을 퍼부었습니까? 그리고 내가 한 거짓이 드러나 욕을 먹을 때는 그것을 인정하기보다 오히려 시비를 걸어 싸우려고 달려들었습니다. 이것을 보고 어떻게 천진난만한 어린 아이라 하겠습니까? 오, 주님, 결코 아닙니다. 오, 나의 하나님, 당신의 자비에 호소합니다. 이와 같은 죄는 인간이 성장함에 따라 가정교사와 선생님들을 떠나고 가지고 놀던 호두와 공과 새들을 버린다 하여도 역시 마찬가지로 왕과 지사들에게 옮겨져서 그들로 하여금 황금과 토지와 노예를 더 차지하려고 안달하게 만듭니다. 따라서 어린아이들의 잘못에 가해진 선생님의 채찍은 그들에게 더 가혹한 형벌로 대치되어 나타납니다. 오, 우리 왕이 되시는 주님이시여, 이러하기에 당신은 어린아이들의 성격에서 나타난 겸손을 상징으로 삼아서 "천국이 이런 자의 것이니라"고 말씀하신 것이 아니겠습니까!(마 19:14)

31. 그럼에도 불구하고 온 우주를 창조하시고 다스리시는 가장 높으시고 선하신 주 하나님, 내가 소년 시절에 올바로 성장하지 못했다 할지라도 우리 하나님 당신께 감사를 드리기 원합니다. 그때에도 나는 존재했고 살아 있었고 느끼고 있었습니다. 그리고 나 자신의 안전에 대하여 유의할 수 있었습니다. 이것은 내 존재의 근원이신 당신의 가장 신비스러운 통일성의 흔적에 불과합니다. 나는 내적 감각으로 외적 감각의 전부를 지켜 살펴보았고 밖에 있는 사물과 그 사물들에 대한 나의 생각을 통해 진리를 파악하고 기뻐하

게 되었습니다. 나는 알면서 속임을 당하기 싫었습니다. 나는 좋은 기억력을 가지고 있었고 잘 배워서 말재간도 있었습니다. 나는 우정에 부드러웠고 슬픔과 천한 행위와 무지를 회피하였습니다. 이렇게 살아 있는 이 작은 피조물은 놀랄 만하고 칭찬받을 만한 것이 아니겠습니까? 그러나 이 모든 것은 나의 하나님이 주신 선물이었습니다. 이것들은 내가 나 자신에게 준 것이 결코 아닙니다. 이 모든 것이 좋았고 이 좋은 모든 것이 합력하여 나를 만들었습니다. 그런고로 나를 만드신 분이 좋으시고 그 분이 바로 나의 하나님이시니 내가 어렸을 때부터 가지고 있던 온갖 선물에 대하여 그 분에게 감사를 돌리기 원합니다. 그렇다면 그때 나의 죄란 무엇이란 말입입까? 그것은 나의 즐거움, 명예, 진리를 당신 안에서 찾지 않고 피조물과 나 자신, 그리고 다른 것들 속에서 찾으려는 데 있었습니다. 그 때문에 나는 슬픔과 혼동과 오류 속으로 빠져 들어가게 되었습니다. 나의 기쁨, 나의 영광, 나의 믿음이 되시는 하나님 당신께 감사를 올려 드립니다. 당신이 주신 여러 선물로 인하여 감사를 드립니다. 그 선물들을 내 안에 잘 보존해 주옵소서. 이로서 나의 존재는 잘 보존되고 당신이 주신 여러 선물은 더욱 풍성해져 완성될 것입니다. 그러면 나는 당신과 함께 거하게 될 것이니, 이는 내 존재가 본래 당신으로부터 왔기 때문입니다.

제2권

구체적인 죄악의 고백

계속적이고 구체적인 죄악의 고백, 16세 되던 해에 그의 죄성과 나태함은 극에 달하여 절도자로 만들어버린 나쁜 친구들의 해악에 관한 고백

1. 이제 나는 과거의 추악한 죄악들과 내 영혼의 타락을 생각하고자 합니다. 오, 하나님, 그것은 내가 그 과거를 좋아해서가 아니라 당신을 사랑하고자 원하기 때문입니다. 내가 사랑하고자 하는 그 사랑은 바로 당신의 사랑입니다. 나의 슬프고 쓴 기억 속에서 가장 사악했던 모습들을 상기할 때, 주님은 당신의 사랑을 자라게 하셨습니다(거짓 없는 기쁨, 복되고 안전한 즐거움이 되시는 주님 당신께서 나의 참 기쁨이 되어 주옵소서). 내가 오직 한 분이신 하나님을 떠나 세상속으로 떨어져 산산조각이 났으니 이제 저를 거두어 모아 주소서. 나는 청년기로 접어들면서 세상적인 것에 만족하려는 욕망으로 불타 있었고 여러 가지 허무한 사랑을 추구하는 자가 되어 버렸습니다. 결국 나의 아름다움은 시들었습니다. 그것이 내 눈에는 좋았으나 당신이 보기에는 썩어진 존재였습니다. 그래서 나는 나 자신을 더욱 다른 사람의 눈에 잘 보이게 하려 애썼습니다.

2. 그러나 사랑을 주고받는 것보다 더 좋은 것이 어디에 있습니까? 나는 그때 밝은 우정의 길, 마음과 마음이 통하는 진정한 사랑의 경계를 지키지 못했습니다. 오히려 진흙투성이인 육체의 정욕과 사춘기의 열정적인 상상력이 안개같이 일어나 마음을 흐리게 하였고 어둡게 하였으므로 순수한 사랑과 추잡한 정욕을 분간할 수 없었습니다. 나의 마음에 이 두 가지가 복잡하게 엉키어 나를 흔들어 놓았고 나의 젊음을 불결한 욕심의 낭떠러지로 이끌어가 치욕의 소용돌이로 던져 버렸습니다. 당신의 진노가 무참히 임하고 있었음에도 나는 그것을 깨닫지 못했습니다. 내 영혼의 교만으로 인해 내게 주어진 벌, 즉 사망에 이르게 하는 나의 몸의 쇠사슬 소리가 귓전에 들려도

나는 그것을 들을 수 없을 만큼 어두워져 당신을 멀리 떠났습니다. 그럼에도 하나님 당신은 나를 그대로 버려두셨습니다. 나는 그 음탕한 삶 속에서 이리저리 뒹굴며 나를 낭비한 채 헤매고 있었습니다. 그러나 당신은 계속 침묵만 지키시고 계셨습니다. 오 하나님, 당신은 왜 그토록 저를 늦게 찾아오시는 것인지요? 당신은 그때도 침묵을 지키시었고 나는 더욱 더 멀리 떠나 길을 잃고 헤매며 엄청난 낙심과 불안한 피곤에 젖어 슬픔의 불모지에 빠져들어 가고 있었습니다.

3. 바로 이 때, 만일 누가 내 곁에 있어서 나의 이 혼란한 상태를 정돈해 주고, 덧없이 지나가는 아름다운 것들을 선용하도록 도와주며, 세상의 쾌락을 추구하는 나의 욕구를 절제하게 해 주었다면, 내 청춘의 힘은 결혼생활이라는 해안으로 인도되어 아름답게 승화되었을 것입니다. 오, 주님, 그러면 그 청춘의 파도는 가라앉아 잔잔해지고 당신의 법이 정하여 준 대로 많은 자식을 가져 만족하였을 것입니다. 당신은 죽을 수밖에 없는 우리들에게 후손을 이어가게 하시고 당신의 낙원에서 제외된 저 가시까지도 당신의 부드러운 손으로 어루만져 부드럽게 하십니다. 진실로 당신의 능력은 우리가 멀리 떠나 있을 때에도 결코 우리와 멀리 떨어져 있지 않습니다. 그때 나는 다음과 같이 하늘의 구름으로부터 들려오는 당신의 음성에 더 주의를 기울여야 했습니다. "이런 이들은 육신에 고난이 있으리니 나는 너희를 아끼노라." 또는 "남자가 여자를 가까이 아니함이 좋으니라." 또는 "장가가지 않는 자는 주의 일을 염려하여 어찌하여야 주를 기쁘시게 할꼬 하되 장가간 자는 세상일을 염려하여 어찌하여야 아내를 기쁘게 할꼬 하느니라"(고전 7:28, 1절, 32-33절).

4. 나는 이런 말씀들에 더 주의를 기울여야 했습니다. 그리고 천국을 위하여 당신의 포용하심을 더 행복하게 기대했어야 합니다(마 19:12). 그러나 가련한 나는 당신을 떠나 바다의 노도와 같이 거품을 내뿜는 내 정욕의 급류를 따라감으로 당신이 정해놓으신 법의 한계를 벗어났습니다. 그러나 나는 당신의 징계를 벗어나지는 못했습니다. 어떤 인간이 당신의 징계하심을 피할 수 있겠습니까? 당신은 항상 내 곁에 계셔서 부드럽게 진노하셨고 바르지 않은 나의 쾌락에 쓰디 쓴 불만을 섞어 주시어 나로 하여금 불만이 없는 진정한 기쁨을 찾게 해주셨습니다. 주님, 당신 이외에 어디서 그런 기쁨을 찾을 수 있겠습니까? 당신은 우리를 가르치시고 고쳐주시기 위하여 슬픔으로 때려 상처를 내시고 우리를 죽이심으로 죽지 않게 하십니다(신 32:29). 내 육신의 열 여섯번째 되던 해에 나는 당신의 집의 기쁨을 떠나 얼마나 멀리 가서 귀양살이를 했었던 것입니까? 그때 맹렬한 정욕이 나를 가장 강하게 지배함으로 나는 당신의 법을 떠나 부끄러운 줄도 모르고 나 자신을 그 정욕의 지배에 맡겨 버렸던 것입니다. 그동안 나의 부모들까지도 망해 가는 나를 결혼으로 구해줄 생각은 하지 못했습니다. 그들의 유일한 목적은 뛰어나게 말하는 법을 배워 매우 설득력 있는 웅변가가 되게 하는 것뿐이었습니다.

5. 바로 그해 나의 공부가 중단되었습니다. 나는 문법과 수사학을 공부하고 있었던 인근 도시 마다우라[1]에서 돌아왔습니다. 그러

---

[1] 과거 감독파의 도시였던 마다우라는 지금은 아주 작은 마을이 되었다. 당시 이 도시는 이교도들이 거주했으며, 편지를 통해 복음을 영접할 것을 설교하면서 그들을 "그의 아버지들"이라 칭했다.

나 그 때 내 아버지는 카르타고로 유학보내기 위한 돈을 준비하고 있었습니다. 그러한 계획은 내 아버지의 재력 때문이라기보다는 자식을 위한 결단이었습니다. 나의 아버지는 타가스테에 사는 가난한 자유인이었습니다. 내가 누구에게 이런 말을 하겠습니까? 오, 나의 하나님, 당신에게 이 말을 하는 것이 아닙니다. 나는 다만 당신의 존전에서 나와 비슷한 사람들 그리고 이 글을 읽게 될지도 모를 인류의 일부를 위하여 이 말을 하는 것입니다. 그러면 무슨 목적으로 이 말을 합니까? 그 목적은 이 말을 하는 내 자신이나, 이것을 읽는 모든 사람들로 하여금 그 깊은 곳을 알게 하기 위함입니다(시 130:1). 그 깊은 곳에서 우리는 당신께 부르짖습니다. 당신은 영혼의 고백하는 마음과 신실한 삶에 귀를 기울이십니다. 사람들은 비록 가정 형편이 넉넉지 못하면서도 자기 자식의 유학에 필요한 학비를 마련하는 아버지를 높이 칭찬하였습니다. 그 이유는 부유하게 사는 사람들이 많지만 그렇게까지 하는 사람은 많지 않았기 때문입니다. 그러나 이 동일한 나의 아버지는 내가 하나님을 향해 올바로 나아가고 있는지 그렇지 않은지, 또는 정결한지 그렇지 않은지에 대해서는 전혀 관심이 없었습니다. 당신이 경작할 내 마음의 밭이 불모지가 되든지 말든지 내 아버지는 내가 웅변에 능하기만 하면 된다고 생각했습니다. 오, 하나님, 그러나 내 마음은 당신의 밭이며, 오직 내 밭의 유일하고 참되며 선하신 주인은 당신뿐이십니다.

6. 그러나 나는 그 해 어려운 형편으로 인해 학교를 잠시 쉬고 놀면서 부모님과 함께 집에 살고 있었습니다. 이때 내 정욕의 가시덤불이 내 머리 위에 자라나 우거졌고 그것을 뽑아줄 도움의 손길

은 하나도 없었습니다. 그러던 어느 날, 아버지가 목욕탕에서 성인이 되기 시작하고 사춘기의 정열이 타오르는 내 육체를 보았습니다. 그러자 아버지는 손자라도 기다리는 듯 기뻐하며 어머니에게 말하였습니다. 그러나 그 기쁨이란 세상 사람들이 보이지 않는 술에 취하여 창조주이신 당신을 잊어버리고 당신대신 피조물을 사랑하며 즐기는 것이 아니고 또 무엇이겠습니까? 그 술 취함이란 사람이 당신을 떠나 저속한 것들을 향해 구부러지고 왜곡된 의지에 취하는 것을 말합니다. 그러나 하나님 당신은 내 어머니의 가슴에 당신의 성전을 지으시며 당신이 거할 집의 기초를 다지고 계셨습니다. 아버지는 다만 학습교인으로서 믿기 시작한지 얼마 되지 않았습니다. 그러나 나의 어머니는 이미 거룩한 두려움과 떨림으로 하나님 당신을 섬기고 있었습니다. 내가 세례를 받지 않았음에도 불구하고 내 어머니는 내가 혹시 하나님에게 얼굴을 향하지 않고 등을 향하는 무리들과 섞여 구부러진 길을 걷지나 않을까 무척 두려워했습니다.

7. 어, 나에게 화 있으라! 나의 하나님, 감히 내가 당신을 멀리 떠나가면서도 어찌 당신께 침묵을 지키시라고 말할 수 있겠습니까? 그 때 정말 당신이 침묵을 지키고 계셨던 것입니까? 그렇다면 당신의 신실한 여종인 내 어머니를 통해 내 귀에 퍼부어 주신 것이 당신의 말씀이 아니고 무엇이란 말입니까? 그러나 그 말이 내 마음에 들어와 행동으로 나오지는 못했습니다. 지금도 저는 어머니께서 큰 염려가운데 제게 개인적으로 조용히 "음행을 하지 말라. 특히 다른 사람의 아내를 더럽히지 말라"고 부탁했던 말씀을 생각합니다. 이런 말은 여자들이 흔히 하는 충고 같아서 오히려 이 말을 따르는

것을 부끄럽게 여겼습니다. 사실 그 충고는 당신께로부터 온 것이었으나 나는 그것을 깨닫지 못했습니다. 나는 과연 하나님 당신은 침묵하시고 내 어머님만 말씀하시는 줄 알았습니다. 그러나 그를 통해 당신이 말씀하시고 계셨기 때문에 당신은 전혀 침묵하신 것이 아니었습니다. 따라서 당신의 여종의 아들인 나는 당신의 여종의 말씀에 순종하지 않음으로 당신의 말씀을 순종하지 않은 것이 되었습니다(시 116:16). 그러나 나는 이것을 알지도 못하고 눈이 멀어 계속해서 악을 향해 달려갔습니다. 나는 뻔뻔스럽게 자기들의 추행을 자랑할 뿐 아니라 그런 짓을 더 많이 하면 할수록 더 자랑하는 나의 친구들보다 내가 더 수치스러운 짓을 하지 못한 것을 부끄럽게 생각했습니다. 더욱이 나의 행위가 더 악했던 것은 내가 그 추행을 하는 것이 단지 쾌감을 얻기 위해서가 아니라 동패로부터 찬사를 받기 위함이었다는 점에 있습니다. 그러므로 나는 친구들로부터 비난 받지 않고 도리어 찬사를 얻으려 더 못된 짓을 행했습니다. 그리고 그들 중에서 가장 타락한 자들이 한 짓을 내가 하지 않았을 때는 내가 하지 않은 것까지도 내가 했다고 말하곤 했습니다. 이렇게 함으로써 나는 그들 가운데 경멸당하지 않고 존경을 받았습니다.

8. 내가 어떤 친구들과 바벨론 거리를 누비고 다녔는지 보십시오. 나는 마치 값진 기름과 향료의 침대에서처럼 그 거리의 흙탕물에서 뒹굴었습니다. 그리고 나의 보이지 않는 원수는 나를 유혹하기가 너무 쉬워서 그랬는지 나를 발길로 차 넣어 그 도시의 한복판에 가까이 끌고 갔습니다. 내 육신의 어머니는 이미 바벨론 가운데서 도망하여(렘 51:6) 그 가장자리로 서서히 가고 계셨습니다. 그

렇기 때문에 어머니는 내게 정결을 지키고 아버지가 나에 대해 말한 것을 유념하여 결혼생활 내에서 절제하라고 충고하셨습니다. 그녀는 그때 내 정열이 파괴적이고 미래에 위험한 것이 될 것이라는 것을 아셨습니다. 하지만 그것을 송두리째 뽑아버릴 수 없다면 굳이 부부애라는 계약으로 나의 정열을 억제할 필요는 없다고 본 것입니다. 그래서 어머니는 이것을 주의하지 않으셨습니다. 그것은 혹시 나의 결혼이 내 미래에 방해가 되고 짐이 될까 걱정했던 것입니다. 하지만 하나님 당신에게 바라는 어머니의 희망이란 것은 다가올 세상에 관한 것이 아니라 단지 내가 출세하는 데 필요한 공부를 하는 것뿐이었습니다. 나의 아버지와 어머니는 이런 욕망으로 가득 차 있었습니다. 즉, 나의 아버지는 하나님 당신에 대해서는 거의 생각을 하지 않았고 다만 나에 대하여 헛된 기대만 가지고 있었습니다. 반면에 나의 어머니는 내 공부가 후일 하나님께로 돌아오는 데 방해가 되지 않고 오히려 도움이 되리라 생각했습니다. 따라서 생각해보면, 그때의 나의 부모님의 성격에 대하여 어느 정도 추측해 말할 수 있습니다. 그러는 사이 고삐는 느슨해져 있었고 나는 어떠한 제약도 없이 내가 하고 싶은 놀이의 한도를 넘어 방탕의 지경까지 다다르게 되었습니다. 오, 하나님, 이런 짓을 하는 동안 사방에는 온통 안개로 자욱했습니다. 나의 눈은 멀었고 하나님의 진리의 광채를 보지 못하게 된 것입니다. 나의 눈은 죄악의 살찜같이 밖으로 솟아나고 만 것입니다(시 73:7).

9. 오, 주님, 도적질은 당신의 법과 인간의 마음에 새겨진 법에 의하여 금지되고 형벌을 받고야 마는 죄악입니다. 이 죄악은 인간

이 감히 없앨 수 없는 죄악입니다. 어느 도적이 자기의 것을 훔친 도둑을 용서해 주겠습니까? 풍성한 재물을 지닌 도적이라 할지라도 궁핍해서 자기의 것을 훔친 도적을 용서해 주지는 않을 것입니다. 그러나 나는 도둑질을 하고 싶었고 실제로 도적질을 했습니다. 내가 도적질을 하게 된 것은 배가 고파서나 궁핍해서가 아니라 다만 착한 일을 경멸하며, 죄를 짓고자 하는 강한 충동 때문이었습니다. 그렇지 않고서야 어찌 내가 이미 더 좋은 것을 많이 가지고 있었음에도 불구하고 그런 것을 훔치겠습니까? 내가 즐기고 싶었던 것은 훔친 물건이 아니라 훔치는 그 일 자체였던 것입니다. 우리 집 포도밭 근처에는 배나무가 한 그루 있었습니다. 배가 많이 열리기는 했지만 그 열매의 맛이나 색깔은 그다지 따먹고 싶을 정도는 아니었습니다. 우리들은 밤늦게까지 광장에서 노는 나쁜 습성이 있었는데 그러던 어느 날 밤늦게 우리들은 다 같이 가서 나무를 흔들어 배를 모조리 땄습니다. 우리는 한 아름씩 배를 따 가지고 와서는 그것을 먹지 않고 몇 개만 맛 본 후 그것들을 모두 다 돼지 떼에 던지고 말았습니다. 이런 짓을 하는 것은 너무 즐거웠는데 하지 말라는 것을 하는 것은 더욱 재미있었습니다. 오, 하나님, 내 마음을 보시옵소서. 당신은 심연에 빠져 허우적거리는 내 마음을 불쌍히 여기셨습니다. 이제 내 마음으로 그 깊은 곳에서 찾고 있는 당신에게 고백합니다. 내가 어떤 뚜렷한 이유 없이 악한 일을 할 때 거기에서 찾는 것은 무엇이었습니까? 악한 일을 할 때 악한 일을 하도록 자극한 동기는 바로 악한 의지였습니다. 그것은 더러운 것이었지만 나는 그것을 사랑했습니다. 나는 나를 망치는 것들을 사랑했습니다. 나의 나쁜 짓을 사랑했습니다. 그 나쁜 짓으로 무엇을 얻어서가 아니라 그 나쁜 짓 자체를 사랑한 것입니다. 타락한 내 영혼은 당신을 굳건히 의지하며 사는 것으로부터 멸망의 구덩이로 떨어져 아무것도 부끄럽게 생각하지 않고 그 부끄러움만 즐기며 살아갔던 것입니다.

10. 모든 아름다운 것들, 즉 금이나 은이나 모든 것에는 나름대로의 적당한 매력이 있습니다. 육체를 만지는 것 그 자체에도 상당한 매력이 있어서 사람을 즐겁게 해주고 다른 감각도 각각 기관을 통해서 들어오는 대상과 서로 알맞게 관계되어 있습니다. 세상의 명예도 지배하고 명령하는 어떤 매력을 가지고 있습니다. 그러한 매력 때문에 복수하려는 생각도 나오게 되는 것입니다. 오, 주여, 그러나 이 모든 것을 얻기 위해서 당신을 떠나거나 당신의 법도에서 벗어나면 안 될 것입니다. 이 세상에 사는 우리의 모든 삶에는 각기 알맞은 하층의 독특한 매력이 있습니다. 따라서 인간은 그 자체에 내재해 있는 매력의 분량에 조화되어 살도록 되어 있습니다. 인간들 사이의 우정도 그 자체에 어떤 달콤한 매력을 지니고 있어 서로 하나로 끌어 당겨 조화되게끔 이어주는 것입니다. 오, 우리 주여, 이러한 가치, 즉 하층의 질서에 속한 것들을 더 사랑하고 참 좋고 아주 좋으신 당신, 당신의 진리와 법도를 게을리하는 무분별한 사랑 때문에 죄를 짓게 됩니다. 물론 이런 하층의 가치들도 우리에게 즐거움을 제공하기는 하지만 그것들을 만들어주신 우리 하나님과는 비교도 되지 않습니다. 그렇기 때문에 의로운 자는 하나님 당신 안에서 즐거워하며, 마음이 정직한 자는 하나님을 자랑할 것입니다(시 64:10).

11. 따라서 왜 범죄가 존재하느냐는 질문에 대해서는 사람이 이러한 하층에 속하는 어떤 것을 얻으려는 욕망이라든가 혹은 그것을 잃어버리지 않으려는 두려움 이외에는 달리 설명할 길이 없습니다. 실로 이런 하층에 속한 것은 높은 상층의 존재와 가치에 비하면 보잘것없고 하찮은 것이라 할지라도 매우 아름답고 매력적인 것입니다. 어떤 이가 살인을 했다고 생각해 보십시오. 왜 그랬을까요? 그 이유는 남의 아내를 사랑했거나, 그의 재산에 욕심을 냈거나 아니면 먹고 살기 위해 도적질하기 위해서였거나, 또는 무엇을 그에게 빼앗길까 두려워서 혹은 해를 당하고 복수심에 불타 있었기 때문에 그랬을 것입니다. 사람이 살인 행위 그 자체가 좋아서 어떤 동기도 없이 살인을 하겠습니까? 이유 없이 악하고 잔인하다고 사람들이 말하는 저 야비하고 난폭한 반역자 카타리나라 할지라도 행동에는 언제든지 동기가 없었던 적은 없었습니다. 그들은 말합니다. "게으른 탓으로 손과 마음이 둔해지지 않도록"이라고 말입니다. 그러면 무슨 목적 때문에 그랬을까요? 그것은 이러한 죄악을 저질러서 성곽을 점령한 다음, 명예와 제국과 부를 취하기 위함이었습니다. 또한 법의 두려움과 가정의 궁핍으로부터 벗어나고 죄책을 느끼는 양심으로부터 피하기 위함이었습니다. 그렇기 때문에 카타리나까지도 자기의 죄악을 사랑한 것이 아니라 다른 무엇을 사랑했으니 바로 그것이 동기가 되어 그 범행을 저지르게 된 것입니다.

12. 아, 내가 범했던 그 도적질! 내가 16세 때 범한 그 어두움의 행동 속에서 이 가련한 내가 사랑했던 것은 과연 무엇이었는가? 너는 도적질이기 때문에 결코 아름다운 것이 아니었다. 그러면 과연

너는 무엇이기에 내가 계속해서 이렇게 말을 걸어 의논하는 것인가? 오, 지극히 아름다우신 하나님, 만물의 창조자이신 하나님, 가장 선하시고 참되신 하나님, 그때 우리가 훔친 배는 우리 눈에 좋게 보였습니다. 이유는 그것들도 당신의 좋으신 피조물이었기 때문입니다. 그 배는 참으로 보기에 좋았습니다. 그러나 내 가련한 영이 탐낸 것은 그 배가 아니었습니다. 왜냐하면 내게는 그보다 더 좋은 배가 얼마든지 있었기 때문입니다. 나는 그것을 훔치자 마자 다 내버렸기 때문에 그것을 훔치기 위한 도적질을 했다고 말할 수 있습니다. 그 배에서 내가 만족을 느꼈던 것은 나의 죄였습니다. 나는 나의 죄를 좋아했던 것입니다. 만일 약간의 배가 내 입에 들어갔다면 그 좋은 맛은 그것을 먹는 내 죄였을 것입니다. 내 주 하나님, 내가 이제 묻고 싶은 것은 그 도적질에서 나를 그렇게 기쁘게 해준 것이 무엇이었을까 하는 것입니다. 그 도적질에는 어떤 아름다움도 없습니다. 정의나 지혜나 정신이나 기억이나 감각이나 활력 넘치는 생명력에 깃들어 있는 아름다움이 하나도 없었습니다. 또한 도적질에는 제 궤도를 따라 달리는 별의 영광이나 아름다움도 없고 끊임없는 신진대사로서 생명을 풍성히 이어가는 지구나 바다의 아름다움도 없었습니다. 그 곳에는 보통 악을 행할 때 나타나는 거짓된 색깔이나 그림자 같은 매력도 없었습니다.

13. 오, 하나님, 당신만이 만물을 초월하여 높이 계시는 분이시므로 당신만이 모든 것 위에 뛰어난 존귀와 영광을 받으셔야 합니다. 그러나 인간의 교만은 당신의 높으심을 흉내 내려 합니다. 권력을 가지고 있는 자는 그 잔인성 때문에 사람들이 그를 두려워해

주기를 바랍니다. 그러나 하나님 이외에 참으로 두려워해야 할 자가 누구입니까? 누가 언제, 어디서, 어디로, 누구를 통해서 당신의 능력으로부터 감히 피할 수 있단 말입니까? 음탕한 자들의 매혹이 사랑을 끌기 원합니다. 그러나 당신의 사랑보다 더 우리의 사랑을 끄는 것이 없고 모든 것을 뛰어넘어 아름답게 빛나는 당신의 진리를 사랑하는 것보다 더 건전한 사랑은 없습니다. 호기심은 지적인 열정을 자극하여 모든 것을 아는 것 같이 보이게 만들지만 모든 것을 아주 잘 아시는 분은 오직 당신뿐이십니다. 무지와 어리석음이 단순하고 무해한 것처럼 가면을 쓰고 자기를 나타내지만 참으로 당신과 같이 단순하시고 해롭지 않으신 분이 어디에 있습니까? 그렇기에 악인들에게 해를 주는 적은 바로 자기 자신들이 지은 행동입니다. 게으른 자가 안식을 찾고 있으나 주님 안에서 누리는 안식 외에 더 확실한 안식이 어디에 있습니까? 사치를 가리켜 만족과 풍부함이라 하지만 당신만이 다함이 없고 상하지 않는 기쁨의 풍성이요 충만 일뿐입니다. 인간의 낭비가 관대하게 보이는 것 같지만 좋은 것을 아낌없이 주시는 분은 오직 당신뿐이십니다. 탐욕은 많은 것을 소유하게 만들지만 당신은 이미 모든 것을 소유하고 계십니다. 질투는 서로 높은 자가 되려고 다투지만 당신보다 더 높으신 분이 어디에 있다는 말입니까? 분노는 복수하려고 기회를 엿보게 합니다. 하지만 하나님 당신보다 더 공정하게 보수하시는 분이 어디에 있습니까? 예기치 않았던 일이 돌연히 일어나 우리가 사랑한 것이 위협을 당할 때 우리는 놀라 위축되거나 또는 그것들의 안전을 도모하려 합니다. 그러나 당신에게 있어선 예기치 않았던 것이나 돌연히 생기는 것은 단 하나도 없으십니다. 당신이 사랑하시는 것을 누가 빼앗을 수 있습니까?(롬 8:9) 당신밖에 그 어디에 참으로 흔들리지 않는 안전이 있겠습니까? 인간은 자기의 욕심이 좋아하는 것을 잃어버릴 때 슬픔으로 그것을 되찾으려 갈망합니다. 왜냐하면 당신이 아무것도 잃어버리시지 않으신 것처럼 자신도 무엇을 잃어버리지 않으려고 쓸데없는 욕심을 내기 때문입니다.

14. 이처럼 영혼이 당신을 떠나 돌아서서 당신 밖에서 순수하고 깨끗한 것을 찾으려 할 때 곧 외도를 하게 됩니다. 그러나 그 영혼이 당신께로 다시 돌아가기까지는 그것을 찾을 수 없습니다. 당신을 멀리 떠나 당신을 대적하고 스스로 교만해지려고 하는 모든 것은 당신을 잘못 모방하기 때문입니다. 그러나 그들은 당신을 잘못 모방하는 그 행위에 있어서 당신이 바로 모든 자연을 만드신 창조주시라는 것을 시인하고 있으며 어디로 가든지 당신을 전혀 떠나 있을 수 없다는 것을 고백하게 될 것입니다. 그러면 그 도적질에서 내가 사랑했던 것은 무엇이었습니까? 그리고 내가 어떤 의미에서 나의 주님을 나쁘게 모방한 것입니까? 사실 내 능력으로 할 수 없어서 몸짓으로나마 당신의 법을 어기는 것을 내가 좋아한 것입니까? 나는 포로가 되었으면서도 전능이라는 그늘진 가면 아래서 하지 말라는 것을 함으로써 거짓된 자유를 내보이고 있지 않았습니까?(욘 1, 4장) 나의 주님, 당신을 피하여 그늘을 좇고 있는 당신의 종을 보시옵소서. 아, 부패여! 아, 괴물 같은 삶이여! 죽음의 심연이여! 다만 옳지 않기 때문에 그 옳지 않는 일을 하는 데서 내가 그렇게 즐거울 수가 있었습니까?

15. 이런 일들을 기억함에도 불구하고 내 영혼이 두려움을 느끼지 않으니 내가 무엇으로 주님께 보답하여야 되겠습니까?(시 116:12) 오, 주님, 당신이 그러한 악하고 가증한 나의 행동을 용서하셨으니 내가 당신을 사랑하며, 감사와 찬송을 올리려 합니다. 당신의 은혜와 자비로 말미암아 내 죄가 얼음 녹듯 녹아 없어졌습니다. 또한 내가 무슨 악한 일을 하지 않게 된 것도 모두 다 당신의 은혜 때문입니다. 사실 죄 때문에 죄를 사랑한 내가 무슨 짓은 못했겠습니까? 나는 이제 모든 죄, 즉 내가 행동으로 옮기지 않은 죄까지도 다 용서해 주신 것을 압니다. 자기의 연약함을 아는 사람치고 누가 감히 자기의 순결함과 무죄함을 자기의 능력에 다 돌릴 수 있겠습니까? 또한 누가 감히 당신께 돌아오는 자들의 죄를 용서해 주시는 당신의 자비가 덜 필요하기 때문에 당신을 조금만 사랑해도 된다고 말할 수 있겠습니까? 당신이 부르실 때 그 음성을 듣고 곧 순종하여 자신은 그런 짓을 하지 않았다고 자처할 사람이 있으면 그로 하여금 나를 비웃지 못하게 하여 주옵소서. 나는 한때 병든 자였으나 영혼의 의사에게 고침을 받았습니다. 나를 치료하신 그 의사의 도움으로 그 비웃는 자들도 병에서 치료를 받았을 것입니다. 이러므로 그 사람도 나처럼, 아니 나보다 더 당신을 사랑해야 합니다. 왜냐하면 의사이신 당신이 나를 심한 죄의 병에서 고쳐 주셨음을 그 사람이 알게 되었고 또한 당신의 똑같은 손이 그도 죄를 짓지 않게 도우셨다는 것을 알게 되었기 때문입니다.

16. 가련한 인간인 내가 아직까지 기억하면서 부끄럽게 생각하는 것들, 특히 그 도적질로부터 얻은 결과는 무엇이겠습니까?(롬 6:21) 내가 도적질을 할 때 그 도적질 자체를 사랑한 것이 아니었

습니까? 도적질은 본래 내게 없는 것이었기 때문에 그것을 사랑했던 것은 더욱 비참한 일이 아니겠습니까? 또한 나 혼자였다면 그 도적질을 하지 않았을 것입니다. 내가 그때 도적질을 하게 된 것은 함께 행동했던 공모자들인 친구들과의 사귐을 사랑했기 때문이었습니다. 그러므로 나는 도적질만 사랑한 것이 아니었습니다. 같이 도적질한 친구들까지 사랑한 것입니다. 그러나 사실 내가 사랑한 것은 도둑질 이외의 다른 어떤 것도 아니었습니다. 그러므로 친구와의 사귐도 본래 별 다른 것도 아닌 것이지 않겠습니까? 이 얼마나 역설적인 말입니까? 나의 마음을 비추어 그 어두운 구석가지 살펴보시는 하나님 이외에 누가 나에게 이 역설적인 것을 설명해 줄 수 있겠습니까? 내 마음으로 하여금 이것에 대하여 묻고, 따지고, 생각하게 한 것이 도대체 무엇입니까? 만일 그때 내가 훔친 배를 사랑했고 정말 먹고 싶어서 그 짓을 했다면 나는 그것을 혼자 했을 것이고 그렇게 함으로써 나는 만족했을 것입니다. 또한 나는 내 공모자들의 자극에 의하여 내 탐욕의 간지러움을 불붙게 할 필요도 없었을 것입니다. 그러나 내가 느낀 쾌감은 그 배에 있었던 것이 아니라 바로 그 죄악을 범하는 데 있었고 그 죄악은 나의 나쁜 친구들과 함께 저지르는 것이었습니다.

17. 그러면 그 때의 감정은 어떤 것이었을까요? 그것은 확실히 타락해 있었고 그러한 상태에 있던 나는 참 불쌍한 자였습니다. 나의 그런 상태란 도대체 무엇입니까? 누가 감히 자기의 잘못을 이해할 수 있겠습니까?(시 19:2) 우리들은 자신들이 무엇을 하는 지도 모르고, 속아 넘어갔던 자들을 생각하고서는 마음이 간지러워 한바탕 웃지 않을 수 없었습니다. 그들은 우리가 속인 줄을 알았다면 분을 참지 못했을 것입니다. 내가 그렇게 신나는 일을 왜 나 혼자

안했는지요? 사람이 혼자 쉽게 웃지 않는 것과 같습니까? 보통 사람이란 혼자 웃지 않습니다만 때로는 옆에 사람이 없고 자기 혼자 있을 때도, 우스꽝스러운 것이 감정이나 마음에 사무칠 때 웃음보를 터뜨리게 됩니다. 그렇지만 나는 혼자서 그런 도적질을 하지 않았을 것입니다. 절대로 나 혼자는 그런 짓을 하지 않았을 것입니다. 나의 하나님, 생생한 내 영혼의 기억이 당신 앞에 놓여 있으니 보시옵소서. 나 혼자서는 그 도적질을 하지 않았을 것입니다. 나를 기분 좋게 해준 것은 내가 훔친 물건이 아니라 그 훔치는 행동 그 자체였습니다. 그리고 내가 그 행동을 혼자서 했더라면 기분이 그렇게까지 좋지는 않았을 것입니다. 아! 참으로 우정답지 못한 우정이여! 너는 영혼을 이상하게 유혹한 자, 탐욕과 장난의 충동으로 해로운 짓을 갈망하는 자, 자신의 사욕을 차리거나 남에게 복수할 생각은 없으면서도 다른 사람이 잘못됨을 보고자 하는 자가 아니었던가? 그럼에도 누군가가 "자, 가자! 그것을 해치우자!"라고 말하면 우리들은 파렴치 못함을 오히려 부끄럽게 여길 정도로 악을 행했습니다.

18. 누가 이 얽히고 헝클어진 매듭을 풀어 줄 수 있다는 말입니까? 그것은 더러워서 내 자신이 생각하기도 싫고 보기도 싫은 것입니다. 그러나 정결한 눈에 나타나시는 의로우시고, 순결하시며, 아름다우시고, 사랑스러운 당신을 뵙고 싶습니다. 싫증나지 않는 만족감으로 당신을 바라보고자 합니다. 당신에게는 완전한 평안과 요동치 않는 생명이 있습니다. 당신 안에 있는 자는 "주인의 즐거움"(마 25:21)에 들어가 두려움 없이 가장 선하신 분 안에서 잘 살 수 있을 것입니다. 오, 나의 하나님, 그러나 나는 당신으로부터 떨어져

나와 길을 잃었습니다. 나의 젊은 시절에 나를 붙들어 주시는 당신을 멀리 떠나 헤매고 다녔습니다. 그리하여 나는 스스로 황폐한 땅이 되어 버리고 말았습니다.

제3권

어거스틴의 17세에서 19세까지 카르타고에서의 생활

17세부터 19세까지의 카르타고에서의 생활-무질서의 근원-연극에 빠짐-학문과 지혜의 사랑에 빠짐-성경을 혐오함-마니교에 탐닉함-마니교의 노선을 비판함-이교에 빠진 아들을 향한 그의 모친 모니카의 슬픔과 그의 회심을 위한 기도-하나님께 받은 모니카의 비전과 감독으로부터 온 응답

1. 나는 드디어 카르타고로 왔습니다. 그곳은 가증한 사랑으로 가득 찬 끓는 가마와 같은 곳이었습니다. 나는 아직 사랑하고 있지는 않았으나 사랑하는 것 자체를 사랑하고, 깊이 숨겨진 욕구불만에서 내가 그 욕구불만을 더 강하게 느끼지 못함을 스스로 미워했습니다. 나는 사랑하는 일을 사랑하고 올가미가 없는 평탄한 길과 안전한 길을 미워하면서 사랑의 대상을 찾아 헤매었습니다. 하나님, 나는 내 마음의 양식인 당신이 없어서 굶주리고 있었지만 정작 배고픔을 느끼지는 못했습니다. 그래서 나는 썩지 않을 양식을 갈망하지 못한 채 그대로 머물러 있었습니다. 그것은 내가 이미 썩지 않는 양식으로 배불러서가 아니라 내 속이 비어 있으면 있을수록 더욱 구역질이 났기 때문입니다. 이러므로 내 영혼은 건강하지 못했고 종기투성이가 되어 곪아 터져서 그 가려움을 없애려고 감각적인 것으로 긁고 있었던 것입니다. 그러나 감각적인 것이 영혼을 가지고 있지 않았기 때문에 진정한 사랑의 대상이 될 수는 없었습니다. 내가 사랑한 자의 육체를 즐길 때에는 그 강도가 훨씬 높았습니다. 따라서 나는 우정의 맑은 광채를 지옥의 욕정으로 흐리게 했던 것입니다. 이렇게 나는 추하고 부정직한 인간이었지만 도리나 지나친 헛된 생각에 사로잡혀 고상하고 점잖게 보이기를 원했습니다. 자비로우신 나의 하나님, 당신은 선하심이 무한하셔서 나를 위해 그 달콤한 쾌락에 얼마나 많은 쓸개를 섞어 주셨습니까? 나는 사랑을 받을 뿐 아니라 쾌락의 극치를 경험하기까지 하였습니다. 그러나 그 쾌락의 경험은 괴로움과 얽혀져 있었으니 사실 나는 질투, 의혹, 공포, 분노, 분쟁 등으로 빨갛게 달구어진 쇠붙이로 징계를 받고 있는 것이나 마찬가지였습니다.

2. 또한 연극이 나를 사로잡기도 했습니다. 내가 본 연극이란 나의 비참한 모습을 그린 장면으로 가득 차 있어서 내 욕정의 불에 기름을 더욱 끼얹는 형국이었습니다. 사람들은 왜 슬프고 애달픈 일을 경험하기는 싫어하면서도 그런 장면을 보고는 슬퍼하기를 좋아하는 것입니까? 관람객들은 이런 연극을 통해 서러움을 실감하려 하며, 그 서러움에서 어떤 쾌감을 맛보려 합니다. 바로 이것이 가련하고도 미친 행동이 아니고 무엇입니까? 사람이 이런 일로 감동을 받으면 받을수록 그는 슬픈 감정에서 헤어 나오지 못하게 됩니다. 사람들은 보통 그런 슬픈 일을 혼자 당하면 불행이라고 하고 다른 사람들과 같이 괴로워하면 동정이라고 합니다. 그러나 꾸며내어 사실이 아닌 연극을 보고 슬퍼하는 것이 도대체 무슨 동정이 될 수 있다는 말입니까? 관객들은 고통 받는 연기자를 도와주려고 온 것이 아니라 다만 그들의 연기를 보고 슬퍼해 주려 초대받은 것뿐입니다. 그리고 그들이 슬퍼하면 할수록 그들은 더욱 이 꾸며낸 허구의 연극배우에게 박수갈채를 보내는 것이 됩니다. 만일 연기자의 그 불행스러운 연기가 – 그것이 역사적인 것이든 혹은 허구적인 것이든 – 관객의 슬픔을 이끌어내지 못하면 관객은 이내 싫증을 내고 불평하면서 자리를 뜨고 맙니다. 그러나 만일 그의 마음이 깊이 자극되어 슬프게 되면 그들은 정신을 바짝 차리고 앉아서 기쁨의 눈물을 흘리곤 합니다.

3. 그러면 사람들이 눈물과 슬픔을 사랑해서 그런 것입니까? 분명한 사실은 사람들이 슬퍼지기를 원하기보다 모두 다 기쁘기를 원한다는 것입니다. 그러나 동시에 모든 사람은 슬퍼하는 사람을 동

정하고자 합니다. 이렇듯 슬픔이 없이는 동정이 불가능하기 때문에 우리들이 슬픔을 사랑하게 되는 것입니까? 이것 역시 저 우정의 물줄기에서 흘러나온 것입니다. 그런데 이 물줄기는 어디로 가며 어디로 흐릅니까? 왜 이 흐름은 하늘의 자기 자신의 의지에 의하여 저 하늘의 청결에서 전락하고 전향하여 흙탕물의 흐름, 수치스러운 탐욕의 조류[1]로 흘러 들어가 섞여서 식별할 수 없을 정도로 변질되어 버리는 것입니까? 그러면 우리는 동정이란 것을 배격해야 합니까? 결코 그렇지 않습니다. 때로는 다른 사람의 슬픔을 동정하기도 해야 하는 것입니다. 내 영혼아, 불결함을 주의하라. 너는 너를 지키시는 하나님, 우리 조상의 하나님이 되시고 모든 것 위에 계셔서 영원히 찬양을 받으실 만한 하나님의 존전에서 불결케 될까 주의하라(세 아이의 노래 제3절). 물론 이것이 내게 다른 사람을 동정해 주는 마음이 없다는 것은 아닙니다. 그러나 그때의 나는 무대에서 사랑을 연기하는 사람들이 서로 너절하게 좋아하는 것을 보고 같이 공감했습니다. 그리고 그들이 서로 헤어질 때는 그들을 동정하여 그들과 함께 슬퍼했으니 나 역시 슬픔과 동정을 동시에 좋아한 것이 아닙니까? 그러나 오늘에 와서 나는 해가 되는 쾌락을 얻지 못했거나 또는 괴로워 할 행복을 놓쳤다고 고민하는 자들보다 자기들의 사악을 즐기는 자를 더 불쌍히 여겨 동정하고 있습니다. 말하자면 이것이 바로 진정한 동정입니다. 그러나 그 동정에서 느끼는 나의 슬픔은 나에게 즐거움을 주지 못했습니다. 불쌍한 자와 함께 슬퍼하는 그 동정의 행위는 칭찬을 받아야 하지만 사실은 진

---

[1] 그는 진득진득한 역겨운 거품이 흘러나오는 소돔의 바다를 암시하는 것 같다. 이 물은 다른 강과 합쳐져서 변질되어 버린다. 그리고 그 강 자체가 움직이지 않아 남게 되는데 이것을 가리켜 사해바다라 칭한다.

정한 동정을 하는 사람도 자기를 슬프게 해주는 것만은 없기를 바라는 모양입니다. 만일 심술궂은 호의가 있다고 가정한다면(절대 그럴 수 없겠지만) 그 때에 남을 진정으로 동정코자 하는 그는 자기가 동정을 할 수 있도록 불행해진 사람이 생겨나기를 원할 것입니다. 그러므로 어떤 불행한 자를 보고 슬퍼하는 것은 좋으나 그것을 사랑의 대상으로 삼아서는 안 될 것입니다. 우리가 우리 자신의 영혼을 사랑하는 것보다 훨씬 더 정결하게 우리 영혼을 사랑하시는 주 하나님, 당신께는 순결한 자비가 있어서 세상의 어떤 슬픔에도 상처를 받지 않으십니다. 누가 그런 완전함에 도달할 수 있으며, 이런 일을 감당할 수 있겠습니까?(고후 2:16)

4. 그러나 가련한 나는 슬퍼하기를 좋아했고 내 마음을 슬프게 해주는 것들을 찾아 헤매었습니다. 가상적으로 연출된 남의 슬픔이었지만 나는 배우들의 연기를 좋아했고 그것에 반하여 눈물까지 흘리게 되었습니다. 그러므로 내가 당신의 보호하심을 싫어하며 당신의 양떼를 떠나 길을 잃고 헤매는 불행한 양 한 마리가 되었고 더러운 병에 걸리게 된 것은 그리 이상한 것이 아니었습니다. 내가 슬픔을 사랑하게 된 이유는 그 슬픔이 내 마음에 깊이 파고들어와 상처가 되기를 바라는 것도 내가 관람하기 좋아한 비극이 나에게 동일하게 일어나기를 바라는 것도 아니었습니다. 다만 허구의 연극 소리를 보고 들음으로써 내 감정의 표면을 가볍게 할퀴고 스쳐가기를 바랐던 것입니다. 그러나 가볍게 할퀴던 손톱자국은 유독한 손톱으로 할퀸 듯 부풀고 염증이 생겨 썩고 있었습니다. 오, 나의 하나님, 이것이 그때 나의 삶이었으니 어찌 그것이 아름다운 삶이라 할 수 있겠습니까?

5. 당신의 신실한 자비하심은 내 머리 위에서 운행하고 있었습니다. 나는 큰 죄에 빠져 나의 삶을 탕진했고 신성모독의 호기심을 쫓다가 당신을 떠나버렸습니다. 그리하여 나는 부정한 행동의 밑바닥, 즉 요사스런 마귀를 섬기는 데까지 떨어져 그에게 내 천한 행동을 제물로 바쳤습니다. 그럴 때마다 당신은 나를 채찍으로 쳐서 징계하셨지요. 나는 언젠가 엄숙한 의식이 거행되는 당신의 교회 건물 내에서 뻔뻔스럽게 욕정을 내어 죽음의 열매를 맺는 일을 꾸미기까지 했습니다. 그때 당신은 나를 매우 혹한 벌로 치셨으나 그 벌은 내 잘못에 비하면 아무것도 아니었습니다. 오, 무한히 자비로우신 나의 하나님, 당신은 저 무서운 위험 속에서 나를 건져 주신 나의 피난처이십니다. 그때 나는 그 위험 속에서 길게 목을 빼며 당신을 점점 멀리 떠나 헤매었고 당신의 길이 아닌 나의 길을 따라가는 도망자의 자유를 좋아했습니다.

6. 그때에 내가 고상하다고 생각하여 열심히 추구했던 학문은 결국 법정의 논쟁에서 탁월함을 뽐내게 하는 것을 목적했습니다. 그러므로 나는 두각을 나타내고자 원했는데 내가 교활하면 할수록 나는 더욱 더 유명하게 되었습니다. 그런 짓을 하는 것이 인간의 맹점이었는데 사람들은 이 맹점을 자랑하는 것이었습니다. 그즈음 나는 이미 우리 수사학 학교에서 수석을 차지하여 몹시 좋아 뽐내며 교만으로 잔뜩 부풀어 있었습니다. 그러나 주님께서 잘 아시다시피 나는 좀 침착한 편이어서 뒤집어 엎어버리는 "파괴자들"[2]과

---

2) 이 이름은 말과 행동에 있어서 모두 치명적으로 해악한 행동을 하는 자들을 지칭할 때 사용되었다.

는 – 이런 어리석고 악마적인 이름을 용맹의 표식으로 붙여 주었는데 – 거리를 두며 지냈습니다. 그럼에도 불구하고 나는 그들 사이에 들어가 지내면서 그들과 같지 않음을 오히려 부끄러워하기도 했습니다. 나는 그들과 같이 사귀고 지내는 가운데 때로는 어떤 재미를 느끼기도 했으나 그들의 행동, 즉 그들의 파괴적인 행동은 아주 질색이었습니다. 그들이 하는 짓이란 새침하고 수줍어하는 하급학년 학생들을 이유 없이 때려눕히고 비웃고 괴롭히는 것이었습니다. 이렇게 함으로써 그들은 자신들의 지독한 장난의 기질을 계속 만족시켰던 것입니다. 이런 짓을 하는 자들의 짓보다 더 악마적인 행동을 닮은 것은 없기에 그들을 뒤집어 엎어버리는 파괴자들이라고 불렀던 것입니다. 그들이 남을 속이고 놀리기를 즐기는 동안 정작 속이고 유혹하는 마귀들은 그들을 속이고 비웃고 있었으니 완전히 뒤집어지게 된 놈들은 바로 그들이 아니고 누구였겠습니까?

7. 내 생애 중에서도 불안정한 시기라 할 수 있는 그때에 나는 이런 자들의 틈에 끼어 수사학에 관한 여러 책들을 공부하고 있었습니다. 웅변에 있어서 뛰어난 존재가 되려는 것이 나의 동기였는데 그것은 인간의 헛된 영광을 좋아하는 허영으로 잔뜩 부풀어 있는 것뿐이었습니다. 이렇게 수사학 공부의 과정을 밟아 나가는 중에 나는 키케로가 쓴 어떤 책을 읽게 되었습니다. 키케로라 하면, 그의 마음은 어떤지 모르나 그의 연설에 있어서는 세상에 널리 알려져 칭찬받는 자였습니다. 특히 이 책은 철학으로의 권유를 기록한 것으로서 사람들은 그 책을 "호르텐시우스"Hortensius라 불렀습니다. 그런데 바로 이 책이 나의 마음을 바꾸었고 나의 기도를 하나

님 당신께 향하게 하였고 나에게 새로운 희망과 욕구를 제공해 주었습니다. 이 책을 읽은 후 이때까지 품어왔던 나의 모든 헛된 욕망과 소망은 돌연 나에게 하찮은 것으로 보였습니다. 나의 마음은 이제 불멸의 지혜를 추구하려는 욕구로 가득 차 나는 당신에게 돌아가기 위해 일어섰습니다(이때 내 나이 19세이었는데 나의 아버지가 2년 전에 세상을 떠나셨기 때문에 나는 어머니가 마련해 준 학비로 공부하고 있었습니다). 그러나 내가 키케로의 책을 공부한 것은 그저 내 혀를 날카롭게 하기 위함만은 아니었습니다. 그 책이 나를 움직인 것은 웅변술의 문체가 아니라 그 내용에 있었던 것입니다.

8. 나의 하나님, 나는 그때 땅에 속한 것에서부터 당신에게로 나아가고자 얼마나 열망했는지 모릅니다. 그러나 나는 그때까지도 당신이 나를 위해 무엇을 하고 계신지 알지 못했습니다. 진실로 당신에게만 지혜가 있사옵니다. 그 지혜를 사랑함을 헬라어로 철학이라 일컬었는데, 그 책은 이런 사랑으로 나를 사로잡고 있었습니다. 그러나 세상에는 철학을 빙자하여 위대하고 달콤하고 영예스러운 이름으로 자기들의 오류를 색칠하고 가리면서 사람들을 유혹하는 자들이 있습니다. 그래서 그 책은 키케로의 시대나 그 이전에 있었던 그러한 사람들을 전부 지적하여 비판하고 있었습니다. 거기에는 또한 당신의 착하고 충성된 종을 통해서 밝히 드러내신 성령의 유익한 권고 같은 것도 있었습니다. 즉 "누가 철학과 헛된 속임수로 너희를 노략할까 주의하라 이것이 사람의 유전과 세상의 초등학문을 좇음이요 그리스도를 좇음이 아니니라 그 안에는 모든 충만이 육체

로 거하시고"(골 2:8-9)라는 말씀과 같은 것이 바로 그것이었습니다. 나는 그때 이 사도적 말씀을(내 마음의 빛이 되신 당신은 알고 계시지만) 전혀 모르고 있었습니다. 그래서 나는 다만 키케로가 말하는 그 훈계를 좋아한 나머지 그 책의 가르침을 따라 이 학파 저 학파를 초월하여 지혜 자체를 사랑하고 탐구하고 소유하고 포용하고자 일어섰고 불타 있었습니다. 이렇듯 내 마음이 지혜로의 갈망으로 불타 있었으나 그 책에 한 가지 석연치 않았던 것은 그리스도의 이름이 없었다는 것이었습니다. 오, 주님, 그 이름, 당신의 아들, 나의 구주되신 그 이름을 나의 어린 마음으로 하여금 어머니의 젖과 함께 정성스럽게 먹게 하셨고 내 마음 속 깊이 소중히 간직하게 하셨습니다. 그러므로 아무리 깊이가 있고 잘 기록된 책이라 할지라도 당신의 이름이 없는 이상 내 마음을 완전히 사로잡을 수는 없는 것입니다.

9. 그러므로 나는 성경으로 마음을 돌려 그것이 어떠한가 알아보기로 결심했습니다. 그러나 그 책은 교만한 자들은 이해하기 어렵고 어린아이들에게는 확실치 않으며, 처음은 나지막하여 쉬운 듯하나 가면 갈수록 태산 같이 신비에 싸여 있는 말씀이었습니다. 나에게는 그때 성경의 뜻을 이해할 수 있는 능력이 없었고 그 말씀에 고개를 숙이고 따를 겸손도 없었습니다. 물론 내가 성경을 처음 읽었을 그 때는 지금처럼 이렇게 생각하지는 않았습니다. 또한 문체에 있어서도 성경은 키케로의 웅변의 위엄에 비길 바가 못 된다고 생각했습니다. 이처럼 나의 교만은 성경의 단순하고도 소박한 문체를 싫어했고 결국 나의 예리한 통찰력은 그 내적인 의미를 이해하

지 못했던 것입니다. 진실로 성경에 대한 이해는 어린아이가 성장하듯 자라나야 하는 것 같습니다. 그러나 나는 어린아이처럼 되기를 싫어했고 교만의 허영으로 잔뜩 부풀어 스스로 어른이 된 것처럼 생각했습니다.

10. 그때 또한 나는 어떤 부류의 사람들 사이에 빠져들고 말았는데 그들은 미친 듯이 교만했고 육적인 것을 추종했으며 말이 많은 사람들이었습니다. 그들의 입은 당신의 이름과 우리 주 예수 그리스도의 이름과 우리의 위로자 되시고 보혜사이신 성령의 이름이 뒤섞인 말들로 재잘거리는 마귀의 덫이었습니다. 이 이름들이 항상 그들의 입에서 떠나지 않았지만 그것은 다만 혀의 굴리는 소리일 뿐 그들의 마음은 그 참다운 진리를 알지 못한 채 텅 비어 있었습니다. 그들은 계속 "진리, 진리"라고 부르짖었고 나에게 계속해서 그 말을 내뱉었지만 사실 진리 자체는 그들 안에 있지 않았습니다(요일 2:4). 그들은 거짓을 말하고 있었으니 참으로 진리가 되신 당신에 대해서뿐만 아니라 당신의 피조물인 세상의 요소들에 대해서도 역시 마찬가지였습니다. 가장 선하시고 가장 아름다우신 나의 하나님 아버지시여, 당신을 사랑하는 까닭에 나는 비교적 진리를 말하는 저 철학자들까지도 무시하고 지나가야만 했습니다. 오, 진리, 진리, 그들이 나에게 계속하여 여러 가지 면으로 많은 책과 말로 당신의 이름을 약간 속삭여 주었을 때 내 영혼의 골수는 얼마나 당신을 열망했었습니까? 이런 것들은 당신에 굶주린 나에게 해와 달, 즉 당신의 아름다운 피조물을 올려놓은 식탁밖에 안 되었습니다. 그러나 그것들은 당신이 만드신 것들일 뿐 당신이 아니시고 혹

은 당신이 제일 먼저 지으신 것들도 아니었습니다. 아무리 하늘에 빛나는 존재라 할지라도 저 물질적 존재들은 영적인 존재 이후에 창조된 것들입니다. 그렇지만 내가 굶주려 갈구했던 대상은 저 영적인 피조물들이 아니었습니다. 내가 열망한 것은 변치 않으시고 회전의 그림자도 없으신 진리, 즉 하나님 당신 자신이셨습니다(약 1:17). 그러나 그들이 나를 위해 준비한 식탁에는 찬란한 환상들만 올려져 있었을 뿐입니다. 그러기에 적어도 육안으로 보는 실재의 해를 사랑하는 것이 눈을 통해서 마음을 속이는 거짓된 환상을 사랑하는 것보다 더 나으리라고 생각하였습니다. 그러나 나는 그때 그것들이 당신인 줄 알았기에 받아먹고 있었습니다. 물론 맛있게[3] 먹지 못했습니다. 왜냐하면 그것들은 허망한 환상으로서 당신과 같지 않았기 때문입니다. 그러므로 내가 그것을 먹고 영양을 얻어 건강하게 된 것이 아니라 오히려 쇠약해지고 말았습니다. 꿈속에서 보는 음식과 깨어 있을 때 보는 음식이 별로 다를 것이 없는 것 같으나 꿈속에서는 그것을 먹어 영양을 섭취할 수 없지 않겠습니까? 그러나 이제 당신이 말씀하신 바와 같이 이런 자들의 환상들은 절대로 당신과 같을 수 없습니다. 그것들은 다만 물질적인 대상으로부터 만들어진 환상일 뿐입니다. 이러한 환상에 비하면 우리의 육안으로 보는 하늘 혹은 땅위에 실제적인 물체가 훨씬 더 확실한 것들입니다. 들짐승들이나 공중에 나는 새들도 우리처럼 이런 물체를 보고 알지 않습니까? 이렇듯 우리가 보고 있는 물체들은 우리가 상상하여 그려 낸 것보다 더 확실한 것입니다. 그리고 또한 이 물체를 상

---

[3] "나는 우리 눈으로 보는 빛이 우리가 경배해야 할 대상이라고 생각한 사람들 사이에 떨어졌습니다. 하지만 나는 동의하지 않았습니다. 하지만 그들이 가리고 있던 이러한 가면을 벗겨내면 무언가 대단한 것이 있을 것이라 생각했습니다."

상하여 마음속에 그려 본 것이 그것들을 토대로 하여 존재하지 않는 어떤 무한하고도 거대한 대상을 추측해 만든 것보다 더 확실한 것입니다. 나는 그때 이런 공허한 환상만 먹고 있었기 때문에 영양을 취할 수 없었습니다. 내가 항상 열망했던 나의 사랑이시며 힘이 되신 하나님 당신은 우리가 저 하늘에서 볼 수 있다든가, 볼 수 없다든가 하는 물체가 아니시고 그것들을 전부 창조하신 창조주이십니다. 그러나 보이는 모든 것들이 당신의 피조물 중에서 가장 으뜸가는 것은 아닙니다. 그렇다면 당신은 나의 환상, 즉 실재하지 않는 존재에 대한 환상에서 아주 멀리 떨어져 계시는 존재이십니다. 또한 이런 환상보다 실재의 사물에 대한 모습이 더 확실하고 이 사물의 모습보다 그 사물, 그 자체가 더 확실한 존재입니다. 그러나 당신의 존재는 이런 사물의 존재 양식과 전혀 다른 분이십니다. 그리고 당신은 우리 육체의 생명이 되는 영혼과 같은 존재도 아닙니다. 물론 육체를 움직이는 생명은 육체 자체보다 더 좋고 더 확실하지만 하나님 당신은 이것마저 초월하신 영혼의 생명으로서 바로 생명의 생명이시며 생명 그 자체가 되십니다. 오, 나의 영혼의 생명이시여, 당신은 절대로 변치 않는 분이십니다.

11. 그러면 그때 당신은 어디에 계셨고 나는 당신으로부터 얼마나 멀리 떠나 있었던 것입니까? 정말 나는 당신에게서 떠나 멀리 돌아다니며 돼지가 먹다 남긴 쥐엄 열매 찌꺼기도 먹지 못하게 되었습니다. 시인들이나 문법학자들이 말하는 이야기는 이런 마니주의자들의 속임수보다는 훨씬 더 나았습니다. 왜냐하면 시나 노래나 날아다니는 "메데아"Medea의 이야기는 그래도 이 사람들이 말하는

다섯 가지 원소보다 더 도움이 되는 것이 많았기 때문입니다. 이들은 이 다섯 가지 원소를 다섯 가지 암흑의 동굴과 관련시켜 여러 가지로 꾸며 색칠해 내었습니다. 그러나 그러한 요소는 실제로 존재한 것이 아니어서 그것을 믿는 자들을 오히려 죽게 만드는 것이었습니다. 시를 읊고 노래를 부를 때, 즉 나는 "메데아"를 노래할 때 그것을 사실로 긍정하거나 믿지는 않았지만 내 마음의 양식으로 삼을 수는 있었습니다. 그러나 또 다른 가르침 즉 마니주의자들의 환상에 대해서는 그때 사실로 믿었습니다. 그러므로 내가 어떠한 과정을 통해 점점 지옥의 밑바닥(잠 9:18)으로 끌려갔는지를 생각하면 지금도 소름이 끼칩니다. 내가 진리를 찾기 위해 애태우며 허덕이고 있을 때 실은 나의 하나님이신 당신을 찾고 있었습니다만 동물보다 뛰어나게 만들어 주신 우리 마음으로 찾지 않고 육체의 감각으로 찾고 있었습니다. 내가 이렇게 고백하게 됨은 내가 이 고백을 하기 전에 당신이 먼저 나를 자비롭게 여겨 주셨기 때문입니다. 그러나 당신은 내 자신의 깊은 내면보다 더 깊은 내면에 계시오며 내가 높이 도달할 수 있는 그 높이보다 더 높이 계셨습니다. 나는 이때 마치 솔로몬의 수수께끼에 나오는 저 지각없고 뻔뻔스러운 여자를 만나는 듯했습니다. 그 여자가 집 문 앞에 앉아서 나에게 도둑질한 물이 달고 몰래 먹은 떡이 맛이 있다고 말하는 것 같았습니다(잠 9:13, 17). 그 여자는 내가 내 영혼의 집 밖으로 나와 육체의 감각에서 살면서 그 감각을 통해 들어온 음식을 새김질만 하고 있는 것을 보고 나를 유혹했습니다.

12. 나는 참 존재이신 다른 또 하나의 실체를 전혀 모르고 있었습니다. 이 어리석은 마니주의자들이 내게 "악은 어디서부터 오느냐?" "하나님은 어떤 몸의 형체를 가지고 있어 제한을 받고 있느냐?" 그러면 "하나님도 머리털이나 발톱이 있느냐? 아내를 동시에 여러 명 데리고 사는 자, 사람을 죽이는 자, 혹은 동물을 잡아 제사를 드린 자들도 의롭다고 말할 수 있느냐?"(왕상 18:40) 라고 물으면 나는 곧잘 그들에게 설득되었습니다. 나는 이런 문제에 대해 무지했기 때문에 내 마음은 대단히 어지러웠습니다. 결국 나는 진리로부터 멀리 떨어져 나가고 있으면서도 마치 그 진리에 접근하고 있는 것처럼 느꼈던 것입니다. 내 눈의 시력은 보이는 것 이상을 보지 못했고 마음의 눈은 환상만을 보고 있었으니 어찌 이것을 알 수 있었겠습니까? 또한 하나님은 영(요 4:24)이시라는 것을 모르고 있었기 때문에 하나님께서 길이와 넓이를 채우는 어떤 지체를 가지고 있다든가 혹은 어떤 부피를 가지고 있는 존재도 아니라는 것을 몰랐던 것입니다. 부피라고 하는 것은 그 전체보다 부분이 항상 작기 마련입니다. 그것이 비록 무한한 부피라고 하더라도 일정한 공간에 있는 그 부분은 무한한 전체보다 적기 마련입니다. 그러므로 하나님을 양적으로 생각하면 그러한 하나님은 영이신 하나님처럼 편재하신 분이 아니십니다. 그리고 우리 안에 있는 존재의 원리가 무엇이며 성경이 말씀하는 하나님의 형상대로 지음을 받았다(창 1:27)는 뜻이 무엇인지를 전혀 모르고 있었습니다.

13. 나는 또한 진정한 내적 정의, 즉 단순히 관습에 따라 판단하는 정의가 아니고 전능하신 하나님의 올바른 법에 의하여 판단하는

정의도 알지 못했습니다. 이 정의에 의하여 모든 지역과 시대의 관습과 도덕이 그 지역과 시대에 적절하게 이루어져 적용되게 됩니다. 그러나 그 법 자체는 언제 어디서나 변함이 없어 여기서는 이렇고 저기서는 저렇게 될 수가 없는 것입니다. 이 내적인 정의에 의하여 아브라함, 이삭, 야곱, 모세, 다윗 그리고 하나님으로부터 칭찬을 받은 모든 사람들이 의롭다 칭함을 받았으나 어리석은 자들은 이들을 의롭지 못하다고 말합니다. 이는 그 사람들이 인간의 판단을 가지고 헤아리거나 자신들의 특수하고 부분적인 도덕의 좁은 규범으로 전 인류의 일반적인 도덕을 측정하려 하기 때문입니다. 이러한 그릇된 판단은 마치 갑옷을 입을 때 몸의 각 지체에 어떤 것을 맞춰 입어야 할지 모르는 사람이 정강이 보호대는 머리에 쓰고 투구는 발에 신고서 맞지 않는다고 불평하는 것과 다르지 않습니다. 또한 그런 판단은 어떤 장사꾼이 오후의 업무를 금하는 공휴일에, 오전에 물건을 팔듯이 오후에도 물건을 팔지 못하게 한다고 투덜대는 것과 똑같습니다. 또한 그런 판단은 어느 사람이 어떤 집에서 술심부름하는 자의 일이 따로 있고 보통 일을 하는 종들의 일이 따로 있으며, 마구간에서 하는 일이 따로 있고 식탁에서 하는 일이 따로 있는 것을 보고 성을 내면서 한 집, 한 가정에서 다 똑같은 일을 하지 않는다고 불평하는 것과 같습니다. 이러한 비유는 전에 그러한 일을 하여 의로운 자라고 인정되었지만 지금은 그렇지 않다든가 혹은 하나님은 때마다 시간적인 이유가 있어서 한 때는 사람들에게 그렇게 하라고 명하셨으나 지금은 그렇지 않다는 말을 듣고 화를 내며 불평하는 사람의 경우와 같습니다. 그러나 실은 이전이나 지금이나 똑같이 의로운 뜻을 따르는 데는 변함이 없습니다. 같은 사람, 같은 날, 같은 집에서도 여러 가지 집안일을 서로 각각 다르게 하게 되고, 혹은 전에는 해도 무방했던 일들이 시간이 지난 후에는 금지되어 버리는 경우가 있으며, 한 곳에서는 허락되고 명령되었던 것이 다른 곳에서는 금지되거나 형벌을 받게 되는 경우를 우리들은 다 잘 알고 있지 않습니까? 그렇다면 정의라는 것은 변화하고 바뀌는 것입니까? 그렇지 않습니다. 다만 정의가 위에 앉아서 다스리는 시간이 서로 같지 않아서 그렇습니다. 시간이란 항상 머물러 있지 않고 변화하기 때문입니다. 그래서 지상에서의 생애가 짧은 인간(욥 14:1)은 자기들이 현재 경험한 것을 가지고 경험하지 못한 옛 시대와 그 당시 사람들의 사정과 관계를 비교 종합하기가 힘듭니다. 그러나 한 몸, 한 날, 한 가정에서는 각 지체나 시간, 인물들이 어떻게 서로 적절하게 알맞은가를 쉽게 알 수 있습니다. 이래서 사람들은 전자의 경우를 이해하기 힘든 것으로 여기고 후자의 경우를 쉽게 인정하고 받아 주게 됩니다.

14. 그 당시 나는 이런 것을 모르고 있었고 또한 그 뜻을 파악하지도 못했습니다. 이런 것이 사방에서 내 눈을 자극하고 있었지만 나는 그것을 보지 못했습니다. 그런 처지에서도 나는 시를 지어 읊었습니다. 시를 지을 때 그 각운을 내 마음 내키는 대로 붙일 수는 없었습니다. 여기서는 이렇게 저기서는 저렇게 음률을 따라야 했습니다. 또한 한 시구에서도 각운이 각각 달라야 했습니다. 이렇게 서로 다르지만 내가 시를 지을 때 따라야 할 시의 원리만은 하나의 법칙으로 일관되게 나아가고 있었습니다. 이와 마찬가지로 각 시대에 달리 내리신 하나님의 교훈도 모든 착하고 거룩한 사람들이 순

종한 그 정의에 의하여 더욱 고상하고 뛰어난 방법으로 하나의 도덕 질서를 이루어 나가고 있습니다. 정의는 그 본질에 있어서는 변함이 없으나 어느 시대나 똑같이 명령되어지지 않고 시대와 경우에 따라 적절하게 분배되고 있음을 몰랐던 것입니다. 그래서 소경이 된 나는 하나님의 명령과 감동하심을 따라 현재를 살아가며 당신이 계시하신 대로 미래를 예고하는 저 경건한 믿음의 조상들을 비난하고 있었습니다.

15. 네 마음과 목숨과 뜻을 다하여 하나님을 사랑하고 네 이웃을 네 몸과 같이 사랑하라는 계명이 때와 장소에 따라 옳지 않을 수가 있습니까?(마 22:37-39) 그러므로 인간의 본성에 반하는 이러한 악한 행위는 언제 어디서나 미워해야 하고 벌을 받아야 합니다. 그러한 행동은 바로 소돔 사람들이 저지른 것입니다. 만일 온 백성이 모두 그런 행동을 한다 할지라도 하나님의 법에 의하여 똑같은 범죄로 심판을 받아야 합니다. 하나님께서 법을 주신 것은 인간으로 하여금 악용하도록 한 것이 아닙니다. 인간의 왜곡된 욕정이 하나님께서 만드신 인간 본성을 더럽히면 실은 하나님과 인간 사이의 교제를 망치는 것이 됩니다. 또한 인간의 관습에 반하는 행동도 그 관습을 여러모로 고려하여 하지 않는 것이 좋습니다. 그러므로 어느 도시에서나 국가에서 관례나 법으로 정한 것을 시민들이나 외국인들이 자기 멋대로 여겨서는 안 됩니다. 어떤 부분이든 전체와 일치되지 못하면 추하게 보입니다. 그렇지만 하나님께서 명하신 법이 사람들의 관례나 법에 맞지 않을 때는 그 전례가 없었다 할지라도 하나님의 명령을 따라야 합니다. 만일 그 법을 준행하지 않았으면

곧 회복해야 하고 그 법이 아직 설정되지 않았으면 곧 법으로 세워져야 합니다. 한 나라를 다스리는 왕이 자기나 자기 이전의 어느 누구도 시행해 본 적이 없는 법령을 새로 책정하여 나라를 다스린다 할 때도 그것을 부당하게 생각할 필요는 없습니다. 그 왕에게 복종하는 것이 공익에 반대되는 것이 아니고, 오히려 마땅한 것이라면(사실 제왕에게 복종하는 것이 인간 사회의 공통된 법칙이요, 그에게 복종하지 않는 것이 오히려 공익에 반대되는 것이나) 모든 피조물을 다스리시는 하나님에게 주저함 없이 복종하는 것은 너무나도 당연하지 않겠습니까? 인간사회에서도 권력의 계층이 있어 낮은 계층의 명령보다 높은 계층의 명령을 듣는 것처럼 하나님은 만유 위에 계시니 가장 먼저 그의 명령을 따라 복종해야 할 것입니다.

16. 또한 거친 말과 난잡한 행동으로 다른 사람을 해치는 범죄를 생각해 봅시다. 그 행동의 원인은 여러 가지입니다. 원수에게 복수를 한다든가, 강도가 여행자들에게 하듯 일하지 않고 어떤 이익을 취하려 할 수도 있습니다. 또는 자기가 두려워하는 자를 공격하여 어떤 해를 미리 피하기 위해서, 또는 조금 행복한 사람이 많이 행복한 사람을 질투하여 그럴 수도 있습니다. 아니면 성공한 사람이 누군가 자기와 동등하게 될 것을 두려워하거나 싫어, 또는 칼싸움을 구경할 때 다른 사람의 고통을 즐기든가 그렇지 않으면 다른 사람을 비웃고 조롱하는 마음에서 그럴 수도 있습니다. 이런 것은 육신의 정욕과 안목의 정욕과 이생의 자랑 즉 권력의 욕심에서 생겨난 인간 죄악의 주요한 형태인데(요일 2:16) 하나 또는 둘, 또는 세 가지가 함께 동시에 나타나기도 합니다. 오, 인간은 이렇게 열 줄 달린 현악기(시 144:9)와 같은 당신의 십계명, 즉 셋과 일곱[4)]

을 위반하며 가장 높으시고 좋으신 하나님을 배반하며 살고 있습니다. 그러나 아무리 우리 인간이 욕한다 해도 당신은 더럽혀질 수 없고 아무리 해치려 해도 당신은 해를 받지 않으십니다. 그렇지만 당신은 그러한 죄를 범한 자를 벌하시니, 그런 죄를 짓는 자 스스로가 해를 받도록 그를 벌하십니다. 그러므로 그들이 당신에게 죄를 짓는 경우, 실은 자기 자신들의 혼을 망치는 일을 범하는 것밖에 되지 않습니다(시 26:12). 따라서 죄를 짓는 것은 스스로를 속이는 것으로서, 당신이 만드시고 제정하신 본성을 왜곡하거나 나빠지게 하는 것이고, 좋게 사용하라고 주신 것을 함부로 하여 잘못 사용하는 것이며, 금지된 것을 바라고 본성에 어긋나는 짓을 좋아하는 것이 됩니다(롬 1장). 이런 사람들은 말과 마음으로 당신을 향해 성을 내고 쓸데없이 반항하는 죄를 짓는 자들입니다(행 9:5). 또한 그들은 인간사회의 한계선을 대담하게 뛰어넘어 자기들 기분에 따라 서로 다른 파당을 지어 공모하기를 즐깁니다. 인간이 생명의 원천이시며 참으로 유일하신 우주의 창조자와 통치자이신 당신을 버리게 될 때 이런 일들을 하게 됩니다. 또한 사람이 스스로의 교만으로 인해 부분을 전체인 양 헛되이 사랑할 때 이런 일을 하게 됩니다. 그러므로 우리는 겸손과 경건한 마음으로 당신에게 돌아가야 합니다. 그러면 당신은 우리를 그릇된 습성에서 씻어내 주시고 당신에게 고백한 죄를 자비로 대해 주시며, 죄에 매여 부르짖는 신음소리를 들어 주시고(시 102:20) 우리 스스로가 얽어맨 쇠사슬에서 우리를 풀어 주십니다. 우리가 거짓된 자유의 뿔을 당신을 향해서 세우지 않으면 당

---

4) 어거스틴은 십계명을 셋과 일곱 또는 넷과 여섯의 두 부분으로 나누는 방식에 대해서 언급하며(Quaest. in Exod. 1. ii. qu. 71), 자신이 전자를 선호하는 이유에 대해 밝힌다. 당시 이 두 가지 방식 모두가 다 유행하였는데 성공회의 방식이 일상적인 해석 방법이었다.

신은 이 모든 일을 우리를 위해 해주십니다. 그 거짓된 자유의 뿌리란 더 소유하고자 하는 탐욕으로 인해 모든 것을 잊어버리게 되는 것이요, 모든 것의 선이 되신 당신보다 우리 개인들의 재산을 더 사랑하게 되는 것을 말합니다.

17. 그러나 이 모든 추행과 범행과 다른 악행 중에는 또한 개선의 과정에 있는 자들의 죄가 있습니다. 이런 자들은 완전의 척도에 의하여 판단하면 비난의 대상이 되지만 이제 자라나는 곡식처럼 앞으로 열매를 맺을 것이라는 희망을 보임으로 칭찬을 받을 수도 있습니다. 또한 어떤 행동은 추행과 범행처럼 보여도 우리 주 하나님이신 당신이나 사회의 관습을 거역하는 것이 되지 않으므로 죄가 되지 않는 경우도 있습니다. 예를 들면 어려운 때를 대비해서 사람들이 필요한 것들을 모아 쌓아 둘 수가 있습니다. 이때 우리들은 이 행동을 오직 소유욕에서 생긴 행위라고 확실히 단정 지을 수는 없습니다. 또한 개선을 목적으로 법정에서 어느 행동을 벌하였을 때에도 그것이 개인에게 해를 끼치려는 목적에서 그랬다고 판단할 수도 없습니다. 그러므로 인간들 앞에서 비난을 받아야 할 행동도 (당신의 증거로) 칭찬을 받을 수 있고 사람들로부터 칭찬을 받는 사람들도 당신 앞에서는 저주를 받을 수도 있습니다. 왜냐하면 겉으로 나타난 행동과 행동하는 자의 동기, 그리고 알 수 없는 그때의 상황이 서로 각기 다르기 때문입니다. 그러나 당신이 갑자기, 인간이 이제까지 생각할 수 없었고 과거에도 그런 예가 없었으며 또한 한 때는 당신이 금했던 그 어떤 것을 이제는 지키라고 명령하셨다고 했는데 그 명령이 어떤 특수한 인간 사회의 관습에 반대가

되고 또한 우리가 당신의 이유를 모른다고 해서 그 명령을 지켜야 하는 것을 의심할 자는 없을 것입니다. 그 이유는 당신의 명령에 복종하는 그 사회가 참으로 의로운 사회이기 때문입니다. 그렇지만 당신이 주신 명령을 알고 행하는 자는 복이 있습니다. 당신을 섬기는 종들의 모든 행동은 그 당시에 필요한 것을 나타내 주거나 혹은 미래에 될 것을 미리 보고 말해 주는 것이 됩니다.

18. 나는 이것을 몰라 당신의 예언자들과 거룩한 종들을 비웃고 있었습니다. 그러나 그들을 비웃은 결과로 내가 얻은 것은 내 자신이 당신으로부터 비웃음을 당하고 있었다는 것이었습니다. 나는 점점 알게 모르게 어리석은 것을 믿기 시작했습니다. 그리하여 사람들이 무화과를 딸 때 그 무화과가 운다든가 무화과나무가 어머니처럼 흰 젖의 눈물을 흘린다고 생각했습니다. 그럼에도 불구하고 이 무화과를(자기가 딴 것이 아니고 다른 사람의 못된 손으로 딴 것이라 할지라도) 마니교 성인들이 먹으면 그것을 뱃속에서 소화시켜 숨을 내뱉을 때 천사를 내놓는다는 것이었습니다. 즉 그가 무화과를 먹고 기도할 때 신음하고 한숨 쉬는 동안 호흡을 통해 신의 어떤 부분들을 뱉어 낸다는 것입니다. 만일 그 마니교의 성인들의 이 배로 인해 그 신의 부분이 풀려나지 않으면 그 지고하시고 참되신 신의 부분은 그대로 무화과에 남아 있게 된다는 것이었습니다. 나는 어리석게도 인간보다도 인간을 위해 만들어 낸 땅 위의 과일을 더 가엾게 여겨야 된다고 믿었습니다. 그래서 마니교도가 아닌 어떤 사람이 배고파서 음식을 구걸할 때 그 과일의 한 조각을 주면 극형이라도 받는 것처럼 생각했던 것입니다.

19. 당신의 신실한 종, 내 어머니가 제 자식이 죽어서 통곡하는 어떤 어머니보다 더 애절하게 나를 위해 당신께 눈물로 부르짖고 있을 때 당신은 높은 곳으로부터 손을 펴서(시 144:7) 저를 이 깊은 어둠 속에서 구해 주셨습니다. 내 어머니는 당신께 받은 믿음과 영으로 확실히 나의 죽음을 보고 있었습니다. 오, 주님, 그러나 당신은 어머니의 기도를 들으셨고 어머니가 엎드려 기도하는 곳마다 흘러내린 어머니의 눈물을 업신여기지 않으셨습니다. 진실로 당신은 어머니의 기도를 들어 주셨습니다. 그렇지 않았다면 어머니를 위로한 그 꿈이 어디서 왔겠습니까? 그 꿈을 꾼 후에야 비로소 어머니는 나를 집에 다시 들어와 살게 하고 밥도 한상에서 먹게 했습니다. 이전에는 어머니가 내 오류의 모독을 싫어하고 미워한 나머지 그렇게 하지 않았습니다. 내 어머니의 꿈은 이러했습니다. 어머니가 나무로 만들어진 신앙의 자rule 위에 서서 슬픔과 괴로움에 싸여 있을 때 한 잘생긴 젊은이가 어머니를 보고 즐거운 얼굴로 웃으면서 가까이 오고 있었습니다. 그 젊은이는(어머니에게서 무엇을 물어 배우려고 하기보다 어머니를 가르치려는 태도로) 어머니에게 왜 그렇게 슬퍼하며 날마다 눈물로 지내느냐고 물었습니다. 그때 어머니가 너의 멸망을 보고 운다고 대답하자 그 젊은이는 안심하라고 타이르면서 "어머니가 있는 곳에 나도 같이 있다"는 것을 보고 알라고 말했습니다. 어머니가 정신을 차려 살펴보니 같은 자 위에 내가 어머니 옆에 서 있었다는 것입니다. 당신이 어머니의 애타는 마음에 귀를 기울이시지 않으셨다면 어찌 어머니가 이런 꿈을 꿀 수 있겠습니까? 오, 전능하시고 선하신 하나님, 당신이 우리 한 사람 한 사람

을 돌보아 주실 때 마치 한 사람뿐인 양 돌봐 주시고 또한 모든 사람을 돌보실 때도 꼭 한 사람을 돌보시듯 돌보아 주십니다.

20. 어머니가 나에게 그 꿈에 대해 말씀하실 때 나는 그것을 잘못 해석하여 어머니도 언젠가는 나처럼 될 때가 있으니 실망할 필요가 없다는 뜻이라고 말했습니다. 그러나 어머니는 전혀 주저하지 않고 즉각 "그게 아니다. 그 젊은이는, 네 아들이 있는 곳에 너도 있을 것이라고 말하지 않고 너 있는 곳에 네 아들도 있을 것이라고 말했다"고 대답했습니다. 이것을 어떻게 이해해야 하겠습니까? 오, 주님, 내가 가끔 이것에 대해 말할 때가 있습니다만, 내 기억이 가는 곳까지 그것을 기억하며 당신께 고백합니다. 나는 그 꿈 자체보다 어머니를 통해서 주신 당신의 대답에 더 감동되었습니다. 어머니는 나의 그럴 듯한 꿈 해석에 당황하지 않고 그 꿈이 무엇을 뜻하는지를 명백히 알고 있었습니다. 그러나 나는 어머니가 그것을 말해 주기 전에는 알지 못했습니다. 당신은 그 꿈을 통해서 어머니의 현재의 괴로움을 위로하고 미래에 누릴 즐거움을 이 경건한 여인에게 미리 보여 주신 것이었습니다. 왜냐하면 나는 이런 일이 있은 후 거의 9년 동안이나 저 마니주의의 깊은 흙탕물과 그 위선의 암흑 속에서 뒹굴었기 때문입니다. 때로는 그 흙탕물을 벗어나려고 노력했지만 그럴수록 나는 또다시 더 무겁게 밑으로 가라앉아 버리고 말았습니다. 그러나 이러는 동안 정결하고 경건하며 맑은 정신의 내 어머니는(당신은 진실로 이런 이들을 사랑하십니다) 더욱 더 소망에 차서 넘쳤고 또한 이에 못지않게 눈물과 슬픔 가운데서 기도할 때마다 나를 위해 애통해 하며 당신께 간구하기를 그치지 않

앉습니다. 그리고 내 어머니의 기도는 당신 앞에 상달되었습니다(시 88:1). 그럼에도 당신은 나를 그 어둠 속에서 뒹굴도록 그대로 내버려 두셨습니다.

21. 내가 기억하는 한, 하나님 당신은 그 과정 속에서 내 어머니에게 또 다른 응답을 주셨습니다. 내가 당신께 특별히 고백하고 싶은 것이 있어서 다른 많은 것들은 그저 지나가려 합니다. 그 가운데는 잊어버린 것도 많이 있습니다. 당신이 어머니에게 주신 또 다른 응답이란 당신의 교회에서 자랐고 당신의 책에 정통한 당신의 사제인 어느 감독을 통해서 주신 것이었습니다. 어머니는 그에게 찾아가 나를 만나 이야기를 해주면서 잘못된 점을 꾸짖고 나쁜 것을 고쳐주며 좋은 것을 가르쳐 주라고 간청했습니다(그 감독은 그것을 받을 만한 적당한 사람이라 생각되면 이런 교훈을 주곤 했습니다). 그러나 그는 그 요청을 거절했습니다. 나중에 알고 보니 그 거절은 대단히 현명한 처사였던 것 같았습니다. 왜냐하면 나는 새로 받아들인 저 이단 교리로 잔뜩 부풀어 있었고 또한 어머니가 그에게 말한 대로 경험이 없는 여러 사람들을 복잡한 질문으로 현혹케만 하고 있으니 나를 가르쳐도 별 소용이 없다고 대답했던 것입니다. 그 감독은 이렇게 말했습니다. "당분간 그를 내버려 두시오. 그를 위해 하나님께 기도만 하시오. 혼자 책을 읽다가 스스로 자기의 오류에 눈을 떠 하나님에게 등을 돌리고 살고 있는 자기를 발견하게 될 것이오." 그리고 또 그는 계속해서, 자기도 어릴 때에 미혹된 어머니 때문에 마니교도들을 따랐고 그들의 책을 전부 읽었을 뿐만 아니라 복사까지 했다고 말했습니다. 그러나 자기를 반박하는

자나 설득하는 자의 도움도 받지 않고 이 사교를 버려야 되겠다고 스스로 깨달아 그것을 벗어났다는 것이었습니다. 그가 이렇게 말했음에도 내 어머니는 만족하지 않고 계속 울며불며 꼭 한번 나를 만나서 훈계를 해주라고 간청했습니다. 내 어머니가 이렇게 조르자 감독은 약간 귀찮아하면서 "자, 이제 돌아가시오. 염려할 것 없습니다. 이렇게 흘리는 눈물의 자식이 망할 리 없습니다"라고 말했다는 것입니다. 그 후 어머니는 가끔 나와 이 이야기를 하곤 하는데, 그 때 내 어머니는 그 감독님의 대답을 하늘로부터 들려 온 하나님의 소리로 받아들였다고 했습니다.

제4권

어거스틴의 19세에서 28세가 되기까지의 삶

19세 부터 28세 까지의 어거스틴의 삶-마니교 신자가 된 어거스틴, 다른 이들을 마니교 이단에 끌어들임-허무와 죄의 한 가운데서의 부분적인 순종, 점성술사에 빠짐-황홀 가운데 회심하여 세례를 받은 친구의 갑작스러운 죽음-슬픔과 우정과 명예에 대한 사랑을 회고함-"아름다움과 적절함"에 대한 책을 썼지만 하나님께서 그에게 큰 재능을 주셨음에도 불구하고 하나님에 대한 생각이 잘못되어 있음으로 그의 지식을 그릇되게 적용했으며 바른 글을 쓰지 못함

1. 열아홉 살 때부터 스물여덟 살 때까지 나는 실로 여러 가지 욕정으로 인해 남을 유혹하고 유혹당하기도 했으며, 또는 속이기도 하고 속기도 하며 살았습니다. 공직생활에 있어서는 학문의 이름으로 그랬고 개인생활에 있어서는 거짓된 종교의 이름으로 그랬습니다. 전자의 경우에 있어서 나는 거만했고 후자의 경우에 있어서는 아주 미신적이어서 모든 면에서 볼 때 나는 허무하며 텅 빈 자이었습니다. 한편, 나의 공직생활에 있어서는 헛된 대중의 인기를 추구한 나머지 극장의 박수갈채를 얻고자 시 낭송 대회에 참가하기도 했습니다. 이것은 사실 지푸라기의 월계관을 추구한 무대 연기의 허망함이요, 절제 없는 욕심일 뿐이었습니다. 그러나 다른 한편으로, 내 개인 생활에 있어서는 이 모든 추잡한 행동으로부터 깨끗함을 얻고자 소위 "선택받은 자" 또는 "성인"이라고 불리는 사람들에게 음식을 갖다 바쳤습니다. 그들은 이 음식을 먹고 그들의 위장에서 천사와 신을 만들어 뱉게 되고 그 천사와 신에 의하여 우리들은 깨끗하고 자유롭게 된다고 주장했습니다. 이런 일을 나는 친구들과 함께 행하고 있었으니 그들은 나와 함께 혹은 나에 의해 속고 있었던 것입니다. 당신이 사람을 구원하시기 위하여 내리시는 채찍과 절망을 아직 경험하지 못한 교만한 자가 있으면 저를 보고 비웃으라 하십시오. 그러나 나는 당신을 찬양하기 위하여 나의 부끄러움을 고백하고자 합니다. 이제 간구하오니 나에게 은혜를 주사 나로 하여금 현재의 기억을 더듬어 내 과거의 오류를 회상하게 하시고 그것을 당신께 감사의 제물로 드리게 하옵소서(시 49:14). 실로 내가 나를 인도한다고 할 때 당신이 함께 해주시지 않으시면 스스로 자멸의 길[1])로 떨어질 수밖에 없지 않습니까? 내가 잘 있다고 할

때도 실은 당신의 젖을 빨고 있었고 영원히 썩지 않는 음식인 당신을 먹고 있지 않았습니까?(요 6:27) 그가 인간일진대 인간이 아니라고 말한다고 인간이 아닐 수 있겠습니까? 그러므로 힘이 세고 강한 자가 우리를 비웃는다고 할지라도 약하고 부족한 우리들은 당신을 향해 항상 고백하게 하옵소서(시 73:21).

2. 이즈음에 나는 수사학을 가르치고 있었습니다. 명성을 얻고 싶은 욕망에 나는 말로써 다른 사람을 굴복시키는 재주를 팔고 있었던 것입니다. 그러나 주님(당신이 아시는 바와 같이) 나는 소위 정직하다고 여기는 좋은 학생들을 두고 싶었습니다. 나는 그들에게 속임 없이 다른 사람들을 속이는 재주를 가르쳤습니다. 그 재주를 사용하여 무죄한 자를 해치라고 함이 아니요, 유죄한 자의 생명을 구하기 위해 가르쳐 준 것입니다(사 42:5; 마 12:20). 주여, 당신은 멀리서 이 미끄러운 길에 넘어지는 저를 보고 계셨습니다. 또한 짙은 연기 속에서도 거짓을 찾고 허영을 사랑하는 그들을 가르칠 때에 내가 약간의 신의의 불꽃을 보여줌으로써 그들의 친구가 된 것을 당신은 알고 계십니다(시 4:2). 그 즈음 내겐 한 여자 친구가 있었습니다. 그 여자는 나와 결혼으로 맺어진 사람이 아니고 생각 없이 이리저리 헤매는 정욕이 찾아낸 자였습니다. 그러나 나는 이 여자 하나만을 두고 있었고 또 그에게 신의를 지켰습니다. 이렇게 그 여자와 사는 동안 나는 자식을 낳을 목적으로 하는 결혼이라는 계약과, 그런 것에는 관심이 없고 다만 정욕의 사랑으로 이루어진 관

---

1) "행복이란 자기 자신의 능력이나 관리 감독이 아니라 오직 하나님께만 속해 있는 것입니다."

계 사이에 큰 차이가 있다는 것을 발견했습니다. 물론 원하지 않았다 해도 한번 자식이 생기면 그들을 사랑하기 마련입니다.

3. 또 하나 생각나는 것이 있는데 내가 언젠가 무대에서 행한 시낭송 대회에 나가려고 할 때 어떤 점쟁이가 그 대회에서 꼭 이기게 해주면 무엇을 주겠느냐고 물었습니다. 나는 그런 점쟁이의 더러운 술수가 싫고 가증스러워서 딱 잘라 "만일 승리의 월계관이 금으로 만들어졌다 할지라도 승리를 얻기 위해 파리 한 마리 죽이고 싶지 않다"고 말했습니다. 왜냐하면 그 점쟁이는 산 짐승을 잡아 제물로 바치고 그 덕으로 마귀들을 불러 나를 돕게 할 생각이었으며, 그것이 순전한 사랑[2])에서 나온 것이 아니기에 나는 이 악한 짓을 거절했습니다. 그러나 내가 나의 마음에 계신 하나님이신 당신을 사랑하기 때문에 그것을 거절한 것은 아니었습니다. 나는 그때 당신을 어떻게 사랑해야 할지 몰랐고 또한 당신을 빛나는 물질 이상의 어떤 존재로 생각하지도 않았습니다. 이렇게 상상으로 꾸며 낸 허구의 것을 좋아하는 영혼들은 당신을 떠나 간음을 행하는 것이요, 거짓된 희망을 믿는 것이며 "바람을 먹으며"(호 12:1) 사는 것이 아니겠습니까? 그런데 나는 이렇듯 내 승리를 위해 마귀들에게 제사드리는 것을 거절했으면서도 마니주의의 미신에 빠져 아직도 나 자신을 마귀들에게 바치고 있었습니다. 이 마귀들에게 먹을 것을 바치는 것이 바로 바람을 먹으며 사는 것이 아니고 무엇이겠습니까? 이렇듯 우리들은 자신들의 오류로 인해 마귀들의 웃음거리와 노리개가 되어 버린 것입니다.

---

2) "오직 하나님만이 진정으로 정결하시며, 오직 스스로 보존하시는 분이십니다."

4. 그럼에도 불구하고 나는 자칭 점성가라고 말하는 이런 사기꾼들의 말에 귀를 기울였습니다. 왜냐하면 그들은 점을 치되 제사를 올리지 않고 귀신들의 도움을 요청하는 기도도 드리지 않았기 때문입니다. 물론 참다운 기독교 신앙과 경건은 반드시 이런 짓을 비난하고 정죄해야 합니다. 내가 당신께 "나를 긍휼히 여기소서 내가 주께 범죄하였사오니 내 영혼을 고치소서"(시 41:4)라고 고백한 것은 좋은 일입니다. 또한 당신의 자비를 악용하여 죄를 짓는 기회로 삼지 않고 주님의 말씀, "보라 네가 나았으니 더 심한 것이 생기지 않게 다시는 죄를 범치 말라"(요 5:14)는 주님의 말씀을 기억함 역시 좋은 일입니다. 그러나 점성가들은 이 진리의 말씀을 파괴하기 위해 "너로 하여금 죄짓게 한 원인은 필연적으로 하늘의 별이 결정한 것이다." 또는 "금성이나 토성이나 화성이 하는 일이다"라고 말합니다. 이 말은 육신과 피를 지니고 있으며 교만하고 타락한 인간은 아무런 책임이 없고 하늘과 별을 지으시고 다스리시는 당신에게 모든 책임이 있다는 것입니다. 그러나 당신은 정의의 근원이 되시고 생의 단맛이 되셔서 각 사람에게 그 행한 대로 갚으시고(롬 2:6) 상하고 통회하는 마음을 멸시치 아니하시는 분이십니다(마 16:27).

5. 그때 그 지방의 총독은 아주 명민한 사람으로서 의술도 좋아 그 방면에서 이름이 뛰어났던 분이었습니다(시 51:17). 그 총독은 웅변대회에서 우승을 한 내 머리 위에 승리의 월계관을 씌워 주었습니다. 그가 이렇게 한 것은 의사로서 내 병을 고쳐 주기 위해서가 아니었습니다. 나를 온전케 하실 이는 오직 교만한 자는 물리치시고 겸손한 자에게는 은혜를 주시는 당신뿐이십니다(벧전 5:5).

그러나 당신은 이 노인을 통하여 나를 도와주시어 내 영혼을 치료할 기회를 놓치지 않으셨습니다(약 4:6). 나는 그와 친하게 되자 그가 하는 말을 열심히 신중하게 경청하곤 하였습니다(그의 말은 단순했지만 사상이 살아 있고 활기가 넘쳐 듣기에 아주 재미있었습니다). 그와 서로 이야기 하는 중에 내가 점치는 책들을 공부하고 있다는 사실을 알자 아버지처럼 친절하게 나를 타이르면서 그 책들을 내버리라고 권했습니다. 필요한 데 써야 할 나의 노력과 관심을 이런 무가치한 것에 쏟을 필요가 없다는 것이었습니다. 자기도 젊었을 때에는 한 때 점성술을 직업으로 삼아 생계를 유지하려고 공부한 적이 있었다고 했습니다. 그도 그럴 것이 그가 히포크라테스를 이해하고 있었으니 점성술쯤이야 문제없이 통달할 수 있었을 것 아닙니까! 그러나 점성술이 속임수라는 것을 알고 난 후 솔직한 사람인 그는 남을 속여서 생계를 유지하고 싶은 생각이 없어 그것을 버리고 의학으로 돌아섰다는 것입니다. 그는 이어서 내게 말하기를 "그러나 자네는 세상에서 살아갈 수 있는 수사학을 가르치는 직업이 있으니 이런 점성술 공부야 자유로이 한번 하고 싶어서 하는 것이지 생계에 필요해서 하는 것은 아닐거야. 나는 점성술 하나만 가지고도 나의 생계를 유지할 수 있도록 철저히 그것에 대하여 공부한 사람이었으니 내 말을 더 믿어 주어야 되네"라고 강조했습니다. 그래서 나는 그들이 예언한 많은 것들이 대개 맞아 들어가는 이유를 물어보았습니다. 그의 합리적인 대답에 의하면, 모든 자연 만물에 편재하여 있는 우연의 힘 때문에 그렇게 맞는 것처럼 보인다는 것입니다. 예를 들면, 사람이 우연히 어떤 시집의 페이지를 뒤져 볼 때 그 시인은 아주 다른 뜻으로 읊었다고 할지라도 그것이 놀랍게도 읽는 사람의 현재 사건에 꼭 부합되는 것처럼 느껴질 때가 있다는 것입니다. 그는 이어서 "그렇기 때문에 놀랄 이유는 하나도 없네. 이것은 인간의 영혼 안에 우리가 알지 못하는 어떤 고차원적인 본능이 있어서, 궁금해서 찾아온 자들의 일이나 행동에 대하여 맞는 대답을 해주는 것 같네. 그러므로 점치는 것이 맞게 됨은 우연의 일치지 기술에서 온 것은 아니네"라고 말했습니다.

6. 이렇듯 진실로 당신은 그를 통해서 나를 돌보아 주셨습니다. 당신은 또한 모든 것을 내 기억에 보존해 주시어서 나중에 그것을 스스로 찾아내 생각해 볼 수 있도록 도와주셨습니다. 그러나 그때에는 총독으로 있던 그 사람이나 참으로 착하고 청결한 젊은이로서 점치는 것이라면 비웃어 버린 나의 가장 친한 벗 네브리디우스도 나를 설득해 점성술 공부를 버리게 하지는 못했습니다. 왜냐하면 이들보다 점성술 책을 쓴 저자들이 내게 더 큰 영향을 주었기 때문입니다. 또한 점성술사들의 점치는 것은 운수나 우연히 맞히는 것이지 절대로 별을 관찰하는 점성가들의 학문에 기인한 것이 아니라는 확실한 증명도 나는 찾아볼 수 없었기 때문입니다.

7. 나는 그때쯤 고향에 돌아가 수사학을 가르치기 시작했는데 이 학문에 관심을 가지고 공부한 친한 벗을 하나 두고 있었습니다. 나이도 나와 같아 나처럼 한창 피어나는 청춘기에 접어들고 있었습니다. 그는 고향에서 나와 함께 자랐고 학교도 같이 다녔으며 함께 놀고 지냈습니다. 그러나 이 당시 그는 나와 친한 벗이 아니었습니다. 물론 그 후에도 진정한 의미에 있어서 내 친구가 되지는 못했

습니다. 왜냐하면 참다운 우정이란 우리에게 주신 성령으로 말미암아 우리 마음속에 부어주신 그 사랑 안에서 당신이 우리를 서로 매어 주시지 않는다면 불가능하기 때문입니다(롬 5:5). 그렇지만 우리들의 우정은 달콤한 것이어서 함께 열심히 학문을 추구하며 자라가고 있었습니다. 나는 그를 참 신앙에서(그는 아직 어려서 참 신앙에 온전히 그리고 철저하게 뿌리내리지 못하고 있어서) 돌이켜 나오게 하여 허구의 이야기나 해로운 미신으로 빠져 들어가게 했습니다. 어머니는 나의 모습을 보고 울고 계셨습니다. 그리하여 그의 마음은 나와 함께 오류에서 방황하고 있었고 나의 혼은 그가 없이는 살 수 없을 지경이었습니다. 그러나 당신은 복수를 하시는 하나님으로서 당신으로부터 도망치는 자들의 뒤꿈치를 쫓으시고, 동시에 당신은 자비의 샘으로서 묘한 방법으로 우리를 당신께 돌아가게 하십니다(시 94:1). 당신은 내 삶에 있어서 가장 아름다웠던 그와의 우정이 싹튼 지 단 일 년도 못 되어 그의 생명을 거두어 가셨습니다.

8. 인간이 어떻게 자기 홀로 경험한 당신의 은혜를 일일이 찬양할 수 있겠습니까?(시 106:2) 나의 하나님, 그때 당신이 하신 일은 무엇이었습니까? 당신의 심판은 오묘하고 깊어 우리가 그 뜻을 헤아릴 길이 없습니다(시 36:2). 내 친구는 심한 열병으로 오랫동안 의식을 잃고 죽은 듯이 땀을 흘리며 누워 있었습니다. 모두들 그가 회복할 수 없으리라고 절망하여서, 그가 의식을 잃고 있는 중에 세례를 받게 했습니다. 나는 그때 그가 받은 세례에 별로 관심이 없었습니다. 나는 속으로 생각하기를 그의 영혼이 무의식 가운데 자신의 육체에 행해진 세례보다는 오히려 나에게 배웠던 것을 더 많

이 기억하고 있으리라 믿었던 것입니다. 그러나 그런 생각은 틀렸습니다. 그는 곧 회복이 되어 살게 되었던 것입니다. 내가 그와 이야기를 할 수 있는 기회가 오자마자(그 때는 바로 그가 정신을 차려 나에게 말을 하고자 할 때였습니다. 우리는 서로 깊이 의지하고 있던 처지였기에 나는 그의 곁을 떠나지 않고 있었습니다) 나는 그가 받은 세례에 대해 농담조로 이야기 했습니다. 내 생각으로는 그때 알지도 못하고 느끼지도 못한 상태에서 받은 그 세례에 대한 나의 농담을 그 자신도 농담으로 받아넘기리라 믿었기 때문입니다. 그런데 그는 듣고 자기가 세례 받은 것을 알고 있었습니다. 그는 깜짝 놀라 마치 자기의 원수라도 된 듯이 나를 쳐다보면서 솔직하게 충고했습니다. 즉 내가 계속 자기의 친구가 되려거든 다시는 그와 같은 소리를 하지 말라는 것이었습니다. 나는 아연 실색하였으면서도 내 감정을 감추고 그가 건강을 회복한 후에 그런 문제를 다시 논의하기로 생각했습니다. 그러나 당신은 그를 당신 곁에 두어 내 미래의 위안으로 삼고자 내 어리석음에서 떼어 가셨습니다. 그는 며칠 후 다시 열병이 재발하여 내가 없는 사이에 이 세상을 떠나고 만 것입니다.

9. 내 마음은 슬픔으로 어두워져 사방을 둘러봐도 보이는 것이라고는 단지 죽음뿐이었습니다. 내게 고향은 감옥이 되었고 내 아버지의 집은 놀랍게도 불행한 장소로 변하고 있었습니다. 그와 함께 말하고 했던 모든 일들이 그가 없음으로 인해 내게 큰 고통으로 돌아왔습니다. 사방을 두루 살펴 그를 찾고자 했으나 결코 찾을 수 없었습니다. 그래서 나는 그가 없는 모든 장소를 싫어했습니다. 이

런 장소들은 그가 살아 있을 때에는 내가 어디에 있든지 "자, 조금 있으면 그가 올거야"라고 말을 해주었는데 지금은 전혀 아무 말이 없는 것입니다. 이것은 내게 수수께끼와 같은 것이 되었습니다. 나는 내 영혼에게 왜 낙망하며 나를 그렇게 괴롭히느냐고 물어보았습니다(시 42:5). 내 영혼은 뭐라고 대답하지를 못했습니다. 내가 만일 너는 하나님을 신뢰하라고 내 영혼에게 말했다 해도 내 영혼은 내 말을 따르지 않았을 것입니다. 왜냐하면 내 영혼에게 하나님을 신뢰하라고 할 때 그 하나님은 내 생각에 만들어낸 신이지만 내가 잃어버린 그 친구는 내 영혼이 믿어야 한다고 강요받던 그 신보다 더 실재적이요 더 좋은 친구였기 때문입니다. 오직 눈물만이 내게 기쁨이 되었으니 그 눈물은 내 마음에서 사랑한 그 친구를 대신한 것이었습니다.

10. 오, 주님, 그러나 이제 그 모든 것은 다 지나가 버렸고 나의 아픔도 시간과 함께 지나갔습니다. 나로 하여금 진리이신 당신으로부터 배우게 하시고 내 마음의 귀를 당신의 입에 대어 당신이 말씀하시는 것을 듣게 하소서. 왜 불행에 빠져 있는 사람이 울고 나면 마음이 시원해지는 것입니까? 당신이 안 계신 곳은 단 한 곳도 없지만 혹시 당신께서는 우리의 불행을 멀리 하시고 무관심하게 대하시는 것은 아닌지요? 우리가 이렇게 괴로움 속에서 뒹굴고 있어도 당신은 그저 불변의 존재로 계시기만 하십니까? 그러나 그렇다 해도 우리가 울며 당신께 부르짖지 않는다면 우리에겐 별 희망이 남아 있지 않을 것입니다. 그러면 쓰디쓴 세상살이, 즉 애태움과 슬픔, 눈물과 한숨에서 그렇게 마음이 시원한 열매를 따게 됨은 어찌

된 일입니까? 당신이 우리의 기도를 들어 주시리라는 희망 때문에 그러한 느낌을 갖게 되는 것인지요? 그렇다면 내가 사랑한 자를 잃어버리고 어쩔 줄 몰라 그렇게도 괴로워했던 경우도 마찬가지이겠습니까? 나는 그가 다시 살아나기를 바라지는 않았습니다. 내가 그렇게 눈물을 흘린 것도 그런 뜻에서는 아니었습니다. 나는 그저 슬퍼서 울었던 것입니다. 즐거움을 잊어버리고 불행에 빠진 탓으로 그랬습니다. 혹시 울음이란 그 자체는 쓰디쓴 것이지만 우리가 한때 좋아했던 것에 싫증이 나고 지겨워지게 되면 그 울음이 우리에게 흐뭇함을 주는 것인지요?

11. 내가 왜 이런 것들에 대해 말하고 있는 것입니까? 지금은 내가 당신께 고백할 때인데 왜 이렇게 질문만 하고 있는지요? 나는 정말 불행했습니다. 어떤 사람이든지 없어질 것에 정을 붙이고 살다가 거기에 얽매어 버리면 불행하게 될 수밖에 없는 것 아니겠습니까? 자기가 사랑하던 것이 없어지게 될 때 그 사람의 마음도 갈래갈래 찢어져 자기의 비참한 실존을 알게 되고 또한 이런 일이 있기 전의 자기 모습도 비참하였다는 것을 비로소 알게 되는 것입니다. 그때 내가 바로 그런 상태에 빠져 있었기 때문에 나는 슬피 울고 있었으면서도 그 상태에 머물고 있었습니다. 나는 정말 불쌍한 존재였습니다. 그러나 그 불행한 삶을 죽은 친구보다 더 아쉽게 붙들고 있었습니다. 그런 상태에 빠져 있는 나의 삶을 좀 바꾸었으면 하는 생각도 있었지만 친구와 이별을 했으면 했지 그 삶을 버리기는 싫었습니다. 혹시 저 오레스테스와 필라테스의 아름다운 우정의 이야기처럼(그것이 허구가 아니라면) 나도 친구를 위해 내 삶을 버

릴 수 있었을까 자문해 봅니다. 그들은 두 사람이 함께 살지 못할 바에야 함께 죽는 것이 더 낫다고 생각한 것입니다. 그러나 그때 나는 그들의 생각과 아주 다른 이상한 느낌을 받았습니다. 왜냐하면 나에게 있어서는 사는 것이 정말 싫었지만 또한 죽는 것 역시 그토록 무서웠기 때문입니다. 그 친구를 사랑하는 마음이 강하면 강할수록 나는 그를 앗아간 죽음을(매우 잔인한 원수처럼) 더욱 미워하고 무서워했습니다. 그 죽음은 친구를 집어삼킨 힘이었기 때문에 삽시간에 모든 사람을 집어삼키고 말 것이라 믿었던 것입니다. 나는 내가 이런 상태에 있었다는 것을 아주 잘 기억하고 있습니다. 오, 하나님, 나의 마음을 보시고 그 속에 무엇이 있는가 살펴주옵소서. 나의 소망이신 주님, 내가 잘 기억하고 있사오니 내 마음을 살피시어 이러한 불결한 감정을 씻어 주시고 내 눈을 돌려 내 발을 올무에서 건져 주옵소서(시 25:14). 다른 사람들은 멀쩡하게 살아 남아 있는데 결코 안 죽을 사람처럼 내가 사랑했던 그 친구가 죽었다는 사실이 나에게는 이상하게 느껴졌습니다. 또한 더 이상하게 느껴진 것은 그 친구의 반쪽이라는 나는 살아남아 있고 그는 죽었다는 사실입니다. 어떤 사람이 자기의 친구를 가리켜 "자기 영혼의 반쪽"이라 말했는데 이것은 아주 적절한 표현입니다. 나도 나의 혼과 그의 혼은 두 몸에 있는 하나의 혼이라고 느꼈습니다. 그러기에 반쪽으로만은 살기가 싫어서 그 없이 살아가는 삶이 내게는 소름끼치도록 무서운 것이었습니다. 그러나 나는 그의 반쪽인 나마저 죽으면 내가 그렇게 사랑했던 그 친구가 완전히 죽을까봐 나의 죽음을 두려워했는지도 모릅니다.

12. 아, 사람을 올바로 사랑할 줄 모르는 미친 인간! 아, 무상한 인간의 운명을 반항으로 대하는 어리석은 인간! 그때 내가 바로 그러한 인간이었습니다. 그래서 나는 안달하며, 한숨짓고 울며 괴로워하면서 마음의 안정을 얻을 수 없었고 바른 생각을 할 수도 없었습니다. 나는 부서지고 피 흘리는 내 혼을 이리 저리 질질 끌고 다녔으나 내 혼은 나에게 끌려 다니는 것을 원치 않았습니다. 그래서 나는 내 혼이 쉴 수 있는 어느 곳을 찾아 거기에 놓아두고 싶었으나 그러한 곳은 어디에도 없었습니다. 아름다운 숲이나 놀이와 노래가 있는 곳에도, 향기 나는 정원이나 훌륭한 잔치나 향락의 침실에도, 또한 (궁극적으로) 글과 시를 읽는 곳에서도 내 혼은 쉴 자리를 찾지 못했습니다. 나는 모든 것이 다 싫어졌습니다. 빛마저도 싫었습니다. 내 친구가 아닌 그 모든 것은 다 귀찮고 고통이었으니 다만 그에 따른 슬픔과 눈물에서 잠깐 위안을 얻을 뿐이었습니다. 그러나 내 혼이 그 슬픔과 눈물에 젖어 있지 않을 때는 더 무거운 불행의 짐이 나를 엄습했습니다. 주님, 당신만이 이 짐을 가볍게 할 수 있기에 당신에게 내 짐을 맡겼어야 했습니다. 그 사실을 알면서도 나는 그렇게 하지 않았고 할 수도 없었습니다. 왜냐하면 그 당시 나는 당신을 분명한 실체로 생각하지 않았기 때문입니다. 실은 내가 그때 이해한 하나님은 당신 자신이 아니고 나의 오류의 산물인 헛된 환상에 지나지 않았습니다. 그러므로 좀 쉼을 얻고자 나의 짐을 환상의 하나님께 내어 맡길 때 그 짐은 다시 허공을 통해 나에게 돌아와 버렸습니다. 나 자신은 불행한 터가 되어 그곳에 머물러 있을 수도 떠나갈 수도 없게 된 것입니다. 도대체 내 마음이 내 마음을 피해 어디로 도망칠 수 있겠습니까? 내가 내 자신을 피

해 어디로 도망갈 수 있겠습니까? 내가 어디에 간들 내가 따라가지 않을 곳이 있겠습니까? 그럼에도 나는 나의 고향을 떠났습니다. 그를 보지 않았던 곳이라면 어디라도 그를 생각나지 않게 할 것 같아서였습니다. 이렇게 나는 타가스테의 마을을 떠나 다시 카르타고로 갔습니다.

13. 시간은 결코 시간을 잃지 않습니다. 뿐만 아니라 시간은 그저 하염없이 지나가지만 무심코 지나가는 것도 아닙니다. 그것은 우리의 감각을 통해 우리 마음에 기묘한 일을 수놓습니다. 시간은 나날이 왔다 나날이 지나갑니다. 시간은 오고 감으로 내 마음에 새로운 희망과 새로운 기억을 심어 주며 허전한 나를 지나간 날의 즐거움으로 조금씩 메워 놓았으니 나의 서러움도 조금은 가라앉게 되었습니다. 그러나 그 슬픔에 뒤따르는 것은 같은 슬픔은 아니었어도 다른 슬픔을 주는 원인들이었습니다. 첫 슬픔이 그렇게도 쉽게 그리고 깊숙이 내 마음에 침투한 것은 죽을 수밖에 없는 사람을 안 죽을 사람처럼 사랑함으로써 내 혼을 모래 위에 쏟아 놓아 버린 탓이었습니다. 그러나 무엇보다 슬픔을 딛고 힘을 내게 한 것은 다른 친구들의 위로였습니다. 그들과 함께 나는 당신 대신에 내가 좋아하는 것들을 사랑하기 시작했습니다. 그것은 허황된 이야기와 거짓의 장광설과 음탕한 언어로 귀를 간지럽게 하여 내 영혼을 부패시키고 있었습니다. 이러한 허황된 이야기는 친구들이 죽어 기억에서 사라지듯이 나에게서 죽어 없어지지 않았습니다. 그것들 가운데 내 마음을 사로잡은 몇 가지가 있습니다. 그것은 서로 말하고 웃는 것, 읽는 것, 서로 농담하거나 심각한 이야기를 하는 것, 때로는 의견

을 달리 하면서도 자기 자신을 대하듯 기분 나쁜 감정을 품지 않는 것, 가끔 있는 의견의 불일치를 통해 전체의 의견 일치를 이끌어 내는 것, 때로는 서로 가르치고 서로 배우는 것, 그리고 친구가 없으면 무척 보고 싶어 하고 서로 만나면 즐거운 마음으로 반겨주는 것 등이었습니다. 이처럼 사랑을 서로 주고받는 사람들의 마음에서 생기는 표현은, 얼굴표정, 혀, 눈 그리고 수천 가지의 애교 있는 동작으로 나타나 우리의 혼을 함께 불태워 여럿을 하나로 만들어 놓았습니다.

14. 친구를 사랑한다는 것이 이런 것입니다. 내가 이토록 친구를 사랑하기 때문에 만일 사랑하는 자를 사랑하지 않거나 사랑의 표현 이외에 아무것도 바라지 않는 그 사랑에 사랑으로 응답하지 않을 때 양심은 죄책감을 갖게 됩니다. 바로 이 때문에 친구가 죽으면 우리는 애통하고 슬퍼하며, 마음은 눈물에 젖고, 기쁨은 비통으로 바뀌어 잃어버린 죽은 자의 생명이 산자의 죽음처럼 느껴지는 것 같습니다. 그러나 당신을 사랑하고 당신 안에서 친구를 사랑하며 당신을 위해 원수까지 사랑하는 사람은 복을 받을 것입니다. 왜냐하면 항상 계셔서 모든 것을 사랑하시는 그 분 안에서 모든 것을 사랑하는 자만이 자기가 사랑한 것을 하나도 잃어버리지 않기 때문입니다. 그 분이란 천지를 창조하시고 창조한 것을 채우시는 우리 하나님이 아니시고 누구시겠습니까? 당신은 천지를 채우심으로써 (렘 23:24) 천지를 창조하셨으니(창 2:24) 아무도 당신을 떠나기 전에는 절대로 당신을 잃어버릴 수 없습니다. 그러나 인간이 당신을 떠난다 한들 어디로 가며 또한 어디로 가야 당신을 피할 수 있

겠습니까? 그는 다만 당신의 선하심에서 노하심으로 달려갈 뿐입니다. 그러한 사람은 어디로 가든지 그를 벌하시는 당신의 법을 경험하게 됩니다. 당신의 법은 진리요(시 119:142), 진리는 곧 당신 자신입니다(요 14:6).

15. 오, 만군의 주 하나님 이제 우리를 돌이키시고 주의 얼굴빛을 비추사 우리로 구원을 얻게 하소서(시 80:19). 인간의 영혼이 어디로 향하든지 당신에게 향하지 않는 한 슬픔에 빠지게 될 것입니다. 비록 당신 밖에 그리고 나 자신 밖에 있는 아름다운 것들을 추구한다 할지라도 그러할 것입니다. 왜냐하면 당신으로부터 오지 않는 아름다운 것이란 하나도 존재할 수 없기 때문입니다. 세상의 아름다운 것이란 존재하다가 없어지고 맙니다. 그들의 존재에는 시작이 있고 성장이 있으며, 결국 늙어 소멸되고 맙니다. 비록 모든 것이 다 늙지 않는다고 할지라도 없어지기 마련입니다. 그러므로 그들이 존재하기 시작할 때부터 빨리 자라나 성숙하려 하면 할수록 빨리 비존재로 바삐 달려가는 것과 마찬가지일 뿐입니다. 이것이 바로 존재의 법칙인 것 같습니다. 이것이 당신께서 그들에게 준 운명이오니 그들은 함께 존재하지 않는 여러 사물들의 일부분으로서 지나가 소멸되고 서로 잇달아 존재하면서 이 우주를 형성해 갑니다. 이리하여 그들도 이 우주의 한 부분이 되는 것입니다. 우리 언어도 이와 같이 여러 소리가 의미 있게 연결되어 이루어져 있습니다. 언어를 이루고 있는 각 마디가 다 발음되어 서로 뒤따라 지나가지 않는다면 의미 있는 언어가 되지 못할 것입니다. 만물을 창조하신 나의 하나님이여, 이제 내 영혼으로 이 만물을 통해 당신을

찬양하게 하소서. 그러나 내 육체의 감각으로 인해 내 영혼이 접착제처럼 이것들에게 꽉 달라붙지 않게 하소서. 이것들은 자기의 가는 길을 다 간 후 없어지고 말 것들입니다. 그러면서도 이것들은 우리의 영혼을 해로운 욕심으로 갈가리 찢어 놓습니다. 그것은 내 영혼이 사랑스러운 그것들과 함께 있고 싶어 하고 또한 그것들 안에서 쉬고자 하기 때문입니다. 그러나 무상한 존재인 그것들 안에는 쉴 곳이 없습니다. 그것들이 계속 흘러가니 누가 감히 그의 육체의 감각으로 쫓아 따라갈 수 있겠습니까? 그것들이 혹시 현존해 있다고 할지라도 누가 그것들을 붙잡을 수 있습니까? 우리 육체의 감각이란 그것이 감각인 탓으로 매우 느리고 또한 제약을 받고 있습니다. 물론 육체의 감각이란 본래 지음을 받은 대로는 그 자체에 있어 제 구실을 하는 데 충분한 기관입니다. 그러나 정해진 시작에서부터 정해진 종점까지 달리는 사물을 붙잡아 정지시키는 데는 그 힘이 충분치 못합니다. 당신의 말씀에 의해 창조함을 받은 만물은 그 말씀 안에서 "저기서부터 여기까지"라고 정해 주신 당신의 음성을 듣습니다.

16. 내 영혼이여, 이제 어리석은 짓을 그만 하라. 마음의 귀를 헛된 소란으로 어둡게 하지 말라. 그리고 이제 잘 들으라. 말씀이 너에게 돌아오라고 부르신다. 거기에는 흔들리지 않는 구원이 있으니 네 사랑이 먼저 그것을 버리지 않는 한 너의 사랑은 결코 저버림을 받지 않을 것이다. 보라, 이 모든 것은 지나가고 그 뒤에 다른 것이 뒤따라오고 있다. 이렇게 이 모든 것은 하나의 부분으로 서로 합하여 이 낮은 우주를 형성하고 있는 것이다. 그러나 하나님은 항

상 있어 변치 않는다고 스스로 말씀하신다. 그의 안에 너의 삶을 자리하라. 내 영혼아, 네가 가진 모든 것을 그에게 맡기라. 내 영혼아, 결국 너는 속고 또 속아서 몹시 피곤해지지 않았는가! 진리로부터 네가 받은 모든 것을 진리에게 맡기라. 그리하면 너는 아무것도 잃지 않을 것이다. 네 안에서 말라들어 갔던 것이 다시 소생될 것이요, 너의 모든 질병은 치료될 것이다(시 103:3). 또한 너의 불안정하고 사라져 가는 존재는 새롭게 갱신되어 너 자신으로 돌아가게 될 것이다. 그리고 이러한 불안정한 것들은 자신들이 종말에 돌아가게 된 곳으로 너를 끌어 내리지 않고 영원히 항상 계시는 하나님 앞에 계속 존재할 것이다(벧전 1:23).

17. 내 영혼아, 그러면 너는 어찌하여 그토록 그릇된 길로 행함으로 네 자신의 육체를 따르고 있는 것이냐? 네 육체로 하여금 돌이켜 진실을 따르도록 하라. 네가 육체의 감각을 통하여 알게 된 것은 다만 부분일 뿐이다. 그것은 전체를 알지 못한다. 물론 이 적은 부분이 어느 정도 너를 즐겁게 해줄 것이다. 그러나 만일 너의 육체의 감각이 벌로 인하여 전체의 일부분만을 알도록 제한을 받지 않고 전체를 알 수 있는 힘을 가지고 있었다면 너는 전체를 더 즐기기 위하여 현재의 부분적 존재가 지나가기를 원할 것이다. 이것은 마치 우리가 말을 할 때 육체의 감각으로 그 말을 듣는 것과 같은 이치이다. 우리가 말을 들을 때 그 말의 음절이 현재에 계속 머물러 있기를 원치 않는다. 오히려 그 음절이 지나가고 다른 음절이 뒤따라 와서 전체의 문장을 다 듣기를 원한다. 이와 같이 존재에 있어서도 동시적으로 존재하고 있지 않은 여러 부분들이 한데 모아

져서 전체를 이루고 있다. 그러나 동시적으로 모든 것을 파악하는 것이 부분을 달리 아는 것보다 더 즐거운 것이다. 그렇지만 이 모든 것을 만드신 그 분은 이 모든 것보다 더욱 좋고 위대하신 분이시니 오직 그 분만이 우리의 하나님이시다. 그는 결코 죽으시는 법이 없으시기 때문에 그 누구도 그를 대신할 자가 없을 것이다.

18. 만일 육체적인 것들이 너를 즐겁게 하거든 그것들로 인해 하나님을 찬양하라. 그리고 너의 사랑을 그것들에게 돌리지 말고 그것들을 만드신 창조주께 돌리라. 혹시 사물들로 육체를 사랑하다가 하나님을 노엽게 할까 두려우니, 만일 사람들이 너를 즐겁게 하거든 하나님 안에서 그들을 사랑하라. 사람이라 할지라도 그 자체는 변하는 것이니 그들이 하나님 안에 있을 때에만 확고하여 요동치 않을 것이다. 그렇지 않으면 그들도 지나가 없어지고 말 것이다. 그러므로 하나님 안에서 그들을 사랑하며 가능한 한 많은 사람을 너와 함께 그 분에게 이끌어 올리라. 그리고 그들에게 다음과 같이 말해 주어라. "하나님을 사랑하자. 그 분이 이 모든 것을 만드셨다. 그 분은 이 모든 것에서 멀리 떠나 계시지 않으신다. 그분은 이 모든 것을 만드신 후 멀리 떠나가신 것이 아니다. 모든 것은 그 분에게서 왔고 그 분 안에서 존재하고 있다.[3] 보라, 그 분이 어디에 계신지! 진리가 있는 곳에 그 분이 계신다. 그 분은 우리 마음 속 깊숙한 곳에 계시지만 우리 마음은 그 분을 떠나 버렸다. 죄인들아,

---

[3] "선한 것은 우리들 멀리 있지 않다. 우리는 하나님 안에서 살고 기동하는 것이다. 그러나 우리는 반드시 사랑을 말미암아 우리와 함께 하시는 하나님을 즐거워하기 위해 그 안에 머물고 그에게 붙어 있어야만 한다. 왜냐하면 하나님이 아니고서는 우리는 존재할 수조차 없기 때문이다.

너희 마음으로 돌아가 너를 만드신 그 분을 굳게 붙들어라. 그 분 안에 거하라. 그러면 너는 굳게 서있게 될 것이다. 그 분 안에서 쉬어라. 그러면 너는 편한 안식을 얻을 것이다. 너는 이 험준한 길을 따라 어디로 헤매어 가느냐? 네가 좋아하는 선은 모두 그 분에게서 왔으니 그것들이 그 분에게 향해 있고 그 분과 관계되어 있을 때만 좋고 즐거운 것이 될 것이다. 그러나 만일 하나님으로부터 온 것을 바르게 사랑하지 않거나 혹은 그 분을 버려두고 대신 피조물을 사랑하게 되면, 그 좋고 즐거운 것들도 결국 다 쓰디쓴 것으로 되어버리고 말 것이다. 그런데 왜 너는 이렇듯 힘들고 괴로운 길을 계속 걸어가고 있느냐? 네가 찾고 있는 안식은 그곳에는 없다. 네가 진실로 찾는 것을 찾아라. 그러나 네가 찾고 있는 곳에는 참다운 안식이 없다. 너는 죽음의 땅에서 행복의 샘을 찾고 있지만 그곳에 그러한 샘은 존재하지 않는다. 어찌 생명이 없는 곳에 행복의 샘이 있을 수 있겠는가?

19. "그러나 우리의 참 생명이 되신 분이 우리에게 친히 내려오셔서 우리의 죽음을 담당하시고 그 자신의 풍성한 생명으로 죽음을 정복하셨다. 그리고 큰 소리로 우리를 불러 그가 계셨던 신비의 곳으로 돌아오라 말씀하신다. 그 분은 본래 거기서부터 우리에게 내려오사 먼저 동정녀의 모태에서 유한한 우리 인간성과 연합하여 우리 인간으로 하여금 영원히 죽지 않도록 하신 것이다. 그는 마치 신랑이 그의 방에서 나온 것 같이, 자기의 길을 달리기 기뻐하시는 장사와 같으시다(시 19:5). 그는 지체 없이 달리시면서 말씀과 행동으로, 죽음과 삶으로, 성육신과 승천으로 우리를 큰 소리로 불러

그 분에게로 돌아가라 하신다. 그 분은 우리의 면전에서 떠나심으로써 우리로 하여금 거기에서 그 분을 찾게 하셨다. 그 분이 우리를 떠나셨으나 그 분은 지금 여기에 계신다. 그 분은 우리와 함께 오랫동안 계시지 않으셨으나 우리를 아주 떠나가신 것은 아니다. 그 분이 세상을 떠나 위로 올라 가셨으되 세상을 떠나가신 것이 아니니 그 이유는 그 분이 세상을 지으셨고(요 1:10) 세상 안에 계셨으며, 죄인을 구원하시기 위해 세상에 오셨기 때문이다(딤전 1:15). 내가 주께 죄를 범하였어도 내 영혼이 죄를 고백을 하면 그는 내 영혼을 고쳐주신다. 오, 인간들이여 언제까지 마음을 돌이켜 회개하지 않겠는가?(시 41:4; 4:3) 생명의 근원되신 이가 내려오신 후에도 너는 위에 있는 세상으로 올라가려 하지 않는구나. 네가 교만해져 네 머리를 하늘을 대항하여 높이 들면 너는 어디로 오를 것 같으냐? 네가 이제 하나님께로 오르기 위해서 먼저 겸손하게 머리를 숙이고 내려오라. 너는 하나님을 대항하여 하늘로 오르려고 하다가 밑으로 떨어지고 말았구나." 사랑하는 사람들이 눈물의 골짜기(시 84:6)에서 울고 그들을 너와 함께 하나님께로 이끌어 올리기 위해 그들에게 이 말을 들려주리라. 네가 만일 불타는 사랑으로 이 말을 한다면 너는 하나님의 영의 인도하심을 따라 그들에게 말한 것이 될 것이다.

20. 그때 나는 이러한 진리를 몰랐고 세속적인 아름다움을 사랑하며 더욱 세상의 심연으로 빠져 들어가고 있었습니다. 나는 친구들에게 말하기를 "우리가 사랑하는 대상은 아름다운 것이지 그 외에 또 무엇이 있겠느냐? 그러면 아름다운 것이란 무엇이고 그 아름

다움이란 무엇일까? 우리를 끌어당기어 우리가 사랑하는 대상과 하나 되게 한 것은 도대체 무엇일까? 그것들이 아름답거나 우아하지 않다면 결코 우리를 끌어당기지 못할 것이다"라고 하였습니다. 지상의 사물들을 살펴보니 그것들은 전체를 구성하고 있는 것에서 오는 아름다움도 있고 또는 몸의 한 부분이 몸의 전체와 잘 맞는다든가, 혹은 신발이 발에 잘 맞는 것과 같이 서로 잘 들어맞는 데서 오는 아름다움도 있었습니다. 이런 생각이 내 가슴속 깊이 솟아 나오기에 나는 "아름다움과 적절함"이란 책을 썼습니다. 내 생각에는 두세 권 썼는데 하나님, 당신이 아시거니와 그것들은 나의 기억에서 사라져 버렸고 나는 지금 그 책을 수중에 갖고 있지 않습니다. 어찌된 일인지 그 책은 없어지고 말았습니다.

21. 나의 주 하나님이시여, 내가 그 책을 써서 로마시의 웅변가인 히에리우스에게 바친 이유는 무엇이었던가요? 나는 그 사람을 본 일이 없으나 그가 박학하다는 평판과 그가 한 말이 마음에 들어 그를 좋아하게 되었습니다. 그러나 내가 그를 더욱 사랑하게 된 것은 다른 사람들이 그를 매우 숭상했기 때문입니다. 그는 본래 시리아 사람으로서 처음에는 헬라어 연설에 능통하였으나 나중에는 라틴어 수사학에 능통했고 철학에 대해서도 해박한 지식을 가지고 있었습니다. 이처럼 우리는 한 번도 보지도 못한 사람조차 좋아하게 되는 모양입니다. 그러면 그 사랑이란 숭상하는 사람의 입에서 나와 그 찬미를 사람의 마음으로 들어가는 것인가요? 그렇지 않습니다. 그것은 한 사람의 사랑이 다른 사람의 사랑에 점화되는 것입니다. 따라서 우리가 숭상 받고 있는 사람을 좋아하는 것은 그를 찬

미하는 사람이 진심으로 그를 숭상하고 있기 때문입니다. 즉 숭상하는 사람은 진심으로 그를 사랑하고 찬미하는 것입니다.

22. 오, 나의 하나님, 이처럼 내가 한 사람을 사랑하게 될 때 당신의 판단에 의하지 않고 다른 사람들의 판단에 근거하여 사랑하게 되었습니다. 당신의 판단 하에서는 아무도 속일 수 없습니다. 그런데 왜 그 사람에 대한 나의 감정은 군중들에게 훨씬 더 인기가 있는 유명한 전차경마자나 짐승과 싸우는 검투사들에 대한 나의 감정과 그렇게 다릅니까? 사실 나는 그 웅변가를 유별나게 그리고 더 심각하게 좋아하고 찬미했습니다. 그리고 그이처럼 나도 다른 사람들로부터 칭찬받기를 원했습니다. 그러나 나는 사람들이 연극배우들을 칭찬하고 사랑하듯 나를 칭찬해 주고 사랑해 주기는 원하지 않았습니다. 물론 나도 연극배우들을 좋아하지만 오히려 그들처럼 유명하게 되기보다 이름 없는 사람이 되는 것이 더 좋고, 그처럼 사랑받기보다 미움을 받는 것이 더 좋을 듯싶습니다. 그런데 하나의 영혼 안에 어떻게 그토록 많고 다양한 사랑의 감정이 퍼져 있는 것입니까? 우리는 다 같이 똑같은 사람인데 내가 나 자신에게서는 물리치고 멀리하고 싶은 것을 다른 사람에게서는 사랑하고 싶은 것은 무엇 때문입니까? 우리는 훌륭한 말을 사랑합니다. 그러나 사람이 말처럼 될 수 있다고 할지라도 말이 되고 싶은 사람은 하나도 없을 것입니다. 그러나 연극배우를 사랑한다는 것과 말을 사랑하는 것은 다른 경우일 것입니다. 왜냐하면 나와 그 연극배우는 같은 인간성을 가지고 있기 때문입니다. 그럼에도 불구하고 나는 그 사람처럼 되고 싶지는 않습니다. 그러면 나도 같은 사람인데 왜 나 자

신으로서는 싫은 것을 다른 사람의 경우에는 사랑하게 되는 것입니까? 사람이란 그 자신도 알 수 없는 심연의 존재입니다. 주님, 당신은 사람의 머리털까지 세시며 그 중 하나라도 당신 목전에서 잃어버리시지 않으십니다(마 10:29-30). 그러나 인간의 머리털을 세는 것이 인간 마음의 사랑과 감정을 헤아리는 것보다 훨씬 쉬운 일입니다.

23. 그러나 내가 사랑했던 이 웅변가는 내가 닮고 싶었던 종류의 사람이었습니다. 나는 교만으로 인해 오류에 빠져 모든 교훈의 풍조에 밀려 요동(엡 4:14)하고 있었지만 그 가운데서도 당신은 은밀히 나를 인도하시고 계셨습니다. 이제 내가 알고 당신에게 확실히 고백하는 것은 내가 그를 사랑한 것이 그에게 찬양을 받을 만한 어떤 가치가 있어서가 아니라 그를 찬양하는 다른 사람들의 사랑 때문이었습니다. 왜냐하면 만일 같은 사람들이 그를 찬양하기보다 경멸과 책망으로 그의 재능을 비난했다면 내 마음 역시 열정적으로 그를 사랑하게 되지 않았을 것이기 때문입니다. 이 경우 사실은 그의 재질이 달라지거나 그 사람이 바뀐 것이 아니라 다만 그에 대한 사람들의 평판이 달라진 것뿐입니다. 이처럼 진리에 확고히 서지 못한 영혼은 무력하여 흔들리게 됩니다. 여러 가지 의견만을 품고 있는 사람들의 가슴으로부터 말소리의 바람이 터져 나오면 영혼 역시 그 바람 부는 대로 흔들리고 휘말리게 됩니다. 그리하여 그 영혼에 비친 빛이 가리어져 우리 눈앞에 있는 진리를 보지 못하게 됩니다.

그때 나는 내 작품과 나의 연구가 이 유명한 웅변가에게 알려지기를 원했습니다. 그가 만일 나와 내 작품을 인정해 주었다면 나는 더욱 열정적으로 그를 사랑했을 것이고 그렇지 않았다면, 당신 안에 견고하게 있지 못한 나의 텅 빈 마음은 무척 상처를 받았을 것입니다. 그래서 나는 그에게 바친 "아름다움과 적절함"을 묵상하면서 스스로 감탄했습니다. 그러나 누구하나 그 책에 대하여 칭찬해 주는 사람은 없었습니다.

24. 그러나 나는 아직 이 중요한 문제가 홀로 기사를 행하시는 (시 106:4) 전능하신 하나님 당신의 창조에 기인하고 있음을 모르고 있었습니다. 그래서 내 마음은 육체의 외모만을 따라서 움직였습니다. 그리고 그 자체에 있어서 "아름다운 것"과 다른 사물과 조화되기 때문에 아름답게 보이는 "적절함"을 구별하여 정의해 보았습니다. 이리하여 나는 사물현상의 실례를 들어 내 논증을 주장해 보았습니다. 또한 나는 영혼의 본성에 대하여 생각해 보려고 했으나 영적인 존재에 품고 있었던 그릇된 생각 때문에 그것에 관한 진리를 이해할 수 없었습니다. 진리의 힘 그 자체가 가끔 내 눈에 육박해 왔어도 숨찬 내 영혼은 비물질적인 영적 실체로부터 눈을 돌리어 물체의 선과 색깔과 모습 등의 여러 가지 요소에 한눈을 팔았습니다. 또한 영혼은 이런 보이는 요소들을 소유하고 있지 않은 고로 나는 영혼을 인식할 수 없다고 생각했습니다. 나는 덕으로부터 오는 평화를 사랑하고, 사악으로부터 오는 불일치를 미워했기 때문에 전자에는 통일성이 있고 후자에는 어떤 종류의 분열이 있다고 생각했습니다. 따라서 통일성에는 이성적 정신 및 진리의 본질과 지고선이 있는 반면 분열성에는 확실히 모르지만 어떤 비이성적인 생명의 본체 혹은 최고악의 본성이 있는 것처럼 보였습니다. 나는 이 악이 모든 것의 근원이 되신 당신으로부터 온 것이 아님을 알고

있었지만 악도 어떤 실체를 가지고 있는 것, 또는 그 자체에 어떤 생명이 있는 것으로 보았습니다. 나는 전자를 영혼과 같은 성적 구분이 없는 모나드Monad라 불렀고 후자는 폭행을 행할 때 나타나는 분노나 음탕할 때 나타나는 정욕과 같은 디아드Dyad라 불렀습니다. 그러나 그때 사실 내가 무슨 말을 하고 있는지 알지 못한 채 말하고 있었던 것입니다. 왜냐하면 그때 나는 악이란 전혀 실재하는 것이 아니라는 것과 영혼 역시 최고선도 아니며 어떤 불변한 존재도 아니라는 것을 배우지도 못했고 알고 있지도 않았기 때문입니다.

25. 폭력적인 행동이나 추행이 발생하는 것은 어떤 행동을 하게 하는 영혼의 운동이 왜곡되어 오만해지고 거칠어지며 무절제할 때 그리고 영혼의 충동이 육신의 쾌락을 한없이 즐기려고 할 때 나타나는 것들입니다. 이와 같이 이성적 정신이 혼탁해지면 온갖 오류와 거짓된 견해들이 우리들의 삶을 혼미하게 만듭니다. 그때 나의 삶이 바로 이러했습니다. 내 영혼은 진리 자체가 아니니 진리에 참여하기 위해서 다른 빛에 의하여 조명되어져야 함을 모르고 있었습니다. 주여, 내 등불을 밝히시고, 나의 하나님이여, 나의 어두움을 비추시옵소서(시 18:28; 요 1:16, 9). 우리는 모든 것을 당신의 충만한 데서 받습니다. 당신은 세상에 온 모든 사람을 비추는 참 빛이십니다. 당신에겐 변함이 없으시고, 회전하는 그림자도 없으십니다(약 1:17).

26. 나는 당신의 자리에 올라가기 위해 온갖 힘을 다하였습니다만 당신은 나를 밀어내어 죽음을 맛보도록 하셨습니다. 당신은 교만한 자를 대적하십니다(벧전 5:5; 약 4:6). 어리석게도 나는 본질

적으로 당신과 같은 존재라 생각 했으니 이것보다 더 교만한 것이 어디에 있겠습니까? 나는 변화하는 존재임을 알고 있었습니다(이는 내가 더 지혜롭게 되기 원할 때 더 좋은 상태로 변해간다는 사실만으로도 확실히 증명될 수 있습니다). 그런데 나는 내 존재가 당신과 같지 않다고 생각하기보다는 당신도 나와 같이 변화하는 존재라고 보기를 더 좋아했습니다. 그러기에 당신은 나를 격퇴하시고 나의 변덕스러운 교만을 꺾으시었습니다. 그래서 나는 물질적인 형상만을 생각하게 되었고 나 자신도 육체뿐이라 하여 내 육체만을 탓하게 되었습니다. 나는 떠돌아다니는 바람처럼 당신께 돌아가지 않고 당신 안에나 내 안에나 물체 안에도 존재하지 않는 허망한 것들 사이를 그저 떠돌아다니고 있었습니다(시 78:39). 그 허망한 것이란 당신의 진리에 의하여 창조된 것이 아니고 물질적인 사물을 토대로 내 어리석은 상상력이 만들어 낸 산물이었습니다. 나는 당신의 충실한 어린 소자들, 즉 나의 친구들에게(물론 나는 영적으로 그들로부터 유배된 자였으나 나는 그런 줄도 모르고 있었습니다) 어리석고도 무례한 질문을 곧잘 던지곤 했습니다. "왜 하나님이 창조한 영혼이 잘못을 저지르는 것이냐?" 그러나 나는 사람들이 나에게 "왜 하나님이 잘못을 저지르는 것이냐?"라고 묻는 것에 대해서는 좋지 않게 생각했습니다. 그래서 나는 당신의 불변한 본성이 어떤 필연성에 의하여 잘못을 저지르는 것에 관여되어 있다고 주장했고 나의 변덕스러운 본성이 고의로 왜곡된 길을 걸음으로써 그에 대한 벌로 잘못에 떨어지게 된다고 생각하지는 않았습니다.

27. 내가 이러한 책을 썼던 것은 아마도 내 나이가 26세 또는 27세이었을 때 일 것입니다. 나는 이 책에서 내 마음의 귀를 시끄

러움으로 어지럽게 했던 모든 물질적인 허상들을 분석하고 생각했습니다. 물론 나는 내 마음의 귀를 기울여 당신의 심오한 내적 음악을 들으려 애를 썼습니다. 내가 "아름다움과 적절함"을 명상할 때 계속 당신의 면전에 서서, 당신의 음성을 들으며 신랑의 목소리를 듣고 기뻐하고자 했습니다(요 3:29). 그러나 그것은 사실 불가능했습니다. 내 자신의 잘못된 음성으로 말미암아 나는 나 자신의 밖으로 끌려나왔고 내 자신의 교만의 무게로 말미암아 계속 심연으로 빠져들어 갔습니다. 결국 당신은 나로 하여금 즐겁고 기쁜 소리를 듣게 하시지 않고, 아직도 겸손하지 못한 내 뼈가 즐거워하지 못하도록 하시었습니다(시 51:8).

28. 내가 20세가량 되었을 때 내 수중에 『아리스토텔레스의 10범주』The Ten Predicaments라는 책이 들어왔는데 이 책은 내게 어떤 유익을 가져다주었습니다(그 책에 대하여 카르타고의 수사학 선생이나 박학하다고 알려진 다른 유명한 사람들도 심히 뽐내면서 나에게 말하기에 나는 그 책이 위대하고 어떤 신성한 책인 줄로 생각하여 언젠가 읽기를 갈망하고 있었습니다). 그런데 후에 나는 그 책을 혼자 읽고 이해할 수 있었습니다. 그리고 이어서 나는 그 책을 읽었다는 다른 사람들과 이야기도 해보았습니다. 그들은 박식한 선생님들이 그 책에 대하여 말로 설명해 주었고 땅에다 도표를 그리면서까지 설명해 주었음에도 그것을 이해하는 데 상당한 곤란을 겪었다고 했습니다. 결국 그들은 내가 혼자 읽고 이해한 그 이상으로 내게 설명해주지 못했습니다. 그 책은 나에게 인간과 같은 "실체"와 그 속에 내재한 "속성"들에 대해 아주 잘 말해 주고 있는 듯 했

습니다. 그 예로 사람의 속성을 들면, 그 사람의 본질은 어떠한지, 그의 키는 얼마인지, 그의 관계는 어떠한지, 그가 어디에 있는지, 언제 낳았는지, 서있는지, 앉아 있는지, 신을 신고 있는지, 혹은 무기를 들고 있는지, 무엇을 하고 있는지 혹은 모든 고난을 당하고 있는지를 말할 수 있는데 모든 것은 내가 방금 열거한 9가지 범주[4])에 속하거나 혹은 본체라는 범주 밑에 속하는 것들입니다.

29. 그러나 이 모든 것이 나의 삶에 무슨 도움이 되었는지요? 도리어 나에게 방해만 된 것이 아닌지요? 왜냐하면 나는 존재하는 모든 것이 다 10범주에 다 포함된다고 생각했고 따라서 이 방법으로, 마치 물체를 이해한 것처럼 단순하고 불변하신 당신을 크고 아름다운 속성을 가진 실체인 양 설명하려 들었기 때문입니다. 그러나 당신의 크심과 아름다우심은 하나님 당신 자신이십니다. 반면에 물체(육체)가 크고 아름다움은 그것이 단순히 물체라는 이유 때문이 아닙니다. 왜냐하면 그것이 비록 상대적으로 작거나 아름답지 않다 할지라도 그것 역시 물체이기 때문입니다. 당신에 대한 나의 생각은 거짓이었고 진리가 아니었습니다. 그것은 나의 비참한 상태가 만들어 낸 허구였으니 나는 당신의 축복을 받을 근거를 가지고 있지 않았습니다. 이제 당신의 명하신 대로 나에게 그대로 이루어졌으니, 나 때문에 땅이 가시와 엉겅퀴를 냈고, 나는 먹을 양식을 위해 수고를 해야만 되었습니다(창 3:18).

---

4) 아리스토텔레스에 의하면 존재하는 만물의 관계는 9가지 범주로 나눌 수 있다고 한다. 그것들은 바로 양, 질, 관계, 행동, 격정, 장소, 시간, 상황, 의류 등이다. 이것들은 어떤 의미에서 10가지 범주의 "본체"로 구성되는 것이기도 하다.

30. 나는 그 당시에 학예(liberal arts 라고 부르는 방면에 관한 여러 가지 책을 구입하여 모조리 읽고 홀로 이해할 수 있었는데 그것이 내게 어떤 유익을 주었습니까? 나는 사실 사욕의 노예가 되어 있었으니 그렇게 내가 책을 읽었다고 할지라도 그것이 나에게 무슨 도움이 되었겠습니까? 나는 그 책들을 흥미 있게 읽었습니다만 그 책 속에 있는 참되고 확실성 있는 것이 어디로부터 오는지를 전혀 알지 못하고 있었습니다. 나는 빛에게 등을 돌리고 있었으므로 내 얼굴은 그 빛이 비추이는 것들만 보게 되었습니다. 따라서 비추이는 것들만 보고 있던 내 얼굴은 빛을 받지 못하고 있었습니다. 나의 주 하나님이여, 당신이 아시거니와 나는 수사학, 논리학, 기하학, 음악, 수학에 관한 여러 책을 모조리 읽었고 누구의 도움 없이도 별 어려움 없이 그것들을 이해할 수 있었습니다. 내가 신속한 이해력과 분별력의 예민함을 소유하고 있었다면 그것은 바로 당신께서 주신 선물이거늘 나는 이 선물에 대해 당신에게 감사의 제사를 드리지 않았습니다. 이 때문에 이 학문들은 내게 도움이 되기는커녕 도리어 파멸이 되었던 것입니다. 이토록 나는 당신이 주신 선물의 대부분을 내 힘으로 간직하려 노력했을 뿐(눅 15장) 그 힘을 전부 바쳐 당신을 위해 쓰려고 하지 않았습니다(시 58:10). 그리하여 나는 당신을 떠나 먼 나라로 가서 당신이 주신 선물을 음탕한 정욕에 탕진했습니다. 좋은 선물을 좋게 쓰지 못한다면 그것이 내게 무슨 도움이 되겠습니까? 나는 그때 열심 있고 재능이 있는 사람들도 그러한 학문을 이해하기는 대단히 어려웠다는 사실을 잘 모르고 있었습니다. 그러나 후에 나는 그것을 알게 되었습니다. 내가 그러한 학문을 다른 사람들에게 가르쳐 보니 그 중에서 가장 우수한 사람

도 내가 설명한 바를 그렇게 빨리 터득하지 못했다는 사실을 알게 된 것입니다.

31. 진리이신 나의 주 하나님, 내가 당신을 크고 빛난 물체로만 보았고 나 자신을 그 물체의 한 조각으로 생각했으니 그러한 생각이 나에게 어떤 유익이 되었겠습니까? 아, 그것은 너무도 과도한 왜곡이었습니다. 그러나 그때는 내가 그러한 지경에 있었습니다. 오, 나의 하나님, 그러나 내가 그때 사람들 앞에서 당신을 공공연히 모욕하고 당신을 거슬러 개처럼 짖어대기를 부끄러워하지 않았던 것처럼 이제 나는 당신의 면전에서 나에게 베푸신 당신의 자비를 고백하고, 당신의 이름을 불러 아뢰기를 부끄러워하지 않습니다. 그때 나의 재능은 학문을 하는 데 대단히 빨라 문제에 얽힌 책들을 어느 선생의 도움도 없이 풀어 이해할 수 있었습니다. 그러나 경건의 교리에 대해서는 신성모독의 잘못을 저지르고 있었으니 그러한 재능이 나에게 무슨 도움이 되었겠습니까? 그러나 당신의 어린 자녀들이 비록 재능은 나보다 둔하지만 당신을 멀리 떠나지 않고 당신의 안전한 교회의 둥지에 남아서 깃이 돋아나고 또한 건전한 신앙의 양식으로 그들의 사랑의 날개가 양육을 받았다면 그들에겐 아무런 해로움이 없을 것입니다. 오, 우리 주 하나님이시여, 당신의 날개 밑에서 우리가 바라고 있사오니 우리를 보호하시고 우리를 품어 주소서. 당신은 우리가 어릴 때나 또는 백발이 될 때까지 우리를 품고 가실 것입니다. 당신이 우리의 힘이 되실 때 우리는 정말 강하게 됩니다. 그러나 우리가 가진 힘이 우리의 것이라면 그것은 도리어 우리의 약함이 되고 맙니다. 우리의 선함은 영원히 당신 안

에 거하고 있으니 당신을 저버리고 떠나면 우리는 또다시 자신의 왜곡으로 떨어져 버리고 말 것입니다. 오, 하나님, 우리로 하여금 당신에게 돌아감으로 다시는 파멸에 이르지 않게 하소서. 당신은 선이시므로 우리의 선은 당신 안에서만 위험 없이 거할 수 있습니다. 우리가 돌아갈 처소를 찾지 못할 것이라고 두려워할 필요가 없습니다. 왜냐하면 우리는 다 스스로 그 집에서 떨어져 나온 자들이기 때문입니다. 우리가 거할 처소는 지금 우리가 그곳에 거하지 않는다 해도 허물어지지 않사오니 그 집은 당신의 집이 영원하기 때문입니다.

제5권

어거스틴의 29세 때의 삶의 모습

어거스틴의 29세 때의 삶의 모습-인간을 향한 사탄의 올가미와 같은 파우스투스, 그가 마니교에 대한 무지를 나타냄으로 어거스틴에게 일종의 구원의 방편을 제공하는 대상이 됨-어거스틴이 마니교에 대한 동경을 포기함-밀라노의 로마에서 성 암브로우스의 설교를 듣게 됨-마니교를 완전히 떠나 가톨릭 교회의 예비 신자가 됨

1. 나의 혀가 당신께 드리는 고백의 제사를 열납하여 주옵소서. 당신의 이름을 찬양하기 위해 당신이 혀를 만드셨고 또한 그 혀를 움직이게 하셨습니다. 오, 주여, 나의 모든 뼈를 고쳐주시어, 그 고침 받은 뼈들이 당신과 같은 자 누구리요(시 35:20)라고 고백하게 하옵소서. 우리가 당신께 고백함은 우리 마음에 일어나는 일들을 당신에게 알려드리려 하는 것이 아닙니다. 그것은 아무리 굳게 닫힌 마음이라도 꿰뚫어 보시는 당신의 눈을 피할 수 없으며 아무리 완고한 인간의 마음이라도 당신의 손길을 물리칠 수 없기 때문입니다. 당신은 마음대로 자비를 통해서 혹은 형벌을 통해서, 그 완고한 인간의 마음을 녹이시니 당신의 그 열기를 피할 자가 어디 있겠습니까?(시 19:6) 내 영혼으로 당신을 찬양함으로 당신을 사랑하게 하시고 당신 앞에서 자비를 고백함으로 당신을 찬미하게 하소서. 당신의 모든 피조물들이 끊임없이 당신을 찬양하고 있사옵니다. 인간의 영혼도 그의 입술과 소리로 당신을 찬양하며, 온갖 동물과 무생물들도 그들을 관찰하는 자들의 입을 통해 당신을 찬양합니다. 우리 영혼은 이렇게 싫증으로부터 당신을 향해 일어서게 되고 당신이 훌륭하게 창조한 피조물을 통해 당신 자신에게로 올라가오니 거기서 우리 영혼이 새롭게 되고 참다운 힘을 얻게 됩니다.

  2. 사악하고 불경한 자들이 당신을 피해 도주할지라도 당신은 그들을 보시며 그들이 도주하는 어두운 길을 쏘아 보십니다. 그들은 아름다운 세계에서 살고 있으면서도 자신을 스스로 더럽히고 그들이 사는 주변을 더럽히고 있습니다. 그렇다고 그들이 당신에게 해를 끼칠 수 없으며 또한 하늘에서 땅 끝까지 다스리시는 공의롭

고 완벽한 당신의 통치를 손상[1]시킬 수도 없습니다(시 139:7). 그들이 당신의 낯을 피해 도주한다면 어디로 피해 가겠습니까? 당신이 찾을 수 없는 곳이 어디입니까? 그들은 당신을 보지 않으려 도망치지만 당신은 그들을 항상 보고 계시며, 그들의 눈을 어둡게 하여 당신과 부딪혀 만나게 하십니다(하나님은 당신이 만드신 것을 하나도 버리지 않으십니다.-창 16:14; 지혜서 11:25). 이리하여 불의한 자는 당신의 자비를 피해 가다가 당신과 당신의 공의에 부딪혀 그들이 택한 험한 길에 넘어지게 되고 그에 합당한 고통을 받게 됩니다. 진실로 그들은 하나님께서 무소부재하시나 그 어느 곳에서도 속박되지 않으시며, 당신에게서 멀리 떠난 자들에게조차도 가까이 계시는 분이심을 알지 못합니다(시 73:27). 그러므로 그들로 하여금 하나님께로 돌아가 당신을 찾게 하소서. 그들이 당신을 버렸어도 당신은 그들을 버리지 않으십니다. 그들로 하여금 당신에게 돌아가게 하소서. 이제 당신은 그들의 마음속에 계십니다. 당신께 고백하고, 당신께 자신을 내어 맡기며 그 험한 길을 걸어온 후 당신의 가슴에 파묻혀 우는 그런 자들의 마음속에 계십니다. 그때 당신은 그들의 눈물을 씻어 주실 것입니다. 그들이 기쁨에 복받쳐 눈물을 흘릴 때 그 울음 속에서 즐거움을 맛볼 것입니다. 오, 주 하나님, 당신은 혈육을 가진 인간과 다르시니 그들을 창조하시고 재창조하시어 위로를 주십니다. 내가 당신을 찾고 있을 때 나는 어디에

---

1) "성경에 기록된 하나님의 대적자들은 본성으로서가 아니라 죄로 인해 하나님과 그의 통치를 대적하는 자입니다. 그들은 다만 하나님이 아니라 자기 자신들에게 해를 입힐 뿐입니다. 그들은 능력을 통해 해를 입히는 것이 아니라 하나님을 대적하는 의지를 통해 해를 입히는 것입니다."

있었습니까? 당신은 바로 내 앞에 계셨습니다. 그러나 나는 내 자신으로부터 떠나 있었으므로 나 자신을 찾을 수 없었으니 하물며 당신을 어떻게 찾을 수 있었겠습니까?

3. 이제 당신의 존전에서 내 나이 29세 때의 나의 모습을 회상하고자 합니다. 그때 마니교의 감독인 파우스투스라는 사람이 카르타고에 왔었습니다. 그는 마귀의 큰 올가미와 같았습니다. 그래서 그의 감언이설에 많은 사람들이 걸려들었고 나도 그의 언변에 감탄했습니다. 그러나 나는 그때 내가 배우려 했던 바 진리의 말씀과 그의 말의 매혹을 구별할 수 있었습니다. 또한 나는 그들 사이에서 평판이 높았던 파우스투스가 내 앞에 먹으라고 가져다 놓은 지식의 내용에 더 관심이 있었고, 그 지식이 담긴 말의 형식에는 별로 관심이 없었습니다. 내가 그를 만나기 전에 들은 바에 의하면 그는 모든 학문에 조예가 깊었고 특히 학예 즉 문법, 수사학, 논리학, 수학, 기하학, 음악, 천문학에 능한 학자라는 것이었습니다. 나는 이미 많은 철학 서적을 읽었고 그 읽은 내용을 기억하고 있었습니다. 그래서 나는 철학자들의 이론과 마니교도들의 지루한 우화를 비교해 보았습니다. 이 둘 중에서 나에게는 철학자들의 이론이 훨씬 더 진리인 것처럼 보였으니, 그 이유는 그들이 비록 세계의 주가 되시는 당신을 찾지는 못했어도 그들의 힘으로 이 세계를 바로 인식하고 판단할 수 있었기 때문입니다. 오, 주님, 당신은 위대하시니, 낮은 자를 굽어보시며, 교만한 자를 멀리서도 아시나이다(지혜서 13:9; 시 138:6; 34:18). 당신은 마음 깊은 곳에서 참회하는 자에게 가까이 하십니다. 그러나 교만한 자들은 그들이 아무리 깊고 묘한

지식으로써 별과 모래알을 세고 성좌의 위치를 관측하며, 천체의 궤도를 추적한다 할지라도 당신을 발견할 수는 없습니다.

4. 그들은 당신이 주신 마음과 재능으로 이 모든 것들을 조사하고 연구하여 많은 것을 발견했습니다. 그들은 수년 후에 일어날 일식과 월식의 날과 시간과 그 범위를 미리 말하였는데 그들의 계산은 틀림이 없었고 예언한 사건은 그대로 맞았습니다. 또한 자신들이 발견한 원리를 기록해 놓았으므로 오늘도 사람들은 그것을 읽고 그에 따라 해와 달이 어느 해, 어느 달, 어느 시에, 어떤 부분이 작아질 것인지를 미리 예언하였습니다. 그리고 그 예언은 그대로 맞았습니다. 이러한 것을 모르는 사람들은 경탄하고 놀라며, 그것을 아는 사람들은 칭찬을 받고 뽐냈습니다. 이리하여 그들은 불손한 교만으로 당신에게서 떨어져 내려와 당신으로부터 오는 빛을 받지 못하고 있었습니다. 그들은 미래에 있을 일식은 미리 알면서도 현재에 있는 자기 자신들의 일식은 전혀 보지 못하고 있었던 것입니다. 왜냐하면 그들은 이 모든 것을 연구하는 자신들의 재능이 어디서부터 오는지를 알려 하지 않았기 때문입니다. 더욱이 그들은 자신들을 만드신 분이 하나님 당신인 줄 알면서도 그들을 창조하시고 보존하시는 당신에게 자신들을 바치려 하지 않았습니다. 또한 자신들이 만들어 낸 것들을 희생 제물로 당신에게 드리지도 않았습니다. 즉, 공중에 나는 새와 같은 자신들의 교만과 바다에 있는 고기가 심연의 은밀한 길을 찾아다니는 것(시 8:7, 8)과 같은 그들의 이기적인 호기심과 들짐승들과 같은 그들의 육적인 방종을 죽여서 당신에게 바치려 하지 않았습니다. 그러나 만일 그들이 이것들을 죽

여 희생 제물로 당신에게 드렸다면 소멸하는 불(신 4:24)이 되신 하나님, 당신은 그들의 사망의 근심을 불사르시고 그들을 새로 창조하시어 영원히 죽지 않도록 하셨을 것입니다.

5. 그러나 이들은 그 길이 되시는 하나님의 말씀을 알지 못했습니다. 하나님의 말씀은 그들이 측정하는 모든 것을 그것들을 측정하는 그들 자신을 그리고 그들이 측정한 것을 지각하는 감각을 그리고 측정된 것을 이해하는 정신을 다 창조하셨습니다. 그러므로 당신의 지혜는 무궁하여 측량할 수 없습니다(시 147:5). 그러나 당신의 독생자는 우리의 지혜와 의와 거룩이 되시고(고전 1:30) 주님은 육신의 몸을 입고 오셔서 우리 중에 거하셨고 가이사에게 세금을 바치기까지 하셨습니다(마 7:27). 그들은 이 길을 몰랐습니다. 그들은 바로 이 분께로 내려가서 이 분에 의하여 이 분에게로 다시 올라가는 길을 모르고 있었습니다(사 14:13). 그들은 이 길을 모르기에 자신들은 하늘에 높이 달린 별들처럼 빛나는 줄로 착각하고 있었습니다(계 12:4). 그러나 사실 그들은 땅으로 떨어졌고, 그들의 어리석은 마음은 어두워지고 말았습니다(롬 1:21). 그들이 어떤 피조물에 대하여 한 말은 사실 맞는 부분이 많았습니다. 그러나 진리이시오 세상을 지으신 분을 경건한 마음으로 찾지 않기 때문에 그들은 하나님을 찾지 못하였습니다. 혹시 그 분을 찾았고 또한 그 분이 바로 하나님이심을 안다 할지라도 그 분에게 합당한 영광을 돌리지도 않고 감사치도 않아 그들의 생각은 오히려 허망해지고 말았습니다. 그들은 또한 스스로 지혜롭다고 생각한 나머지 당신의 업적을 자신들의 업적에 귀속시켰습니다. 또한 이와 똑같은 왜곡된

맹목성을 가지고 그들은 자신들의 속성을 당신에게로 귀속시켰습니다. 그들은 자신들의 거짓을 진리이신 당신에게 돌리기까지 하였습니다. 이런 방식으로 그들은 썩지 않을 하나님의 영광을 썩어질 사람과 새와 네 발 달린 짐승과 기어다니는 버러지의 형상으로 바꾸었습니다. 그들은 당신의 진리를 거짓으로 바꾸어 창조자를 찬양하는 대신에 피조물을 예배하며 섬겼던 것입니다(롬 1:23).

6. 그러나 나는 이 사람들로부터 피조물의 세계에 관하여 말한 여러 가지 옳은 지식을 간직했습니다. 또한 나는 그들의 합리적인 설명이 수학적으로나 계절의 순서와 눈에 보이는 별들을 보아 잘 증명된다고 보았습니다. 나는 철학자들의 이론과 마니교의 교리를 비교해 보았습니다. 마니교도 그러한 제목에 대하여 상당히 많은 책을 썼습니다. 그러나 그의 저서들은 내가 배운 자연 철학자들의 책들처럼 동지, 하지, 춘분, 추분, 그리고 일식과 월식과 같은 것에 대해서는 아무 설명을 해주지 못했습니다. 나에게 마니교가 기록한 것을 믿으라고 강요했지만 그것은 수학적인 이론이나 내 자신의 관찰에도 일치하지 않았습니다. 사실 그것은 아주 달랐습니다.

7. 그렇다면 진리이신 주 하나님이시여, 사람이 이런 지식을 가지고 당신을 기쁘게 해드릴 수 있는 것입니까? 그렇지 않습니다. 사람이 이 모든 것을 알고 있다 할지라도 당신을 모르면 불행할 뿐입니다. 그러나 이런 것들을 몰라도 당신을 알고 있는 자는 행복한 사람입니다. 그러면 사람이 당신도 알고 또한 이런 것들을 알고 있다면 얼마나 더 행복하겠습니까? 그러나 그렇지도 않습니다. 그 사

람이 이런 것들을 안다고 해서 더 행복한 것이 아니라 당신을 알고 있기 때문에 더 행복한 것이니 그 사람은 당신을 하나님으로 알고 영광과 감사를 당신께 돌리며 그 마음에 헛된 생각을 품지 않기 때문입니다(롬 1:21). 세상에는 나무의 높이가 몇 자이고 그 둘레가 얼마인지 몰라도 자기가 그 나무를 소유하고 있음을 알고 있고 또한 그것을 사용할 수 있음을 하나님께 감사드리는 사람이 있습니다. 그 반면에 나무를 재고 그 가지의 수를 셀 수 있는 훌륭한 지식이 있어도 그것을 소유하고 있지도 않고 또한 그것을 만드신 창조자를 알거나 사랑하지 않는 사람도 있습니다. 여기서 전자가 후자보다 훨씬 더 행복하다는 것은 두 말할 나위가 없습니다. 이렇듯 믿는 사람은 비록 북두칠성의 별자리는 몰라도 모든 만물이 하나님 당신께 의존하므로 아무것도 가지지 않고 있으되 모든 것을 소유한 자가 됩니다(고후 6:10. 그러므로 당신을 믿는 사람은 하늘을 측정하고 별들을 세며 물질의 중량을 달면서도 만물을 수와 양과 도에 의해 우주의 질서를 유지시키시는 당신을 모르는 사람보다 훨씬 행복하다는 것을 의심하는 것처럼 어리석은 일은 없습니다(지혜서 11:20).

8. 누가 마니교주에게 명하여 이런 지식에 관해 쓰게 하겠습니까? 그러한 지식 없이도 우리는 경건을 배울 수 있지 않습니까? 하나님 당신은 우리들에게 보라 경건이 곧 지혜이니라고 말씀하셨습니다(욥 28:28). 마니는 세상사물에 대해서는 잘 안다 해도 이 경건의 지혜는 몰랐습니다. 그러나 사실 그는 사물에 대해서조차 잘 모르면서 뻔뻔스럽게 다른 사람들을 감히 가르치려고 대들었으니 그는 경건의 지혜를 갖지 못한 자임에 분명합니다. 경건이란 당신

께 고백하는 것이요 세상에 대한 지식을 공언하는 것은 헛된 것뿐입니다. 그는 이런 것들에 대하여 안다고 재잘거리다가 결국 그 방면에 조예 깊은 학자들에 의해 면박을 받았으니, 이보다 더 어려운 다른 문제에 대해서도 잘 모를 것이라는 그의 정체가 드러나고 말았습니다. 그는 사람들로부터 존경을 받기 위해 이리저리 돌아다니면서 믿는 자를 풍성하게 하고 위로하시는 성령이 친히 권능으로 자기 안에 거하고 있음을 믿으라고 설파하였습니다. 그러므로 그가 하늘과 일월성신의 운동에 대하여 말한 것이 틀렸음이 드러났을 때(물론 이것은 종교적인 교리와는 다르지만) 그가 식자인체 하는 것은 정말 신성모독이 되고 말았습니다. 왜냐하면 그는 자기가 모르는 것을 가르쳤을 뿐 아니라 또한 왜곡한 것을 가르쳤기 때문입니다. 그는 자기의 말을 신적 존재의 가르침으로 받아들이라고 강요할 정도로 어리석었고 미쳤으며 또한 교만에 가득 찬 사람이었습니다.

9. 어떤 기독교인이 이런 문제에 대하여 무지하거나 또는 잘못 알고 말하는 것을 들을 때, 나는 가능하면 이것이 그의 개인적인 견해임을 인정하며 대체로 관용코자 합니다. 만물의 창조자이신 주 하나님, 그가 비록 창조된 사물의 형태와 본질에 관해 무식하다 할지라도 당신을 거역하는 어떤 교리를 믿지 않는 한, 그에게는 어떠한 해로움도 없을 것이기 때문입니다. 그러나 그가 만일 이런 세상 사물에 대한 지식이 경건의 교리의 본질에 속한다고 생각하든지 혹은 자기가 잘 알지 못하는 이런 지식을 지나치게 독단적으로 주장하게 되면 그 지식은 그에게 해가 되고 말 것입니다. 그러나 신앙의 요람기에는 그러한 사람의 신앙의 허약함도 그 사람이 장성한

자가 되어 여러 그릇된 교리의 바람에 불리어 요동하지 않게 될 때까지 어머니의 사랑이 참고 돌보아 주게 됩니다(엡 4:13-14). 그러나 마니는 스스로 교사, 권위자, 혹은 자기의 교리를 믿는 자들의 수괴가 되어 그의 추종자들로 하여금 그를 단순한 보통 인간으로가 아니라 자신을 성신과 동일시하여 믿고 따르게 하였습니다. 이와 같이 그의 거짓된 가르침이 명명백백히 드러난 이상 누가 그러한 미치광이 짓을 따르겠습니까? 그러나 나는 낮과 밤의 교차와 길고 짧은, 일식과 월식, 그리고 내가 다른 책에서 읽은 것을 그가 일관성 있는 이론으로 설명할 수 있는지 없는지를 확실히 알 수 없었습니다. 만일 그가 그런 것에 대해 설명할 수 있었다 하더라도 그의 이론이 옳은가 틀린가에 대해서 내 마음에서 의심이 가시지 않았습니다. 그러나 나는 그가 성자라는 평판 때문에 내 신앙을 그의 권위 위에 세워 놓기로 마음먹고 있었습니다.

10. 나는 거의 지난 9년 동안 이리 저리 정착하지 못하며 마니교의 교리에 귀를 기울이는 마니교의 제자였습니다. 그래서 파우스투스가 카르타고에 온다는 말을 듣고 나는 그의 도착을 손꼽아 기다리고 있었습니다. 이유는 내가 다른 마니교도들을 만나 그들이 대답할 수 없는 어려운 질문을 던지면 그들은 항상 파우스투스를 말하면서 그가 오면 이 문제뿐만 아니라 다른 더 어려운 문제들도 쉽게 그리고 명확히 설명해 줄 것이라고 말했기 때문입니다. 만나서 같이 이야기해 보니 그는 말솜씨가 유창하여 매우 마음에 드는 사람이었습니다. 그러나 그의 말의 내용에 있어서는 다른 마니교도들이 한 그것과 별반 차이가 없었고 차이가 있다면 다만 그들보다 말을 더 잘하고 재미있게 한다는 것뿐이었습니다. 하지만, 멋지게

차려입은 종이 값비싼 빈 술잔을 나에게 준들 어찌 내 갈증이 해소될 수 있겠습니까? 내 귀는 이미 이런 쓸데없는 것들을 너무 많이 들었습니다. 그러므로 그러한 말들이 더 잘 표현되었다고 해서 더 나은 것이 아니요, 웅변적이라고 해서 진리를 말하는 것도 아니며, 또한 말하는 이의 얼굴이 매력적이고, 그 언어가 유창하다고 해서 그의 영혼이 지혜로운 것이 아님을 잘 알고 있었습니다. 따라서 파우스투스에 대하여 나에게 이렇듯 기대감을 갖게 해준 그 사람들은 이런 면에서 좋은 판단자는 아니었습니다. 그들은 그의 재미있는 말만 듣고 그를 지혜롭다 여겼던 것입니다. 동시에 나는 다른 부류의 사람들을 알고 있었습니다. 그들은 아름답고 일관성 있는 말로 진리에 대하여 말해 주어도 그 진리를 의심하여 믿지 않으려 하는 사람들이었습니다. 그러나 나의 하나님, 당신은 놀랍고도 은밀한 방법으로 나에게 가르침을 주셨습니다. 나는 그것을 당신이 진리라고 가르쳐 주셨기 때문에 그것을 알고 믿게 되었습니다. 또한 진리가 어디서 어떻게 제시되든지 그 진리를 가르친 참 스승은 오직 당신뿐이라는 것도 있었습니다. 이제 제가 배운 것은 사람이 말을 잘 한다고 해서 진리를 말하는 것이 아니요, 말을 잘 못한다고 허위를 말함이 아니며, 또한 큰 소리로 강력하게 말한다고 해서 진리를 말하는 것이 아니요, 매끈하게 말한다 해서 반드시 거짓된 것은 아니라는 것입니다. 지혜와 어리석음은 마치 좋은 음식과 좋지 않은 음식에 비해 말할 수 있고 세련된 언어와 보통의 언어는 그릇과 질그릇에 비해 볼 수 있습니다. 이 두 종류의 음식을 은그릇이나 혹은 질그릇에 담아 사람을 대접할 수 있듯이 지혜와 어리석음도 세련된 언어나 보통의 언어로 진술될 수 있습니다.

11. 나는 이 파우스투스를 몹시도 기다리고 있었으므로 그의 말하는 태도와 표정과 자기의 사상을 유창하고 적당한 말로 옷 입혀서 표현하는 것이 무척이나 마음에 들었습니다. 사실 나는 그가 마음에 들었기 때문에 다른 사람과 함께 아니 다른 사람들보다 더욱 그를 칭찬했습니다. 그러나 파우스투스가 청중들이 많이 모인 공개 집회에서 내가 괴로워했던 많은 문제들을 자유롭게 토론하는[2] 기회를 주지 않아 내 마음은 퍽이나 상해 있었습니다. 마침내 나와 내 친구들이 그와 함께 이런 문제로 토론할 수 있는 적당한 기회가 와서 나는 그 앞에 내가 의심했던 여러 문제들을 던졌습니다. 그때 바로 나는 그가 문학을 좀 공부한 것 외에 학예에 대해서는 전혀 교육을 받지 못했음을 깨닫게 되었습니다. 그는 키케로의 연설, 세네카Seneca의 책 몇 권, 시집, 그리고 자기 교파에 대하여 라틴어로 잘 엮어진 몇 권의 책을 읽은 사람이었습니다. 파우스투스는 많은 교육을 받은 사람은 아니었지만 좋은 천성과 재간 때문에, 그리고 매일 강연을 하는 실질적인 경험을 통해서 매력 있고 유창한 웅변을 배운 듯합니다. 내 주 하나님, 나의 양심의 심판자이시여, 내가 지금 기억하고 있는 것이 사실 그대로입니까, 아니면 틀린 것입니까? 내 마음과 기억을 당신 앞에 열어 놓습니다. 그때 당신 섭리의 은밀한 손이 나를 인도하셨으니, 부끄러운 내 잘못을 내 얼굴 앞에 놓으사 나로 하여금 내 잘못을 보고 미워하게 하셨나이다(시 50:21).

---

[2] 이것은 스승이 강의를 하거나 강의를 끝내고 나면 의심을 제거하기 위해 학자들이 그들의 스승에게 질문하곤 했던 고대 동방의 예식이다. 우리 주님께서도 이런 방식으로 박사들을 가르치셨다.

12. 나는 파우스투스가 학식이 있으리라고 기대했으나 무식하다는 사실이 분명해지자 파우스투스가 내가 고민하는 여러 복잡한 문제를 설명해 줄 수 없다고 생각하여 몹시 실망했습니다. 물론 그가 마니교도만 아니었다면 이러한 학문을 모르고서도 경건의 진리에 굳건히 서 있을 수도 있었을 것입니다. 사실 마니교도들의 책은 하늘과 별, 해와 달에 대하여 허황된 긴 이야기로 가득 차 있습니다. 그러므로 내가 간절히 원했던 문제, 즉 마니교도들의 책에 포함된 설명이 사실 그대로 맞는지, 내가 다른 곳에서 읽어 알게 된 수학적인 설명보다 더 나은지, 혹은 거의 같은지에 대하여 파우스투스는 만족할 만한 답을 줄 수 없으리라고 믿었습니다. 그러나 내가 이런 문제들은 고려되어야 하고 또한 토론되어야 한다고 그에게 제안하자 그는 정말 겸손하게 그런 문제들을 다루려 하지 않았습니다. 그는 이런 문제들에 대하여 잘 모르고 있었기에 자기의 무지를 고백하는 것을 부끄럽게 생각하지는 않았습니다. 세상에는 이런 문제에 대하여 나를 가르친다고 하면서, 사실 아무것도 가르치지 못했던 말만 하던 사람들이 많이 있었습니다. 나는 그와 같은 사람들로부터 많은 곤욕을 치렀습니다. 그러나 파우스투스는 그러한 사람들과는 전혀 달랐습니다. 그는 비록 당신에게는 바른 마음의 자세를 갖지 못했지만 적어도 자기 자신에게는 솔직했던 사람이었습니다. 그는 자기의 무식함을 전혀 모를 정도로 무식하지는 않았으니 점잖게 물러설 수 없든가 빠져 나갈 길이 없는 토론에는 말려들지 않았습니다. 내가 그를 좋아하게 된 것도 바로 이 때문이었습니다. 진실로 자기 자신의 한계를 인정하는 겸손한 마음의 자세는 내가 구하고 있는 지식을 획득하는 것보다 더 아름답게 보였습니다. 이

처럼 난해하고 곤란한 문제를 대할 때마다 파우스투스의 태도는 매우 겸손했습니다.

13. 결국 마니교의 교리를 연구하여 글을 쓰려던 나의 열심도 이제 무뎌지고 말았습니다. 그들 중에서도 그토록 유명한 파우스투스가 나를 번민케 했던 여러 문제에 대하여 대답을 주지 못하자 그 교파의 다른 교사들에 대한 나의 실망이 더욱 커졌던 것입니다. 그때 나는 카르타고에서 수사학 교수로 젊은 사람들을 가르치고 있었습니다. 파우스투스도 내가 가르치는 학문을 몹시 배우려 했기 때문에 자주 만나게 되었습니다. 나는 그가 읽고 싶어 한 책이나 혹은 그에게 적당하다고 생각되는 책을 골라서 같이 읽었습니다. 그러나 이 사람을 알게 되자마자 마니교를 더 깊이 탐구하려던 나의 노력은 결국 끝장이 나고 말았습니다. 물론 나는 그들과 완전히 결별한 것은 아니었습니다만 더 좋은 것을 아직 찾지 못한 나는 더 나은 어떤 것이 나타날 때까지 어쩌다가 발을 디디게 된 이 길에 잠시 동안 머물러 있기로 마음먹었던 것입니다. 이리하여 많은 사람에게 죽음의 올가미가 되었던 파우스투스는 자신이 원치 않았지만 내게 걸려 있던 그의 올가미를 자기도 모르게 풀기 시작했습니다. 오, 나의 하나님, 그것도 당신의 손이 당신의 은밀한 섭리 가운데서 나의 영혼을 버리지 않으셨기 때문이요, 어머니께서 피로 물들인 가슴으로 밤낮 나를 위해 눈물로 당신께 기도의 제사를 드렸기 때문이며, 또한 당신께서 놀라운 방법으로 나를 인도해 주셨기 때문입니다(욜 2:26). 이 모든 것이 당신께서 하신 일이었사오니 주님께서 사람의 발걸음을 인도하시고, 그 길을 택하셨기 때문이

아니고 무엇이겠습니까?(비교, 시 37:23). 당신이 이미 창조하신 것을 다시 창조하사 고쳐주시는 당신의 손을 떠나서 우리가 어떻게 구원을 얻을 수 있겠습니까?

14. 그러므로 당신께서 내게 로마로 가서 카르타고에서 가르쳤던 것을 로마에서 가르칠 마음을 주셨습니다. 하나님께서 나를 설득하신 경위를 당신 앞에서 분명히 고백하지 않고 그냥 지나칠 수 없사옵니다. 이것을 통해 하나님 당신의 지혜의 심오함과 나를 향한 당신의 끊임없는 자비를 생각하고 그것을 선포해야 할 것입니다. 내가 로마에 가고 싶었던 이유는 내 친구가 약속한 대로 좋은 보수와 높은 자리 때문은 아니었습니다. 물론 이러한 조건이 내 마음을 자극시키지 않았다고 볼 수는 없지만 나의 가장 크고 유일한 동기는 그곳의 학생들은 공부를 열심히 하고 엄격한 규칙을 통해 잘 통제되어 있다고 들었기 때문입니다. 그곳에서는 학생들이 무례하게 자기들이 등록하지 않은 교사의 교실에 들어가지도 못하고 또한 교사의 허락 없이는 등록도 할 수 없었습니다. 반면에 카르타고에서는 학생들 사이에 추잡하고 난잡한 방종이 난무했었습니다. 그들은 무례하게 교실로 뛰어들어 미친 사람들처럼 학생들을 위해 교사가 세워 놓은 규칙을 무너뜨렸습니다. 그들은 믿기 어려울 정도로 여러 가지 난잡한 행동을 했으니 그것들은 관습은 용납하지만 법으로는 엄하게 처벌받아야 할 행동이었습니다. 그러나 관습이 용납해 준다 할지라도 당신의 법이 용서할 수 없는 행동이었으니 그런 짓은 더욱 비참한 것이 되고 맙니다. 그들은 그렇게 행동을 하고도 그에 대한 형벌이 없다고 생각하지만 그와 같은 행동을 계속

하는 그 자체가 바로 그들이 받고 있는 천벌인 줄을 생각하지 못합니다. 따라서 그들이 받는 괴로움은 그들이 남에게 끼친 괴로움보다 훨씬 더 극심할 것입니다. 내가 학생이었을 때 나는 이런 행동을 몹시 싫어했습니다. 그러나 교사가 된 후로는 다른 사람이 행한 이런 행동을 참아내야 했습니다. 그러므로 나는 사람들이 말하는 대로 그러한 추태가 없는 로마로 가고 싶었던 것입니다. 이렇게 나의 피난처가 되시고 생존 세계에서 나의 분깃이 되신(시 142:5) 하나님 당신께서 내 영혼을 구원하시기 위해 나로 하여금 삶의 고향을 바꾸도록 하셨습니다. 당신은 카르타고에서 나를 채찍으로 쳐 몰아내어 떠나게 하시고 로마에서는 매력의 유혹을 마련하여 나를 그리로 끌어 당기셨습니다. 이와 같은 두 경우에 당신은 죽어가는 생을 사랑하는 사람들을 이용하신 것입니다. 한편으로는 미친 듯이 행동하는 사람들을 사용하셨고 다른 한편으로는 나에게 헛된 희망을 약속하는 사람들을 사용하셨습니다. 이렇듯 하나님 당신은 나의 발걸음을 바로 잡아 주시려고 은밀히 그들의 잘못과 나의 잘못을 함께 선용하셨습니다. 내 마음의 평안을 어지럽게 했던 그들은 수치스러운 광포로 눈이 멀었고 다른 곳으로 나를 유혹해 냈던 그들은 이 세상의 맛을 보고 포로된 자들이었습니다. 그래서 카르타고에서의 괴로움을 증오했던 나는 이제 또 다시 로마에서 헛된 행복을 추구하고 있었던 것입니다.

15. 오, 하나님, 내가 왜 한 지역을 떠나 다른 곳으로 가는지 그 이유는 당신만이 아시었습니다. 그러나 당신은 그 이유를 나에게나 또는 내가 떠난다 해서 슬피 울며 해변까지 따라 나온 어머니에게

도 알려주시지 않았습니다. 어머니는 나를 꽉 붙들면서 집으로 돌아가든지 그렇지 않으면 자기와 함께 가자고 간청하였습니다. 그러나 나는 어머니를 속여 친구가 순풍을 만나 출항할 때까지 자리를 뜰 수 없다고 하였습니다. 이렇듯 나는 나의 어머니, 그러한 순전한 어머니에게 거짓말을 하고 그 곳을 빠져 나왔습니다. 이러한 역겨운 나의 잘못도 당신은 자비로써 용서해 주시고 바다의 물에서 구하셔서 당신의 은총의 물에 이르도록 하셨습니다. 그리하여 내가 그 물에 의해 깨끗하게 씻음을 받았을 때, 나를 위해 당신 앞에서 매일 자기 얼굴 밑의 땅을 눈물로 적시던 내 어머니의 눈물의 강을 멈추게 해주셨습니다. 그 당시 어머니가 혼자서는 집으로 돌아가려고 하시지 않아서 나는 겨우 어머니를 설득하여 우리가 타고 갈 배 근처에 있는 성 시프리안 기념 예배당에서 그날 밤을 지내시라고 하였습니다. 그날 밤에 나는 몰래 빠져나왔고 어머니는 그곳에서 울며 기도만 하고 계셨습니다. 오, 하나님, 어머니가 그렇게 눈물을 흘리면서 당신께 기도한 것은 나를 떠나지 못하게 해달라는 것이었습니다. 그러나 당신의 뜻은 오묘하셔서 어머니가 정말 원하는 것이 무엇임을 아셨고 그녀가 항상 원했던 것을 들어주시려고 그때 어머니가 구한 것은 들어주시지 않았던 것입니다. 어느덧 바람이 불어 우리의 돛이 부풀게 되자 배가 움직여 해안은 이미 우리의 시야에서 멀어져 갔습니다. 그날 아침 어머니는 그 해안에 나와 서서 슬픔을 이기지 못해 불평과 애통으로 당신의 귀를 채우셨습니다. 그러나 당신은 그러한 기도를 들어주시지 않았습니다. 오히려 당신은, 내 욕망을 끝장내시려고 나를 내 욕망의 힘에 의해 떠밀려 가게 하셨고, 내 어머니의 육정을 슬픔의 채찍으로 때려 벌하시었습니다. 왜냐하면 어머니는 다른 어머니처럼, 아니 다른 어머니보다 더 나와 같이 있기를 좋아했으며, 또한 내가 떠나감으로 인해 당신이 큰 즐거움을 어머니를 위해 예비하고 계셨음을 모르고 있었기 때문입니다. 이것을 모르고 있었기에 어머니는 큰 소리로 울고 애통해 하였으며, 그 괴로움을 통해 이브로부터 물려받은 유산을 보여 주셨으니 슬픔 속에서 난 자식을 슬픔으로 찾고 있었던 것입니다. 그러나 어머니는 나의 속임질과 잔인성을 탓한 후 다시 나를 위해 당신께 계속 기도하면서 집으로 돌아갔고 나는 로마를 향해 떠나갔습니다.

16. 그러나 로마에서 나를 기다리고 있었던 것은 질병이라는 채찍이었습니다. 나는 아담으로부터 물려받은 죽을 수밖에 없는 원죄 이외에도 당신, 내 자신, 그리고 다른 사람에게 지은 많고도 무거운 죄를 짊어지고 거의 지옥으로 떨어질 뻔 했습니다(고전 15:22). 당신은 이러한 나의 죄를 그리스도 안에서 아직 용서해 주시지 않으셨고 내 죄로 말미암아 생긴 당신과의 원수 됨을 그리스도의 십자가로 없이 해주시지 않았습니다(엡 2:15). 내가 그때에 믿었던 환상의 십자가를 통해 어떻게 그러한 죄가 용서받을 수 있었겠습니까? 그러므로 내가 그리스도의 육체의 죽음을 사실이 아니라고 믿었던 것만큼 내 영혼의 죽음은 사실이었습니다. 그리고 그의 육체의 죽음이 사실이었던 것만큼, 그것을 믿지 않았던 내 영혼의 삶은 헛된 것이었습니다. 내 열병은 점점 심해져 나는 거의 죽게 되었습니다. 만일 내가 그때 죽었더라면 당신의 법에 따라 내 그릇된 행동이 받아야 마땅한 지옥 불 속의 괴로움으로 떨어지지 않고 어디

로 갈수 있었겠습니까? 내 어머니는 이러한 상황을 모르고 먼 곳에서 나를 위해 계속 기도하고 계셨습니다. 당신은 어디에든지 계셔서 어머니가 있던 곳에서는 그의 기도를 들어 주시고 내가 있던 곳에서는 자비를 베풀어 주셨습니다. 그리하여 내 마음이 당신을 모독하는 질병 가운데 있었어도 당신께서는 자비로 내 육체의 건강을 회복시켜 주셨습니다. 그러나 나는 그러한 위험 가운데 있으면서도 당신의 세례를 받으려 하지 않았습니다. 내가 이미 기록하고 고백했던 것처럼 어머니의 신앙을 따라 세례를 간청했던 나의 소년 시절이 훨씬 더 나을 뻔 했습니다. 그 후 내 수치스러운 행동은 점점 더 증가했고 나는 미친 듯이 당신이 처방하신 약을 비웃었던 것입니다. 그러나 당신은 나 같은 죄인이라 할지라도 두 번 죽게 내버려 두시지 않으셨습니다. 만일 내가 그러한 상태에서 죽어 어머니의 마음이 상처를 받았다면, 그 상처는 결코 영원히 치료되지 못했을 것입니다. 어머니가 나를 얼마나 사랑하셨는지 그리고 육신으로 나를 낳아 줄 때보다 더욱 영적으로 나를 출생시키기 위해 얼마나 더 큰 산고를 치루셔야 했는지 말로 다 형용할 수 없습니다(갈 4:9).

17. 따라서 내가 만일 그런 상태로 죽어 나의 죽음이 내 어머니의 가슴을 찔러 꿰뚫었다면 어머니의 그 아픔은 결코 치료될 수 없었을지도 모릅니다. 그러면 밤낮 쉬지 않고 간절히 드린 어머니의 기도는 어떻게 되겠습니까? 그의 기도는 당신에게 상달되었습니다. 오, 자비의 하나님, 당신이 그렇게 청결하고 정숙한 과부의 통회하고 애통하는 겸손한 마음을 멸시하실 분이시겠습니까?(시 51:17) 어머니는 항상 자선을 행하였고, 당신의 성자들을 받들어 섬기기를

즐거워했으며, 하루도 빠짐없이 당신의 제단에 제물을 드렸고(딤전 5:10), 하루에 두 번씩 조석으로 교회에 나갔습니다. 교회에 나간 것도 어떤 쓸데없는 잡담이나 할머니들의 이야기를 듣기 위함이 아니요 설교를 통해서 당신의 말씀을 듣기 원했고 또한 어머니의 기도에 하나님께서 응답해 주시기를 원해서였습니다. 어머니는 당신에게 금이나 은이나, 혹은 변하고 없어질 재물을 달라고 기도하지 않고 오직 자기 자식의 영혼의 구원을 위해 눈물을 흘리며 기도하였는데 당신이 어머니를 돕지 않을 수 있으며, 이렇게 흘린 눈물을 당신이 무시할 수 있었겠습니까? 어머니가 이렇게 하게 된 것도 모두 당신의 은혜 때문입니다. 주 하나님은 어머니를 도와주지 않으실 수 없으신 분이십니다. 확실히 당신은 어머니의 곁에 계셔서 어머니의 기도를 들어주셨고 당신이 그렇게 되도록 예정하신 그 계획을 이루어 나가셨습니다. 내가 이미 앞에서 고백한 것도 있고 언급하지 않은 것도 있지만, 당신이 보여 주신 그 뜻과 대답으로 어머니를 속였을 리가 없습니다. 어머니는 그것을 항상 마음에 충실히 간직하며, 마치 그것이 당신 자신이 서명한 약속이나 된 듯 기도할 때 마다 내놓고 당신께 애걸하였습니다. 당신의 인자하심은 영원하셔서(시 106:1) 모든 빚진 자들의 빚을 없애 주시고 그런 약속 때문에 그들에게 빚진 자가 되기까지 하십니다.

18. 그때 당신은 내 병을 낫게 해주셨습니다. 당신 여종의 아들에게 육체의 건강을 회복시켜 주셨으니 나로 하여금 당신을 위해 살기 위한 더 좋고 확실한 건강을 얻게 하기 위함이었습니다. 나는 그 후로 로마에서 또 다시 남을 속이고 속는 소위 "성자들"과 사귀

게 되었습니다(이들은 내가 병들어 머물러 있었던 그 집 사람과 같은 자들입니다). 또한 나는 "선택받은 자들"이라 불리는 사람들과도 사귀었습니다. 그때까지도 나는 "죄를 짓는 것은 우리가 아니요 우리 안에 있는 어떤 것"이라고 생각했고 이러한 생각은 내 교만에 만족감을 주어 스스로 잘못이 없다고 생각하게 만들었습니다. 따라서 내가 죄를 지었을 때도 그것을 내 죄로 인정하여 하나님 당신께 고백함으로 용서를 받으려 하기보다(그것은 사실 당신께 지은 죄이기 때문에(시 41:4) 오히려 나 자신을 변명하고 내 안에 있는 나 아닌 나도 모르는 어떤 것에 죄를 돌렸던 것입니다. 그러나 실상 나는 하나였는데 나의 불경건은 나를 둘로 나누어 그러한 분열을 내 안에 만들어 놓았습니다. 그러므로 내가 나를 죄인으로 여기지 않았던 것이 고침을 받을 수 없는 더 큰 죄였습니다. 오, 전능하신 하나님, 내가 당신에게 패배를 당해 구원을 받게 되기보다는 당신을 내 안에서 패배시켜 스스로 멸망에 이르는 것을 더 좋아했으니 이것이 나의 가증스러운 죄악이었습니다. 당신은 내 마음이 악한 말에 기울지 않고 악한 일을 하는 자들과 함께 죄악의 변명을 하지 않도록 내 입 앞에 파수군을 세우지 않으셨고 내 입술의 문을 지키지 않으셨습니다(시 141:3-4). 그러므로 나는 아직도 그들의 선택받은 자들과 관계를 맺고 있었던 것입니다.

19. 그러나 나는 이제 그러한 그릇된 교리로부터 어떤 진전도 가져올 수 없음을 깨닫게 되었습니다. 결국 나는 더 이상 좋은 답을 얻을 수 없어서 그저 만족하게 눌러 앉아 있자고 생각했던 이론에 대해서까지도 흥미를 잃기 시작했습니다. 나는 그때 아카데

미파Academicos라 부르는 플라톤 철학자들이 훨씬 더 현명하다는 생각이 들었습니다. 그들이 주장하는 바는 우리는 모든 것을 의심해야 한다든가 또는 인간은 진리를 확실히 파악할 수 있는 능력을 가지고 있지 않다는 것 등이었습니다. 물론 나는 그때 그들의 진의를 알고 있지 않았지만 이것이 일반적으로 평가된 그들의 사상인 듯했습니다.[3] 그래서 나는 마니의 책들에 가득 차 있는 허구의 이야기를 믿고 있던 우리 집 주인을 노골적으로 설득하며 믿지 말라고 하였습니다. 그렇지만 마니교의 이단에 빠져 있지 않은 아카데미파 사람들보다 마니교도들과 더 친한 관계를 가지고 있었습니다. 나는 이전처럼 열심을 내어 그 마니교를 옹호하지는 않았습니다마는, 로마에 잠입해 있었던 그들과의 친분 관계가 다른 길을 찾으려는 내 발걸음을 느리게 했습니다. 보이는 것과 안 보이는 것을 창조하신 천지의 주재자시여, 나는 이때 당신 교회에서도 진리를 찾는 희망을 단념하고 있었습니다. 당신이 인간의 육체의 형상을 갖고 있고 우리 육체의 지체의 윤곽에 제한되어 있다고 생각하는 것은 어리석게만 느껴졌습니다. 나는 하나님을 생각할 때 그를 어떤 큰 몸으로 밖에 생각하지 않았습니다(내 생각에는 물체 아닌 것은 존재하지 않는다고 믿었기 때문입니다). 이러한 생각은 내 오류의 가장 크고 유일한 원인이었습니다.

20. 결과적으로 나는 악이라는 것 역시 이와 같은 어떤 실체로서 징그럽고 무시무시한 집단과 같은 것이라고 믿게 되었습니다.

---

[3] 플라톤 학파에 대한 일반적인 평가는 그들이 우주적인 회의론자들이었다는 것이다. 어거스틴은 그들이 긍정적인 진리를 감추었지만 공개적으로는 그것을 반대하는 오류를 논박했다는 자신의 확신을 피력한 바 있다.

마니교도들에 의하면 그것이 밀착되면 소위 그들이 말하는 땅이 되는 것이요 희박하고 가볍게 되면 기체와 같은 것이 됩니다. 그들은 이러한 기체를 이 땅에 침투하는 악령이라고 상상했던 것입니다. 그러나 나는 어느 정도의 경건을 소유하고 있었던 만큼 좋으신 하나님이 결코 악한 실체를 창조하셨을 리 없다고 믿었습니다. 그래서 나는 서로 상반되는 두 집단을 가정하게 되었고 이 둘은 다 무한하되 악은 비교적 더 좁고 선은 더 광대한 것이라고 생각했습니다. 나의 여러 가지 신성모독은 바로 이와 같은 병적인 전제로부터 자연스럽게 나오게 되었습니다. 내 마음은 가톨릭교회의 신앙으로 전향코자 하였으나 그 신앙은 내가 생각했던 것과는 같지 않아서 뒤로 물러서고 말았습니다. 나의 하나님(내 입술로 하나님 당신께서 내게 베푸신 자비를 고백합니다), 내 생각에는 당신은 모든 면에서 무한하시나 악한 물체와 대립되고 있는 그 부분만은 유한하다고 보았습니다. 이렇게 생각하는 것이 당신은 모든 면에 있어서 유한하므로 인간 육체의 형태에 의해서 제한을 받고 있다고 생각하는 것보다는 더 경건한 것이라 보았기 때문입니다. 그래서 당신이 악을 창조하시지 않으셨다고 생각한 것이 당신으로부터 악이 왔다고 본 것보다 더 나은 것처럼 생각되었습니다(따라서 나는 어리석게도 악을 어떤 막연한 실체로 여길 뿐 아니라 형체를 지닌 물질로 보았습니다. 나는 인간의 정신도 공간에 퍼져 있는 어떤 희박한 물질로만 생각하였으므로 정신에 대한 바른 개념을 가지고 있지 않았습니다). 우리의 구원자이신 당신의 독생자까지도 빛나는 당신의 실체의 덩어리로부터 우리의 구원을 위하여 떨어져 나오신 분으로 생각했습니다. 그러므로 그 분에 대한 나의 이해는 나의 헛된 상상으로 해석한 데 지나지 않았습니다. 따라서 나는 이와 같은 존재가 육체와 결합하지 않고서는 동정녀 마리아에게서 태어날 수 없다고까지 생각했습니다. 또한 내가 생각했던 그러한 신적인 실체가 어떻게 악에 물들지 않은 채 육체와 결합할 수 있는지 나는 믿어지지가 않았습니다. 그래서 그 분이 인간의 육신을 입고 오셨다는 사실을 내가 믿기 두려웠던 것은 그 결과 그 분이 육체로 말미암아 더럽혀졌다고 믿어야만 되었기 때문이었습니다. 지금은 당신의 영적인 자녀들이 이와 같은 내 마음의 혼돈을 읽어 보고는 친절과 사랑의 미소를 지을 것입니다. 그러나 이것이 바로 그때 나의 모습이었던 것입니다.

21. 더욱이, 나는 마니교도들이 성경에 있는 내용을 비판한 것은 결코 당치 않는 일이라고 생각했습니다. 그러나 때로는 성경의 여러 문제점들을 가지고 그 책에 조예가 깊은 사람을 만나 이야기하고 싶고 그의 의견도 듣고 싶었습니다. 나는 이미 카르타고에 있을 때 마니교도들과 대면하여 공개토론을 했던 엘피디우스라는 사람의 말에 감동된 바 있었습니다. 그가 마니교도들이 쉽게 반박할 수 없는 성경적 증거를 제시했을 때 그들의 대답은 대단히 미약한 듯 보였습니다. 그러한 대답도 공개적으로 하지 않고 우리들끼리 모인 장소에서 사적으로 했던 것입니다. 그들은 말하기를 신약성경은 유대교의 율법을 기독교 신앙에 집어넣기 위해 사람에 의해 위조된 것이라고 했습니다. 그러면서도 그들은 위조되지 않은 책 하나도 그 증거로 내보이지를 못했습니다. 아무튼 나는 아직도 실체를 양분하여 두 물질적인 덩어리로 보고 있었으므로, 이 두 개념이 나를 사로잡고 질식시킬 정도로 누르고 있었습니다. 나는 이러한 무게에

눌리어 당신 진리의 신성한 공기를 마시고자 갈망하였으나 순수하고 오염되지 않은 공기를 마실 수는 없었습니다.

22. 내가 로마에 온 목적을 이루기 위해 열심히 일을 하기 시작했는데 그것은 곧 수사학을 가르치는 것이었습니다. 먼저 나는 약간의 학생들을 모아 집에서 가르쳤습니다. 그리고 그들을 통해 나의 명성이 점점 알려지게 되었습니다. 그런데 내가 아프리카에서도 참을 수 없었던 일을 로마에서 당하고 있음을 깨닫게 되었습니다. 물론 내가 들었던 대로 이곳에서는 젊은 불량배들의 만행은 없었습니다. 그러나 내가 들은 바로는 대부분의 로마의 학생들은 교사에게 보수를 주지 않으려고 작당을 해서 갑자기 다른 교사에게 함께 가버린다는 것이었습니다. 그들은 약속을 어긴 자들이요, 돈을 사랑한 나머지 정의를 경시하는 자들이었습니다. 나는 그들을 미워했지만 완전히 증오로 대하지는 않았습니다(시 139:22). 내가 그들을 미워한 것은 그들이 다른 사람에게 그러한 부정직한 행동을 하기 때문이 아니라 내 자신이 개인적으로 그들로부터 받을지도 모르는 손해 때문이었습니다. 아무튼 이와 같은 학생들은 성격이 야비한 자들이었습니다. 그들은 당신을 떠나 무상한 시간적인 놀음과 부당한 이익을 사랑함으로 자기들의 손을 더럽히는 자들이었습니다. 또한 그들은 영원히 머무시며 우리를 돌아오라 부르시는 하나님 당신, 그리고 하나님을 떠난 자가 돌아올 때 용서해 주시는 당신을 저버리고, 지나가는 이 세상을 좋다고 포옹한 자들입니다. 지금도 마찬가지로 나는 그렇게 비뚤어지고 구부러진 사람들을 미워하고 있습니다. 그러나 오, 하나님, 그들이 마음을 고치어 돈보다 학문을

더 사랑하고, 학문보다 진리이시오, 모든 선의 충만이시며, 진정한 화평이 되신 분을 더 사랑한다면 나는 그들을 사랑하게 될 것입니다. 그러나 그때 내가 바랐던 것은 그들이 당신을 위해 좋은 사람이 되라고 하기보다는 그들에게서 내가 손해를 보지 않게 되는 것이었습니다.

23. 그 후 밀라노의 도시로부터 로마 제독에게 메시지가 왔었습니다. 그 메시지의 내용은 수사학 교사를 선발하여 국비로 밀라노에 보내 달라는 요청이었습니다. 나는 마니교의 허망에 취해 있는 자들을 통해 이 자리에 지원했습니다. 내가 이곳을 떠나는 것은 사실 이들을 떠나는 것이 되었음에도 그때는 그들이나 나도 이것을 몰랐습니다. 결국 당시 로마의 시장인 심마쿠스가 시험에 합격한 나를 선발하여 그곳으로 보냈습니다. 드디어 나는 밀라노로 와서 그 시의 감독인 암브로시우스를 찾아갔습니다. 그는 세상에서 가장 훌륭한 사람 가운데 하나요, 당신의 충실한 종으로 알려져 있었습니다. 그 당시에 그가 선포한 감동적인 설교는 당신의 백성들에게 당신이 준비하신 "풍성한 곡식과 환희의 기름과 넘치는 포도주"를 주었습니다(시 4:7; 104:15). 내가 나 조차 모르게 당신에 의해 그에게 이끌려 간 것은, 내가 그를 통해 당신에게 이끌려 감을 깨닫게 하기 위함이었습니다. 하나님의 사람인 그는 아버지가 자식을 대하듯 나를 맞아주었고 내가 그곳에 오게 됨을 진심으로 환영하였습니다. 나는 그를 좋아하게 되었습니다. 물론 처음에는 그가 진리의 스승이라는 점에서 그를 좋아한 것이 아니라(나는 이미 당신의 교회에서 진리를 찾는 일에 절망했기 때문입니다) 그가 나를 친절

하게 대해 주었다는 점에서 그랬습니다. 나는 교인들 앞에서 행한 그의 설교를 주의 깊게 들었습니다. 물론 좋은 동기에서 그런 것은 아니고 다만 그의 웅변이 평판 그대로인지 그리고 그의 말의 흐름이 내가 들었던 대로 유창한지 알아보자는 뜻에서 그랬습니다. 그러므로 나는 그가 말한 내용에 대해서는 무관심하든가 무시해 버리고 다만 그가 행하는 말의 형식에 주의를 기울였습니다. 그의 설교의 형식이 파우스투스의 강연처럼 재미있고 사람을 흘리게 하는 것은 아니었으나 훨씬 교양 있고 매력이 넘쳐서 내 마음에 들었습니다. 더욱이 그 내용을 본다면 비교도 되지 않았습니다. 파우스투스는 마니교의 거짓 속에서 길을 잃어 헤매는 자요, 전자는 확실히 구원의 교리를 가르치는 자였습니다. 그 구원은 죄인들에게서 먼 거리에 있었으니, 내가 바로 그때 그러한 죄인이었습니다(시 119:55). 그러나 나는 점점 나도 모르게 당신에게 가까이 가고 있었습니다.

24 나는 그가 무엇을 말하는지 그 내용보다는, 그가 어떻게 말하는지 그 형식에 대해 배우려고 노력했습니다(인간이 당신에게 도달할 수 있는 확실한 길은 찾아볼 수 없다고 생각하였기에 이러한 헛된 관심만이 남아 있었기 때문에). 그런데 그와 동시에 내가 무관심했던 내용이 그 내용의 형식과 함께 내 마음에 들어 왔습니다. 이 두 가지는 서로 떼어 놓을 수 없는 까닭에 내가 마음을 열어 "그가 어떻게 말을 잘하는가"에만 귀를 기울이고 있을 때 조차 동시에 "그가 말하는 진리"까지도 내 마음에 들어오게 되었습니다. 먼저 내 생각에 그가 말하는 내용은 변증될 만한 것이라고 느꼈습

니다. 나는 그때까지 기독교 신앙을 반박했던 마니교도들의 주장을 반박할 수 없다고 생각했으나 이제는 기독교 신앙은 합리적인 근거 하에서 변증될 수 있다고 생각했습니다. 특히 구약성경의 한 두 구절을 들었을 때 그것을 문자적으로 받아들였을 때는 그것이 내게 죽은 글자가 되었지만 그것을 영적으로 풀어 설명했을 때 내게 살리는 것이 되었고 기독교 신앙의 합리적 근거는 변증될 수 있는 것이라고 생각하게 되었습니다(고전 13:12; 고후 3:6). 이렇듯 성경의 많은 구절을 영적으로 해석했을 때, 그동안 율법과 예언서를 미워하고 비웃는 사람들의 비판을 당해낼 수 없다고 절망한 나 자신을 탓하게 되었습니다. 그러나 기독교를 믿는 학자들이 기독교 신앙을 반박한 이론을 모조리 그리고 모순 없이 비판했다고 해서 내가 기독교의 길을 따르는 것이 된다든가 혹은 내가 이때까지 믿어 왔던 신앙을 정죄해야 된다고 보지는 않았습니다. 두 가지 모두 다 그 변증에 있어서는 동등한 위치에 서 있기 때문입니다. 그러므로 내게 있어서 가톨릭 신앙은 아직 패배당한 것도 아니요, 그렇다고 이미 승리한 것도 아니었습니다.

25. 이제 나는 마니교도들의 거짓을 논박할 수 있는 가능한 길을 찾는데 관심을 쏟기 시작했습니다. 만일 내가 그때 영적인 실체를 이해할 수 있었다면 그들의 강한 거점을 단번에 무너뜨려 그것을 내 마음으로부터 추방할 수 있었을 것입니다. 그러나 나는 그렇게 하지를 못했습니다. 이제 나는 우리 육체의 감각이 감지할 수 있는 이 세상의 모든 물체들과 자연 전체에 대하여 생각하고 비교해 볼 때 다수의 철학자들이 갖고 있는 의견이 가장 타당할 것 같다고 결

론을 내렸습니다. 그래서 아카데미파의 방법대로 모든 것을 의심해 보고 모든 의견 사이에서 망설이다가 마니교를 떠나기로 결심했습니다. 내가 회의를 품었던 기간에도, 마니교도들보다 어떤 철학자들을 더 높이 본 이상 그 교파에 그대로 남아 있을 필요가 없다고 생각한 것입니다. 그러나 구원하시는 그리스도의 이름을 모르는 이 철학자들에게도 내 영혼의 병을 치료해 달라고 맡길 수가 없었습니다. 그러므로 어떤 확실한 것이 나타나 내 갈 길을 인도하게 될 때까지 나의 부모가 그토록 부탁한 기독교회의 예비 신자가 되기로 결심하였습니다.

제6권

밀라노에 온 어머니 모니카

밀라노에 도착한 어머니 모니카-암브로우스 감독을 향한 그녀의 순종과 그녀를 향한 암브로우스 감독의 감사-암브로우스 감독의 습관-어거스틴의 점진적인 죄악된 행실의 포기-교회를 그릇되게 비판한 자신을 발견함-절대적인 확신을 원했지만 하나님의 자연적인 섭리의 유비와 마주침-그의 친구 알피우스를 향한 하나님의 인도하심-친구들과 함께 그들의 삶의 방식에 대해 토의함-그의 상습적인 죄악과 무시무시한 심판

1. 어릴 때부터 나의 소망이신 하나님(시 71:5), 그동안 당신은 어디에 계셨으며, 어디로 가신 것입니까? 당신이 나를 창조하셨고 또한 들의 짐승들과 공중의 새들로부터 구별하셔서 그들보다 더 지혜롭게 만드시지 않으셨습니까? 그러나 나는 어둠 속에서 미끄러운 길을 걸으며 나 자신 밖에서 당신을 찾고 있었습니다. 그러므로 나는 내 마음의 하나님을 찾지 못했습니다. 내가 바다의 깊은 밑바닥까지 내려가 보았어도 진리를 발견할 수 있다는 희망과 확신을 잃어버리고 말았습니다. 이때 사랑이 지극한 어머니는 모든 위험 중에도 당신을 의지하며 바다와 육지를 넘어 나를 따라와 계셨습니다. 항해 중에 풍랑을 만나서 위험에 직면할 때면(선원들이 경험이 없는 여행자들을 위로하는 것이 예사인데) 도리어 어머니는 선원들을 위로하며 그들이 무사히 목적지에 도착할 것이라고 안심시켜 주었습니다. 그렇게 한 것도 당신이 꿈으로 그에게 미리 알려 주셨기 때문입니다. 어머니는 내가 진리를 찾지 못하고 절망한 나머지 큰 위험 속에 빠져 있는 것을 알고 계셨습니다. 내가 어머니에게 나는 신자가 되지는 않았지만 이제는 더 이상 마니교도가 아니라고 말했을 때, 어머니는 너무나 반가운 소식을 들은 듯 깜짝 놀라면서까지 기뻐하시지는 않았습니다. 왜냐하면 이미 나의 비참한 삶의 모습을 알고 마치 내가 죽은 듯 애통하였으나 하나님 당신에 의해 다시 살아날 것을 확신하고 있었기 때문입니다. 어머니는 마음 속으로 나를 관 속에 넣어 당신 앞에 놓고, 당신이 저 과부의 아들에게 청년아, 내가 네게 말하노니 일어나라고 말씀해 주시기를 바랐습니다(눅 7:14-15). 그리고 그 청년이 일어나 말하게 될 때 당신은 그를 어머니에게 돌려 주실 것을 확신했던 것입니다. 그러므로 어머니는

자기가 매일 눈물로 이루어지기를 기도했던 대부분이 이미 이루어 졌다는 것을 듣고도 또한 내가 아직 진리를 포착 못하였으나 거짓 된 사상에서는 구출되었다는 사실을 알고도 흥분할 정도로 기뻐하 시지는 않았던 것입니다. 어머니는 오히려 모두를 약속하셨던 하나 님께서 언젠가는 나머지 부분마저 이루어 주실 것을 굳게 믿고 계 셨습니다. 그러기에 어머니는 조용히 그리고 확신을 가지고 나에게 대답하기를 당신이 세상을 떠나기 전에 반드시 내가 신실한 그리스 도교의 신자가[1] 될 것을 그리스도 안에서 믿는다고 하셨습니다. 어머니는 더 이상 말씀하시지 않았습니다. 오, 자비의 근원이 되신 하나님, 당신께는 어머니가 눈물과 기도를 전보다 더 드리어 당신 이 나를 빨리 도와주시고 내 어두움을 조명해 주시기 애원하였습니 다. 또한 어머니는 더 열심을 내어 교회에 나아가 영생으로 솟아오 르는 샘물(요 4:14)을 갈망하듯 암브로시우스 감독의 설교를 경청 하였습니다. 어머니는 암브로시우스 감독을 하나님의 천사처럼 대 했습니다. 왜냐하면, 그를 통해 내가 현재 처해 있는 흔들리고 의 심하는 상태에나마 와 있었기 때문입니다. 어머니는 내가 이 상태 를 통과하여 질병에서 건강한 상태로 옮겨질 것을 확신하고 있었습 니다. 그러나 나는 그 건강을 회복하기 전에 의사가 소위 "위기"라 고 부르는 더 위험한 단계를 거쳐야 되었습니다.

2. 어머니는 아프리카에서 하던 이전 습관을 따라 케이크와 빵 과 포도주를 순교자들을 기념하여 세운 교회에 가서 바쳤던 일이 있었는데 언젠가 바로 그 교회를 지키던 수위에게 저지를 당했던

---

[1] *Fidelem Catholicum*, 사람인 가톨릭 신앙을 믿고 세례 받는 것을 의미함.

일이 있었습니다. 그러나 그 금지령이 암브로시우스 감독으로부터 온 것임을 알고 어머니는 겸손히 순종하였습니다. 어머니가 그의 금지령을 반대하지 않고 오히려 자신의 습관을 탓하는 것을 보고 나는 깜짝 놀랐습니다. 어머니는 음주를 좋아하지 않았고 포도주를 좋아한다고 해서 진리를 거스르도록 자극받지도 않았습니다. 어머니는 금주의 노래를 부르는 자들을 싫어하는 많은 남녀와 같지도 않았고, 물탄 술을 준다고 짜증을 내는 술꾼과도 같지 않았습니다. 어머니가 순교자에게 바칠 음식의 바구니를 가지고 갈 때도 자기가 먼저 맛보고 나머지를 사람들에게 나누어 주었습니다. 그때 어머니는 자기 입에 알맞게 물탄 포주를 작은 잔에 담아 차려 놓았는데 예절을 따라 조금 맛보곤 했습니다. 만일 이렇게 공경해야 할 성자들의 교회가 많이 있을 경우에는 어머니는 그 한잔을 가지고 다니면서 여러 곳을 방문하기도 했습니다. 나중에는 이렇게 물로 묽어졌고, 오랫동안 가지고 다님으로 미지근하게 된 포도주 잔을 어머니는 그곳에 있는 사람들과 조금씩 나누어 마셨으니 이것은 그들의 향락을 위함이 아니라 경건을 자극시켜 주기 위함이었습니다. 그러나 저 유명한 설교자요, 가장 경건한 감독이 금령을 내려 그러한 관습은 그것이 비록 온전하게 행하여진다고 할지라도 술 취한 자들[2])에게 주정부리는 기회를 주고 또한 이런 죽은 자들을 위한 기념 제사는 이교도들의 미신과 흡사하다는 이유로 못하게 했다는 사실을 알자마자 어머니는 즐거운 마음으로 그 일을 그만두었습니다. 그러

---

2) 어거스틴 역시 자신이 히포의 감독이 되기 전 동일한 근거로 이러한 행실을 폐기하도록 히포 교회를 설득했고 전 아프리카가 대감독의 모범을 따르기를 소망하면서 카르타고의 감독인 아우렐리우스가 자신의 지위로 이것을 폐지하도록 그에게 편지했다.

므로 어머니는 땅의 과일로 가득 찬 바구니를 순교자들의 교회당에 들고 오는 대신 가슴 벅찬 순수한 기도를 가지고 와서 드리는 것을 배워 알게 되었습니다. 이리하여 어머니는 힘이 허락하는 한 가난한 자들을 도와주었고, 순교자들이 주님의 수난을 본받아 자기들의 생명을 바쳐 면류관을 얻은 그곳에서 행하여진 주의 성만찬에 참여하였습니다. 오, 나의 주 하나님, 그러나 이 문제에 대하여 나는 내 마음을 솔직히 당신 앞에 엽니다. 내가 보기에 만일 이러한 금령을 어머니가 그렇게 존경한 암브로시우스가 아닌 다른 사람이 내렸다면 쉽게 자기의 관습을 포기하지는 않았을 것입니다. 어머니는 나의 구원을 위해 그를 극진히 존경했고 그는 어머니의 신실한 신앙생활을 정말로 좋게 여겼습니다. 어머니는 항상 좋은 일을 하셨고 신앙생활에 열심히 기도했으며, 교회에 늘 출석한 신자였습니다. 그래서 암브로우스 감독이 나를 볼 때마다 자주 어머니를 칭찬하며 그러한 어머니를 모시고 있음을 축하한다고 말해 주었습니다. 그러나 그는 어머니가 어떠한 자식을 두었는지는 알지 못했습니다. 그 때 나는 모든 것을 의심하였고 생명으로 인도하는 길도 찾을 수 없다고 생각하였던 것입니다.

3. 나는 아직도 하나님께서 가련한 나를 도와주시도록 부르짖지 않았습니다. 내 마음은 학문 탐구와 논쟁에 몰두해 있었습니다. 나는 세상 사람들의 행복의 표준에 따라 암브로우스 감독을 행복한 사람이라고 여겼습니다. 왜냐하면 위대한 인물들도 그를 존경하고 있었기 때문입니다. 다만 그의 독신 생활이 나에게는 무거운 짐인 듯 보였습니다. 그는 어떠한 희망을 품고 있을까? 그의 자리에서

받는 여러 가지 시험을 그는 어떻게 싸워 나가고 있을까? 그는 역경을 당할 때 무슨 위로를 받고 있을까? 그리고 당신의 성찬의 떡을 먹을 때 그의 마음의 입에서 어떤 기쁨을 맛보고 있을까? 이러한 문제를 생각해 보았으나 그것은 내 경험 밖에 있는 것이기에 추측할 수 없었습니다. 그도 물론 내가 처해 있는 고민이나 내 발 앞에 있는 위험의 깊이를 알지 못했을 것입니다. 나는 그에게 묻고 싶은 말이 있어도 묻지 못했습니다. 왜냐하면 그는 분주한 많은 사람들의 일을 돌보아 주고 있었기 때문에 나는 항상 그와 가까이 듣고 말할 수 있는 기회를 갖지 못했습니다. 그가 사람들이 없어서 좀 한가할 때(그것도 오랜 시간이 아니었지만), 필요한 정도의 음식으로 그의 육신의 원기를 회복하든지 독서로 그의 정신을 새롭게 했습니다. 독서할 때 그의 눈은 책장을 훑어가고 그의 마음은 그 뜻을 찾고 있었는데 목소리는 내지 않고 혀를 쉬게 하면서 정독하였습니다. 우리가 때때로 그를 찾아가 보면(누가 그를 찾아갈 때 금하는 일이 없었으나, 그에게 누가 왔다고 큰소리로 알리는 법도 없었습니다), 그가 조용히 정독을 하고 있는 것을 볼 따름이었습니다. 우리는 한참 동안 말없이 그곳에 앉아 있다가(누가 감히 그렇게 심취해서 독서하고 있는 그를 방해하려 하겠습니까?) 조용히 떠나곤 하였습니다. 우리 생각으로는 그가 정독한 이유는 자기 마음을 새롭게 하기 위해 모처럼 얻은 그 짧은 시간을 다른 사람들의 복잡한 문제로 방해를 받지 않으려 한 것이라 보았습니다. 또한 우리 생각에 그가 정독한 이유는 그가 큰 소리로 읽을 때 그곳에 의심 많고 주의 깊게 듣는 사람이 있어서 애매한 대목을 설명해 달라고 요청하든지 혹은 어려운 문제를 놓고 토론을 하게 되어 시간의 소비로 읽고자 했던 분량을 다 읽지 못할까 봐 그런 것이라 생각했습니다. 아마 그가 정독한 진정한 이유는 쉽게 피곤해지는 그의 목소리를 쉬게 하려는 것인지도 모릅니다. 아무튼 그 이유가 무엇이었든 지간에 그는 확실히 좋은 뜻에서 그랬던 것입니다.

4. 그러나 내가 묻고 싶은 나의 문제를 그의 가슴, 당신의 거룩한 신탁 앞에 내놓고 물어볼 기회를 얻지 못했으며, 기회를 얻었다 하더라도 시간이 너무 짧았습니다. 내 마음 속에서 들끓던 여러 문제를 그 앞에 내놓고 이야기하려면 긴 시간이 필요했는데 그는 너무 바빠서 여유 있는 시간을 얻을 수 없었습니다. 나는 매주일 사람들에게 진리의 말씀을 바르게 전하는 그의 설교를 들었습니다(딤후 2:15). 그럴 때마다 나는 거짓말로 우리를 속인 자들이(성경을 반대하기 위하여) 묶어 놓았던 매듭은 풀릴 수 있다는 확신을 갖게 되었습니다. 특별히 내가 그때 깨달아 알게 된 것은 당신의 영적인 자녀들은 영적인 어머니가 되신 교회를 통해 당신의 은혜로 거듭나게 된 자로서 하나님 당신의 형상대로 지음을 받은 자들(창 1:26)이라는 것이었습니다(물론 나는 영적인 실체가 어떠한 것인가에 대해서는 조금도 알 수 없었습니다). 그러나 내가 그렇게 오랫동안 돌아다니며 소리 지르고 반대했던 것은 사실 기독교 신앙이 아니라 내 자신의 생각이 만들어낸 허상이었다는 것을 알고 스스로 즐거워하면서도 부끄러움을 느꼈습니다. 내가 정말로 경솔하고 불경건했던 것은 애를 써서 탐구해 보려고 하지 않고 쉽게 저주해 버렸다는 것이었습니다. 당신은 가장 높이 계시면서도 가장 가까이 계시며 깊이 숨어 계시면서도 가장 뚜렷이 현존하시는 분이십니다. 당신에

게는 크고 작은 지체나 부분이 없으시므로 당신은 어느 특수한 공간에 제한받음이 없이 전체로 어디에든지 존재하십니다. 당신은 우리와 같은 육체를 가지고 있지 않으시나 사람을 당신의 형상으로 창조하셔서 인간으로 하여금 머리부터 발까지 공간 안에 존재케 하셨습니다.

5. 이렇게 나는 당신의 형상이 어떠한 모습으로 존재하는지에 대해 무지했습니다. 그러므로 나는 상상으로 사람들이 그렇게 믿을 것이라 가정하여 그것을 욕하고 반대할 것이 아니라 그 교리를 어떠한 의미로 믿어야 하는가 라는 질문을 던져 그것을 알아보려고 문들 두드려야 했습니다. 그때 내가 과연 무엇을 확실하게 포착할 수 있을 것인가에 대한 불안은 나의 내장을 더욱 심하게 찔렀습니다. 내가 그렇게 오랫동안 마니교의 확실성에 대한 약속에 속아 유치한 열정과 오류로 확실성 없는 것을 마치 진리인 양 계속 지껄이고 다닌 것을 부끄럽게 생각했습니다. 나는 나중에야 그것이 거짓임을 확실히 알게 되었습니다. 이제 내가 확실하게 아는 것은 그 주장이 확실한 것이 아니라는 것입니다. 그러나 그때는 그것이 확실한 줄 알고 맹목적으로 논쟁하기 위해 당신의 가톨릭교회를 반박하였습니다. 나는 아직 교회가 진리를 가르치고 있음을 알지 못했습니다. 그러나 내가 한 가지 알게 된 것은 이때까지 내가 맹렬히 반박해왔던 것은 교회가 가르치고 있지 않았다는 사실입니다. 이런 점에서 나는 그때 혼돈된 상태에 있으면서 회심하는 과정에 있었습니다. 나의 하나님, 당신의 독생자의 몸인 그 유일한 교회(내가 어렸을 때에 그 안에서 그리스도의 이름으로 인침을 받았던)는 이러

한 유치한 어리석음을 받아 주지 않았습니다. 또한 당신의 교회가 건전한 교리를 가르칠 때도 만물의 창조자이신 당신이 인간의 형상과 같이 어느 공간에 제한되어 계시다고 주장하지 않았습니다. 나는 이와 같은 당신 교회의 가르침에 대해 기쁘게 생각하였습니다.

6. 나는 또한 구약의 율법과 예언서를 내 앞에 놓고 읽을 때 이전에 하듯이 하지 않고 새로운 눈으로 읽게 되었음을 기뻐했습니다. 이전에 내가 그것을 대할 때는 성도들이 성경을 문자적으로만 이해한 것이 아닌데도 나 혼자 그렇게 생각하여 성경을 불합리한 책이라고 비난했던 것입니다. 나는 암브로시우스 감독이 교인들을 향한 설교에서 의문은 죽이는 것이요 영은 살리는 것임이니라(고후 3:6)는 성경본문을 성경해석의 규범으로 삼아 강력하게 추천하는 것을 즐거운 마음으로 들었습니다. 그는 신비의 수건을 벗겨 글자 그대로 받아들이면 불합리한 것같이 보이는 본문의 뜻을 영적으로 해석했습니다. 내가 아직 그가 말한 것이 진실인가 아닌가 확실히 알지 못해도 나로 하여금 그것을 불합리하게 여기도록 만들지는 않았습니다. 나는 그때 또 다시 거짓과 오류에 떨어질까 두려워 어떤 것도 긍정적으로 받아들이지 못했습니다. 나는 이처럼 허공에 매달려 있음으로 더 목이 졸려 죽게 되었으니 7과 3을 더하면 10이라고 확실히 알 수 있는 것처럼, 보이지 않는 것에 대해서도 그렇게 확실히 알 수 있으면 좋겠다고 생각했습니다. 물론 보이지 않는 것은 전혀 알 수 없는 것이라고 생각할 정도로 어리석지는 않았습니다. 그러나 나는 내 감각에 경험되지 않는 물체이든, 혹은 물질적인 것으로밖에 생각할 수 없었던 영적인 존재이든 간에 이와 같이

확실하게 증명될 수 있기를 원했습니다. 내가 그때 주님을 믿기만 했다면 나는 곧바로 치유될 수가 있었을 것입니다. 그러면 그 믿음으로 내 영혼의 눈이 밝아져 영원히 동일하시고 부족함이 없으신 하나님 당신의 진리를 바라볼 수 있었을 것입니다. 그러나 그때 나는 돌팔이 의사에게 혼난 사람이 좋은 의사까지 믿기를 무서워하는 것처럼 내 영혼의 건강도 이와 같이 믿지 않고서는 치료가 되지 않음에도 불구하고 거짓된 어떤 것을 믿게 될까봐 치료받기를 거부했던 것입니다. 결국 나는 믿음의 약을 준비하셔서 이 세상 모든 질병의 치료약으로 사용하심으로 큰 효과를 내신 당신의 치료의 손길을 거절한 것입니다.

7. 하지만 나는 바로 이때부터 가톨릭교회가 가르치는 교리를 좋아하게 되었습니다. 내 생각에 가톨릭교회가 아직 증명되지 않은 것을 믿으라고 할 때(그것이 증명될 수 있는 것이지만 모든 사람에게 다 증명될 수 없든지 혹은 전혀 증명될 수 없는 것을 믿으라고 하든지 간에) 교회의 가르침이 마니교의 그것보다 훨씬 솔직하고 진실한 것이라 생각되었습니다. 마니교는 믿음을 비웃고 경솔히 지식을 약속하면서도 그렇게 많은 허구와 부조리를 증명할 수 없기 때문에 그냥 믿으라고 강요하였던 것입니다. 주님, 마침내 당신은 아주 부드럽고 자비스러운 손으로 나를 어루만져 내 마음을 점점 안정시켜 주었습니다. 나는 여러 가지 사물을 보지 않고도 또한 여러 가지 사건이 일어날 때 그 현장에 있지 않았어도 그것들을 믿고 있었다는 것을 생각해 보았습니다. 즉 세계 역사의 여러 가지 사건들, 내가 보지 못했던 장소와 도시에 대한 여러 가지 시실들, 또한

내 친구들, 의사들, 그 밖의 다른 사람들에 대한 여러 가지 일들을 믿지 않고서는 우리는 이 세상에서 아무것도 할 수 없다는 것을 생각했습니다. 더욱이 내가 부모님 하에 태어났다는 이 확실하고도 부정할 수 없는 사실을 내가 다른 사람이 해주는 말을 믿지 않고서는 전혀 알 수 없다는 것도 생각해 보았습니다. 당신은 이런 방식으로 나를 설득하여 당신의 책(거의 이 땅의 모든 백성들 중에서 당신이 그토록 강한 권위로써 이룩해 놓으신 그 책)을 믿는 자들이 잘못이 아니라 믿지 않는 자들이 잘못임을 깨달아 알게 하셨습니다. 그러므로 사람들이 나에게 "어떠한 근거 하에서 이 성경이 유일하시고 신실한 하나님의 영으로 말미암아 인류에게 내려 주신 책인 줄 아는가?"라고 물어도 나는 그들에게 귀를 기울일 필요가 없다고 생각했습니다. 바로 이 점에서 나는 먼저 믿어야 했습니다. 따라서 자가당착한 철학자들의 책에서 내가 읽었던 것과 같은 여러 가지 모독적인 의문과 공격도 "당신은 존재하시며"(비록 그의 본질에 대해서는 몰랐어도) 당신이 "인간의 모든 일을 다스리시고 계시다는 것"에 대한 나의 믿음을 흔들어 놓지는 못하였습니다.

8. 나는 이것을 때로는 강하게, 때로는 약하게 믿었습니다. 그럼에도 나는 당신이 항상 우리를 돌보시는 분이심을 믿고 있었습니다. 물론 그때 나는 당신의 본체가 어떠하며 또한 당신에게로 되돌아가는 길이 어떤 길인지에 대해서는 모르고 있었습니다. 우리가 순수 이성으로 진리를 발견하기가 너무 약하고 또한 그렇기 때문에 성경의 권위가 필요하므로, 당신은 모든 곳에서 그렇게 탁월한 권위를 성경에 부여하시어 우리로 하여금 그것을 통해 당신을 믿고

찾도록 하신다고 믿기 시작했습니다. 이때까지 불합리하다고 해서 마음에 거슬리게 보였던 성경구절의 뜻이 깊은 영적 해석의 신비에서 풀리기 시작했습니다. 이때 나는 성경의 권위가 더 존중할 만하고 더 믿을 만하다고 생각하게 되었습니다. 그것은 성경은 누구든지 쉽게 읽을 수 있을 뿐 아니라 그 깊은 의미 속에 심오한 신비가 감추어져 있었기 때문입니다. 또한 성경은 명백한 말과 단순한 문체로 모든 사람에게 열려 있지만 사색하는 사람들에게도 심각한 주의를 환기시켰습니다. 이렇게 함으로써 성경은 모든 사람을 그 넓은 품안으로 다 불러 모아 들이고 그 좁은 문을 통해서도 소수의 사람들을 당신에게로 인도하셨습니다. 그러나 만일 성경이 권위의 최고봉에 서 있지 않든가 혹은 그 거룩한 겸손의 품안으로 많은 사람들을 이끌어 들이지 않았다면 하나님께로 인도되는 사람들의 수는 훨씬 적었을 것입니다. 이렇게 내가 계속 생각하고 있을 때 당신은 내 곁에 계셔서 내가 쉬는 한숨을 들어 주셨습니다. 내가 흔들리고 있을 때도 당신은 나를 인도하셨고 이 세상의 넓은 길에서 방황할 때도 당신은 나를 떠나지도 버리지도 않으셨습니다.

9. 나는 명예와 돈과 결혼을 갈망했습니다. 하나님 당신은 그러한 저를 조소하셨습니다. 이러한 갈망을 성취할 때마다 나는 큰 고통을 당해야 했습니다. 그러나 당신의 자비는 그 고통을 통해 크게 역사하셔서 당신 아닌 다른 것에서 만족감을 느끼지 못하게 하셨습니다. 오, 주님, 내 마음을 굽어 살피소서. 당신이 나로 하여금 이것들을 기억하게 하여 당신께 고백하게 하옵소서. 당신이 내 영혼을 저 강한 죽음의 덫에서 벗어나게 하셨으니 이제 내 영혼이 당신

께만 굳게 의지하게 하옵소서. 그때 내 영혼이 얼마나 불행하였는지요? 그러나 당신은 내 영혼의 아픈 상처를 찔러 모든 것을 버리고 당신께 돌아가게 하셨습니다. 당신은 모든 것 위에 뛰어나시나 당신 없이는 모든 것이 존재할 수가 없사오니 이제 내 영혼이 당신께 돌아가 고침을 받기 원합니다. 나는 정말 불행하였습니다. 당신은 어느 날 내가 얼마나 불행한가를 깊이 느끼도록 하셨습니다. 나는 그날 황제를 찬양하는 연설을 준비하고 있었습니다. 나는 그 연설에서 많은 거짓말을 했고 내가 거짓말을 하고 있음을 알면서도 많은 사람들은 그 거짓말에 박수갈채를 보냈습니다. 그때 나는 그것에 대한 염려에 사로잡혀 있었고 초조한 생각으로 뒤끓고 있었습니다. 바로 그 날 밀라노의 한 거리를 지나다가 불쌍한 거지 한 사람을 보았습니다. 그는 술에 만취해서 웃으며 농담을 지껄이고 있었습니다. 그 광경은 나를 우울하게 만들었습니다. 나는 긴 한숨을 쉬면서 내 주위에 있는 친구들에게 우리 자신들의 어리석음에 대해 말했습니다. 나는 내 욕심과 세속적 정욕에 내 불행의 짐을 끌고 가는 데 모든 노력을 다 했습니다. 그러나 그 짐을 끌고 가면 갈수록 그것은 무거워질 뿐이었습니다. 결국 우리의 모든 노력의 목적은 행복한 상태에 도달하고자 하는 것인데 저 거지는 이미 우리보다 먼저 그 경지에 이르렀고 우리는 그 곳에도 아직 이르지 못할 것 같았습니다. 그가 몇 푼의 돈을 구걸하여 얻은 그 지상의 행복감을 나도 맛보려고 꼬불꼬불 구부러진 길을 헤매며 많은 고난을 겪어야 했습니다. 물론 그가 소유한 행복은 참 행복이 아니었습니다. 그러나 내 욕심이 찾고 있었던 행복은 그것보다 더 가증스러운 것이었습니다. 어쨌든 그는 명랑했고 나는 고민했습니다. 그는 근심이 없는데 나는 두려움에 가득 차 있었습니다. 그때 누가 나에게 묻기를 즐거운 것이 좋으냐 두려운 것이 좋으냐고 한다면 물론 나는 즐거운 것이 좋다고 대답했을 것입니다. 그러나 다시 나에게 묻기를 저 거지처럼 되겠느냐 아니면 네가 살아왔던 대로 살겠느냐고 묻는다면 근심과 두려움이 있어도 나 자신대로 남아 있기를 선택했을 것입니다. 그러나 이것은 거짓된 선택이 아니겠습니까? 그러한 비교가 적절한 것입니까? 내가 학식이 좀 있다고 해서 그보다 더 낫다고 생각해서는 안 될 것입니다. 그것은 학식으로 내 마음이 기쁘게 되지 않기 때문입니다. 오히려 나는 학식의 자랑으로 사람들을 즐겁게 해주려고만 했습니다. 즉 사람들을 가르치기보다 즐겁게 해주려 노력한 것뿐이었습니다. 그러므로 당신은 징계와 교정의 채찍으로 나의 뼈를 부수어 주셨습니다.

10. 사람들이 내 영혼에 이렇게 말하곤 합니다. "인간이란 어떤 대상에서 행복을 찾느냐에 따라 큰 차이가 난다. 저 거지는 술 취하는 데서 행복을 찾았고 너는 영광을 얻는데서 네 행복을 찾는다." 그러나 내 영혼으로 하여금 그런 사람들의 말을 듣지 말게 하옵소서. 주여 내 영혼이 무슨 영광을 찾고 있었습니까? 그것은 당신 안에 있는 영광이 아니었습니다. 그러므로 그 거지의 즐거움이 참 즐거움이 아니었던 것처럼 내가 찾는 영광도 참 영광이 아니었습니다. 이러한 영광의 추구는 더욱더 내 머리를 어지럽게 만들었습니다. 그 거지는 바로 그날 밤 술에서 깨어 제정신을 찾았을 것입니다. 하지만 나는 이 문제를 안고 매일 밤에 자고 아침에 일어나고 또 계속하여 자고 일어나는 것을 반복하며 매일 매일을 그렇

게 지냈습니다. 진실로 인간이 어디서 행복을 찾느냐에 따라 큰 차이가 생깁니다. 나는 이것을 알고 있었습니다. 믿음과 소망에서 오는 기쁨과 내가 추구하고 있는 헛된 영광 사이엔 비교할 수 없는 차이가 있었습니다. 또한 그 거지와 나 사이에는 다른 차이가 있었습니다. 확실히 그는 나보다 행복한 사람이었습니다. 내가 근심으로 속을 태우고 있을 때 그는 즐거움에 넘쳐흘렀고, 내가 거짓말을 통해 헛된 영광을 찾고 있을 때, 그는 지나가는 사람들에게 복을 빌어주고 술을 얻어먹을 수 있었기 때문입니다. 그때 나는 내 친한 친구들에게 여러 번 이러한 내 생각을 말해주었습니다. 그러나 내가 발견하게 된 것은 그들도 나와 같은 상태에 있었다는 것이었습니다. 나는 내가 잘못되어 간다고 생각하며 몹시 슬퍼했고 그 슬픔과 함께 내 형편은 갑절이나 악화되어 갔습니다. 혹시 우연히 행복이 내게 미소를 보낸다 할지라도 나는 그것을 붙들기를 주저했습니다. 왜냐하면, 내가 그것을 붙들려고 하기만 하면 그저 날아가 버렸기 때문이었습니다.

11. 나는 특별히 서로 함께 살며 친하게 지냈던 알리피우스와 네브리디우스와 함께 이 문제에 대해 이야기 했습니다. 알리피우스는 나보다 연소한 자로서 나의 고향 출신이었고 그의 부모님은 그 도시에서 명망 있는 가문에 속해 있었습니다. 그는 내가 고향에서 가르치기 시작했을 때 그리고 카르타고에 있을 때 내 밑에서 공부를 하였습니다. 그는 내가 착하고 학식 있게 보인다 하여 나를 좋아했고 나는 그와 같은 젊은 사람이 뛰어난 덕성을 가지고 있어서 그를 좋아했습니다. 그러나 그는 하찮은 구경에 열을 올리는 카르

타고 사람들의 나쁜 관습에 빠졌고 원형극장에서 벌어지는 검투사 경기에 미쳐 그것에 열중했습니다. 그가 한참 이 유혹에 빠져 비참에서 헤어나지 못하고 있을 때 나는 카르타고에 있는 학교에서 수사학을 가르치고 있었습니다. 당시 그는 그의 아버지와 나 사이의 어떤 불편한 관계로 인해 내게서 공부를 배우지 않았습니다. 그가 원형극장에 아주 미쳐 있었던 것을 알고 나는 몹시 슬퍼했습니다. 왜냐하면 내가 그에게 걸었던 큰 희망을 그가 이미 내버렸거나 아니면 내던질 것 같아서였습니다. 그렇지만 내게는 그를 충고하거나 그의 행동을 제지할 수 있는 우정의 친절함이나 선생의 권위 따위의 어떤 방법도 없었습니다. 왜냐하면 나는 그가 내게 품고 있던 감정이 그의 아버지가 내게 갖고 있었던 감정과 같다고 생각했기 때문입니다. 그러나 사실은 그렇지 않았습니다. 그는 자기 아버지의 감정에 영향 받지 않고 나를 만나면 반갑게 인사했고 학교에 와서 내 강의를 듣고 가기도 했습니다.

12. 그럼에도 그 때 나는 그가 쓸데없는 경기에 지각없는 열정을 쏟아 붓다가 자신의 좋은 재능을 낭비하지 않도록 그를 훈계하는 것을 잊고 있었습니다. 그러나 만물을 창조하시고 통치하시는 주 하나님 당신은 장차 당신의 자녀로서 성례를 집행하는 감독이 될 그를 잊지 않으셨습니다. 그리고 당신은 나도 모르게 나를 통하여 그를 회개시켰사오니 이는 그의 회개가 오로지 당신이 하시는 일임을 나타내기 위함이었습니다. 어느 날 내가 늘 그렇게 하듯 학생들 앞에서 강의를 하고 있을 때, 알리피우스가 들어와 인사를 하고는 내가 가르치고 있는 내용에 주의를 기울이고 있었습니다. 마

침 그때 나는 어떤 책의 구절을 읽고 설명하려던 중이었습니다. 그것을 잘 설명하려던 중 우연히 경기 관람에 관계된 비유가 우연히 머리에 떠올랐습니다. 나는 학생들에게 흥미를 유발시키고 그들을 더욱 확실하게 이해시키기 위해 또한 약간은 경기에 미친 자들을 조롱하기 위해서는 그 비유가 적절하다고 생각했습니다. 그때 내가 알리피우스의 병을 고쳐 줄 것이라고는 조금도 생각하지 못했습니다. 그런데 그는 내가 한 말을 자신에게 적용시켰고 내가 한 말이 바로 자기 자신을 위한 말로 믿고 받아들였습니다. 어떤 사람은 그 말을 듣고 나를 욕했을 텐데 이 솔직한 젊은이는 이 말을 자기를 꾸짖고 나를 더 좋아하는 이유로 삼았습니다. 당신은 오래 전에 지혜로운 자를 책망하라 그가 너를 사랑하리라(잠 9:8)고 말씀하셨고 그것을 당신의 책에 기록하셨습니다. 사실 나는 그를 책망하지 않았습니다. 그러나 당신은 나도 모르게 내 마음과 혀를 뜨거운 숯불이 되게 하사 장래가 촉망되는 그의 마음을 태워 병을 고쳐 주신 것입니다. 내 골수로부터 고백하는 당신의 자비를 생각하면 누가 감히 당신을 찬양하지 않을 수 있습니까? 알리피우스는 내 말을 듣자마자 비참한 쾌락에 유혹되어 스스로 좋아서 뛰어 들어갔던 올가미에서 뛰쳐나왔습니다. 그리고 그는 굳은 절제의 힘을 발휘하여 자기의 마음을 붙들었고 온갖 더러운 오락경기를 떨쳐 버렸습니다. 그 후 그는 다시 그런 짓을 가까이 하지 않았습니다. 뿐만 아니라 그는 자신이 내 밑에서 공부하는 것을 싫어하는 아버지를 설득하기도 했습니다. 아들의 간청에 아버지는 마침내 이를 승낙했고 알리피우스는 또 다시 내 학생이 되었습니다. 그러나 그는 나와 함께 같은 미신에 관여하게 되었는데 그것은 바로 그가 마니교도들의 밖으로 행하는 그럴 듯한 절제 생활을 좋아했고 또한 그것이 참되고 순수한 것인 줄로 생각했던 것입니다. 그러나 그것은 어리석고 유혹적인 절제 생활로서 아직 참다운 덕의 깊이를 깨닫지 못해 쉽게 거짓되고 피상적인 덕의 외모에 속기 쉬운 고귀한 영혼들을 함정에 빠뜨리는 것이었습니다.

13. 그의 부모님이 항상 그에게 말했던 세상의 출세에 대한 기대를 버리지 못한 알리피우스는 법학을 공부하러 나보다 먼저 로마로 떠났습니다. 거기서 그는 또 다시 믿을 수 없을 정도의 열정으로 검투사 경기에 빠져들어 가고 말았습니다. 그는 처음에 그러한 경기를 아주 반대했고 그것을 구경하는 것조차 혐오했습니다. 그러나 그러한 잔인무도한 경기가 벌어지고 있는 어느 날 그는 점심을 먹고 돌아오는 몇몇 친구들과 학우들을 우연히 만나게 되었습니다. 그들은 강력하게 반대하고 저항하는 그를 친절한 폭력을 써서 억지로 원형극장으로 이끌고 갔습니다. 알리피우스는 끌려가면서 그들에게 이렇게 말했습니다. "너희들이 내 몸을 강제고 끌고 가서 그곳에 앉힌다 하더라도 내 마음과 눈을 강제로 그 경기에 집중하게 하지는 못할 것이다. 그러므로 나는 그곳에 있으면서도 실은 그곳에 있지 않는 것과 같으니 그 경기를 보지 않음으로 너희들을 이겨 승리할 것이다." 그들은 이 말을 듣고도 알리피우스를 끌고 들어갔는데 아마도 과연 그가 말했던 대로 할 수 있는지를 보려 했을 것입니다. 그들이 원형극장에 들어가 자리를 찾아 앉았을 때 경기장은 온통 비인간적인 잔인성으로 흥분되어 있었습니다. 그러나 알리피우스는 두 눈을 딱 감고 자신의 마음이 그러한 사악한 광경에 향

하지 않도록 주의했습니다. 그러나 알리피우스가 자신의 귀까지 막았더라면 더 좋았을 것입니다. 때마침 그 칼싸움에서 한 사람이 피를 흘리며 쓰러지자 관중들은 고함을 질렀고 그 소리는 그의 귀를 때려 그를 온통 호기심에 사로잡히게 했습니다. 그는 무엇을 보든지 간에 그것을 무시하고 극복할 수 있다고 자신하고 눈을 떴습니다. 그러나 그는 자기가 눈을 떠서 보려고 했던 그 쓰러진 사람의 육체적 상처보다 더 큰 상처를 자기 영혼에 받았던 것입니다. 그는 그 고함 소리를 내게 했던 그 투사의 넘어짐보다 더 비참하게 쓰러져 넘어졌습니다. 그 고함 소리는 그의 귀로 들어가 그의 눈을 뜨게 했고 마침내 그의 영혼을 쳐 넘어뜨렸으니 그의 영혼은 용감했다기보다 뻔뻔스러웠습니다. 그의 혼이 이렇게 더 약하게 된 것은 당신을 의지하지 않고 자신의 힘을 믿었기 때문입니다. 그는 피를 보자마자 야만인처럼 그것을 들어 마신 듯했고 그 광경을 외면하기보다는 그것을 쏘아 보았습니다. 그는 자기도 모르게 열광의 술을 마시어 그 사악한 투쟁을 즐기게 되었고 나중에 잔인한 쾌락에 취하게 되었습니다. 이제 그는 그곳에 들어올 때의 자신이 아니었고 그곳에 온 관중의 하나가 되었으며, 그를 이끌고 온 자들의 진정한 동지가 되어 버렸습니다. 내가 이 이상 무엇을 더 말할 수 있겠습니까? 그는 구경을 하다가 소리를 지르며 흥분했습니다. 그가 그 자리를 떠나도 그 흥분은 그를 떠나지 않았고 그를 또 다시 그곳으로 오게 유혹했습니다. 그가 다시 그 자리에 올 때는 처음에 그를 이끌고 갔던 자들과 함께 올 뿐만 아니라 그들보다 더 먼저 오기도 했습니다. 심지어 다른 사람들을 충동질하여 끌고 오기까지 하였습니다. 그러나 당신은 아주 강하고 자비스러운 손을 들어 그를 이 유혹에서 건져내어 자신을 신뢰하지 않고 당신만 의지하도록 가르쳐 주셨습니다. 물론 이 일은 훨씬 후에야 이루어졌습니다.

14. 하지만 이 모든 사건들은 그의 기억에 간직되었고 후일 그를 치료하는 좋은 약이 되었습니다. 그가 아직 카르타고에서 내 학생으로 있을 때 또 하나의 사건이 일어났습니다. 그가 어느 날 정오에(학자들이 늘 하던 습관대로) 광장에 가서 자기가 암송해서 할 구절들을 깊이 생각하고 있었습니다. 그때 당신은 그가 도둑으로 오해받아 그 광장에서 체포되도록 섭리하셨습니다. 오, 주 우리 하나님이시여, 당신이 이를 허락하심은 장차 크게 될 알리피우스가 사람을 판단할 때 남의 말을 경솔히 믿고 쉽게 정죄해서는 안 된다는 것을 배우게 하신 것입니다. 그가 손에 서판과 펜을 들고 홀로 재판소 앞을 왔다 갔다 거닐고 있었을 때 한 청년이(그는 학생이었는데 바로 그가 진짜 범인이었습니다) 알리피우스 모르게 도끼를 품고 은행 건물 창살에까지 가서 그 창살을 잘라 내기 시작했습니다. 이 도끼 소리를 듣고 은행 안에 있던 사람들은 조용히 의논한 후 사람들을 밖으로 보내어 누구든지 발견하는 대로 잡아 오라고 했습니다. 그 도둑은 그 안에서 속삭이는 소리를 듣고 잡히지 않도록 도끼를 내버리고 달아났습니다. 알리피우스는 도둑이 그 쪽으로 들어간 줄 몰랐으므로 급히 어떤 사람이 뛰어 나오는 것을 어렴풋이 보고는 이상하게 여겨 현장에 가보았습니다. 그는 그곳에 버려둔 도기를 보고 집어 들고는 무슨 일인가하고 의아하게 생각했습니다. 바로 그때 그곳에 쫓아온 사람들이 홀로 도끼를 손에 들고 서 있는 청년 하나를 발견했습니다. 도끼 소리에 놀라 쫓아 온 그 사

람들은 도끼를 들고 있는 알리피우스를 보자마자 그를 바로 붙잡았습니다. 그리고 그들은 마치 범인을 현장에서 잡은 것처럼 그곳에 몰려든 광장의 주민들 앞에서 의기양양하게 그를 끌고 재판관에게 갔습니다.

15. 알리피우스가 할 수 있는 일은 전혀 없었으며, 무슨 일을 해야 할지 지도를 받을 필요도 없었습니다. 그것은 오직 하나님 당신께서 유일한 증인이 되셔서 그의 무죄함을 증명하셨기 때문입니다. 그들이 알리피우스를 끌고 감옥에 가두기 위해 심문을 하러 가는 사이에 우연히 공공건물을 맡아서 관리하는 한 건축사를 만나게 되었습니다. 그들은 그를 보고는 대단히 기뻐했습니다. 왜냐하면 그 광장에서 물건이 도난당하면 언제나 이 건축사가 그들을 의심하곤 했기 때문입니다. 그래서 이제 그들은 누가 정말 범인인가를 그에게 보여줄 수 있다고 생각했던 것입니다. 그런데 그 건축사는 원로인의 집에 자주 드나드는 사람으로서 그곳에 갈 때 여러 번 알리피우스를 만나 본 일이 있었습니다. 그가 알리피우스를 바로 알아보고는 그를 사람들에게서 떼어 놓았습니다. 그리고 알리피우스에게 무슨 일로 이렇게 되었는지 이유를 물었습니다. 그가 내용을 다 들은 다음 흥분과 협박의 분위기 속에 싸여 있는 사람들에게 자신을 따라오라고 명령했습니다. 그들은 모두 그 일을 저지른 진짜 청년의 집에 가게 되었습니다. 그 집 문 앞에는 한 어린아이가 서 있었는데 나이가 너무 어려서 자기가 말하면 자기 주인에게 해로울 것이라는 두려움 없이 사실을 본 그대로 말할 아이였습니다. 그 어린이는 그의 주인을 따라 광장에 왔었습니다. 알리피우스는 그 어린

이를 알아보았고 그가 아까 그 장소에 있었다고 건축사에게 말했습니다. 그 건축사는 그 어린이에게 도끼를 보여 주면서 누구의 것이냐고 물었습니다. 그러자 그 어린이는 바로 우리의 것이라고 대답하면서 물어 본대로 모든 것을 다 이야기했습니다. 이리하여 범죄가 그 집주인에게로 돌아가 알리피우스를 범인처럼 취급했던 무리들은 부끄러움을 당하고 말았습니다. 그러나 미래에 당신의 말씀의 종이 되어 당신의 교회3)에서 많은 일들을 치리하고 판단할 알리피우스는 이 경험을 통해 더욱 지혜롭게 되어 집으로 돌아갈 수 있었던 것입니다.

16. 내가 알리피우스를 다시 만난 것은 로마로 돌아오고 나서였습니다. 알리피우스는 몹시 나를 좋아했고 가깝게 지냈으므로 내가 밀라노로 갈 때 그도 나를 따라왔습니다. 그는 나를 떠나 있기 싫어했고 또한 자기가 공부한 법률 사무를 하고 싶은 생각도 있었습니다. 법률 사무란 자기가 원하는 일이라기보다는 부모님이 원한 일이었습니다. 그는 이미 세 번이나 배석판사로 있을 때 뇌물을 받지 않는 정직한 사람으로 알려져 많은 사람들이 그를 이상하게 생각하기 까지 했습니다. 그러나 그는 사람들이 정직보다 금을 더 좋아한다는 것을 오히려 이상하게 생각했습니다. 왜냐하면 그는 이미 탐욕의 유혹과 공포의 위협으로 시련을 겪은 뒤였기 때문입니다. 그가 로마에서 이태리 지방의 재무상4)의 보좌관으로 있을 때였습니다. 거기에 대단히 유력한 원로가 있었는데 많은 사람들이 그에

---

3) 알리피우스는 타가스테의 감독이 되었다.
4) 서방제국의 재무상으로서 휘하에 여섯 명의 지역 재무상을 거느리고 있다, 그는 이탈리아 전국에서 오직 하나 뿐인 재무상이다.

게 은혜를 입었고 또한 그를 두려워 했습니다. 보통 그러하듯이 대단한 영향력을 가지고 있었던 그 원로는 법이 허락하지 않는 이런 저런 일들의 특혜를 알리피우스에게 요청했습니다. 하지만 알리피우스는 그의 요청을 거부했습니다. 그 원로는 뇌물을 약속했는데 그 때 알리피우스는 이것 역시 웃으며 무시해 버렸습니다. 이렇듯 여러 방법으로 남을 돕기도 하고 해치기도 하는 저 유명한 원로의 친절함을 바라거나 또는 그의 원수 됨도 두려워하지 않는 알리피우스의 비상한 성격에 모든 사람이 놀랐습니다. 그가 보좌하는 재무상도 그러한 특혜를 주는 데 반대했으나 공개적으로 그 요청을 거부하지는 못했습니다. 그래서 그는 알리피우스에게 책임을 미루면서 그가 그런 일을 못하게 한다고 말했습니다. 만일 그 재무상이 그 원로의 요청에 굴복했다면 알리피우스는 그 자리를 사임했을 것입니다. 그러나 그는 학문을 사랑하는 이유 때문에 시험에 들 뻔했던 일도 있었습니다. 즉 자기 개인을 위해 책의 사본을 만들 때(정부의 것을 만들 때처럼) 특별 공정 가격으로 돈을 지불하고 싶었습니다. 그러나 정의의 원리를 고려하며 보다 올바른 길을 택하기로 결심한 것입니다. 결국 그렇게 해서는 안된다는 기준이 되었던 형평성이 자신의 직책이 부여하는 특권보다 더 중요하다고 생각했습니다. 이것은 사소한 일이었지만 적은 일에 충성한 사람이 큰일에도 충성함을 말해 주는 실례였습니다(눅 16:10). 그러므로 당신의 진리의 입에서 나오는 말씀, 즉 너희가 만일 불의한 재물에 충성치 아니하면 누가 참된 것으로 너희에게 맡기겠느냐? 너희가 만일 남의 것에 충성치 아니하면 누가 너희의 것을 너희에게 주겠느냐? 라는 말씀은 진실로 참된 말씀이었습니다(눅 16:11-12). 내가 말한 바와 같이 알리피우스는 바로 이런 인물이었습니다. 그는 나의 가까운 친구였고 그 역시 어떠한 인생의 항로를 택할 것인가에 대해 나처럼 방황하고 있었습니다.

17. 그때 카르타고 근방에 있는 자기의 고향, 자기가 오래 살았던 카르타고, 자기 아버지의 많은 토지와 집, 그리고 같이 오기를 거절한 어머니를 뒤에 두고 밀라노에 온 네브리우스가 우리와 함께 거하고 있었습니다. 그가 밀라노에 온 것은 나와 같이 살면서 진리의 지혜를 탐구하기 위해서였습니다. 그는 열심히 복된 생을 추구하고 우리를 번민케 하는 여러 가지 어려운 문제[5]를 예리하게 분석하면서 나와 함께 한숨 쉬고 함께 방황했습니다. 그러므로 굶주린 세 사람의 입이 서로 자신들의 배고픔을 이야기하였고 때를 따라 저들에게 음식을 주시는 당신을 기다리고 있었습니다(시 145:15). 우리는 세상일을 추구할 때 꼭 함께 따르는 좌절감을 느끼며 그렇게 괴로움을 당하는 이유를 알고자 하였습니다. 그러나 어둠이 눈앞을 가리고 있었기 때문에 우리는 되돌아서서 신음하며 서로 탄식하면서 언제까지 이러한 상태가 계속될지 고민했습니다. 그러나 우리는 그렇게 말하면서도 세상을 따르는 일을 버리지 못했습니다. 왜냐하면 그것들을 버릴 때 우리가 꼭 붙들 수 있는 확실한 진리를 아직 보지 못했기 때문입니다.

---

[5] "나의 친구인 네브라디우스는 믿음의 교리와 같은 어려운 주제에 관한 한 가장 부지런하고 명민한 문의자로서 위대한 질문에 대해 간략한 대답을 매우 혐오했습니다."

18. 나는 열아홉 살 때 처음으로 지혜에 애정을 느꼈습니다. 그리고 그것을 찾기만 하면 헛된 희망과 거짓된 욕심을 버리기로 결심했습니다. 그러나 그때부터 얼마나 많은 세월이 흘렀는가를 기억하면서 내 과거의 인생을 돌아다보니 나는 스스로 이상한 생각이 들었습니다. 이제 내 나이 삼십이 되어 가는데 나는 아직도 항상 지나가면서 내 힘을 소비하는 현재의 쾌락을 즐기려 진흙탕에 깊이 빠져 남아 있었습니다. 나는 나 자신에게 말했습니다. "내일이면 그것을 찾게 되겠지! 그러면 그것이 나에게 분명해질 것이고 나는 그것을 확실히 붙잡을 수 있을 것이다. 그래 파우스투스가 와서 모든 것을 설명해 준다고! 오, 위대한 아카데미 철학자들이여, 이 세상에선 정말 인생의 방향을 정해 주는 확실한 근거가 없단 말인가? 그렇지 않다. 우리는 그것을 더 열심히 탐구해야지 절망하면 안 된다. 보라, 전에 부조리하게 보였던 성경도 지금은 부조리하게 보이지 않는구나. 그것은 달리 혹은 합리적으로 해석될 수 있을 것이다. 그러므로 내가 진리를 명확히 발견할 때까지 어릴 때에 부모님이 나를 세워 주신 그곳에 서 있겠다. 그러면 그것을 어디서 언제 찾는다는 말인가? 암브로시우스는 바빠서 시간이 없고 나 역시 바빠서 독서할 시간이 없구나. 내가 필요한 책은 어디서 구할 수 있을까? 언제, 어디에 가서 그러한 책을 구입할 수 있을까? 누구에게서 그러한 책을 빌린단 말인가? 내 영혼의 건강을 위하여 일정한 시간과 때를 배정해야 하겠다. 이제 우리에게 큰 희망이 떠오르기 시작하는구나. 기독교 신앙은 우리가 그러리라고 생각했던 것처럼 또는 우리가 공연히 비난했던 것과 같은 그러한 교리를 가르치지 않으니 말이다. 교회의 학자들도 하나님을 인간 육체의 형상과 같이 제한

받고 있는 존재로 생각하는 것을 신성모독으로 보고 있지 않는가? 그러므로 모든 난제의 문이 나에게 열리도록 두드리기를 주저하지 말자. 이제 오전 시간은 내 학생들을 위하여 쓴다 하자. 그러면 나머지의 시간은 무엇을 하며 보낼까? 왜 문을 두드리는 데 쓰지 않을까? 만일 나머지 시간을 그렇게 쓴다면 나를 후원해 줄 영향력 있는 친구들을 언제 가서 만난다는 말인가? 학생들이 사서 공부하게 될 수사학 교재는 언제 준비할 것인가? 언제 나는 업무에 시달린 내 마음을 쉬게 하여 소생시킬 수 있을까?"

19. "그러한 생각은 없애 버리자! 그러한 부질없는 사소한 것은 깨끗이 잊어버리고 진리를 추구하는 데만 내 마음을 다 바치자. 인생이란 비참한 것이요, 우리의 죽음은 언제 찾아올지 모른다. 만일 죽음이 갑자기 덮쳐오면 나는 어떤 상태에서 이 세상을 떠나게 될까? 이 세상에서 게을러 배우지 못한 것은 어디 가서 배울 수 있을까? 오히려 이 세상에서 게을렀던 탓으로 나는 벌을 받게 되지 않을까? 만일 죽음이 인간의 모든 걱정과 감정을 종식시키는 것이라고 생각해 보면 어떠할까? 그렇다면 이것 역시 탐구해봐야 할 것이다. 그러나 그렇지는 않을 것이다. 기독교 신앙의 권위가 온 세계에 이렇게 탁월하게 전파되어 있음은 무의미하거나 근거 없는 것은 아닐 것이다. 만일 인간의 혼이 육신의 죽음과 함께 끝난다면 하나님이 우리를 위하여 그렇듯 위대한 일을 하시지 않으셨을 것이다. 그렇다면 왜 내가 세상의 희망을 딱 끊고 자신을 하나님께 온전히 바쳐 행복한 생을 추구하는 데 주저하고 있을까? 그러나 잠깐 기다려 보아라. 이 세상의 것도 우리를 즐겁게 해주고 있다. 그것도 그

자체에 어떤 달콤한 매력을 갖고 있으니 결코 소홀히 여길 것이 못된다. 그러므로 그것을 쉽게 버려서는 안 될 것이다. 그것을 버린 후 다시 찾게 되면 더 부끄러운 일이 될 것이다. 보라, 이제 나에게는 명예의 자리를 얻는 것이 대단히 중요하다. 그 이상 내가 바랄 것이 무엇이냐? 나에게 유력한 친구들이 많으니 그들에게 강요하지 않더라도 도지사 자리쯤이야 쉽게 딸 수 있을 것이다. 그러면 돈 많은 여자와 결혼할 수 있어서 우리들의 경제적 부담이 적어질 것이요, 나의 욕망은 채워지겠지. 세상에는 우리가 본받을 만한 위대한 인물들이 많이 있는데 그들도 결혼 생활을 하면서 지혜를 헌신적으로 추구했던 사람들이 아닌가!"

20. 내가 이렇게 스스로 독백을 할 때 불확실한 바람은 방향을 바꾸어 가면서 내 마음을 이리 저리 흔들어 놓았습니다. 그러는 동안 시간은 흘러가고 나는 주님께 돌아오기를 미루고 있었습니다. 매일 매일 나는 하나님 안에서 사는 삶을 미루었으나 내 안에서 죽어가는 나의 죽음은 미루지 못했습니다. 나는 행복한 삶을 갈망하면서도 그것이 있는 자리만은 아직도 두려워하고 있었으니 나는 사실 행복한 삶은 피하면서 그것을 찾고 있었습니다. 그때 내 생각에 내가 만일 여자의 포옹[6]에서 거절당한다면 너무나 비참한 존재가 될 것이라고 여겼던 것입니다. 그래서 그 연약함을 치료하시는 당신의 자비의 치료책을 생각해 보지도 못했습니다. 이처럼 나는 어리석어서 성경에 기록된바 당신이 주시지 않으시면 아무도 절제를 행할 수 없

---

[6] "나는 우둔한 소망과 황홀한 아내, 허식의 부와 무의미한 명예, 그리고 다른 여러 종류의 상처가 되는 즐거움들과 같은 이 세상의 삶에 휩쓸렸습니다."

다는 말씀을 이해하지 못하고 있었습니다(지혜서 8:21). 내가 마음의 탄식으로 당신의 귀를 두드려 확고한 신앙으로 내 모든 근심을 당신께 맡겼다면 당신은 그 절제력을 분명히 나에게 주셨을 것입니다.

21. 알리피우스는 내가 결혼을 하지 못하게 했습니다. 그는 내가 결혼을 하면 우리가 서로 같이 살기도 불가능하고 또한 우리가 오랫동안 원했던 대로 지혜를 추구하는 한가한 시간을 갖지 못한다고 생각했습니다. 이미 그때에도 그는 엄격한 절제생활을 하고 있어서 나에게는 그의 삶이 하나의 큰 경이가 아닐 수 없었습니다. 사실 그는 청년기에 들어서면서 성관계의 경험을 가지고 있었으나 계속 그것에 사로잡혀 살지는 않았습니다. 오히려 그는 그것을 후회하고 되돌아서서 그 후부터 지금까지 엄격한 절제 생활을 견지해 왔습니다. 나는 예를 들어 세상에는 결혼을 했어도 지혜를 사랑하고 하나님을 기쁘시게 하며 자기들의 친구들을 믿고 사랑했던 사람들이 있다고 말하면서 그의 논증을 반박했습니다. 물론 나는 이와 같은 영혼들의 고귀함에 전혀 미치지 못한 자였습니다. 나는 육욕의 질병에 걸려 있었고 그 치명적인 쾌락의 쇠사슬에 얽매여 그것을 이리 저리 끌고 다녔습니다. 그러나 나는 그 병에서 풀려나기를 두려워했습니다. 내 아픈 상처를 건드릴까봐 쇠사슬에서 나를 풀어 주려는 손을 거부한 것처럼, 나는 알리피우스의 현명한 충고도 거부했습니다. 더구나 뱀이 나를 통해 알리피우스에게 말하였으니 그 뱀은 내 혀를 통해 쾌락의 올가미를 만들어 알리피우스가 다니는 길에 펼쳐 놓았습니다. 그것은 그의 고귀하고 자유스러운 발목[7]이 걸려 넘어지도록 하기 위함이었습니다.

22. 알리피우스는 자신이 경시하지 않고 존중하던 내가 성적 쾌락에 빠져서 혼자 사는 것은 불가능하다고 말하자 매우 놀라며 의아하게 생각했습니다. 나는 그가 그렇게 놀라는 것을 보고 나 자신을 변명하는 뜻에서 그의 성적 경험은 한때 잠깐 동안 은밀히 맛본 것이었기 때문에 그것을 지금은 거의 잊게 되어 비방할 수 있지만 나의 성적 경험은 이미 습관화된 쾌락인 만큼 끊기가 힘들다고 말했습니다. 그리고 또 이와 같은 습관화된 생활에 결혼이라는 명예스러운 이름이 붙게 되면 내가 그러한 생활을 포기하지 못한다고 해서 이상하게 생각할 필요가 없다고 했습니다. 내가 이렇게 말하자 그도 역시 결혼을 해볼까 하는 생각을 갖기 시작했습니다. 그러나 그의 결혼 동기는 어디까지나 호기심이었지 그러한 쾌락의 추구는 아니었습니다. 그는 내게 있어서 그것 없이는 내 생이 비참해지고 불행하게 된다고 느끼게 한 것이 대관절 무엇인지 알고 싶다고 했습니다. 그는 나처럼 쾌락의 쇠사슬에 매여 본 적이 없었으므로 나의 매여 있음에 대하여 놀라면서도 호기심을 가지고 있었습니다. 그리고 그의 이러한 호기심은 그러한 경험을 하고자 하는 욕망을 불러일으켰습니다. 그 욕망은 다음으로 그를 실지로 해보는 실험의 단계로 이끌어 갈 수 있었습니다. 만일 그렇게 하였다면 그는 아마 그의 호기심의 대상이었던 나의 쾌락의 노예생활로 빠지게 되었을 것입니다. 그는 이렇듯 사망과 언약을 맺으려 하였으니 위험을 좋아하는 자는 그 위험에 빠지기 마련입니다(시 28:15). 나는 충족될 수 없는 정욕을 만족시키려는 습관성의 노예가 되어 큰 괴로움을

---

7) 폴리너스는 "조심스러운 목자로서 많이 자지 못하며 주님의 양떼들을 목양하면서 사람들 가운데 살며 모범을 보였음에도 그는 세상을 포기하고 혈과 육을 부인함으로 그 자신이 광야가 되었다"고 말한다.

당하고 있었고 알리피우스는 단순히 경의와 호기심에 의해 그 노예 상태로 끌려가고 있었습니다. 오, 높으신 하나님, 우리는 계속 그러한 상태에 있었습니다. 그러나 당신은 티끌과 같은 우리를 버리시지 않으시고 우리의 형편을 불쌍히 여기시사 기이하고 오묘한 방법으로 우리를 구출하셨습니다.

23. 주위에서는 나를 결혼시키기 위해 부단히 노력했습니다. 나는 어떤 여자에게 구혼을 했고 그 여자도 나에게 약속을 해서 약혼이 이루어지게 되었습니다. 이것은 주로 어머니가 노력하여 성사된 것이었습니다. 어머니의 희망은 내가 일단 결혼을 하게 되면 세례의 건전한 물로 죄로부터 깨끗이 씻음을 받는다고 생각했습니다. 그러므로 어머니는 내가 매일 매일 세례받기에 합당한 생활을 해가고 있음을 보고 기뻐하였습니다. 또한 어머니는 내가 기독교 신앙을 받아들일 때는 자기의 기도와 당신의 약속이 일치될 것이라 보았던 것입니다. 그때 어머니는 나의 요청과 자기의 희망을 따라 마음으로부터 당신께 부르짖기를 미래의 내 결혼에 대하여 꿈으로 어떤 표식을 보여 달라고 간구하였습니다. 그러나 당신은 이것을 들어 주시지 않으셨습니다. 어머니는 그 대신 인간 정신의 강한 편견 때문에 생기게 되는 상상과 같은 허망하고 환상적인 꿈만을 볼 뿐이었습니다. 어머니가 나에게 이에 대한 이야기를 해주실 때 전에 당신이 계시해 주셨던 때와 같이 확신을 가지고 말씀하시진 않으시고 오히려 그것을 무시한 것이었습니다. 어머니가 자주 말씀해 주시기를 자기에게 무엇이라 표현할 수 없는 느낌이 있는데 그것으로 당신의 계시와 자기 마음의 꿈을 구분할 수 있다고 하였습니다. 아

무튼 내 결혼준비는 추진되었고 여자의 부모가 허락하였으므로 정혼 나이에서 두 살 모자라는 처녀와 약혼을 하였습니다. 그 여자는 퍽 내 마음에 들었으므로 나는 기꺼이 그 여자를 기다리기로 동의하였습니다.

24. 그때 함께 친하게 지내고 있었던 친구들은 괴롭고 소란한 인간 생활이 몹시 싫어서 속세를 떠나 한적한 생활을 해 보자고 결의했습니다. 그 한적한 생활을 이루기 위해서는 우리가 각자의 소유를 공동재산으로 만들어 하나의 가족이 되는 것이었습니다. 그러면 우리의 신실한 우정을 통해서 모든 재산은 하나의 재산이 됨으로 모든 재산은 각자의 것인 동시에 모든 사람에게 속하게 되는 것이었습니다. 우리 생각에는 이 공동체에서 같이 살 사람들은 열 명 정도 될 것 같았습니다. 그 중에는 아주 잘 사는 사람도 몇 있었는데 특히 로마니아누스[8])는 내 고향사람으로 어릴 때부터 나와 친한 사이였습니다. 그는 어떤 중대한 사건 때문에 이곳에 와서 법정에 출입을 하고 있었습니다. 그는 특별히 이러한 우리의 계획에 관심을 가지고 있었고 또한 그는 다른 사람들보다 경제적으로 훨씬 윤택했기 때문에 그의 의견은 우리들을 설득하는 데 큰 영향력을 가지고 있었습니다. 우리는 또한 결정하기를 매년 우리 중에서 두 명을 관리인으로 뽑아 그들로 하여금 우리가 필요로 하는 것을 공급하도록 하고 나머지 사람들은 조용하게 지내도록 하자는 것이었습니다. 그러나 우리 중에 어떤 이는 이미 결혼한 자들이고 우리는 결

---

8) 로마니아누스는 알리피우스의 친척으로서 많은 재능의 소유자였고 어거스틴 자신을 놀라게 한 인물이었다. "어려서부터 유복했던 그는 인생의 광풍으로부터 발생하는 해악스러운 환경에 붙잡혔습니다."

혼을 할 의향이 있었으므로 우리들의 부인들이 이것을 허락할 것인지에 대해서 질문이 나오기 시작하자 그렇게 훌륭하게 수립된 모든 계획이 우리의 손에서 산산이 부서져 버리고 말았습니다. 이리하여 우리는 또 다시 옛 한숨과 신음을 되풀이하게 되었고 우리의 발걸음은 굳어진 세상의 길을 다시 따르게 되었습니다(마 7:13). 이렇듯 우리 마음에 있는 생각은 여러 가지로 변하지만 당신의 뜻은 영원히 변치 않아 한결같으십니다(시 33:11). 당신의 뜻은 우리의 뜻을 비웃으시면서 우리를 위한 당신의 계획을 준비해 가십니다. 그 계획에 따라 당신은 적절할 때 우리에게 음식을 주시고 당신의 손을 들어 우리의 영혼을 축복으로 채워 주십니다(시 145:15-16).

25. 그러는 동안 나의 죄는 더욱 가중되었습니다. 나와 같이 살아왔던 여인은 내 결혼에 방해가 된다고 내 곁을 떠났습니다. 이로 인해 그녀를 사랑했던 내 마음은 심한 타격과 상처를 입었고 피를 흘렸습니다. 그녀는 다시는 다른 남자를 만나서 같이 살지 않겠다고 당신께 맹세를 하면서 그녀가 낳은 내 아들을 남겨 두고 아프리카로 돌아갔습니다. 그러나 이 여인의 결단도 본받지 못할 만큼 불행하고 약해진 나는 나와 약혼한 여자를 결혼으로 맞아들일 2년이 너무 지루해서 참고 기다릴 수 없었습니다. 그래서 나는 부인으로서가 아닌 한 여자를 얻게 되었으니 사실 나는 동거가 좋아서 그런 것이 아니라 정욕의 노예가 된 탓에 그렇게 했던 것입니다. 결국 내 영혼의 질병은 악습의 노예가 된 탓으로 더 심해져 갔습니다. 그렇다고 나의 전 동거인과 이별한 데서 받은 상처가 아물어진 것도 아니었습니다. 그 상처는 처음에는 타는 듯 통증이 심했으나 곧

곪기 시작했습니다. 사실 곪은 상처는 더 위험했습니다. 거기엔 통증이 덜 느껴져 질병을 의식하지 못하기 때문입니다.

26. 자비의 근원이신 주 하나님, 당신께 찬양과 영광을 돌리옵니다. 내가 불행하게 될수록 당신은 나에게 더 가까이 오고 계셨습니다. 그때 당신은 오른팔을 들어 나를 진흙탕에서 건져내어 깨끗이 씻어 주시려고 하셨으나 나는 그것을 모르고 있었습니다. 나를 육체적 쾌락의 심연에 더 깊숙이 빠져들어 가지 못하도록 방지한 것은 죽음과 장차 올 당신의 심판에 대한 두려움이었습니다. 다른 것들에 대한 나의 생각은 시간과 함께 바꾸어져 갔으나 이 두려움은 계속 내 마음을 떠나지 않았습니다. 나는 시간이 있을 때마다 내 친구 알리피우스와 네브리디우스와 함께 선과 악의 본성에 대하여 논의했습니다. 내가 만일 죽은 후에도 영혼이 생존하여 그 업적에 따라 상벌을 받는다는 것을 믿지 않았다면 에피큐러스가 내 안에서 승리했을 것입니다. 왜냐하면 에피큐러스는 영혼불멸과 사후의 상벌을 믿지 않았기 때문입니다. 나는 그들에게 "우리가 만일 영원히 죽지 않고 살아서 계속 육체적 쾌락을 누리되 그것을 상실할 두려움도 없이 즐긴다 하면 우리는 행복하지 않겠는가? 우리가 그 이상 더 바랄 것이 무엇인가?"라고 물었습니다. 내가 이렇듯 진흙탕에 깊이 빠져 눈이 어두워진 탓으로 목적으로 삼고 사랑해야 할 덕과 미의 빛을 식별하지 못하였으니 이것이 나의 불행의 원인인 줄을 모르고 있었습니다. 이 빛은 육체의 눈으로는 볼 수 없고 다만 내적 인간의 눈으로만 관찰할 수 있었습니다. 또한 내가 더욱 불행했던 것은 비록 추잡한 이야기이지만 그러한 것들에 대해 친구들과

환담하는 그 즐거움이 어디서부터 오는지 생각해 보지 않았습니다. 왜냐하면 아무리 풍족한 육체적 쾌락도 친구들과의 사귐이 없이는 결코 행복할 수 없었기 때문입니다. 그래서 정말로 나는 이 친구들만을 사랑했습니다. 또한 나는 그들 역시 오직 나만을 사랑한다고 느꼈습니다.

아, 이 구부러진 길이여! 당신을 떠나면 보다 더 좋은 어떤 것을 찾을 수 있으리라 바랐던 이 오만한 내 영혼에 화 있을진저! 내 영혼은 이리 저리 엎치락뒤치락하며 누워 보아도 모두 불편하여 괴롭기만 하였습니다. 오로지 당신 안에서만 내 영혼이 편안히 쉴 수 있사옵니다. 당신은 항상 우리 곁에 계시사 우리를 처참한 방랑에서 구해내어 당신께로 나아가는 길 위에 세워놓으십니다. 그리고 우리를 위로하시며 말씀하십니다. "내게로 달려오라 내가 너희를 붙들어 목적지까지 인도하리라 거기에서도 내가 너희를 붙잡아 주리라!"

제7권

어거스틴의 31세 때의 삶의 모습

어거스틴의 제31세 때의 삶-점진적으로 그의 죄악된 행실에서 해방되었으나 여전히 하나님에 관해 세속적인 생각을 지님-네브리디우스의 논증을 통해 도움을 받음-죄의 원인이 인간의 자유의지에 있음을 발견함, 마니교를 완전히 배격했지만 교회의 교리를 온전히 수용하지는 못함-점성술에 대한 그릇된 믿음에서 회복되었지만 가련하게도 여전히 악의 기원에 관한 혼란에 빠짐-플라톤 철학에서 하나님의 말씀의 신성의 교리의 근원을 발견했지만 비하의 교리는 깨닫지 못함-따라서 하나님의 위대하심에 대한 분명한 개념을 소유했지만 그리스도께서 중보자가 되시는 진리를 인식하지 못함으로 그리스도로부터 멀리 떨어짐-그의 모든 의심이 성경을 연구함으로 특별히 바울서신을 연구함으로 제거됨

1. 이에 사악하고 가증스러운 나의 청년기는 지나가고 이제 나는 장년기로 들어섰습니다. 그런데 내가 나이를 먹으면 먹을수록 나의 헛된 생각도 더해갔습니다. 그 때 나는 눈으로 볼 수 있는 것 외의 다른 실체를 생각할 수가 없었습니다. 그러나 내가 철학을 공부하기 시작한 후부터는 하나님 당신을 인간의 형체를 가진 존재로 이해하지는 않았습니다. 나는 그러한 생각을 항상 멀리 했습니다. 우리 신앙의 어머니가 되는 당신의 교회도 이런 생각을 멀리 함을 알고 나는 매우 기뻐했습니다. 그러나 나는 당신의 존재를 다르게 이해할 줄은 모르고 있었습니다. 물론 이와 같은 인간인 나이지만 당신을 가장 높으시고 유일하시며 참되신 하나님으로 이해하려고 노력했습니다. 또한 나는 마음속으로부터 당신은 죽지 아니하시며 변치 아니하시고 결코 침해 될 수 없는 존재로 믿으려고 노력했습니다. 왜 내가 그렇게 생각해야 되는지 그 이유는 알 수 없었어도 확실히 알게 된 것은 소멸하는 존재는 불멸하는 존재보다 더 열등하고 침해될 수 없는 존재는 침해되는 존재보다 더 우월하며, 변하지 않는 존재는 변하는 존재보다 더 탁월하다는 것이었습니다. 내 마음은 큰 소리로 내 상상이 만들어 낸 모든 환상들과 싸웠습니다. 그리고 이 한 가지 확실성을 가지고 내 마음의 눈 주위를 맴도는 불결한 상상의 파리 떼들을 쫓아버리려고 노력했습니다. 그러나 내가 그것들을 쫓아버리자마자 눈 깜빡할 사이에 내 면전에 다시 모여들어 내 눈앞을 가려 잘 보지 못하게 만들었습니다. 이 탓으로 나는 비록 당신을 인간 육체의 모습을 지닌 존재라고 생각하지는 않았어도 어떤 공간을 차지하고 있는 물체와 같은 존재(소멸되거나, 침해되거나 변하는 존재보다 나은 없어지지 않으며, 침해받지

않고 변하지 않는)의 존재라고 생각했던 것입니다. 내가 이렇게 생각한 이유는 공간이 없는 존재는 사실 존재하지 않는 무, 즉 공허도 아닌 절대 무라고 보았기 때문입니다. 왜냐하면 만일 어떤 물체가 공간을 가지고 있지 않다거나 혹은 공간이 땅이나 물이나 공기나 하늘과 같은 물체를 포함하지 않고 텅 비어 있다면 그 공간은 허공, 즉 공간적 무로 남아 있기 때문입니다.

2. 나는 이렇게 내 자신이 어떠한 존재인지도 확실히 알지 못한 채 무엇이든지 일정한 공간 안에서 길이나 넓이나 폭이나 밀도의 차이를 가지고 있지 않다면, 즉 그것이 공간적인 차원과 아무 관계가 없는 것이라면 나는 그것을 아무것도 아닌 것이라고 생각했습니다. 내 마음에 있는 형상은 내 눈이 늘 보고 있는 감각적인 형태와 흡사하였습니다. 그러나 그때 나는 이러한 마음의 형상을 갖도록 해주는 정신력 그 자체는 물질적인 실체와 아주 다른 것임을 알지 못했습니다. 그래서 나는 이 정신력 그 자체도 어떤 큰 물질적인 존재가 아니라면 이러한 마음의 형상을 형성해 낼 수 없으리라고 생각했던 것입니다. 나는 이리하여 내 생명의 생명이 되신 당신도 무한한 공간을 통해 어디에든지 존재하시는 물질적인 실체, 즉 전 세계의 덩어리에 침투해 있고 또한 그것을 넘어 끝없이 무한한 공간에 두루 퍼져 있는 큰 물질적인 실체로 이해하였습니다. 따라서 땅과 하늘과 만물이 모두 당신으로 가득 차 있고 당신 안에 한정되어 있으되 당신은 어떠한 제한도 받지 않는다고 나는 생각했던 것입니다. 마치 햇빛이 땅을 뒤덮고 있는 기체의 제한을 받지 않아 그것을 자르거나 부수지를 않고 가득 채움으로써 통과하고 침투하

듯이 당신도 천체나 기체나 바다나 땅의 모든 것들을 그 대소를 막론하고 침투하거나 통과할 수 있어 당신의 임재로 가득 채운다고 나는 상상했습니다. 또한 당신은 은밀한 영감을 가지고 당신이 창조하신 만물을 외적으로나 내적으로 다스린다고 생각했습니다. 내가 이렇게 추측했던 것은 당신을 다른 방법으로 이해할 수 없었기 때문이었습니다. 그러나 이러한 이론은 잘못된 것이었습니다. 이 이론을 따른다면 땅의 큰 부분은 당신의 임재를 더 많이 차지하게 되고 땅의 작은 부분은 당신의 임재를 덜 차지하는 것이 됩니다. 환언하면, 만물은 당신의 임재로 가득 차 있는데 코끼리의 몸이 참새의 몸보다 더 크기 때문에 더 많은 공간을 차지하므로 당신은 참새보다 코끼리의 몸에 더 가깝다는 결론에 도달하게 됩니다. 그렇다면 세상에 있는 존재의 크고 작음에 따라 부분적으로 세상에 존재하는 것이 됩니다. 그러나 나는 당신께서 그렇게 존재하시는 분이 아니심을 모르고 있었습니다. 그것은 아직도 당신이 나의 어두움을 조명시켜 주시지 않으셨기 때문이었습니다.

3. 오, 주 하나님 내게는 스스로 속으면서도 남을 속이고 말만 많은 벙어리인 저 마니교도들을 반대할만한 충분한 논증을 가지고 있습니다. 왜냐하면 그들의 입에서는 당신의 말씀이 나오지 않기 때문입니다. 그 충분한 논증이란 우리가 카르타고에 있을 때부터 네브리디우스가 곧잘 제언했던 것인데 우리들은 그의 말을 듣고 큰 인상을 받았습니다. 그의 질문은 다음과 같았습니다. 즉, "마니교도들이 당신과 대결하여 싸우고 있는 세력이라고 말한 저 알지도 못하는 어둠의 왕국이 당신을 향하여 싸움을 걸 때 만일 당신이 그

싸움에 응하지 않을 경우에는 그 세력이 당신을 대항하여 감히 무슨 일을 할 수 있을까?"였습니다. 이 질문에 그들이 어둠의 왕국이 당신에게 해를 끼칠 수 있다고 대답한다면 당신은 침해받을 수 있고 타락할 수 있는 존재로 이해됩니다. 반면에 그 어둠의 왕국이 당신을 해칠 수 없다고 대답한다면 당신은 하등 싸움을 할 이유가 없다고 이해됩니다. 그러나 그들에 의하면 당신의 일부분인 지체, 즉 당신의 본체에서 나온 후손들이 그 반대 세력들과 혼합 되어 싸우고 있고 또한 그들로 인하여 침해를 받아 타락되고 더 나빠져서 행복의 상태에서 비참한 상태로 전락되었다는 것입니다. 그러므로 당신의 후손들은 어떤 도움이 없이는 깨끗하게 되거나 구원을 받을 수 없다고 그들은 말합니다. 그러나 그것은 근거가 없는 말입니다. 또한 그들에 의하면 당신의 본체에서 나온 이 후손들이 바로 인간 영혼들인데 노예가 되고, 더러워지고, 타락된 그들을 구원하기 위하여 자유하시고, 깨끗하시며 온전하신 당신 말씀이 오셨다고 합니다. 그러나 그 말씀 자체도 인간 영혼과 똑같이 하나의 본체에서 나온 후손이기 때문에 타락할 수 있다고 그들은 말합니다. 그러므로 만일 그들이 당신의 본성, 즉 당신의 본체는 타락하지 않는다고 주장했다면 그들의 모든 주장은 거짓이요 가증스러운 것밖에 안 됩니다. 만일 그들이 당신의 본체가 타락할 수 있다고 말했다면 그들의 주장이 잘못되었음은 자명한 이치로 받아들여야 하며 또한 그것을 듣자마자 가증스럽게 여겨야 할 것입니다. 그러므로 이와 같은 네브리디우스의 논증은 전부 토해 버려야 할 그들의 이론을 반박하는데 충분했습니다. 하나님 당신에 대해 이렇게 생각하고 말하는 자들은 단지 당신을 마음과 혀로 모독하고 있을 뿐입니다.

4. 그러나 나는 당신께서 우리의 영혼뿐만 아니라 육체와 모든 것을 지으신 참 주님과 하나님이 되시며, 더렵혀지거나 변모되거나 변화될 수도 없는 존재라는 것을 굳게 믿었으며, 설복 당했음에도 불구하고 악의 원인에 대해서는 아직 확실히 알 수 없었고 쉽게 설명할 수도 없었습니다. 그러나 그 악의 원인이 무엇이었든지 간에 그에 대한 나의 호기심이 나로 하여금 불변하시는 하나님을 변화하는 존재로 믿게 하지는 못했습니다. 만일 내가 그렇게 강요당했다면 내 자신이 이때까지 탐구해 왔던 악의 원인이 될 수밖에 없습니다. 이리하여 나는 편안한 마음으로 마니교도들이 말하는 것은 진리가 아니라고 하는 확신을 다시 가지고 이 문제를 탐구하게 되었습니다. 나는 있는 힘을 다해서 마니교도들을 멀리 하였습니다. 그들이 악의 원인을 탐구하지만 그들 자신이 악으로 가득 차 있었기 때문입니다. 그들은 자신들이 악을 행한다고 생각하기보다 당신의 본체가 악에 의해 침해를 받는다고 주장하기를 좋아했습니다.

5. 그리고 우리의 악한 행동은 자유의지 때문이요, 그 결과 고통[1]을 받게된 것은 하나님 당신의 의로운 심판 때문이라는 말을 듣고 그것을 이해하려 노력했습니다. 그러나 그것을 명확히 이해하기는 힘들었습니다. 나는 이 난해한 문제의 심연으로부터 마음의 눈을 돌려 빠져나오려 했지만 다시 그곳으로 다시 빠져 들어갔습니다. 나는 계속 그곳에서 빠져 나오려 노력했으나 계속 그곳으로 다

---

1) "악은 두 종류로 나눌 수 있습니다. 하나는 인간이 행하는 것이고 다른 하나는 인간이 고통을 당하는 것입니다. 그가 행하는 것은 죄이며, 그가 당하는 것은 형벌입니다. 만물을 다스리시고 통치하시는 하나님의 섭리 가운데 인간은 자신의 의지로 악을 행하고 의지하지 않았던 고통을 받는 것입니다."

시 빠져들어 갈 뿐이었습니다. 그러나 한 가지 사실이 나를 당신의 빛으로 인도해 주었습니다. 그것은 내가 살아 있음을 확실히 알고 있는 것과 마찬가지로 내가 의지를 지니고 있음을 확실히 알고 있다는 사실이었습니다. 그러므로 내가 무엇을 하든지 그렇지 않든지 간에 그 의지의 주체는 다름 아닌 나 자신이었다는 사실을 확실히 알게 되었습니다. 나는 이제야 바로 여기에 내 죄악의 원인이 있음을 알게 되었습니다. 그러나 내가 내 의지에 반대하여 스스로 원치 않는 일을 할 경우에는 내가 그것을 한 것이라고 보기보다는 내가 어떤 고난을 당하고 있다고 생각하게 되었습니다. 나는 그러한 고난을 나의 잘못으로 보기보다는 내 잘못에 대한 나의 벌이라고 여겼습니다. 그리고 당신을 의로우신 분으로 생각했기 때문에 나에게 내린 당신의 벌을 불공정하다고 생각하지 않았습니다. 그러나 나는 다시 다음과 같이 질문해 보았습니다. 나를 만드신 이는 누구신가? 그는 선하실 뿐 아니라 선 그 자체이신 하나님이 아니신가? 그러면 내가 악을 원하고 내가 마땅히 벌을 받아야 할 원인이 되는, 즉 선을 원치 않는 의지는 어디서 온 것인가? 선하신 나의 하나님이 나를 창조하셨는데 누가 내 안에 이것을 넣어 주었으며 이 고통의 나무를 심어 놓았단 말인가? 만일 마귀가 이 일을 했다면 그는 어디서 온 것일까? 만일 선한 천사가 자신의 사악한 의지로 인하여 마귀가 되었다면 그로 하여금 마귀가 되게 한 그 사악한 의지는 어디서 나왔을까? 천사도 선하신 창조주께서 전부 만드신 것이 아닌가? 이러한 생각이 다시 나를 압도하여 나는 거의 숨이 막힐 지경이었습니다. 그러나 나는 아무도 당신을 찬미하지 않는 지옥의 오류, 그리고 인간이 악을 행한다고 생각하기보다 당신이 어떤 악의 세력에 침해를 당한다고 생각하는 그러한 오류의 심연에는 빠져들지 않았습니다(시 6:5).

6. 나는 이제 썩지 않을 존재가 썩어질 존재보다 훨씬 더 낫다고 하는 사실을 알게 되었습니다. 그래서 다른 어려운 문제들도 이와 같이 해결하려 노력했습니다. 그 결과 나는 당신의 본성이 어떠하든지 간에 당신은 썩어질 수 없는 존재임을 고백하게 되었습니다. 왜냐하면 과거와 미래에 걸쳐서 어떤 인간의 혼도 최고선이시오, 완전한 선이신 당신보다 더 위대한 존재를 생각해 볼 수 없기 때문입니다. 이제 나는 타락할 수 없는 존재는 타락할 수 있는 존재보다 더 위대하다는 자명한 진리를 받아들였기 때문에 다음과 같은 결론을 내릴 수 있었습니다. 만약 내가 당신을 최고의 선으로 생각하지 않았다면 나는 나의 하나님이신 당신보다 더 위대한 존재를 생각할 수 있다는 것이었습니다. 그러므로 타락할 수 없는 존재는 타락할 수 있는 존재보다 더 위대하다는 사실을 알게 된 그 점에서 당신을 찾아야 하고 거기에서부터 더 나아가 타락의 원인이 된 악의 소재도 발견하여야 함을 알게 되었습니다. 또한 당신의 본체는 그 타락에 의하여 아무 침해도 받을 수 없음을 알게 되었습니다. 즉 어떤 종류의 타락도 우리 하나님을 해칠 수 없다는 것입니다. 어떤 의지나 필연이나 우연도 당신을 해치지 못합니다. 그 이유는 당신이 바로 우리 하나님이시오, 당신이 뜻하시는 것이 바로 선이시며, 당신 자신이 바로 선이시기 때문입니다. 그러나 타락할 수 있는 것은 선이 아닙니다. 또한 당신은 당신의 뜻에 반하여 어떤 일을 하도록 강요받지도 않습니다. 왜냐하면 당신의 뜻은 당신의

능력과 동일하기 때문입니다. 만일 당신이 당신을 능가한다면 당신의 뜻은 당신의 능력보다 더 높다고 말할 수 있습니다. 그러나 그렇지 않음은 당신의 뜻과 당신의 능력은 하나님 자신이기 때문입니다. 모든 것을 아시는 하나님 당신에게 우발적인 사건은 존재하지 않습니다. 모든 것은 당신이 그것을 아시고 계신다는 결과로 인하여 존재하게 됩니다. "그런데 하나님이신 그 본체는 타락할 수 없다고 하는 논거를 증명하려고 우리가 더 이상 말을 할 필요가 있습니까?" 만일 당신의 본체가 타락할 수 있다면 그것은 하나님이 아니지 않습니까?

7. 나는 "악은 어디서부터 오는 것인가?"라는 질문에 대한 답을 구하고 있었습니다. 그러나 그것을 찾는 방법이 옳지 못했기 때문에 나는 악의 문제를 바로 보지 못했습니다. 그래서 나는 창조된 세계의 모든 것, 즉 눈으로 볼 수 있는 모든 것, 즉 땅과, 바다, 공기, 별들, 나무들과 동물들과 눈으로 볼 수 없는 모든 것, 즉 하늘 위의 궁창, 모든 천사들, 그 안에 있는 영계의 존재들을 내 마음의 눈앞에 펼쳐 놓았습니다. 나는 이 영계의 존재들도 어떤 종류의 물질적인 형체를 가지고 있다고 봐서 내 상상을 따라 이 자리, 저 자리에 배치해 놓아 보았습니다. 그리고 나는 당신의 모든 피조물을 하나의 큰 집단으로 보았고 그것을 구성하고 있는 물체들을 그 종류에 따라 구별해 보았습니다. 나는 이 덩어리를 거대한 형체를 지닌 하나의 존재로 보았으나 실제상의 그 크기는 알 수 없었습니다. 그래서 나는 편리상 생각하기를 그 덩어리는 상당히 크지만 모든 면에 있어서 유한하다고 본 것입니다. 주님, 그러나 내가 당신을

생각할 때는 당신은 이 큰 물질 덩어리를 모든 면에 있어서 포괄하고 또한 침투하고 계시되 어디까지나 무한한 존재라고 본 것입니다. 마치 끝없이 넓은 바다가 있고 그 바닷물로 흠뻑 젖어 있는 해면과 같은 것이 그 안에 있듯이 나는 당신의 유한한 피조세계도 이처럼 무한하신 당신으로 말미암아 충만하게 채워져 있다고 생각했습니다. 그래서 나는 이렇게 독백했습니다. 하나님을 우러러 보고 또한 그 하나님이 창조하신 세상을 바라보라! 하나님은 선하시고 전능하셔서 이 모든 피조물을 한없이 능가하신다. 하나님은 선하시기 때문에 이 모든 것을 선하게 창조하셨다. 그분이 이 모든 것을 포괄하시고 또한 그 안에 임재 하시어 충만케 하시고 계심을 보라. 그렇다면 악이 어디 있을까? 만일 악이 있다면 그 원인이 무엇이며 어떻게 하여 이 세계에 들어오게 되었을까? 악의 뿌리와 그 씨는 무엇일까? 혹시 악이란 전혀 존재하지 않는 것일까? 그렇다면 왜 우리는 악을 두려워하며 존재하지 않는 것을 피하려고 하는가? 만일 우리가 존재하지도 않는 악을 공연히 두려워한다면 바로 그 두려움 자체가 우리 마음을 찌르고 괴롭히는 악일 것이다. 그러면 우리가 두려워할 근거가 없음에도 두려워하고 있으니 그것은 더욱 심각한 악이 아닐까? 그런즉 우리는 악이기 때문에 그것을 두려워하든지 아니면 우리가 그것을 두려워하는 자체가 악이 되든지 그 중의 하나일 것이다. 그렇다면 선하신 하나님이 이 모든 것을 선하게 만드셨는데 도대체 이 악이 어디서부터 온 것일까? 최고선이신 하나님이 보다 덜 선한 이 모든 것을 창조하셨으나 창조주나 피조물이 다 선함은 틀림없는 사실이다. 그렇다면 악은 어디서부터 온 것일까? 혹시 본래부터 어떤 악한 질료가 있었는데 하나님이 그것을 형성하고 질서를 만드신 창조의 과정에서 어떤 부분을 선하게 변경시키지 않고 그대로 내버려 두신 것일까? 왜 하나님이 그렇게 하셨을까? 그분이 전능하시다 하지만 피조물 세계에 악이 하나도 없도록 이 질료를 전부 선하게 변경시킬 수 있는 힘은 없었던 것일까? 마지막으로 왜 하나님은 그러한 질료로부터 어떤 것을 만드시려고 하셨을까? 왜 전능하신 분이 그 질료가 애당초에 존재하지 않도록 하시지는 못했을까? 과연 악한 질료가 하나님의 뜻을 거슬러 스스로 존재할 수 있을까? 만일 그 질료가 영원부터 존재해 있었던 것이라면 왜 하나님이 과거 헤아릴 수 없이 긴 시간동안 존재하도록 두었다가 오랜 시간이 경과한 후에야 그것으로부터 무엇을 만드시려고 결심하셨을까? 혹 만일 하나님이 어느 때 갑자기 무엇을 창조하시려고 원하셨다면 그 전능하신 분이 그 악한 질료를 없애 버리는 것이 더 낫지 않았을까? 그러면 그분만이 완전하시고, 참되시고, 무한하신 최고선으로 존재해 계시지 않을까? 선하신 하나님이 선하지 않은 것을 창조한 것은 선한 것이 아니라고 한다면 그분은 왜 악한 질료를 제거하여 없애 버리고 그 대신 선한 질료를 만들어 그것으로부터 만물을 창조하시지 않으셨을까? 왜냐하면 만일 하나님이 자신이 만들지 않은 어떤 질료를 사용하지 않고서는 어떠한 선한 것도 창조할 수 없다고 한다면 그분은 전능한 존재가 아니기 때문이다. 나는 이러한 난해한 문제들을 마음속에 고민하고 숙고하면서 혹시 진리를 발견하기 전에 죽지나 않을까 심히 불안했습니다. 그러나 기독교회에서 가르친바 우리의 주시요 구원자가 되신 당신의 아들 그리스도에 대한 신앙은 계속 강하게 내 마음 속에서 자리를 잡아 가고 있었습니다. 나는 아직 여러 면에서 온전치 못해 올바른 교리에서 벗어나는 일이 많았지만 그것을 아주 놓치지는 않았습니다. 오히려 나는 매일 매일 그 신앙의 교리를 점점 더 많이 취하게 되었습니다.

8. 이 시기에 나는 또한 점성술자들의 거짓된 점술과 불경건한 망령을 배격했습니다. 나의 하나님, 이에 대해서도 내 영혼의 중심으로부터 당신의 자비를 찬미하며 고백합니다. 그것은 당신, 오로지 하나님 당신만이 우리를 죽음의 실책으로부터 다시 불러내시는 생명이시기 때문입니다(시 106:8). 당신만이 죽음을 모르시는 생명이시오, 어둠 속에 있는 영혼을 조명하시되 스스로는 빛을 필요로 하지 않는 지혜이시며 또한 온 세계와 바람에 흔들리는 나뭇잎까지도 다스리시는 지혜이십니다. 당신은 저 현명한 노인인 빈디키아누스와 내가 아주 좋아했고 재능이 뛰어난 청년 네브리디우스를 통하여 나의 완고한 고집을 고쳐 주셨습니다. 전자는 아주 강력한 확신을 가지고 후자는 좀 주저하면서도 자주 자주 내게 말했습니다. "미래의 사건을 미리 알아내는 기술이란 없다. 그러나 혹 미래에 대한 인간의 추측이 우연히 맞을 수도 있을 것이다. 인간이 미래에 대하여 말을 많이 하다 보면 그중에 어떤 것이 우연히 맞을 수도 있는 것이다. 실은 말할 당시에 그 말을 한 사람도 모르지만 말을 많이 하다 보면 그 중에 더러는 맞게 된 것이다." 또한 당신은 나의 고집을 고쳐주시기 위하여 친구 하나를 더 주셨습니다. 그는 점성술에 정통한 사람이 아니었지만 깊은 호기심을 가지고 점쟁이들을 자주 찾아다니는 자였습니다. 그는 자신이 말한 대로 자기의 아버지에게서 들은 바가 있어 점성술에 대하여 약간의 지식을 가지고

있었으나 그 점술을 뒤엎을 정도의 비판력은 가지고 있지 못했습니다. 이 사람의 이름은 피르미누스 였습니다. 그는 고등교육을 받은 자였고 웅변술에도 능한 사람이었습니다. 그는 나를 자기의 친한 친구로 여겼기에 언젠가 나에게 찾아와서 자신의 출세에 관계되어 있는 여러 가지 일에 대하여 조언을 구하였습니다. 그리고 그는 소위 자기가 타고난 별자리의 운수가 어떠냐고 나에게 물어 보았습니다. 나는 이 문제에 대해서는 네브리디우스의 견해에 기울기 시작했습니다. 그러나 나는 그의 물음을 거절하지 않고 미래에 대하여 사실 잘 모르면서도 마음에 떠오르는 대로 추측하여 그에게 말해 주었습니다. 그리고 덧붙여서 이제는 나도 이 점성술을 헛되고 가소로운 것으로 보게 되었다고 말하였습니다. 이 말을 듣자 그는 자기의 아버지도 한때 호기심을 가지고 점성술 책을 열심히 공부했었고 또한 이 방면에 똑같이 열광적으로 연구한 한 친구와 함께 공동 연구까지 한 일이 있었다고 나에게 이야기해 주었습니다. 그들은 같이 열심히 연구하고 상의하던 중 이 어리석은 점성술에 심취되어 심지어는 이성이 없는 가축이 새끼를 낳아도 그 낳는 시간을 재고 그때의 성좌의 위치를 관찰하기까지 했다는 것입니다. 그들은 이런 관찰을 통하여 소위 점성술에 대한 새로운 증거를 수집한 것이었습니다. 피르미누스는 계속해서 한때 자기 아버지에게서 들은 이야기를 나에게 다음과 같이 전해 주었습니다. 그의 어머니가 자기를 임신하였을 때 그의 아버지와 함께 점성술을 연구한 그 사람의 여종도 임신을 하였다는 것입니다. 그 사람은 자기 집의 개가 새끼를 낳을 때도 시간을 정확히 따져 볼 정도로 세밀한 인간이었기에 자기의 여종이 임신한 것을 모를 리가 없었습니다. 그리하여 이 두 사람 즉 그의 아버지는 자기 어머니에 대하여 그리고 그 사람은 자기 여종에 대하여 제각기 그 두 여자가 출산하게 될 날과 시간과 분을 면밀히 관찰하고 계산하여 지켜보고 있었는데 우연히도 똑같은 시간에 각각 아들을 낳았다는 것입니다. 그러므로 이 두 사람은 새로 태어난 어린아이들에 대하여 즉, 한 사람은 자기 아들에 대하여, 그리고 다른 사람은 자기 여종의 아들에 대하여 똑같은 신수를 세밀한 데 이르기까지 말해 주어야만 했습니다. 다시 말하면 이 두 여자가 산기가 있을 때 그의 아버지와 아버지의 친구는 제각기 자기 집안에서 일어난 사건을 서로 알려 주기로 하였습니다. 그들은 어린아이가 태어나자마자 그 시간을 상대편에게 알려 주기 위해 보낼 심부름꾼을 대기시켰습니다. 물론 그들은 자기 집안에서 제각기 어린아이를 낳게 되었기 때문에 그 출생시간을 정확히 알 수 있었습니다. 피르미누스의 말에 의하면 어린아이들이 양가에서 태어나자마자 심부름꾼을 상대편 집에 보내었는데 그들은 두 집 거리의 중간지점에서 만나게 되었습니다. 그러므로 아무도 그 어린아이들의 태어난 시간이나 별자리에 대해서 다른 점을 찾을 수 없었습니다. 그런데 잘 사는 아버지 집에 태어난 피르미누스는 출세의 길을 걷게 되어 부와 명예를 얻었지만 종의 신세로 태어나 종의 멍에를 벗어날 수 없었던 그 여종의 자식은 계속 자기 상전만을 섬기는 신세였다고 그를 잘 알고 있었던 피르미누스가 말해 주었습니다.

9. 믿을만한 그의 말을 통해 듣고 믿게 됨으로 나의 모든 과거의 반대는 무너져버리고 말았습니다. 나는 먼저 피르미누스가 가지고 있는 점성술에 대한 호기심을 없애기 위해 노력했습니다. 그래서

그에게 말하기를 내가 만일 그의 점을 치기 위하여 그의 별자리를 보았다면 나는 틀림없이 사람들 중에 이름난 그의 부모님, 자기 고향에서 대대로 내려온 그의 명문의 가정, 그의 자유인의 신분, 그가 받은 교양과 고등교육 등을 보았을 것이라고 했습니다. 그러나 만일 그 종이 나에게 와서 자기의 점을 쳐달라고 부탁했다면 비록 별자리가 똑같다고 할지라도 그의 형편에 알맞게 하기 위해 같은 별자리에서 그의 비참하고 가난한 가정, 그의 종의 신분 등 여러 면에서 피르미누스와 다른 생의 형편을 보았을 것이라고 말했습니다. 그러므로 내가 같은 별자리를 보고도 서로 틀리게 점을 쳐야 사실에 들어맞게 되고 별자리가 같다고 해서 똑같은 점을 치면 사실에 맞지 않아 거짓말하는 것이 되는 것입니다. 이와 같은 사실을 통해서 내가 확실히 알게 된 것은 별자리를 보고 맞게 점치는 것은 우연의 일치이지 어떤 지식에 근거한 것이 아니라는 것입니다. 따라서 점이 맞지 않는 것은 지식이 부족해서가 아니라 단지 운이 좋지 않거나 우연히 맞지 않은 것뿐입니다.

10. 나는 이런 방식으로 이것과 관련된 다른 문제들도 생각하게 되었습니다. 그래서 만일 점성술로 돈이나 뜯어먹고 사는 어리석은 자들이 피르미누스가 나에게 한 말이나 그의 아버지가 그에게 해준 말은 다 틀렸다고 말한다면 나는 곧바로 그들을 논박하고 비웃음거리로 만들고 싶었습니다. 그래서 나는 쌍둥이로 태어난 경우를 생각해 보았습니다. 그들은 어머니의 태로부터 거의 같은 시간에 태어났기 때문에 그 짧은 시간차가 운명에 어떤 중요한 영향을 끼칠지는 모르지만 인간의 관찰로는 그 시간차의 의미를 알아낼 수도

없고 또한 점성술자들이 점을 칠 때 보게 되는 도표에 포함시킬 수도 없을 것입니다. 아무튼 쌍둥이의 경우를 생각해 보아도 점치는 것이 사실로 맞을 수는 없습니다. 왜냐하면 같은 별자리를 가지고 태어난 에서와 야곱의 미래에 대해서 똑같은 예언이 있었어야 했는데 실은 이 두 사람의 운명이 매우 달랐다는 점입니다. 그러므로 점을 치는 것은 거짓임에 틀림이 없습니다. 그러나 그의 점치는 것이 사실에 맞으려면 같은 별자리를 보면서도 각각 다른 말을 해야 합니다. 그렇기 때문에 점치는 것이 맞는다는 것은 우연의 일치이지 어떤 지식에 근거한 것이 아닙니다. 오주님, 당신은 이 우주를 가장 올바르게 다스리시는 통치자이십니다. 당신은 점성술자들이나 그들에게 점을 치러 온 문의자들이 알지 못한 은밀한 방법으로 역사하시어 인간 영혼의 숨은 공적을 따라서 문의자들이 알지 못한 은밀한 방법으로 역사하시어 인간 영혼의 숨은 공적을 따라서 문의자들이 마땅히 들어야 할 당신의 깊으신 심판의 음성을 듣도록 하십니다. 그러므로 인간은 결코 하나님 당신에게 이것이 무엇입니까? 혹은 저것은 왜 그렇습니까? 라고 질문해서는 안 됩니다. 인간은 당신께 결코 그런 질문을 해서는 안 됩니다. 그것은 다만 그가 유한한 인간일 뿐이기 때문입니다.

11. 나의 도움이신 하나님, 이렇게 당신께서 나를 점성술의 속박에서 풀어 주셨습니다. 하지만 나는 악의 근원이 무엇인지에 대해서는 아직도 답을 얻지 못했습니다. 이와 같이 나의 생각이 여러 방면으로 뒤흔들리고 있는 중에서도 당신은 나를 믿음의 길에서 떨어져 가게 하시지 않았습니다. 나는 아직도 당신이 존재하신다는

것, 당신의 본체는 불변하시고 당신은 모든 인간을 살피시고 심판하신다는 것을 믿었습니다. 또한 나는 당신의 아들 우리 주 그리스도 안에서 그리고 당신의 교회의 권위가 보증하는 성경을 통해서 사후에 있을 영생에 이르게 하는 구원의 길을 당신이 준비하셨다는 것도 믿었습니다. 이러한 신앙은 내 마음 속에 안전하고 튼튼하게 자리를 잡고 있었으나 악이 어디서부터 왔느냐의 문제에 대해서는 여전히 답을 찾지 못해 내 마음은 심히 불안했습니다. 나의 하나님, 그때 내 마음이 얼마나 괴로움을 겪었고 신음했었는지요! 그러나 그때 당신은 귀를 기울여 듣고 계셨어도 나는 그것을 알지 못했습니다. 내가 침묵 가운데 간절히 그 해답을 찾고 있을 때 말로 다 할 수 없는 영혼의 고통은 당신의 자비를 갈구하는 강한 부르짖음이었습니다. 내가 그때 겪은 고통을 알고 계신 분은 당신뿐, 사람들은 그것을 알지 못했습니다. 나는 내 친한 친구들에게도 그 고통을 말로 표현할 수 있는 시간과 언어가 부족했으니 어떻게 그들이 내 영혼의 산란함을 알아들을 수 있었겠습니까? 그러나 당신의 귀에는 내 마음이 부르짖는 나의 소원의 소리가 당신의 면전에 상달되었습니다. 그러나 나는 내 눈을 비추는 빛과 함께 있지 않았으니 그것은 그 빛이 내 안으로 비치고 있을 때 나는 밖을 향해 있었기 때문입니다(시 37:9-11). 그 빛은 공간을 차지하고 있지 않는데, 나는 공간을 차지하고 있는 사물들에만 생각을 돌리고 있었습니다. 그러므로 나는 그 사물들 가운데서 쉴 수 있는 자리를 찾을 수가 없었습니다. 공간에 있는 사물들이 내가 "이만하면 충분하다, 이만하면 좋다"고 말할 정도로 나를 영접해 주지 않았고 또한 내가 정말 안정 할 수 있는 곳으로 돌아가도록 내버려 두지도 않았습니다.

내가 사물들에게서 안정할 수 없음은 사람은 당신 아래에 존재하지만 사물들보다는 위에 존재하고 있기 때문입니다. 그러므로 내가 당신에게 의존해 살고 또한 당신이 사람 아래에 있도록 창조한 모든 것을 나에게 종속시키실 때 당신은 나의 참 기쁨이 되십니다. 이것이 나를 구원에 이르게 하는 참된 중용[2])의 길이요 올바른 수단이었으니 그것은 곧 내 육체를 다스리고 당신을 섬김으로써 당신의 형상에 합당하게 사는 것이었습니다. 그러나 내가 교만하게 당신을 거슬러 일어서고 곧은 목을 방패로 삼아 당신께 달려들었을 때 내 밑에 있는 낮은 사물들이 내 위로 올라가 나를 내리눌러서 숨을 돌릴 여유조차 없었습니다(욥 15:26). 내가 눈을 떠서 보려고 하면 세상의 사물들이 사방으로부터 떼를 지어 내 눈앞으로 모여들었습니다. 이것들을 피해 내가 좀 생각을 하려고 하면 이런 사물의 영성들이 주님께로 나아가는 길을 가로 막고 나에게 "이 더럽고 쓸모없는 인간아! 네가 어디로 간단 말이냐?" 라고 말했습니다. 이 모든 것은 나의 상처에서 생겨난 것이었습니다. 왜냐하면 당신은 "상처받은 자를 고쳐주시듯 교만한 자를 겸손"케 하시려 했기 때문입니다(시 88:11). 그러나 나는 교만으로 부풀어 당신으로부터 떨어져 나왔습니다. 그것은 마치 내 얼굴이 너무 부풀어 올라 눈을 덮어 앞을 보지 못하도록 하는 것과 같았습니다.

12. 오, 주님, 당신은 영원히 존재하시지만 우리에게 영원히 진노하시지 않으시는 분이십니다. 그것은 당신께서 티끌이나 재와 같

---

2) "영혼으로 하여금 만물이 복종하는 하나님 앞에서 자신이 처한 위치를 살펴 자기 자리를 찾게 하고 그 본성에 알맞게 살도록 하십시오. 영혼이 반드시 복종해야 하는 하나님은 바로 그가 반드시 다스려야 할 만물 위에 계신 분이십니다."

은 우리들을 불쌍히 여기시고 나의 잘못된 것을 고쳐주시기를 기뻐하셨기 때문입니다. 당신은 내적 자극으로 나를 일으키사 내 영혼의 눈이 당신을 확실히 볼 때까지 편안함을 얻지 못하도록 하셨습니다. 그리하여 어루만져 치료하시는 당신의 은밀한 손에 의해 나의 부은 상처는 가라앉았고 병들어 어두워진 내 영혼의 시력은 아프지만 치료가 되는 슬픔의 안약으로 나날이 더 좋아져 갔습니다.

13. 당신이 무엇보다도 먼저 나에게 보여 주시기 원했던 것은 바로 하나님 당신께서는 교만한 자를 물리치시고 겸손한 자에게 은혜를 베푸신다는 것(약 4:6; 벧전 5:5)이었으며, 인간에게 겸손의 도를 보여 주시기 위해 크신 자비를 베풀어 말씀이 육신이 되어 사람들 가운데 오시었다는 것이었습니다. 그러기 위해서 당신은 아주 거만한 어떤 사람을 통해 헬라어에서 라틴어로 번역된 몇 권의 플라톤 학파의 철학서적을 내 손에 허락하셨습니다. 그 책[3])을 읽어 보니 말은 같지 않지만 실은 여러 가지 이유로 같은 내용을 설명하고 있습니다. 그 내용은 "태초에 말씀이 계시니라. 이 말씀이 하나님과 같이 계셨으니 이 말씀은 곧 하나님이시니라. 그가 태초에 하나님과 함께 계셨고 만물이 그로 말미암아 지은 바 되었으니 지은 것이 하나도 그가 없이는 된 것이 없느니라. 그 안에 생명이 있었으니 이 생명은 사람들의 빛이라. 빛이 어두움에 비취되 어두움이 깨닫지 못하더라"였습니다(요 1:1-5). 나는 또한 그 책에서 인간의

---

3) 이어지는 모든 대조는 다 이점에 놓여 있다. 플라톤주의자들은 영원한 신적인 말씀 또는 로고스(그러나 그들은 로고스를 성부 하나님과 다를 바 없는 분으로 믿었다) 라는 개념을 가지고 있었는데 그가 비하 가운데 사람이 되셨다는 것은 믿지 않았다.

영혼[4])이 비록 "빛에 대하여 증거하지만 그는 이 빛이 아니다. 그러나 하나님 자신인 하나님의 말씀이 세상에 태어난 모든 사람을 비추는 참 빛이라"(요 1:9)는 말을 읽었습니다. 나는 거기서 또 "그가 세상에 계셨으며 세상이 그로 말미암아 지은바 되었으되 세상이 그를 알지 못하였다"는 말을 읽었습니다(11절). 그러나 내가 그 책에서 읽을 수 없었던 것은 "그가 자기 땅에 오매 자기 백성이 영접치 아니하였으니 영접하는 자 곧 그 이름을 믿는 자들에게는 하나님의 자녀가 되는 권세를 주셨다"라는 말씀이었습니다.

14. 나는 또한 그 책에서 말씀하신 하나님은 혈통으로나 육정으로나 사람의 뜻으로나 육정의 뜻으로 나지 아니하고 하나님께로서 난 자라"는 말을 읽었습니다(14절). 그러나 거기에서 말씀이 육신이 되어 우리 가운데 거하셨다는 말은 읽지 못했습니다. 또한 나는 그 책에서 여러 가지 방법으로 여러 번 그 아들은 하나님의 형상이었으나 하나님과 동등 됨을 취할 것으로 여기지 아니하시었으니 그것은 그가 본래 하나님과 같은 본체이시었기 때문이다"라는 말씀을 읽었습니다. 그러나 그 책에는 그가 자기를 비어 종의 형체를 가져 사람들과 같이 되었고 사람의 모양으로 나타나셨으매 자기를 낮추시고 죽기까지 복종하셨으니 곧 십자가에 죽으심이라. 이러므로 하나님이 그를 지극히 높여 모든 이름 위에 뛰어난 이름을 주사 하늘에 있는 자들과 땅에 있는 자들과 땅 아래 있는 자들로 모든

---

4) "플라톤주의자들은 그들이 믿는 우주의 영혼조차도 우리 자신이 아닌 다른 근원으로부터 파생된 것이 아니라고 플라톤이 역설한 의미를 설명합니다. 예를 들면, 빛은 그 자체로 지성적 조명을 받는 것이 아니라 창조된 상태 하에서의 지성적 빛을 발하고 있는 것입니다."

무릎을 예수의 이름에 꿇게 하시고 모든 입으로 예수 그리스도를 주라 시인하며 하나님 아버지께 영광을 돌리게 하셨느니라(빌 2:6-11)는 말씀이 없었습니다. 나는 또한 그 책에서 당신의 독생자는 시간 이전에 그리고 시간을 초월하시어 당신과 같이 영원히 변치 않는 분이시라는 것과 모든 영혼은 그의 충만하심을 힘입어 행복하게 된다는 것과 영혼은 자신에 내재한 그 지혜에 참여함으로써 새롭게 되고 지혜롭게 된다는 것을 읽었습니다(요 1:16). 그러나 때가 이르매 그리스도께서 죄인들을 위하여 죽으셨다(롬 5:6)는 것과 당신께서는 자기 아들을 아끼지 아니하시고 우리 모든 사람을 위하여 내어 주셨다(롬 8:32)는 말은 거기에 없었습니다. 그것은 당신이 이것을 지혜로운 자들에게는 숨기시고 어린 아이들에게는 나타내시어 수고하고 무거운 짐 진 자들이 그에게 나와 쉼을 얻을 수 있도록 하기 위함이었습니다(마 11:25; 28, 29). 그는 마음이 온유하고 겸손하여 온유한 자를 공의로 인도하시고 겸손한 자들에게 그의 도를 가르치십니다. 그는 또한 우리의 곤고와 환난을 보시고 우리의 죄를 다 사하여 주십니다(마 11:18). 그러나 스스로 높은 학식이 있다고 뽐내며 거니는 자들은 나는 마음이 온유하고 겸손하니 나의 멍에를 메고 내게 배우라. 그러면 너희 마음이 쉼을 얻으리라고 하신 그의 말씀을 듣지 않습니다. 그러므로 그들은 하나님을 알되 하나님으로 영화롭게도 아니하며 감사치도 아니하고 오히려 그 생각이 허망하여지며 미련한 마음이 어두워졌나니 스스로 지혜 있다 하나 우준하게 되었습니다(롬 1:21-22).

15. 내가 또 거기에서 읽은 것은 그들이 썩어지지 않는 당신의 영광을 여러 우상과 여러 가지 형상(롬 1:23), 즉 썩어질 사람과 새들과 짐승들과 뱀들의 형상과 같은 것으로 바꾸어 놓았다는 것입니다(창 25:33-34). 그것은 곧 애굽 사람의 음식5)인데 이를 위해 에서는 자기의 장자권을 팔아먹었습니다. 당신의 장자인 그 백성들도 애굽으로 마음을 돌리고(출 32:16) 당신의 형상인 자신의 영혼을 풀을 먹는 소 앞에 엎드리게 하여 당신 대신에 네 발 달린 짐승의 머리를 경배했던 것입니다(시 106:20). 나는 이런 것들을 그 책에서 읽었습니다만 받아들이지는 않았습니다. 오, 주님, 당신은 동생으로 태어난 야곱의 치욕감을 없애기 위해 큰 자가 어린 자를 섬기도록 하시고(롬 9:13) 이방인을 불러 당신의 위업을 받게도 하셨습니다. 나도 이방인 중에서 당신께로 나아온 자였습니다. 그리고 나는 당신이 당신의 백성으로 하여금 애굽에서 꼭 얻어가지고 나가라고 하신 그 황금에 마음을 두고 있었습니다(출 3:22; 11:2). 왜냐하면 그 황금이야말로 어디에 있든지 당신의 것이기 때문입니다. 또한 당신은 당신의 사도를 통해 아덴 사람들에게 어떤 시인이 말했던 것처럼 우리는 당신 안에서 살며, 기동하며 있느니라고 말씀하셨습니다(행 17:28). 사실 그때 내가 읽은 책도 분명히 아덴에서 온 것이었습니다. 그러나 나는 그들이 황금으로 만든 애굽의 우상에는 마음을 두지 않았습니다. 그것은 그들이 하나님의 진리를 거짓으로 바꿨고 창조자 대신 피조물을 예배하고 섬겼기 때문이었습니다(호 2:8; 롬 1;25).

---

5) 편두는 애굽에서 풍성하게 생산되는 애굽인들의 음식이다. 그렇기에 알렉산드리아의 편두는 아주 인기가 많았다.

16. 결국 나는 이 책을 통해 나 자신으로 돌아가라는 권면을 받았고 당신의 도우심을 따라 내 영혼을 깊이 살피게 되었습니다. 내가 이렇게 할 수 있었던 것도 당신이 나를 도와주셨기 때문입니다. 내가 내 영혼 안으로 들어가자 미약한 내 영혼의 눈으로나마 거기서 내 영혼의 눈 위에 그리고 정신 위에 있는 변하지 않는 빛을 보게 되었습니다. 그 빛은 모든 육안으로 볼 수 있는 보통의 빛이 아니었습니다. 즉 어떤 빛이 있어서 그것이 점점 밝아지고 강해져서 모든 공간을 비추게 되는 그런 종류의 큰 빛이 아니었습니다. 그 빛은 그런 것이 아니었고 지상에 있는 어떤 빛과도 전혀 다른 빛이었습니다. 그 빛이 내 마음의 위에 있다 함은 기름이 물 위에 있듯이 혹은 하늘이 땅 위에 있듯이 있는 것이 아니었습니다. 그 빛이 나보다 높음은 그 빛이 나를 지으셨기 때문이요, 내가 그보다 낮음은 내가 그 빛에 의해 지음을 받았기 때문입니다. 진리를 아는 자는 그 빛을 알게 되고 그 빛을 아는 자는 영원을 알게 됩니다. 그리고 진실로 사랑은 이 빛을 알게 합니다. 오, 영원한 진리여! 참다운 사랑이여! 사랑스러운 영원이여! 당신은 나의 하나님이시니 당신을 향해 내가 밤낮으로 한숨을 짓습니다. 내가 당신을 처음 보았을 때 당신은 나를 들어 올려 나로 하여금 봐야 할 것을 보게 하셨습니다. 그러나 나는 그때까지도 그것을 볼 수 있는 시력이 없었습니다. 당신은 황홀한 강한 빛을 나에게 비추어 내 시력의 약함을 물리쳤습니다. 그래서 나는 사랑과 두려움으로 떨고 있었습니다. 그때 나는 당신과 전혀 같지 않은 영역에서 당신과 아주 멀리 떨어져 있음을 발견하게 되어 마치 높은 데서부터 다음과 같은 당신의 음성을 듣는 듯했습니다. "나는 성인들의 음식이다. 너는 성장하여

나를 먹으라. 네가 먹은 음식을 네 몸으로 변화시키듯 나를 너의 몸으로 변화시키지 말라. 오히려 너 자신을 나와 같이 되도록 변화시켜라." 나는 또한 당신은 죄로 인하여 사람을 견책하시고 내 영혼을 거미에 먹히듯 야위게 하심을 알게 되었습니다(시 39:11). 그래서 나는 "그러면 진리란 유한한 공간이나 무한한 공간에 펼쳐있는 것이 아니니 없는 것인가?"라고 자문해 보았습니다. 그때 당신은 멀리서 내게 외쳐 "나는 스스로 있는 자니라"(출 3:14) 라고 말씀하셨습니다. 이 말씀은 내 가슴을 관통하는 음성이었습니다. 나는 더 이상 의심할 여지가 없었습니다. 왜냐하면 진리는 피조물을 통해서 분명히 알게 되었으니 진리가 없다고 의심하기보다는 내가 살고 있음을 의심하는 것이 더 쉽기 때문입니다(롬 1:20).

17. 내가 당신이 창조하신 만물을 살펴보니 그것들은 참으로 존재하는 것도 아니요, 참으로 존재하지 않는 것도 아님을 깨달아 알았습니다. 당신께로부터 왔으니 존재하는 것이나 당신과 같은 존재가 아니므로 비존재라 할 수 있습니다. 참으로 존재하는 것은 항상 있어 변치 않는 것[6]입니다. 결국 내가 하나님께 의지하는 것만이 나에게 선이 됩니다(시 73:28). 그 이유는 내가 그의 안에 존속하지 않으면 내가 내 자신 안에서도 존속하지 못하기 때문입니다. 그러나 당신은 스스로 존재하면서 모든 것을 새롭게 하십니다(지혜서

---

6) "이는 항상 변함없이 존재하며, 어떤 경우라도 항상 그 모습으로서 가장 근원적으로 언급되어야 합니다. 이는 상해를 입지도 변하지도 않으며, 이는 이때는 이 모습이었다가 다른 때는 또 다른 모습으로 변하는 시간의 제한을 받지도 않습니다. 바로 이것이 하나님에 대해 가장 근본적으로 언급되어야 할 내용입니다."

7:27). 당신이 나의 주 하나님이 되심은 당신은 나의 선을 필요로 하지 않으시기 때문입니다(시 16:1).

18. 그리고 이제 그것들이 썩어지는 것이라 할지라도 본래 선한 것임을 분명히 알게 되었습니다. 만일 그것이 최고선이었다면 결코 썩을 수 없을 것입니다. 또한 그것이 좋은 것이 아니었다면 썩어질 수도 없었을 것입니다. 그것이 만일 최상의 좋은 것이라고 한다면 썩어지지 않을 것이요 그것이 선한 것이 전혀 없다면 썩지 않을 것입니다. 그 안에 썩게 될 아무 것도 존재하지 않기 때문입니다. 썩는다는 것은 어떤 존재에 해를 끼치는 것인데, 해를 끼친다 함은 그 존재의 좋은 것을 감소시키는 것 밖에 안 됩니다. 그러므로 썩어지게 됨은 해롭게 됨이 아니라고 주장하는 것은 잘못이니 확실한 것은 무엇이 썩어지게 됨은 그 안에 좋은 것이 상실되었음을 말합니다. 그러나 만일 어떤 존재에서 모든 좋은 것을 다 빼앗아 버린다면 그것은 더 이상 존재할 수 없을 것입니다. 따라서, 만일 어떤 것이 아직 존재하고 있고 또한 아주 썩어지지 않았다면 그것은 더 좋아질 수 있는 존재입니다. 왜냐하면, 그것이 계속 남아있어 존재하는 한 아주 썩어지지는 않을 것이기 때문입니다. 그러나 그것이 좋은 것을 다 상실한 다음에도 더 좋아질 것이라고 주장한다면 그 이상 불합리한 것이 어디에 있겠습니까? 그것이 모든 좋은 것을 잃어버렸다면 그 존재도 상실하게 될 것입니다. 그렇기 때문에 그것이 존재하는 한 좋은 것이라 말할 수 있습니다. 그러면, 내가 지금까지 그 근원을 찾아왔던 악은 사실 실재하지 않습니다. 만일 악이 실재한다면 그것도 좋은 것이 되기 때문입니다. 악이 실재한 것으

로서 썩어질 수 없다면 그것은 최고의 선일 것이요, 썩어질 수 있다면 그 안에 좋은 것이 남아 있어야만 합니다. 그러므로 내가 확실히 알게 된 것은 당신이 모든 것을 좋게 지으셨다는 것과 당신이 창조하시지 않은 실체는 하나도 없다는 것입니다. 그러나 당신은 모든 것을 동등하게 창조하지 않으셨기 때문에 모든 것이 동등하지 않게 존재합니다. 그러나 각 개개의 존재 자체는 좋습니다. 동시에 하나님께서 창조하신 것은 모두 좋고 지극히 선한 것들입니다(창 1:31).

19. 그리고 당신께는 악이 전혀 존재하지 않습니다. 그것은 당신에게만 아니라 당신이 창조한 모든 것에도 악은 존재하지 않습니다. 그 이유는 당신이 창조한 일부분에서 어떤 것이 다른 것들과 조화되지 않아서 악인 듯이 생각되기도 하지만 그런 것들도 다른 것들과는 조화되어 좋게 되고 그 자체에 있어서도 좋은 것입니다. 그리고 전체적으로 조화되지 않는 것들이라 할지라도 구름과 바람이 부는 하늘과 잘 조화되고 있습니다. 그렇기 때문에 나는 "이런 것들은 절대 이렇게 존재하면 안 된다"라고 말할 수 있는 것은 하나도 없습니다. 만일 내가 이것들만 보았다면 더 좋은 것을 진정 원했을 것입니다. 이런 피조물 자체만으로도 당신은 선하시다고 찬양해야 마땅합니다. 당신을 찬양해야 한다는 사실을 땅의 모든 것들이 보여주고 있지 않습니까? 모든 땅과 용과 큰 뱀과 모든 심연과 불과 우박과 눈과 얼음, 당신의 말씀을 따라 움직이는 폭풍과 산과 언덕과 과일나무들과 향백나무들, 그리고 들짐승과 가축들, 기는 것들과 나르는 새들, 세상의 왕들과 백성들, 제후들과 세상의 모든 판관들, 젊은 남녀들, 노인과 어린이들 이 모든 것들이 당신의 이름을 찬미하고 있습니다(시 148:1-12). 우리들의 하나님, 나는

천사들이 하늘의 높은 곳에서 당신을 찬미하고 당신이 이룩해 놓으신 해와 달, 별들과 빛, 하늘의 하늘, 하늘 위에 있는 물, 이 모든 것이 당신의 이름을 찬양하고 있음을 보고 이보다 더 좋은 세계를 원하지 않습니다. 나는 모든 것을 깊이 생각하고 정확히 판단하여 깨닫게 되었으니 위에 있는 존재가 아래에 있는 존재보다 더 좋으나 모든 피조물이 함께 조화되어서 존재하는 것이 위층에 있는 존재가 홀로 있는 것보다 훨씬 좋다는 것이었습니다.

20. 당신이 창조한 것을 싫어할 때 내 마음이 온전하지 못한 것처럼 당신이 창조한 어떤 것이라도 싫어하는 자들이 있으면 그들의 마음도 온전치 못할 것입니다. 그래서 내 영혼은 나의 하나님이 되신 당신을 감히 싫다고 할 수 없어 내가 싫어한 것들이 당신에게로부터 온 것이라고 말할 수 없습니다. 따라서 내 영혼은 두 개의 실체를 주장한 이원론으로 떨어져 안식을 찾지 못했고 어리석은 말만 되풀이 했습니다. 이 그릇된 생각을 버리고는 나의 영혼은 무한한 공간에 퍼져 있는 하나님을 만들어 그분이 당신이신 줄 알고 내 마음에 모시었으니 결국 내 영혼은 또 다시 당신에게 가증한 것이 되는 내가 만든 우상의 신전이 되고 말았습니다. 그러나 당신은 나도 모르게 내 머리를 가라앉히고 허망한 것을 보지 못하도록 눈을 감아주셨습니다(시 119:37). 이리하여 나는 나의 집착에서 조금 떠났으며 나의 광기는 가라앉아 잠들게 되었습니다. 그 잠에서 깨어 당신 안에서 눈을 떠 당신을 전과는 달리 무한한 자존자로 보게 되었으니 이 깨달음은 나의 육체에서 나온 것이 아니었습니다.

21. 그리고 또 눈을 돌이켜 다른 것들을 돌아 볼 때 깨닫게 된 것이 있는데 그것은 만물이 하나님 당신으로 말미암아 존재하게 되었다는 것, 그리고 그 모든 것은 당신 안에서 유한한 존재라는 것이 그것입니다. 그러나 그 유한한 것들이 당신 안에 존재해 있다 함은 어떤 공간 안에 존재해 있다는 것과는 같지 않습니다. 당신이 그 모든 것을 당신의 진리의 손으로 붙들고 있기 때문에 그것들은 존재하고 있는 것입니다. 모든 것은 존재하고 있는 한 참되며, 거짓이란 아무것도 아닌 것으로서, 사실 존재하지 않는 것을 존재하는 것으로 생각할 때에만 있는 허위입니다. 그리고 모든 것은 그들의 자리뿐 아니라 시기에 있어서 서로 화합하여 있다는 것을 나는 보고 깨달아 알았습니다. 그러나 당신은 홀로 영원한 자존자로서 셀 수 없는 시간이 지나간 다음에 어떤 일을 시작하신 분이 아닙니다. 왜냐하면 지나간 모든 시간이나 앞으로 오게 될 모든 시간은 항상 계시며 일하시는 당신을 통하지 않고는 가지도 오지도 않기 때문입니다.

22. 나는 경험을 통하여 병든 자에게 맛없는 빵도 건강한 자에게는 맛이 있고 병든 눈에는 고통이 되는 빛도 건강한 눈에는 즐거움이 된다는 것은 전혀 이상한 것이 아니라는 것을 배웠습니다. 이와 같이 사악한 자들은 당신의 공의를 싫어합니다. 그 뿐 아니라, 그들은 선하게 창조되어 창조의 낮은 부분과 잘 조화되어 살고 있는 독사나 조그만 벌레들까지도 싫어합니다. 사실 그 사악한 자들은 벌레들이 속해 있는 창조의 낮은 부분에 속한 자들입니다. 당신을 멀리 떠나 있을수록 창조의 낮은 부분에 속하게 되어 당신을 닮

지 않음이 되며, 당신을 더 닮을수록 창조의 높은 부분과 알맞게 되는 것입니다. 이리하여 사악이란 무엇인가를 생각해 본 결과 내가 알게 된 것은 그것이 어떤 실체가 아니고 인간의 의지의 왜곡이라는 것이었습니다. 의지의 왜곡은 그 의지가 최고 실체이신 하나님으로부터 돌아서서 자신 안에 깊이 놓여 있는 보배를 버리고 낮은 부분으로 떨어져 밖으로 잔뜩 부풀어 있음을 가리킵니다.

23. 이제 나는 어떤 다른 환상이 아니라 하나님 당신을 사랑하게 되었다는 사실에 놀라지 않을 수 없었습니다. 그러나 나의 사랑은 불안정해서 나의 하나님을 계속해서 즐길 수 없었습니다. 내가 당신의 아름다움에 쏠리었다가도 나는 또 다시 내 자신의 무게로 말미암아 당신으로부터 떨어져 나와 낮은 부분으로 향해 떨어졌습니다. 이 무게란 육체의 버릇이었습니다. 그러나 당신에 대한 기억이 내 안에 남아 있어 내가 의지해야 할 유일한 분이신 하나님 당신이 계심을 결코 의심하지는 않았습니다. 그러나 나는 당신에게 튼튼히 매여 있기에는 아직 부족했습니다. 왜냐하면 썩어져 버린 내 육체는 혼을 아래로 눌러 내리고 있고 지상의 장막 생활은 마음을 무겁게 눌러 그 마음이 여러 가지 것들의 생각에 잠겨 흩어져 버렸기 때문입니다(지혜서 9:15). 그렇지만 내가 확실히 알게 된 것은 당신의 보이지 않는 것들 곧, 당신의 영원하신 능력과 신성이 창조 때부터 피조물을 통하여 확실히 이해된다는 것이었습니다(롬 1:20). 그러므로 내가 하늘에 있는 것이나 땅에 있는 아름다운 사물들을 묵상할 때 이러한 변화무쌍한 사물들에 대해 바른 판단을 할 수 있도록 "이것은 이렇게 되어야 한다. 저것은 저렇게 되면 안

된다"고 하는 그 판단의 표준이 무엇인지 알고 싶었습니다. 내가 무엇에 의해서 그러한 판단을 할 수 있는지 알아볼 때 발견하게 된 것은 불변하고 참된 영원한 진리가 변하는 내 마음 위에 있다는 것이었습니다. 이리하여 나는 점점 물체에서부터 육체의 감각을 통하여 물체를 지각하는 영혼으로 올라가고, 거기에서부터 혼의 내적 지각에 다다랐습니다. 이 혼의 내적 지각에서 육체의 감각이 밖에 있는 사물들을 전달해주는 것입니다. 여기까지는 동물들도 올라갈 수 있습니다. 거기서부터 나는 육체의 감각으로부터 받은 것을 판단하는 이성의 이해력까지 도달했습니다. 그리고 내 안에 있는 이성의 이해력까지도 변한다는 것을 스스로 깨달아 자신 위에 있는 지성의 원리에 올라갔습니다. 거기에서 서로 모순된 여러 가지의 혼잡스러운 환영의 무리들[7])을 떨어뜨리고 내 마음의 생각들을 습관의 세력에서 벗기어 그 생각들을 적시어 주는 그 빛을 찾고자 했습니다. 그때 의심할 바 없이 내 마음은 소리를 질러 불변한 것이 변한 것보다 더 좋다고 했습니다. 이렇게 하여 내 마음은 불변한 것을 어떻게 알게 되었는데 사실 내 마음이 어떤 방법으로 그것을 알고 있지 않고서야 불변하는 것이 변하는 것보다 더 좋다고 할 근거가 없습니다. 이리하여 눈 깜빡할 순간에 존재자체에 도달하게 되었습니다. 그때 나는 당신의 보이지 않는 것들 즉 그의 신성과 능력을 창조된 것들을 통하여 알게 되었습니다(롬 1:20). 그러나

---

[7]) "환영"(Phantasms)이란 육체적 모습에서 도출되는 허구에 지나지 않는다. 그것은 인간이 기억이나 생각에 의존해서 사물을 분류하고 과장하거나 축소하고 질서를 부여하거나 혼란시키는 것이다. 그러나 그것을 피하거나 벗어나서 진리를 추구하기란 어려운 일이다.

나는 계속해서 바라다 볼 수는 없었습니다. 또 다시 나의 약함으로 격퇴되어 나는 일상의 세계로 되돌아왔습니다. 나는 그 아름다운 기억과 그에 대한 동경을 몸에 지니고 있는 것뿐이었으니 그것은 마치 음식은 먹지 못하고 냄새만 맡는 것과 같은 것이었습니다.

24. 그러므로 나는 당신을 즐거워함에 필요한 힘을 얻고자 했으나 그것을 찾지 못했습니다. 그러나 하나님과 인간의 중보자이신 예수 그리스도를 받들어 모실 때 비로소 그 길을 찾게 되었습니다. 그는 만물 위에 계시사 영원히 찬양받으실 만한 하나님이십니다(딤전 2:5). 그는 나를 불러 나는 길이요 진리요 생명이라고 말씀하시고(롬 9:5; 요 14:6) 내가 약해서 받아먹을 수 없는 하늘의 양식을 주셨습니다. 그것은 곧 말씀이 육신이 되신 것이었으니(요 1:14) 그것은 만물을 창조하신 당신의 지혜를 통해 갓난 아이와 같은 우리를 먹이시기 위한 젖이 되신 것입니다. 그러나 나는 아직도 겸손하지 않아서 겸손하신 나의 주 예수를 붙들 수가 없었고 그의 연약하게 되심이 우리들에게 무엇을 가르치려고 하는지도 깨닫지 못했습니다. 영원히 진리이신 당신의 말씀은 당신이 창조하신 높은 부분을 훨씬 초월하사 순종하신 자들을 자기에게로 이끌어 올리십니다. 그러나 이 낮은 세상에서는 우리 인간의 진흙으로 자기의 비천한 집을 지으사 교만한 자들을 낮추시고 순종하는 자들은 자기에게로 이끄시었습니다. 그는 우리들의 교만을 낮추시고 사랑을 길러 주셨습니다. 그는 우리로 하여금 인간의 육체의 옷8)을 입고 약함을 입으신 신성을 발 앞에서 봄으로 자기 자신들을 더 이상 신뢰하지 않게 할 뿐만 아니라 스스로 약한 존재가 되도록 하셨습니다(창

3:21). 그것은 우리들이 나중에 피곤에 지쳐 그에게 몸을 내던질 때 그 신성이 일어나 우리들을 들어 일으키시기 위함이었습니다.

25. 하지만 나는 다르게 생각했습니다. 나는 내 주 그리스도를 다만 다른 사람들과 비교할 수 없을 만큼 탁월한 지혜를 소유한 하나의 인간으로만 본 것입니다. 특히 그는 기적적으로 동정녀에게서 태어났고 영혼불멸을 성취하기 위해서 세상 것을 업신여겼으며, 우리를 위하여 하나님의 섭리를 보여주신 우리의 모범이 되신 분이라고만 본 것입니다. 이런 이유로 그는 우리의 권위 있는 스승이 될 수 있었다고 생각했습니다. 그러나 "말씀이 육신이 되시었다"는 것이 내포한 신비에 대해서는 전혀 생각조차 하지 못했습니다. 그에 대해 기록된 책을 통해 우리들에게 전해진 것에서 내가 배운 것은 그는 먹고 마셨으며, 주무셨고 걸어 다니셨으며 중심으로 기뻐하셨고 슬퍼하셨으며, 사람들에게 말씀을 전하셨다는 것이었습니다. 또한 그의 육체는 당신의 말씀과 결합된 것이 아니고 인간의 혼과 정신에만 결합되었다는 것으로 이해하였습니다. 당신 말씀의 불변성을 아는 사람이라면 누구나 다 이것쯤은 알 수 있었고 나도 그때 이것에 대하여 잘 알 수 있어 의심하지 않았습니다. 그가 때로는 의지의 결단으로 몸의 지체를 움직이시고, 때로는 안 움직이시고, 때로는 감정을 유발하시고, 때로는 그렇지 않으시고, 때로는 말의

---

8) "'가죽'이란 죽음을 피할 수 없음을 시사합니다. 인류의 죄의 시조가 되는 우리의 첫 조상이 죽음을 피할 수 없는 존재가 되어 낙원에서 쫓겨났습니다. 따라서 그들의 죽음을 피할 수 없음을 시사하기 위해 그들은 가죽 옷으로 입혀지게 된 것입니다."

표식을 통해 지혜 있는 말씀을 전하시고, 때로는 침묵을 지키시는 이 모든 것은 항상 변하는 인간의 혼과 정신의 고유한 속성을 가리킨 것입니다. 만일 그에 대한 이런 기록이 거짓이라면 그에 대한 다른 모든 기록도 거짓이 될 위험이 있고 또한 인간의 구원 신앙이 그 책에 증명되어 있지 않다는 것을 뜻합니다. 그러나 거기에 있는 기록은 참되기 때문에 나는 그것을 통해서 그리스도 안에 있는 완전한 인간을 인정하게 되었습니다. 그를 인간의 육체뿐이라든가 혹은 이성이 없는 동물적인 혼을 가지고 있는 육체라고 생각하지 않고 참다운 인간으로 받아들였습니다. 그러나 이 사람을 다른 사람들보다 훨씬 뛰어나다고 보게 된 것은 그가 진리의 화신이라고 보기보다는 지혜에 참여한 그 인간성의 탁월성과 완전성에 있다고 보았기 때문입니다. 다른 한편, 알리피우스에 의하면 그리스도에게 있어서 하나님이 육신과 이렇게 결합하여 있기 때문에 그에겐 하나님과 육신 이외에는 어떤 영혼도 없다고 기독교인들이 믿고 있다는 것입니다. 그래서 그는 그리스도에게는 인간의 정신이 없다고 주장하였습니다. 그러나 그는 잘 설득이 되어 그리스도가 살아 있고 이성있는 존재가 아니었다면 그에 대하여 기록된 여러 행동을 할 수 없었을 것이라는 것을 알게 되어 점점 기독교 신앙으로 가까이 오고 있었습니다. 나중에 그는 자기가 생각하고 있던 것은 아폴리나리우스 이단설의 잘못임을 알고 기독교 신앙을 즐거이 받아들이게 되었습니다. 솔직히 고백하면 기독교의 진리인 "말씀이 육신이 되셨다"(요 1:14)는 글은 포티누스의 거짓과 구별이 된다는 것을 나는 훨씬 후에야 알게 되었습니다. 사실 이단을 논박하는 것은 당신 교회의 가르침과 교리를 높이 들어 나타나게 함이니 약한 신앙을 가진 자들 사이에서 바른 신앙을 가진 자들을 나타나게 하기 위해서는 이단들도 있어야만 합니다(고전 11:19).

26. 나는 그때 플라톤주의자들의 책을 읽고 비물질적인 진리를 추구해야 한다는 것을 배웠습니다. 즉 보이지 않는 당신의 진리를 창조된 피조물들을 통하여 알게 됨을 깨달았습니다(롬 1:20). 내 영혼이 약하여 세상으로 떨어졌을 때에도 나는 당신을 알고 있었습니다. 내가 확실히 알게 된 것은 당신이 존재한다는 것, 당신은 무한한 존재이시기 때문에 유한하거나 무한한 공간에 펼쳐져 있는 분이 아니시라는 것, 그리고 당신은 항상 동일하신 분으로서 이렇게 저렇게 변치 않는 분이란 것입니다. 그리고 만물이 당신으로부터 왔다고 하는 것은 그들이 존재하고 있다는 이유만 가지고도 증명이 된다는 것이었습니다. 이 모든 것을 나는 확실히 알고 있었습니다만 나는 너무 약해서 당신을 즐거워하는데 이르지를 못했습니다. 마치 내가 전문가인 것처럼 지껄였으나 우리 구주이신 그리스도 안에서 당신의 길을 찾지 않았다면 나의 지식은 이해의 길이 되기보다는 멸망의 길이 되었을 것입니다. 나는 사실상 벌을 충분히 받았음에도 지혜로운 자로 나타내 보이기를 원하여 나의 무지를 슬퍼하기 보다는 오히려 지식의 교만으로 부풀어 있었습니다(고전 8:1). 겸손의 기초가 되시는 예수 그리스도 위에 세워진 사랑이 어디에 있었습니까?(고전 3:11)) 혹시 언제 그런 책들이 나에게 이런 사랑을 가르친 일이 있었습니까? 그러나 내가 당신의 성경을 연구하기 전에 이 책들을 읽게 된 것은 당신의 뜻이었습니다. 당신은 이 책들로 인해 내가 어떤 영향을 받았는지를 기억하게 하셨고 내가 성

경으로 깨끗케 되어 내 상처가 당신의 손으로 고침을 받은 후 나로 하여금 교만과 고백의 차이 그리고 어디로 가야 할지는 알되 그 길을 모르는 자들과 축복의 본향을 보여 줄 뿐만 아니라 거기에서 살도록 인도하는 길과의 차이를 구별하도록 하셨습니다. 내가 만일 당신의 성경으로 양육이 되고 그것에 익숙해짐으로써 당신께 맛을 들인 다음에 그 책들을 읽게 되었다면 그것들은 나에게서 경건의 확고한 기초를 빼앗아갔을지도 모릅니다. 또는 내가 성경에서 얻은 온전한 감정에 강하게 머물러 있었다 하더라도 잘못 생각하여 플라톤주의자들의 책을 공부하는 것만으로도 지혜를 얻을 수 있다고 생각했을지도 모를 일입니다.

27. 그래서 나는 당신의 영으로 기록된 당신의 책 특별히 사도 바울의 책을 붙들어 연구했습니다. 그때 내게 있어서 바울은 자기 모순에 빠진 듯했고 그가 가르치는 글은 율법과 선지자들의 증거와도 일치하지 않는다고 생각했습니다. 그러나 이 모든 의심은 사라지고 순수하게 부르짖는 말씀이 하나의 형태로 나에게 나타나서 나는 즐거움과 떨리는 마음으로 성경을 연구하게 되었습니다(시 2:11). 이렇게 시작해서 내가 발견한 것은 플라톤주의자들의 책에서 읽은 모든 진리가 이 성경에서는 당신의 은총에 대한 찬양과 함께 있다는 것이었습니다. 그러므로 누구든지 세상을 볼 때 보이는 사물이나 볼 수 있는 자기의 시력을 마치 당신으로부터 받지 않은 것처럼 생각하여 자신을 자랑하지 말아야 할 것입니다. 사람이 가지고 있는 것 중에 당신으로부터 받지 않는 것이 도대체 무엇이 있습니까?(고전 4:7) 그러므로 우리는 당신의 은혜로 인하여 항상 존

재하시는 당신을 바라보도록 권고 받을 뿐만 아니라 당신을 소유할 수 있는 힘을 얻게 될 것입니다. 또한 멀리 서 있어서 당신을 보지 못하는 자도 당신의 은혜로 인하여 그 길을 계속 걸어가 나중에는 당신을 보고 소유할 수 있게 될 것입니다. 우리 인간이 속사람으로는 하나님의 법을 즐거워하되 우리의 지체 속에서 한 다른 법이 우리의 마음의 법과 싸워 우리의 지체 속에 있는 죄의 법 아래로 우리를 사로잡아 오는 것을 볼 때(롬 7:22) 우리가 무엇을 감히 할 수 있겠습니까?(롬 7:23) 오, 주님, 당신은 의로우시나 우리는 죄를 지었고 불의를 행하였습니다(세 아이의 노래 4절). 당신의 손이 우리를 무겁게 누르시오니 우리는 저 사망의 왕인 옛 죄인 마귀에게 넘기어졌으니 그것은 우리가 지은 죄로 인해 당연한 것이었습니다. 그는 우리의 의지를 꾀여 당신의 진리에 머물러 있지 못하게 하고 자기의 의지와 똑같게 되기를 원했습니다. 가련한 인간이 이제 무엇을 할 수 있겠습니까? 누가 이 사망의 몸에서 우리를 구해 줄 수 있습니까? 예수 그리스도로 말미암은 당신의 은혜 밖에는 없습니다(롬 7:24). 그 예수 그리스도는 영원한 존재자로 낳음을 입으시고 당신이 태초에 일하시기 전부터 같이 계셨습니다(잠 8:22; 요 14:32). 이 세상의 임금은 그에게서 아무런 죽을죄를 찾지 못했습니다. 그럼에도 빌라도가 예수님을 죽였습니다. 그것은 우리를 죄에서 구원하시기 위함이었습니다. 이런 것은 플라톤주의자들의 책에는 나타나지 않았습니다. 그 책에는 이러한 경건의 표현, 고백의 눈물(골 2:14), 당신의 희생, 괴로워하는 마음, 상하고 참회하는 심정(시 51:17), 겸손, 당신의 백성의 구원, 당신의 신부인 도성(계 21:2), 성령의 보증, 우리의 구속의 잔(고후 5:5)이 있지 않았습니다. 그 책에서는 그 어떤 인간도 나의 영혼이 잠잠히 하나님만 바람이여 나의 구원이 그에게서 나오는도다. 오직 저만 나의 반석이시오 나의 구원이시오 나의 산성이시니 내가 크게 요동치 아니하리로다 라고 노래를 부른 자가 없었습니다(시 116:12). 그 책에서는 그 누구도 수고하는 자들은 다 내게로 오라고 부르는 음성을 들을 수(시 62:1-2)가 없었습니다(마 11:28). 그들은 온유하고 겸손하신 그에게서 배우기를 꺼려했습니다(마 11:29). 왜냐하면 당신은 그것을 지혜롭고 슬기로운 자에게는 숨기시고 어린아이들에게는 그것을 나타내 보이셨기 때문입니다(신 32:49). 진실로 숲이 우거진 산봉우리에서 평화의 나라를 바라보면서도 그리로 가는 길을 찾지 못하는 것과 하늘의 왕이 이끄는 만군의 보호 아래 그곳으로 가는 길을 따라가는 것은 전혀 다릅니다. 전자의 길은 도망병들이나 이탈자들이 자기들의 두목인 사자나 용의 지휘 아래 사람들을 방해하고 습격하는 위험한 길이요 후자의 길은 하늘의 군대를 이탈하여 강도질하는 자들이 없는 길입니다. 내가 저 사도 중에 지극히 작은 자[9]인 바울의 글을 읽을 때 이런 생각들이 내 마음에 이상하게 치밀어 들어왔습니다. 그래서 나는 당신이 하신 일을 생각하면서 두려워 떨고 있었습니다(고전 15:9).

---

9) 그의 친구이자 후원이신 로마니아누스에게 이 시기에 대한 일을 설명함에 있어서 어거스틴은 동일한 사도의 말씀과 관련되어 있는 자신의 회심의 완성된 이야기를 하고 있는 것으로 보이나 그는 이 글을 읽는 자들 상처를 받을지 몰라 이것을 한결 같이 억누르고 있었다.

제8권

어거스틴의 32세 때의 삶의 모습

32세 때의 어거스틴의 삶의 모습-심플리키아누스를 찾아가 상의함, 그를 통해 빅토리누스의 회심의 역사에 대해 듣고 하나님께 전인격을 헌신하기를 원하지만 그의 오래된 습관의 지배를 당함-성 안토니우스의 회심 사건과 다른 이들의 회심 사건을 듣고 더욱 각성됨-엄청난 고통의 기간 동안 하늘에서 성경을 펴서 읽으라는 소리를 듣고 회심하였으며, 그의 친구 알피우스와 함께 함-그의 어머니 모니카의 기도와 비전이 이루어짐

1. 오, 나의 하나님, 나로 하여금 내게 베푸신 당신의 자비를 감사함으로 당신을 찬미케 하시고 내 뼈가 당신의 사랑에 흠뻑 젖어 당신과 같은 자 누구리요 라고 노래하게 하소서(시 35:10). 주께서 내 결박을 푸셨으니 내가 주께 감사제를 드리리이다 라고 말하게 하소서(시 116:16, 17). 당신이 어떻게 나의 결박을 푸셨는지 내가 만방에 선포하리니 이것을 듣고 당신을 예배하는 자들은 하늘과 땅에서 주님을 찬양할지어다. 그 이름은 놀랍고 위대하시도다 라고 외치게 하옵소서. 당신의 말씀은 내 마음 속 깊이 확고하게 새겨져 있었고 당신은 나를 사방으로 둘러싸고 계셨습니다(욥 1:10). 당신의 영원한 생명에 대하여는 내가 거울로 보는 것같이 희미하게 알긴 했지만(고전 13:12) 그것을 확신하지 못했던 것은 아닙니다. 그러므로 나는 당신이 불멸의 실체이시오, 다른 모든 실체와 근원이 되심을 의심하지 않았습니다. 따라서 내가 바랐던 것은 당신의 존재에 대한 강한 확실성보다는 당신 안에서 더 견고히 서 있는 것이었습니다. 나의 육신의 생활은 아직도 혼돈 속에 빠져 있어 내 마음은 묵은 누룩을 내버리고 정화되어야만 합니다(고전 5:7). 주님이 보여주신 그 길에 호감이 있었지만 그 좁은 길을 걸어가는 것은 싫어했습니다. 그럴 때 당신은 내 마음에 심플리키아누스[1]를 찾아가는 것이 좋을 것이라는 생각을 갖도록 하셨습니다. 그는 당신의 충실한 종으로 보였고 그 안에는 당신의 은총이 빛나고 있었습니다. 그는 젊어서부터 충실히 당신을 섬기며 살아왔다는 말을 들었습니다. 당시 그는 나이가 많았고 또한 긴 세월 동안 당신의 길을

---

[1] 심플리키아누스는 "가장 신성한 밀란의 감독인 암브로우스의 후계자"가 되었는데 실상 그는 암브로우스를 지도하던 그의 영적 아버지와 같았다.

열심히 따랐던 자였습니다. 나는 그가 많은 학문을 터득했고 많은 것을 경험했을 것이라 생각했는데 실로 그러했습니다. 그러므로(내가 그에게 소망했던 것은) 그가 내 고민을 다 들은 후 자신의 지식과 경험을 통하여 나 같은 사람이 하나님의 길을 걸어가려면 어떤 방법이 적당한지 가르쳐 주기를 원했습니다.

2. 나는 당신의 교회가 사람들로 가득 차 있음을 보았는데 그들 중 어떤 이는 이 길로, 어떤 이는 저 길로 제각기 걸어가고 있었습니다. 나는 이 세상을 추구하며 사는 내 삶의 모습이 싫었습니다. 이제 과거에 나를 사로잡았던 명예와 돈을 추구하는 욕심의 불도 사라진지라 그러한 삶을 사는 것이 나에게는 오히려 무거운 짐이나 종살이로 느껴졌습니다. 왜냐하면 당신 안에서 누리는 기쁨과 내가 사랑하는 당신 집의 아름다움에 비해 볼 때 이 세상의 기쁨은 더 이상 나를 만족시키지 못했기 때문입니다(시 26:8). 그러나 나는 여인의 사랑에서만은 깊이 얽혀 있어 여전히 헤어 나오지 못했습니다. 또한 당신의 사도도 나에게 결혼생활을 금하는 것이 아니었고 다만 모든 사람이 자기와 같이 되기를 바라며 보다 더 나은 생활을 하라고 권면한 것으로 생각되었습니다(고전 7:8). 그러나 나는 의지력이 약하여 보다 더 쉬운 길을 택했습니다. 이 한 가지 이유 때문에 나는 모든 일에 있어서도 결단하지 못해 혼란 속에 빠져 있었습니다. 내 손과 발을 묶어 놓은 결혼생활 때문에 나는 내가 원치 않던 다른 일까지도 어쩔 수 없이 하게 되었고 그것으로 인해 나의 번민은 더 심해져 심신까지 몹시 피곤하고 쇠약해졌었습니다. 나는 한편 진리의 입술로부터 "하늘 나라를 위하여 스스로 고자된 자"

도 있다고 하신 말씀을 들은 바 있습니다. 그러나 그 분이 계속해서 이 말을 "받을 만한 자는 받을지어다"라고 하신 말씀도 들었습니다(마 19:12). 진실로 하나님을 알지 못한 자들이나 혹은 선하게 보이는 사물들을 통하여 선 자체이신 하나님을 발견할 수 없는 자들은 모두 허망한 사람들입니다(지혜서 13:1). 그러나 나는 그럴 정도로 허망한 것에 사로잡혀 있지는 않았습니다. 오히려 나는 그 허망함을 넘어 당신의 모든 피조물의 증거를 통하여 우리의 창조주이신 당신을 발견했고 또한 당신과 함께 계시고 당신과 같이 유일한 하나님이신 당신의 말씀을 알게 되었습니다. 당신은 그 말씀을 통하여 만물을 창조하셨습니다. 그러나 세상에는 다른 종류의 불경건한 사람들이 있으니 그들은 하나님을 알되 하나님으로 영화롭게도 아니하며 감사치도 아니하는 자들입니다(롬 1:21). 나도 한때 이러한 무리들 사이에 빠져 있었으나 당신의 오른손이 나를 붙들어 건져내 주시사(시 18:35) 내가 온전해질 수 있는 자리에 올려놓아 주셨습니다. 오직 주를 경외하는 것이 지혜요(욥 28:28), 인간은 스스로 지혜 있다 하지 말아야 할 것입니다(잠 3:7). 왜냐하면 인간은 스스로 지혜 있다 하나 어리석게 되었음을 확증하고 있기 때문입니다(롬 1:22). 나는 이제 모든 소유를 다 팔아 사 들여야만 했던 값진 진주를 발견했습니다(마 13:46). 나는 그것을 소유했어야만 했는데 그것을 그렇게 하기를 주저하고 말았습니다.

3. 그래서 심플리키아누스를 찾아갔습니다. 그는 당시 감독이었던 암브로시우스의 신앙의 아버지였는데 사실 암브로우스 감독은 그를 아버지처럼 존경하고 있었습니다. 나는 심플리키아누스에게 내가 걸

어왔던 그릇되고 구부러진 길을 이야기했습니다. 그리고 그에게 한때 로마의 수사학자였다가 후에 기독교인이 되어 세상을 떠났다고 들은 바 있는 빅토리누스가 라틴어로 번역한 몇 권의 플라톤주의자들의 책을 읽었다고 말했습니다. 그러자 그는 내가 이 세상의 원리를 기초로 기록된 헛된 속임수로 가득 찬(골 2:8) 다른 철학자들의 책을 잃지 않고 하나님과 그의 말씀이 여러 면으로 언급되어 있는 플라톤주의자들의 책을 읽었다고 나를 칭찬했습니다. 그리고 그는 나에게 지혜롭고 슬기 있는 자들에게는 숨기시고 어린아이들에게는 나타내신(마 11:25) 그리스도의 겸손을 권면하기 위해 그가 로마에 있을 때 친하게 지내었던 빅토리누스[2])에 대한 이야기를 해주었습니다. 내가 그의 이야기를 언급하지 않고 지나갈 수는 없습니다. 왜냐하면 빅토리누스에 대한 이야기는 당신의 은총을 높이 찬양하는 것으로 꼭 내가 당신께 고백하고 싶었기 때문입니다. 모든 학문에 통달한 그 노인 빅토리누스는 많은 철학 서적을 탐독하고 평가한 자였으며 유명한 원로들의 스승이기도 했습니다. 사람들은 그의 탁월한 가르침의 공적을 기념하여 로마의 광장에 동상을 세우기까지 하였습니다. 그는 나이가 많을 때까지 우상을 숭배했고 로마의 모든 귀족들이 열을 올렸던 그 신성모독의 종교의식에 적극 참여한 자이기도 했습니다. 그는 백성들을 고무시켜 한때 네프투누스Neptunus와 비너스Venus와 미네르바Minerva에게 대항을 했던 짖는 개의 신인 아누비스Anubis나 괴물과 같은 잡신을 섬기라고 하였던 자였습니다. 이러한

---

[2]) 아프리카 태생인 빅토리누스는 콘스탄틴의 지도를 받아 로마에서 수사학을 가르쳤고 조금은 엄격한 노인으로서 그리스도의 믿음을 받아들였고 아리우스를 대적하는 몇 권의 책을 집필했다.

잡신들은 한때 로마가 정복한 신들이었으나 이제는 로마가 숭배하는 신들이 되어 빅토리누스까지도 우레와 같은 웅변으로 오랫동안 그것들을 옹호해 왔습니다. 그러던 그가 이제는 당신의 세례로 다시 태어나 그리스도의 어린아이가 되었고 겸손의 멍에를 목에 매고 십자가의 수치 앞에 엎드리기를 부끄러워하지 않았던 것입니다.

4. 오, 주님, 하늘을 드리우고 강림하시며 산들에 접촉하사 연기가 발하게 하시는(시 144:5) 전능하신 이여, 당신은 어떤 방법으로 그의 마음속에 들어가신 것입니까? 심플리키아누스의 말에 의하면 빅토리누스는 성경을 읽고 모든 기독교 문헌들을 철저히 조사 연구한 후 그에게 은밀히 그리고 다정하게 "나는 이제 기독교 신자가 되었다는 것을 자네는 알아야 하네"라고 말했다고 합니다. 이 말에 심플리키아누스는 "내가 자네를 기독교회 안에서 보지 않는 한 자네가 말한 것을 믿지도 않을 것이요 또한 자네를 기독교 신자로 간주하지도 않겠네"라고 대답했다고 합니다. 빅토리누스는 이 말을 듣고 비웃으면서 "그러면 교회의 벽이 교인을 만드는 것인가?"라고 대답했다는 것입니다. 그가 자주 자주 자신이 이제 기독교 신자가 되었다고 말할 때마다 심플리키아누스는 같은 대답을 반복했었다고 합니다. 그는 잡신을 섬기는 교만한 자기 친구들의 감정을 상하게 할까봐 두려워했던 것입니다. 그는 주님이 아직 꺾지 않으신 레바논의 백향목(시 29:5)처럼 거만한 바빌론의 고위층 친구들로부터 심한 적개심의 폭풍이 자기에게 몰아칠 것으로 생각했습니다. 그러나 그 후 그는 독서와 명상을 통해 점점 용기를 얻게 되었고 그가 사람들 앞에서 그리스도를 부인할 경우 그리스도도 거룩한 천

사들 앞에서 그를 부인할 것이라는 두려움을 갖게 되었습니다(눅 9:26). 그리하여 그는 스스로 교만해진 악마들의 뒤를 따르며 그들을 섬기는 의식에 참여한 신성모독은 부끄러워하지 않으면서도 당신 말씀의 겸손의 성례는 부끄럽게 여긴 것을 큰 죄로 생각하게 되었습니다. 이제 그는 허망한 것을 물리치고 진리 앞에 부끄러움으로 서게 되었습니다. 심플리키아누스가 나에게 말한 바에 의하면 빅토리누스는 어느 날 갑자기 그의 예상을 뒤엎고, "자, 교회에 같이 가세! 나는 기독교 신자가 되기로 결심했네!"라고 말하였다는 것입니다. 이 말을 듣고 심플리키아누스는 기쁨을 억제하지 못하면서 그와 함께 교회에 갔습니다. 빅토리누스는 곧 세례 지망자로서 학습을 받게 되었고 얼마 안 가서 세례로 거듭나기 위해 자기 이름을 적어 넣게 되었습니다. 이에 로마의 도시는 깜짝 놀랐고 교회는 기뻐해 마지않았습니다. 그것을 보고 거만한 자들은 분을 내며 이를 갈면서 자지러졌으나(시 112:10) 주 하나님은 당신의 종의 소망이 되시사 그들의 허위와 거짓과 광란에 마음을 두지 않게 하셨습니다.

5. 마침내 그가 신앙고백을 할 때가 왔습니다(그 당시 로마의 관습에 의하면 입교하고자 하는 자들은 그들이 암기했던 일정한 형식의 교리[3])를 모든 신자들 앞에서, 높은 단 위에서 암송하는 것이 예사였습니다). 그러나 공석에서 신앙고백하기를 수줍어하는 사람들을 위해 사석에서 신앙고백을 하는 경우도 있었기에 사제는 빅토리누스에게 원하면 그렇게 할 수 있는 기회를 주겠다고 했습니다. 이

---

3) 요리문답을 암송하는 시간에 행해진 사도신경 암송은 예비신자들이 세례를 받기 이전에 공개적으로 반복해서 암송해야 하는 것이었다.

때 빅토리누스는 자기의 구원을 성도들 앞에서 고백하기로 결심했습니다. 그는 구원이 없는 수사학도 공공연히 가르쳤고 미치광이들 앞에서 자기의 말을 아무 두려움 없이 하였는데 당신의 말씀을 고백하는 데 있어서 그가 당신의 온유한 무리를 두려워하였겠습니까? 그가 신앙고백을 하려고 단상에 올라갔을 때 그를 알고 있던 사람들은 즐거운 목소리로 그의 이름을 서로 말하고 있었습니다. 사실 그들 중에서 빅토리누스를 모르는 사람이 있었겠습니까? 즐거워하는 무리들의 입과 입에서 "빅토리누스! 빅토리누스!"라고 고요하게 속삭이는 소리가 터져 나왔습니다. 사람들은 그를 보자마자 환성을 올렸으나 그의 신앙고백을 들으려고 곧 조용해졌습니다. 그가 확실한 신념을 가지고 진실한 신앙을 고백하였을 때 모든 사람들은 그를 자기들의 마음 안으로 받아들이고 싶어 했습니다. 사실 그들은 사랑과 기쁨의 박수로 그를 영접한 것입니다. 그것이 바로 그를 사랑과 기쁨으로 자기들의 마음에 끌어들이는 표증이었습니다.

6. 오, 선하신 하나님, 전혀 절망해 본 적이 없고 또한 위험한 상태에 있어 보지도 않은 사람보다 절망과 큰 위험에서 구원받은 사람들을 놓고 사람들이 더 기뻐하는 이유는 무엇입니까? 오, 자비로우신 아버지, 당신도 회개할 필요가 없는 아흔 아홉의 의인보다 회개하는 한 사람으로 인하여 더 기뻐하십니다(눅 15:7). 우리도 길 잃은 양을 찾아 어깨에 메고 집에 와서 즐거워하는 목자의 이야기나(눅 15:5) 잃어버린 드라크마를 다시 찾아 이웃과 함께 즐거워하는 여인의 이야기를 들을 때마다 크게 기뻐합니다. 또한 우리가 당신의 집에서 죽었다가 다시 살아났으며 잃었다가 다시 찾은 둘째

아들의 이야기를 들으며 즐거운 예배를 드릴 때 복받쳐 오르는 눈물을 금치 못합니다(눅 15:24). 이렇듯 당신은 거룩한 사랑으로 성화된 당신의 천사들과 우리로 인해 기뻐하십니다. 당신은 영원토록 변치 않으신 분으로서 늘 변하는 모든 것을 변함없이 아시고 계십니다.

7. 그러면 우리가 좋아하는 것을 소유하고 있을 때보다 그것을 잃었다가 다시 찾게 되었을 때 더욱 기뻐하는 이유는 무엇입니까? 다른 많은 예가 이와 같은 사실을 증거해 주고 있습니다. 또한 많은 사실이 "그렇다"고 외쳐 증거하고 있습니다. 개선장군도 싸우지 않았으면 승리할 수 없습니다. 그리고 그 싸움의 위험이 크면 클수록 승리의 기쁨도 큽니다. 사나운 폭풍이 승객을 뒤흔들고 그들이 탄 배를 뒤집어엎을 듯 위협할 때 임박한 죽음에 직면하여 새파랗게 질리지 않을 자 그 어디 있겠습니까? 그러나 하늘이 맑게 개이고 바다가 잔잔해지면 그들의 공포가 컸던 것만큼 그들의 기쁨도 커지게 됩니다. 사랑하는 사람이 병들어 생명이 위급해 졌다면 그의 회복을 원하는 자들은 그와 함께 그 아픔을 느끼게 될 것입니다. 그러다가 그가 건강히 회복 되면 비록 전과 같이 온전히 건강하게 다니지 못한다 할지라도 그가 이전에 건강하게 다녔을 때보다 더욱 기뻐하게 됩니다. 인간은 진실로 어떤 아픔을 통해서라도, 기대하지 않았던 것이든 혹은 의도적으로 계획되었던 것이든 간에, 인생의 쾌락을 경험하게 됩니다. 배고픔과 목마름의 괴로움을 먼저 경험하지 않고서는 먹고 마시는 기쁨을 알지 못합니다. 술을 좋아하는 자들이 술을 들이키기 전에 짭짤한 고기를 먼저 먹는 것도 입에 불쾌한 갈증을 일으켜 술로 그것을 가시게 하기 위함이 아닙니까? 그렇게 함으로써 그들은 술 마시는 쾌감을 느끼게 됩니다. 약

혼한 여성을 결혼 즉시 남자에게 넘겨주지 않는 관습이 있는데 그것은 신랑으로 하여금 신부를 오래 기다리게 함으로 그를 더 아끼고 받들게 하기 위함입니다.

8. 이러한 경우는 더럽고 부끄러운 쾌락을 추구하거나 사회에서 허락하는 정당한 즐거움을 추구하는 모습에서 동일하게 관찰할 수 있습니다. 또한 이러한 경우는 솔직한 우정에 있어서나 죽었다가 다시 살고 잃었다가 다시 찾게 된 자에게서도 마찬가지입니다(눅 15:24). 이처럼 큰 기쁨이란 어디서나 큰 고통을 겪은 후에라야 경험하게 되는 것입니다. 오, 나의 주 하나님, 당신은 스스로 당신에게 영원한 기쁨이 되십니다. 그런데 당신 주위에 있는 어떤 피조물이 영원히 당신 안에서 즐거움을 누린다는 것은 무엇을 의미하는 것입니까? 또한 이 세상의 사물들이 변화무쌍하여 망하고 흥하며 불화하고 화해하는 그 뜻이 무엇입니까? 높고 높은 하늘에서부터 낮고 낮은 땅에 이르기까지 시간의 시작부터 시간의 끝까지 천사로부터 벌레에 이르기까지 최초의 운동으로부터 마지막의 운동에 이르기까지 당신은 모든 좋은 것들과 당신의 일들이 제각기 적절한 장소와 시간에서 이루어지도록 하셨는데 이것이 바로 당신이 정해주신 그들의 존재 모습인지요? 아, 나는 가련한 존재입니다. 내가 어떻게 가장 높은 것보다 더 높으시고 가장 깊은 것보다 더 깊으신 당신의 높이와 깊이를 감히 알 수 있겠습니까? 당신은 우리를 결코 떠나계시지 않으시나 우리가 당신에게 돌아가기란 그렇게 어렵습니다.

9. 오, 주님, 우리 안에서 역사하시어 당신에게 돌아가도록 인도하소서. 우리를 당신께로 끌어당겨 주소서. 당신의 향기를 우리에

게 나타내서 우리의 즐거움이 되어 주시고 우리로 하여금 사랑으로 달려가게 하소서(집회서 1:4). 빅토리누스가 처해 있었던 맹목의 심연보다 더 깊은 곳으로부터 나와서 당신께로 가까이 간 자가 얼마나 많습니까? 그들은 당신께로부터 오는 빛으로 조명을 받은 자들이 아닙니까? 당신은 그 빛을 받은 자들에게 당신의 자녀들이 될 수 있는 권세를 주셨습니다(요 1:12). 그렇지만 만일 그들을 아는 사람들이 많지 않을 경우에는 그들로 인하여 함께 즐거워할 사람들도 많지 않게 됩니다. 반면에, 많은 사람들이 함께 즐거워하면 각자가 느끼는 기쁨이 더 풍성하여집니다. 그것은 그들이 서로 기쁨의 열을 나누어 줌으로써 자신들이 그 열을 더 받게 되기 때문입니다. 더욱이 그들의 이름이 널리 알려진 사람들이라면 그만큼 더 많은 사람들에게 구원의 영향을 끼치고 결국 많은 사람들을 구원의 길로 가도록 인도합니다. 또한 그들보다 구원의 길을 먼저 가고 있는 자들도 그들로 인해 크게 기뻐하게 됩니다. 그것은 이름 있는 자들이 믿기 때문만 아니라 그들의 뒤를 따라 믿게 될 많은 사람들 때문입니다. 그러나 당신의 장막에서는 부자가 가난한 자보다 또는 귀족이 보통 사람보다 더 우대를 받아서는 절대로 안 됩니다. 오히려 당신은 세상의 약한 자들을 택하사 강한 자들을 부끄럽게 하시며 세상의 천한 자들과 멸시 받는 자들과 없는 자들을 택하사 있는 자들을 패하려 하십니다(고전 1:27-28). 당신은 이러한 말씀을 당신의 사도 중에서 지극히 작은 자(고전 15:9)의 입을 통하여 하셨습니다. 그 사도의 이와 같은 진술은 지방장관인 바울의 교만을 꺾고 그로 하여금 그리스도의 가벼운 멍에를 메고 위대한 왕의 시민이 되게 하였던 것입니다. 사도는 그러한 큰 승리를 기념하여 이전의 사울이라는 자기 이름 대신에 바울이라고 불리기를 더 원했던 것입니다. 마귀에게 강하게 사로잡혀 있는 사람이나 그의 도구가 되어 다른 많은 사람들에게 영향을 끼친 자를 정복하면 마귀의 세력은 그만큼 정복되는 것입니다. 그런데 마귀는 고위층에 있는 자들을 귀족의 이름하에 강하게 사로잡고 있으며 또한 그들의 권위를 통해서 다른 많은 사람들에게 큰 영향을 끼치고 있습니다. 그러므로 마귀가 절대로 빼앗기지 않을 자기의 성곽이라고(난공불락 도피처로) 여겼던 빅토리누스의 마음과 그의 강하고 예리한 웅변-마귀가 그것에 의해 많은 영혼을 살해했던-을 사람들이 높이 평가한 만큼 당신의 자녀들은 그로 인하여 더욱 더 기뻐하였습니다. 왜냐하면 우리의 왕 되신 주님께서 강한 자를 결박(마 12:29)하셨기 때문이며, 또한 그 강한 자의 그릇을 빼앗아 깨끗하게 하셔서 당신의 영광에 합당하게 하시고(눅 11:22-24) 모든 선한 일을 위하여 주님께 봉사하게 함을 당신의 자녀들이 알았기 때문입니다(딤후 2:21).

10. 당신의 종 심플리키아누스가 빅토리누스에 대한 이 모든 이야기를 나에게 해주었을 때 나도 그와 같은 자가 되고 싶다는 심정이 불같이 일어났습니다. 사실 이런 이유로 그도 빅토리누스의 이야기를 나에게 해주었을 것입니다. 또한 그는 줄리아누스 황제 때 기독교인은 학예와 수사학을 가르치지 못하게 법령을 제정한 일이 있었다고 했습니다. 그때 빅토리누스는 그 법에 순응하여 세상의 말을 파는 학교를 버리고 어린아이의 입에 웅변을 주시는 당신의 말씀을 택하였다는 것입니다(지혜서 10:21). 나에게는 빅토리누스가 용감할 뿐만 아니라 행복하게 보였습니다. 왜냐하면 그는 이제 당신께만 그의 모든 시간을 바칠 수 있는 기회를 가졌기 때문입니다.

사실 나도 그렇게 되기를 바랐던 것입니다. 그러나 나는 다른 사람의 쇠사슬에 의해서가 아니고 바로 나 자신의 의지의 쇠사슬에 의해 묶여 있었던 것입니다. 마귀가 내 의지를 지배하여 그것으로부터 쇠사슬을 만들었고 그 쇠사슬에 의해 나는 묶여 있었던 것입니다. 그것은 왜곡된 의지에서 욕심이 생겼고 욕심을 계속 따름으로 버릇이 생겼으며, 그 버릇을 끊지 못함으로 필연적 유혹이 생겼기 때문입니다. 오, 나의 하나님, 당신을 자유롭게 예배하고 즐기려 하는 새로운 의지가 내 안에 태어났어도 그 의지는 약해서 오랫동안 나를 사로잡고 있었던 강한 옛 의지를 이겨내지 못했습니다. 이리하여 나의 두 의지, 즉 옛 의지와 새로운 의지, 육의 의지와 영의 의지는 내 안에서 서로 싸워 내 영혼을 갈기 갈기 찢어 놓고 말았습니다.

11. 이제 나는 경험을 통해 내가 읽은 말씀 즉 육체의 소욕은 성령의 소욕을 거스리고 성령의 소욕은 육체의 소욕를 거스린다는 뜻을 이해하게 되었습니다(갈 5:17). 확실히 나는 양쪽에 다 마음을 두고 있었던 것입니다. 그러나 내 마음은 내가 좋지 않게 생각하는 편보다는 좋다고 생각하는 편에 더 두고 있었습니다(롬 7:18). 하지만 내가 좋지 않게 여겼던 편에 내 마음이 가 있을 경우에는 내가 좋아서 의도적으로 그런 것이 아니라 내 본뜻에는 거슬리나 할 수 없이 하게 된 것입니다. 이때에 그러한 버릇이 나를 거슬러 싸우는 원수가 된 것은 실은 나 때문이었으니 내가 지금 원하지 않는 상태에 있게 된 것도 결국은 내 의지에 의해 행한 것이기 때문입니다. 그러므로 죄인에게 마땅한 벌이 가해질 때 누가 감히 그것에

대해 불평할 수가 있습니까? 이제 나는 진리를 확실히 인식할 수 없기 때문에 세상을 버리고 당신 섬기기를 주저한다고 상투적인 변명을 할 수가 없었습니다. 왜냐하면 나는 이미 진리를 확실히 인식하고 있었기 때문입니다. 그러나 내가 아직 땅에 매여 있었던 탓으로 당신의 군사가 되기를 싫어했습니다. 또한 나는 당신에게 나아가는 길을 방해하는 장애물을 두려워했어야 하는데 오히려 그 걸림돌을 벗어나게 됨을 두려워했던 것입니다.

12. 결국 나는 잠이 몹시 와서 일어나지 못하는 사람처럼 이 세상의 짐에 눌려 일어나지 못하고 있었습니다. 당신에 대한 나의 생각은 마치 잠에서 깨어 일어나려고 하다가도 그 잠에 못 이겨 일어나지 못해 다시 누워버린 사람과 같았습니다. 물론 항상 자고 싶은 사람은 하나도 없을 것입니다. 깨어있는 것이 자고 있는 것보다 낫다고 함은 모두 알고 있는 사실입니다. 그러나 인간이란 자기의 사지가 풀려 노곤할 때는 잠에서 깨어 일어나기를 미루게 됩니다. 일어날 시간이 되어 이제 일어나야 하겠다고 생각은 하면서도 계속 자고 싶어 하는 것이 인간의 본성입니다. 이와 같이 나도 내 자신을 당신의 사랑에 바치는 것이 자신의 탐욕에 바치는 것보다 더 낫다고 생각은 했습니다. 그래서 전자의 길을 따르려 마음에 결심까지 했습니다. 그러나 후자의 길이 쾌락으로 내 의지를 사로잡아 포박하여 버렸습니다. 그러기에 잠자는 자여 깨어서 죽은 자들 가운데서 일어나라, 그리스도께서 네게 빛을 비추시리라(엡 5:14)고 부르시는 하나님 당신의 음성에 나는 전혀 대답하지 못했습니다. 당신은 여러 면으로 당신이 말씀하신 것이 진리임을 보여 주셨습니

다. 그러나 나는 그 진실을 확신하면서도 "조금만 더 자도록 내버려 두시오!"하고 잠꼬대처럼 말하는 것 외에 달리 할 말이 없었습니다. 그런데 "잠깐만"은 전혀 잠깐이 아니었고 아주 오랜 시간동안 자고 말았습니다. 그러므로 내 지체 속에서 한 다른 법이 내 마음의 법과 싸워 내 지체 속에 있는 죄의 법 아래로 나를 사로잡았을 때 내가 속사람으로 하나님의 법을 즐거워하였음은 헛된 일이었습니다(롬 7:22). 그 죄의 법이란 다름 아닌 습관의 폭력으로서 이로 인해 인간의 마음은 자신의 의지에 역행해서까지 붙잡혀 있기도 하고 가기도 합니다. 그러나 인간이 그렇게 붙잡히게 된 것도 처음에는 스스로 원해서 습관화된 것이니 핑계할 수 없습니다. 오호라 나는 곤고한 사람이로다. 이 사망의 몸에서 누가 나를 건져내랴? 다만 우리 주 예수 그리스도를 통한 당신의 은혜밖에는 없습니다(롬 7:24-25).

13. 오, 나의 도움이시오 구원이 되시는 주 하나님! 당신이 어떻게 하여 나를 굳게 묶어 놓았던 정욕의 쇠사슬과 세상의 일에 대한 염려로부터 구해 주셨는지 당신께 고백하며 당신의 이름을 송축하고자 합니다(시 19:14). 나는 그럭저럭 일상생활의 삶을 살아갔지만 불안은 점점 심해져 매일매일 당신에게 한숨을 쏟아 놓았습니다. 나는 내가 시달리고 있던 잡무에서 틈이 날 때마다 당신의 교회를 자주 드나들었습니다. 그때 알리피우스는 나와 함께 있었습니다. 그는 재무관의 보좌관으로서 세 번째의 법적 임기를 마쳤으므로 이제는 그 자리를 떠나 내가 말재주를 가르치며 팔고 있듯이 법률상담을 하려고 상담자들을 찾고 있었습니다. 네브리디우스는 밀

라노의 한 시민이요, 문법교사이며 우리들의 절친한 친구이기도 한 베레쿤두스를 도와 그 밑에서 착실히 공부를 가르치고 있었습니다. 그가 그렇게 한 것도 우리의 우정관계 때문이었으니 베레쿤두스가 정말 그의 도움이 필요해서 도와달라고 요청을 했고 또한 우리도 그렇게 하라고 권면했었던 것입니다. 그러므로 네브리디우스가 그런 일을 맡은 것은 결코 어떤 이득의 동기에서 한 것이 아니었습니다. 만일 그가 원했다면 그 자신이 학교를 열어 문학을 가르침으로 더 많은 이익을 얻을 수 있었던 것입니다. 가르치는 일에 종사하면서도 그는 대단히 슬기 있게 세상을 살아갔으니 혹시나 자기의 이름이 세상의 유명 인사들에게 알려질까 봐 경계했습니다. 이렇게 네브리디우스는 자기 마음이 흐트러질까 봐 세상의 잡무에 얽매이지 않기를 원했습니다. 따라서 그는 될 수 있으면 많은 여가를 내어 지혜에 대하여 탐구하고 읽으며 들으려 노력했습니다.

14. 그런데 어느 날 나와 알리피우스가 집에 있을 때 폰티키아누스라는 사람이 찾아왔습니다. 그는 아프리카 출신으로 우리의 동향인이었고 궁정에서 높은 벼슬을 하고 있었던 사람이었습니다. 그가 무엇 때문에 왔었는지는 몰랐어도 우리는 그저 앉아 서로 이야기를 하게 되었습니다. 그때 우리 앞에 노름을 할 때 사용한 책상이 하나 있었는데 그는 어쩌다가 그 위에 놓여 있던 한 책을 보게 되었습니다. 그가 그 책을 집어 들고 펴보니 기대했던 것과 정반대로 사도 바울의 서신이었음을 알게 되었습니다. 그는 이 책이 내 교수법에 관계된 골치 아픈 수사학 책일 것이라 상상했던 것입니다. 그러기에 그는 칭찬하는 안색으로 나를 쳐다보고 미소 지으면

서 뜻밖에도 이 책만 보게 됨을 놀라며 기뻐하였습니다. 그것은 그가 신실한 기독교인이었기 때문입니다. 그는 자주 교회에 나가 우리 하나님이신 당신 앞에 엎드려 오래 기도하는 사람이었습니다. 내가 가장 주의 깊게 읽는 책이 성경이라고 그에게 말하자 그는 애굽의 수도사 안토니우스[4])에 대한 이야기를 하기 시작했습니다. 안토니우스의 이름은 이미 당신의 종들 사이에는 높이 알려져 있었지만 알리피우스와 나는 그때까지 단 한 번도 그에 대해 들어보지 못했습니다. 폰티키아누스가 이 사실을 알자 우리들의 무지에 대해 놀라면서 우리들에게 이 위대한 인물에 대해 오랫동안 이야기해 주었습니다. 우리는 그러한 당신의 위대한 역사가 최근에 당신의 교회와 참 신앙 안에서 많은 사람들에 의해 증명되었다는 사실에 깜짝 놀랐습니다. 우리 세 사람은 거의 다 놀랐습니다. 알리피우스와 나는 이러한 엄청난 이야기를 듣고 놀랐고 폰티키아누스는 우리가 그런 일들을 전혀 듣지 못했다는 사실에 놀랐습니다.

15. 그는 계속해서 그 다음으로 수도원에 사는 많은 무리들과 당신에게 드리는 향내와 같은 그들의 생활, 그리고 광야에서의 고독하지만 열매 맺는 풍성한 생활[5])에 대해 말했습니다. 그러나 우리는 이러한 일들을 전혀 모르고 있었습니다. 밀라노의 성 밖에도 암브로시우스의 돌봄 아래 운영되는 수도원이 있었는데 수도사들로 가득 차 있었습니다. 그러나 우리는 그것도 모르고 있었습니다. 그래서 그는 그런 이야기를 계속했고 우리는 조용히 앉아 열심히 듣고 있었습니다. 그가 이야기를 하던 중 다음과 같은 말을 하였습

---

4) 그는 주후 251년에 출생했다.

니다. 언젠가 자기와 자기의 동료 셋이 황제를 수행하여 트리어스스에 간 일이 있었습니다. 어느 날 오후(몇 시인지 분명히 모르지만) 황제가 원형극장에서 경마경기를 구경하고 있는 동안 그들 넷은 성 밖으로 나와 근방에 있는 정원에 산책하게 되었습니다. 그들은 둘씩 짝을 지어 거닐게 되었는데 한 사람은 자기와 함께 다른 두 사람은 저들대로 각각 다른 방향을 가게 되었습니다. 다른 두 사람은 이리저리로 걸어 다니다가 어느 조그만 오두막 집으로 들어갔습니다. 그곳에는 심령이 가난하여 천국을 유업으로 받은(마 5:3) 당신의 종들이 몇 명 살고 있었습니다. 그들 둘은 거기에서 안토니우스의 생애를 기록한 책 한 권을 보게 되었습니다. 그 두 사람 중의 하나가 그 책을 읽고 감탄하며 감격하기 시작했습니다. 그 책을 읽으면서 자기도 속세의 직업을 버리고 하나님만을 섬기는 생활을 하면 어떨까 생각해보았습니다. 그는 즉시 거룩한 사랑과 건전한 수치감으로 압도되어 자신을 향해 격분하면서 그의 친구를 쳐다보고 이렇게 말했습니다. "내 부탁이니 말 좀 해보게! 우리가 이렇게 고생하면서 추구하는 목적이 무엇이지? 우리가 제국의 공직에서 일하는 동기가 도대체 무엇이지? 우리가 궁정에서 일을 해도 결국은 '황제의 친구들'이 되는 것 이상은 바랄 수 없지 않겠는가? 만일 그 자리에 오른다 할지라도 거기가 얼마나 불안정하고 위험이 많은 곳인가? 그리고 큰 위험이 많은 그 자리에 마지막으로 오르려고 할 때 얼마나 많은 위험을 치러야 하는가? 그러나 하나님의 친

---

5) "당시 애굽에는 기독교 철학에 관해 학식 있는 자들로서 단순한 삶과 마음의 순전함을 통해 광야에 거하는 자들이 많았습니다. 이로써 '죄가 많은 곳에 은혜가 넘치도다'라는 사도의 말씀이 참되게 성취된 것입니다."

구가 되기 원하면 바로 지금도 될 수 있지 않은가?" 이렇게 말한 후 그는 새 생명이 터져 나오고 산고를 겪으면서 책장으로 눈을 다시 돌려 계속 읽어 내려갔습니다. 당신이 보신 바와 같이 그는 그러던 중에 내적인 변화를 받아 그의 마음은 세상의 무거운 짐에서 벗어나고 있었습니다. 이 사실은 얼마 가지 않아 곧 외부로 나타났습니다. 그가 책을 읽어 내려가는 동안 그의 마음속에서는 파도가 출렁대듯이 잠깐 동안 내적 갈등에 못 이겨서 신음소리를 냈습니다. 그러나 그는 결국 보다 나은 인생길을 택하였습니다. 이리하여 전적으로 당신의 종이 된 그는 자기 친구를 향해 "이제 나는 우리가 이때까지 가지고 있었던 모든 야심과 희망을 버리고 하나님만을 섬기기로 결심했네. 바로 지금 이 자리에서부터 이 일에 헌신을 하려고 하네. 자네가 이런 일을 하는 데 있어서 나를 따르기 싫거든 제발 반대만은 하지 말게!"라고 말을 하였습니다. 그의 친구는 이 말을 듣고 대답하기를 자기도 그와 함께 머물러 그런 위대한 봉사와 그에 따른 영광스러운 상급을 위해 일하는 데 친구가 되어 주겠다고 하였습니다. 이리하여 이 두 사람은 이미 당신의 것이 되었고 자기들이 소유한 모든 것을 버리고 당신을 따르는 비싼 대가를 치루면서 탑을 쌓아 올리기 시작했습니다(눅 14:28-33). 이때에 정원 반대쪽을 산책하고 있었던 폰티키아누스와 그의 친구는 다른 두 친구들을 두루 찾다가 이 집에 오게 되어 거기서 그들을 찾아 만나게 되었습니다. 폰티키아누스와 그의 친구는 그 두 친구를 보자 이제 날이 저물기 시작하니 그만 돌아가지고 권하였습니다. 그러나 그 두 친구는 자기들의 결심, 목적 그리고 어떻게 하여 자기들의 마음에 그러한 결심이 생기게 되고 굳혀지게 되었는지를 그들에게 말해 주었고 이어서 자기들과 함께 남아 있지 않으려거든 괴롭히지나 말라고 간청하였습니다. 폰티키아누스와 그의 친구가 비록 이전에 자기들이 걸어왔던 길을 떠나지는 못했어도 자기들의 옛 모습을 보고 슬퍼하면서 폰티키아누스가 말한 대로 그들을 칭찬했고 자기들을 위해 기도해 달라고 부탁하였습니다. 그리하여 이 두 사람은 땅의 것에 마음을 다시 향한 채 궁전으로 돌아왔고 다른 두 사람은 마음을 하늘에 붙인 채 그 집에 머물렀습니다. 이 두 사람에게는 모두 다 약혼녀가 있었는데 그들이 이 소식을 듣자 자기들도 정절을 하나님께 바쳤다고 했습니다.

16. 이것이 폰티키아누스가 말해 준 이야기였습니다. 오, 주님, 그가 이렇게 말하는 동안 당신은 나로 하여금 돌이켜 자기를 성찰하게 만드셨습니다. 내 자신을 살피기 싫어서 이때까지 내 등 뒤에 놓아두었던 나를 당신은 잡아떼어 내 얼굴 앞에 갔다 세워 놓으셨습니다. 그리하여 당신은 나로 하여금 내가 얼마나 보기 흉하고, 이그러지고, 더럽고, 썩었고, 종기투성이인지 보게 하셨습니다. 나는 나 자신이 보기 싫어서 나를 피해 어디로 가고 싶었으나 갈 곳은 없었습니다. 그래도 내가 나 자신에게서 눈길을 돌리려고 하면 폰티키아누스는 여전히 그 이야기를 계속하고, 당신은 다시 나를 내 앞에 가져다 놓아 내 눈앞으로 밀어 붙였으니 그것은 나로 하여금 내 죄를 보고 미워하게 하기 위함이었습니다(시 36:2). 물론 나는 내 죄를 보고 알게 되었습니다. 그러나 나는 그것을 못 본 체하고 억눌러 망각하려 했던 것입니다.

17. 바로 그 때 그 두 사람이 구원을 받기 위하여 자신들을 당신께 헌신하였다는 건전한 사랑의 이야기를 듣고 그들을 사랑하는 마음이 불타게 되었습니다. 내가 그들을 사랑하는 마음이 강할수록 그들과 비교된 나 자신이 미워졌습니다. 내가 열아홉 살 때에 키케로의 '호르텐시우스Hortensius를 읽고 처음으로 지혜를 탐구하려는 열정에 불탔었는데, 그 후 어언간 십 이년이라는 긴 세월이 흘렀습니다. 그러나 나는 아직도 세상의 낙을 끊어 버리지 못해 지혜를 탐구하는 일을 미루어 왔던 것입니다. 비록 지혜를 발견하지는 못할지라도 그것을 탐구하는 일 자체는 세상의 왕국이나 보화나 쉽게 구할 수 있는 육체적 쾌락을 찾아 얻는 것보다 더 중요한 것이었습니다. 그러나 불쌍한 젊은 이 놈은 처절했던 청년 초기부터 당신에게 순결을 빌면서 말하기를 "나에게 순결을 주소서. 절제를 주소서. 그러나 아직은 주지 마옵소서"라고 말했던 것입니다. 그 이유는 당신이 너무 빨리 내 소원을 들어주시면 꺼지기보다는 충족되기를 원했던 내 정욕의 병으로부터 내가 너무 빨리 고침을 받을까 두려워했기 때문입니다. 그리하여 나는 신성모독의 미신을 좇아 사악한 길을 헤매며 돌아다녔습니다. 그 종교에 대하여 내가 어떤 확신을 가지고 있어서가 아니라 내가 신앙적으로 탐구하려 하기보다는 부정적으로 반대 했던 다른 종교들에 비해 그것이 더 낫다고 생각했기 때문입니다.

18. 나는 세상의 희망을 버리고 당신만을 따라야 하겠다는 결심을 매일 매일 미루어왔던 이유는 내 길을 인도할 확실한 목적이 나타나지 않았기 때문이라고 생각했습니다. 그러나 이제 내가 벌거숭

이로 내 앞에 서고, 내 양심이 나를 꾸짖는 소리를 들을 날이 다가온 것입니다. "네 혀가 어디 있느냐? 네가 언젠가 말했지? 세상의 헛된 짐일지라도 확실하지 않은 진리를 위해서는 버리지 못하겠다고, 보라! 이제 진리가 확실히 이해되었는데 너는 아직도 너의 짐의 무게 밑에 눌려 있는구나! 다른 사람들을 보라. 그들은 진리의 확실성을 탐구하는 데 그렇게 피곤을 느끼지도 않았고 그런 일에 십년 이상이나 되도록 생각하지도 않았다. 그래도 그들은 날개를 얻어 어깨의 짐을 벗어버리고 날지 않느냐?" 폰티키아누스가 이 이야기를 하는 동안 내 속은 썩어 들어가는 듯 괴로웠고 나는 부끄러움과 두려움에 압도되어 몸 둘 바를 몰랐습니다. 그는 이야기를 다 끝내고 나를 찾아 온 일을 다 마친 다음 자리를 떠났습니다. 그리고 나는 이제 내 자신으로 들어왔습니다. 내가 무슨 말을 내 안에서 나를 향해 하지 않았겠습니까? 나는 자책의 채찍을 휘둘려 내 영혼을 쳐서 당신을 따르려고 애를 쓰는 나를 따르라고 하였습니다. 그러나 내 영혼은 뒷걸음질만 하였습니다. 내 영혼은 따라나서기를 거절하면서도 변명의 이유를 대지는 못하였습니다. 이론이라는 이론과 논증이라는 논증은 다 동원되었으나 무너져 버리고 남는 것이란 떨리는 침묵밖에 없었습니다. 내 영혼은 습관의 흐름이 저 지당하는 것을 죽음처럼 두려워하였으나 사실은 바로 그 습관 때문에 영혼이 죽음으로 빠져들어 가고 있었습니다.

19. 이렇듯 내 영혼의 밀실(사 26:20; 마 6:6)에서 내가 내 영혼을 상대로 시작한 강력한 전투가 일어나 내 마음과 얼굴이 흥분한 상태에 있을 때 나는 알리피우스를 붙들고 소리를 질렀습니다. "우

리에게 무엇이 잘못된 것인가? 자네도 방금 들은 이야기가 무엇을 의미하는 것이지? 우리처럼 교육을 받지 못한 사람들이 일어나서 천국을 침노하는데(마 6:12) 소위 모든 학문을 닦았다고 하는 우리들은 지금도 혈육의 진흙탕에서 뒹굴고 있는 것을 보라! 다른 사람들이 우리보다 앞서 갔기에 우리가 그들의 뒤를 따라 가기가 부끄러워서 그럴까? 그들의 뒤를 따라가지 못한 것 자체가 부끄럽지 않은가?" 이와 같은 말을 한 다음 나는 너무 흥분한 나머지 벌떡 일어나 알리피우스를 버려두고 밖으로 나왔고 그는 깜짝 놀라 말없이 나를 쳐다보고만 있었습니다. 왜냐하면 나의 말하는 투가 평상시 내 모습과 같지 않았기 때문입니다. 사실 나의 이마와 볼과 눈과 안색과 말하는 어조가 내가 한 말보다 나의 심정을 더욱 잘 말해 주고 있었습니다. 우리들이 세를 들어 살고 있던 집에 정원이 있었습니다. 그 집 주인이 거기에 살고 있지 않았으므로 우리는 이 정원도 그 집과 함께 전부 사용하고 있었습니다. 내 가슴 속에서 일고 있는 파도는 나를 그 정원으로 몰아내었습니다. 그곳은 내가 내 자신을 상대로 일으킨 열전이 끝날 때까지 나를 방해할 사람이란 하나도 없었습니다. 그러나 그 싸움이 어떻게 끝날지에 대해서는 당신만이 아실뿐 나는 모르고 있었습니다. 내가 현재 얼마나 불행한 처지에 있는지 알고 있었지만 조금 후에 얼마나 좋게 될 것이라는 것을 모르고 있었기 때문에 나는 미치며 죽어가고 있었습니다. 그러나 그 미침 속에 건강이 깃들어 있었고 그 죽음 안에 새 생명이 움트기 시작했습니다. 그래서 나는 정원으로 들어갔습니다. 알리피우스도 내 뒤를 좇아 한걸음 따라왔습니다. 그가 내 옆에 있다고 해서 내 고독이 덜하여진 것은 아니었지만 그와 같은 상태에 빠져 있는 나를 어찌 홀로 둘 수 있었겠습니까? 우리는 가능한 한 집에서 멀리 떨어져서 앉았습니다. 오, 나의 하나님, 나는 영적으로 심한 번민을 하고 있었습니다. 내 모든 뼈가 나에게 당신의 뜻을 받아들이고 당신과 계약을 맺으라고 하늘 높이 부르짖어도 나는 그것을 받아들이지 않았습니다. 그래서 나에 대한 나의 분노는 걷잡을 수 없이 치밀어 올라왔습니다. 그곳에 가는 길은 배나 수레나 발로 가는 길이 아니요, 집에서 우리가 앉아 있는 이곳까지 걸어온 그 거리도 안 되는 길이었습니다. 그 길을 따라갈 뿐만 아니라 그 길이 인도하는 목표에 도달하기 위해서는 의지만 있으면 되었습니다. 그러나 그 의지는 강하고 온전해야지 결코 때를 따라 이리저리 비틀거리고 흔들려서는 안 됩니다. 즉, 변하고 비뚤어지고 흔들려서 한쪽이 기울었다가 다른 쪽이 올라갔다가 하면서 몸부림치는 그런 의지는 안 됩니다.

20. 이렇듯 나는 결단을 내리지 못해 고민하고 있었습니다. 나는 마치 사람들이 몸을 움직이고 싶어도 손발이 없다든가 혹은 손발이 묶여 있다든가 병으로 약해졌든가, 혹은 어떤 이유로 불구가 되었다는 이유로, 마음대로 움직이지 못해 몸부림치는 것과 같았습니다. 내가 만일 머리를 잡아 뜯거나 내 이마를 주먹으로 치거나 양손가락을 끼어 무릎을 당긴다면 그것은 바로 나 자신이 그렇게 하기 원했기 때문입니다. 그러나 내 손발의 움직임이 내가 원하는 의지에 따라 응해 주지 않았다면 내가 그렇게 원했다 할지라도 그것을 할 수가 없었을 것입니다. 그러므로 사실 나는 내가 원하는 것과 내가 할 수 있다는 능력 사이에 모순이 되는 행동을 많이 하고 있었던

것입니다. 또한 나는 내가 가장 중요하게 희망했던 그 한 가지 일도 하지 않았습니다. 내가 그것을 하려고 하는 뜻만 있었다면(그리고 그 뜻이 온전했다면) 나는 그것을 했을 것입니다. 이 경우엔 할 수 있는 능력과 하려는 뜻이 일치됨을 말합니다. 즉 무엇을 원한다는 것은 그것을 행한다는 것을 의미합니다. 그러나 나에게는 그렇게 되지 않았습니다. 내 몸은 마음이 원하는 대로 그의 손발을 움직여 쉽게 따랐지만 내 마음은 마음이 원하는 바를 따라주지 못했던 것입니다.

21. 이런 이상한 현상은 어디서부터 오는 것입니까? 왜 이러한 현상이 일어나는 것입니까? 당신의 자비로 나를 비추사 나로 하여금 그 해답을 찾게 하소서. 혹시나 그것이 인간이 지은 죄에 대한 은밀한 형벌 때문인지 또는 아담의 후손들이 겪는 어두운 고통 때문인지 나는 알지 못합니다. 도대체 이런 이상한 현상은 어디서 오는 것입니까? 왜 그러한 현상이 일어납니까? 마음이 육체에게 명령을 하면 곧 그대로 합니다. 그러나 마음이 자신에게 명령을 하면 듣지 않습니다. 마음이 손에게 움직이라 명하면 곧 그대로 행하기 때문에 명령과 복종의 행동 사이에는 거의 차이가 없을 정도입니다. 그러나 마음은 마음이요, 손은 육체의 일부분입니다. 마음이 마음에게 무엇을 하라고 명하면 둘 다 같은 마음이지만 자신의 명령을 따르지 않습니다. 이런 이상한 현상이 어디서 오는 것입니까? 왜 그런 현상이 일어납니까? 마음이 마음에게 무엇을 하라고 명할 때 그 마음이 그것을 하려고 원하지 않았다면 그런 명령도 하지 않았을 것입니다. 그런데 마음은 자신이 원하는 것을 하지 않은 것입니다. 그러나 실은 마음이 그것을 하려고 전적으로 원하지 않았기

에 전적으로 명령을 하지 않을 것입니다. 마음이 원하는 한, 마음은 명령합니다. 따라서 마음이 원하지 않는 한, 명령한 것이라 할지라도 그것은 이행되지 않습니다. 마음의 의지는 하라고 명합니다. 그러나 그 명령은 다름 아닌 자신에게 하는 것입니다. 그 자신이 그 명령을 이행하지 않는 이유는 마음의 원하는 바가 완전하지 못하기 때문입니다. 만일 그 마음의 원하는 것이 완전하고 온전한 것이었다면 자신에게 그렇게 하라고 명령을 할 필요조차 없습니다. 왜냐하면 그것은 이미 그렇게 되어버린 것이기 때문입니다. 그러므로 마음이 일부 하고 싶다, 일부 하고 싶지 않다고 하는 것은 이상한 현상이 아닙니다. 그것은 우리 마음의 병일뿐입니다. 우리의 영혼이 진리에 떠받쳐 있어도 습관의 무게에 눌리어 전혀 일어나지 못하고 있는 것입니다. 그러므로 우리에게는 두 가지 의지가 있습니다. 그 둘이 각각 온전하지 못해서 한 편에서 부족한 것을 다른 편에서 찾는 것입니다.

22. 오, 하나님, 망령된 말을 하고 사람의 마음을 유혹하는 무리들(딛 1:10)을 당신의 존전에서 사라지게 하소서(시 68:2). 그들은 인간이 무엇을 숙고할 때 두 의지가 나타나는 것을 보고 선하고 악한 두 가지 다른 본성을 가진 두 정신이 우리에게 있다고 결론을 내립니다. 그들이 이런 악한 생각을 품고 있을 때 그들은 스스로 악한 자들이 되고 맙니다. 그러나 그들이 진리를 알고 그 진리에 순응하면 선한 자들이 될 수 있습니다. 그러면 당신의 사도가 너희가 전에는 어두움이더니 이제는 주 안에서 빛이라(엡 5:8) 한 말씀이 그들에게 적용될 것입니다. 그런데 그들은 영혼의 본성이 하나님의 본성과 같다고 상상하여 주님 안에서 빛이 되기보다는 자기

안에서 스스로 빛이 되기를 원하였습니다. 그 결과로 그들은 가공할 교만으로 인해 참 빛, 곧 세상에 와서 각 사람에게 비취는 빛(욥 1:9)이 되신 당신을 멀리 떠나 더 어두운 것이 되고 말았습니다. 내가 그들에게 말하노니 말을 삼가고 부끄러움으로 얼굴을 가리우라. 주님께 가까이 나아가 빛을 받아라. 그러면 네 얼굴은 부끄러움을 면케 될 것이다(시 34:5). 내가 오랫동안 계획했던 대로 주님을 섬기려 했을 때 그것을 원하는 것도 나요, 그것을 원치 않는 것도 바로 나였습니다. 이렇든 저렇든 간에 결국 그것은 내가 한 것이었습니다. 나는 완전히 원한 것도 완전히 원하지 않은 것도 아니었습니다. 그러므로 나는 내 자신과 더불어 싸우고 있었고 내 자신에 의해 스스로 분열되어 있었던 것입니다. 이 싸움은 다름 아닌 내 의지를 상대로 일어난 싸움이었습니다. 그것은 내 안에 다른 마음의 본성이 있어서 생긴 것이 아니라 내 자신에 대한 벌이라고 생각했습니다. 그러므로 그 싸움의 원인은 내가 아니요 내 안에 있는 죄였습니다(롬 7:17). 그리고 그 죄란 아담이 자발적으로 지은 죄의 벌로부터 온 것인데 사실 나는 바로 그 아담의 후손이었던 것입니다.

23. 사람 안에 서로 대립되는 많은 본성이 있다면, 실은 사람 안에 두 본성만 있는 것이 아니라 많은 본성이 있다고 보아야 합니다. 어떤 사람이 마니교도들의 집회소에 갈까 혹은 극장에 갈까 고민 중이라고 가정해 봅시다. 이에 대해 마니교도들은 다음과 같이 말할 것입니다. "보라, 여기에 사람이 두 본성을 가지고 있다는 좋은 예가 있다. 하나는 선한 본성을 통해 이곳으로 인도하고 다른 하나는 악한 본성을 통해 다른 곳으로 인도한다. 그렇지 않다면 이 상반된 두 의지의 망설임을 어떻게 달리 설명할 수 있겠는가?" 내

가 말하고 싶은 것은 그들에게 가고 싶은 의지나 극장에 가고 싶은 의지나 둘 다 나쁘다는 것입니다. 그러나 그들은 자기들에게 이끄는 의지는 좋은 것이라고 생각합니다. 그러면 우리 중에 어떤 사람이 우리 교회로 갈까 혹은 극장에 갈까 심중에 결정하지 못하고 서로 상반되는 두 의지 사이에서 망설이고 있다고 가정해 봅시다. 이 경우에 그들은 어떻게 대답을 해야 할지 망설이지 않을까요? 그들은 이렇게 말하고 싶지 않지만 우리 교회에 가도록 인도하는 충동은 선한 의지라고 고백하든지 그렇지 않으면 그 사람 속에서 나쁜 두 본성과 두 정신이 서로 싸운다고 생각해야 합니다. 그렇다면 그들이 항상 말하듯이 둘 중에 하나의 본성은 나쁘고 다른 하나의 본성은 선한 것이라고 주장하는 그들의 말은 틀린 것이 됩니다. 따라서 그들은 진리로 돌아와서 사람이 무엇을 하려고 숙고할 때 하나의 영혼이 서로 상반되는 두 가지 의지 사이에서 고민하고 있다는 사실을 부정해서는 안 됩니다.

24. 그러므로 한 사람 안에서 두 의지가 서로 싸우는 현상을 보고 그 싸움이 선과 악의 두 실체로부터 유래된 두 영혼의 싸움이라고 설명해서는 안 됩니다. 진리의 하나님, 당신은 그렇게 생각하는 자들을 꾸짖으시고 논박하시고 심판하십니다. 두 의지가 다 나쁜 경우를 예로 들어 봅시다. 어떤 사람이 다른 사람을 살해하려고 할 때 독약으로 할까 혹은 칼로 할까 생각하는 경우, 다른 사람의 재산을 다 취할 수 없으니 이것을 취할까 혹은 저것을 취할까 하는 경우, 또는 돈을 탕진하여 쾌락을 살까 혹은 탐욕으로 인해 돈만 꼭 붙들고 있을까 하는 경우를 생각해 보십시오. 그리고 같은 날에 경마장과 극장이 다 문을 열었을 때 이곳에 갈까 저곳에 갈까 생각하

는 경우도 있습니다. 셋째로 기회가 있으면 남의 집을 털까 말까하는 경우와 넷째로 기회가 있으면 음행을 할까 말까 하는 경우도 생각해 볼 수 있습니다. 이 모든 생각이 동시에 일어나고 또한 똑같이 이루어지기를 바라지만 그렇게 하기란 불가능합니다. 그러므로 그 사람의 영혼은 서로 상반되는 네 가지의 의지에 의하여 아니 더 많은 상반된 요구의 수에 따라 더 많이 분열되게 됩니다. 그러나 마니교도들은 그처럼 서로 다른 많은 실체가 있다고 주장하지는 않습니다. 인간이 가지고 있는 선한 의지에 대해서도 마찬가지입니다.

내가 그들에게 사도의 글[6]을 즐거이 읽는 것이 좋은지, 그렇지 않으면 시편을 즐거이 묵상하는 것이 좋은지 그렇지 않으면 복음서를 읽고 토의하는 것이 좋은지 물어보았다고 합시다. 그들은 이 물음에 모두 다 "좋다"고 대답할 것입니다. 그러나 우리가 그 모두를 똑같은 시간에 읽고 싶을 때는 어떻게 되겠습니까? 우리 마음이 그 중에 하나를 선택하려고 숙고하는 동안 서로 다른 의지들이 우리의 마음을 고민하게 만들지 않겠습니까? 이 모든 하고 싶어 하는 의지는 좋은 것만은 사실입니다. 그러나 그 중에서 하나의 의지가 선택될 때까지는 모든 의지들이 서로 경쟁하게 됩니다. 이렇게 하다가 하나의 선택이 되면 이전에 여러 방면으로 나누어져 있던 그 의지가 안정이 되고 하나가 됩니다. 영원한 축복이 우리를 위에서 끌어올리고 세상의 좋은 것이 우리를 밑에서 잡아당길 때도 마찬가지로 같은 하나의 혼이 하나의 의지를 가지고 양자택일을 전적으로 원하지 않습니다. 따라서 영혼은 진리 때문에 전자를 선택하나 습관 때문에 후자를 버리지 못해 괴로운 번민으로 분열되는 것입니다.

---

[6] 사도 바울을 지칭함.

25. 이렇게 병든 나의 영혼은 괴로워하고 있었습니다. 나는 이전보다 나 자신을 더 질책하였고 나를 매고 있던 쇠사슬이 풀릴 때까지 뒤틀고 몸부림쳤습니다. 물론 그때 나는 거의 쇠사슬에서 풀려 나왔으나 아직 묶인 것이 조금 남아 있었습니다. 오, 주님, 당신은 내 마음의 깊은 곳에서 엄한 자비로써 나를 밀어 붙여 두려움과 부끄러움의 채찍을 들어 나를 두 배로 치셨습니다. 그것은 당신께서 내가 다시 후퇴하지 않도록 또한 나를 아직도 조금 묶어 놓고 있던 가느다란 나머지의 쇠사슬이 끊어지지 않고 다시 강하게 굳어져서 나를 더 단단히 묶어 버리지 않도록 하기 위함이었습니다. 나는 속으로 "자, 지금 그렇게 하자. 지금 그렇게 하자"고 말을 하였습니다. 그 말을 하자마자 나는 거의 내가 하고 싶은 결심을 향해 움직이기 시작했습니다. 나는 거의 그렇게 결심할 뻔 하였습니다. 그러나 아직 그렇게 하지는 않았습니다. 그렇다고 내가 옛 상태로 떨어져 들어가지는 않았고 다만 그 근방에서 숨을 돌리고 있었습니다. 나는 다시 노력하여 그 결심에 도달하려고 거리를 좁혀 가까이 갔습니다. 나는 손을 내밀어 그것을 거의 붙잡을 뻔 하였습니다. 그러나 나는 아직 거기에 도달하거나, 손을 대거나 그것을 붙잡을 수는 없었습니다. 나는 아직도 죽음의 삶을 죽이고 참 삶을 살기를 망설였던 것입니다. 그것은 아직 경험해 보지 못한 선보다는 습관화된 악이 나를 더 강하게 지배하고 있었기 때문입니다. 그리하여 내가 "새 존재"가 되려는 순간이 가까이 올수록 더 큰 두려움이 나를 엄습하였습니다. 그러나 이 모든 것이 나를 아주 뒤로 물러서게 하거나 고개를 돌리게 하지는 못하였습니다. 나는 결정을 못한 채 머뭇거리고만 있었습니다.

26. 나는 아직도 내가 오랫동안 애착심을 가지고 대해 왔던 헛되고 헛되며 어리석기 짝이 없는 장난감 같은 것들을 꼭 붙들고 있었습니다. 그들은 나의 옷자락을 슬쩍 치면서 고요히 "당신이 우리를 정말 버리고 떠나가렵니까? 그러면 이제부터 우리는 당신과 영원히 함께 있을 수 없단 말입니까? 이제부터는 당신이 이런 일 저런 일을 영원히 할 수 없다는 말입니까?"라고 속삭였습니다. "이런 일 저런 일"이라는 말이 나에게 무엇을 암시합니까? 오, 나의 하나님, 그 말이 나에게 무엇을 암시해 주고 있는 것입니까? 당신의 자비가 역사하시어 종의 영혼에서 이런 것들을 멀리 해 주소서. 아, 그것들은 얼마나 더럽고 부끄러운 것을 암시하는지요? 나는 그것들이 말한 것을 절반도 듣지 못하였습니다. 이제 그것들은 나와 정면으로 대결하지 않고 오히려 내 등 뒤에서 부드럽게 속삭이듯 말하였으며 내가 슬쩍 뒤로 돌아보도록 옷깃을 살짝 잡아당기는 것 같았습니다. 그렇게 그것들은 나의 발걸음을 느리게 만들었습니다. 그로 인하여 나는 그것들을 떨쳐버리고 부름 받은 곳으로 뛰어가기를 머뭇거렸습니다. 이때 습관의 폭력은 내게 "네 생각에 그것들이 없어도 과연 살 수 있을 것 같으냐?"라고 말하는 것 같았습니다.

27. 그러나 이런 소리가 이제는 아주 작아졌습니다. 그것은 내가 마지막 일보를 내딛기 두려워했던 그곳을 향해 고개를 돌렸을 때 거기에서 나오는 순결한 부정이 없는 기쁨에 차 있는 모습이었습니다. 그녀는 나에게 주저하지 말고 자기에게 오라고 진심으로 초대하며 선한 많은 사람들을 안고 있는 거룩한 그 손을 펴서 나를 영접하고 품어 안으려 했습니다. 그 손 안에는 대단히 많은 소년 소녀, 그리고 여러 젊은이들이 있었습니다. 또한 그 안에는 엄숙한

과부들과 처녀로 늙은 많은 여인들이 있었습니다. 오, 주님, 그들 안에는 절제가 깃들여 있었기에 그들은 수태하지 못했어도 그들의 남편 되신 당신을 통해 기쁨이라는 자식을 많이 낳은 신앙의 어머니들이었습니다.

그녀는 격려하는 표정으로 나를 보고 웃으면서 이렇게 말하는 것 같았습니다. "너는 이 젊은 남녀들이 하는 일을 할 수 없다는 말이냐? 네 생각에는 이 사람들이 이런 일을 주님의 도움으로 하지 않고 자기들의 힘으로만 하는 것 같으냐? 그들의 하나님이신 주님께서 나를 그들에게 선물로 주신 것이다. 왜 너는 네 발로만 서려고 하느냐? 그래서 너는 설 수 없는 것이다. 그에게 너 자신을 맡겨라. 두려워 말라. 그가 너를 붙들어 넘어지지 않게 하시리라. 두려워 말고 너를 그에게 용감히 맡겨라. 그가 너를 영접하여 온전케 하시리라." 나는 너무나 부끄러웠습니다. 왜냐하면 나는 아직도 헛되고 헛된 소리를 들으면서 머뭇거리고 있었기 때문입니다. 그녀는 다시 나에게 말했습니다. "불결한 땅의 지체가 네게 말하는 소리를 듣지 말아라. 네 몸의 지체를 쳐 복종케 하라. 그들이 너에게 말한 쾌락이란 너의 주 하나님의 법도에 어긋난 것이다"(시 119:85). 이렇듯 내 마음 속에서 내가 내 자신을 상대로 터뜨린 논쟁이 계속되었고 알리피우스는 내 곁에 앉아서 나의 이상한 흥분상태가 어떻게 끝날 것인지 그 결과를 침묵 가운데서 지켜보고 있었습니다.

28. 나의 깊은 생각이 내 영혼의 심연을 파헤치고 나의 모든 비참을 찾아내어 마음의 눈앞에 쌓아 놓았을 때 눈물의 홍수를 동반한 큰 폭풍이 일어났습니다. 나는 실컷 소리라도 내어 울어 보려고

알리피우스의 곁을 떠났습니다. 눈물을 보이며 울기에는 홀로 있는 것이 더 낫다고 생각했기 때문입니다. 그래서 나는 그가 곁에 있는 것조차 거북하게 느껴져서 더 멀리 떨어진 곳으로 간 것입니다. 내가 그때 느꼈던 심정은 이러했었고 알리피우스도 그것을 이해하고 있었습니다. 내가 그의 곁을 떠나기 전에 무어라 말을 한 듯 생각됩니다. 그도 내 말 소리가 이미 울음으로 목메어 있었음을 알아차렸습니다. 그러기에 그는 우리가 함께 앉아 있었던 자리에 놀란 모습으로 홀로 앉아 있었습니다. 나는 어떻게 했는지 몰라도 어느 무화과나무 밑에 쓰러져 흘러나오는 눈물을 마음껏 흐르도록 하였습니다. 오, 주님, 그렇게 세차게 흘러나온 나의 눈물은 당신에게 드리는 합당한 희생 제물이었습니다(시 6:4). 나는 꼭 이런 말을 한 것은 아니나 대강 이런 뜻으로 당신에게 부르짖었습니다. 오, 주여, 어느 때까지입니까? 오, 주여, 어느 때까지입니까? 당신께서 영원히 노하시려 하심입니까? 나의 이전의 죄악을 기억하지 마소서(시 79:5-8). 나는 그 죄악으로 인해 아직도 꽉 묶여 있는 것같이 느껴졌습니다. 그래서 나는 애처로운 목소리로 당신에게 언제까지입니까? 언제까지입니까? 라고 부르짖었습니다. 그것은 "내일입니까? 정녕 내일입니까?" 왜 지금은 아닙니까? 왜 이 순간에 나의 불결함은 끝나지 않는 것입니까?

29. 나는 이렇게 말하면서 내가 지은 죄에 대해 마음으로부터 통회하고 자복하며 울고 있었습니다. 바로 그때였습니다. 갑자기 이웃집에서 들려오는 말소리가 있었습니다. 그 말소리가 소년의 것인지 소녀의 것인지 나는 확실히 알 수 없었으나 계속 노래로 반복

되었던 말이 있었는데 그것은 "집어 들어 읽으라, 집어 들어 읽으라"는 것이었습니다. 나는 곧 눈물을 그치고 안색도 고치어 어린아이들이 어떤 놀이를 할 때 저런 노래를 부르는지 곰곰이 생각해 보았습니다. 그러나 아무리 생각해 보아도 전에 그런 노랫소리를 들어 본 기억이 나지를 않았습니다. 나는 흘러나오는 눈물을 그치고 일어섰습니다. 나는 그 소리를 성경을 펴서 첫 눈에 들어 온 곳을 읽으라는 하나님이 나에게 주신 명령으로밖에 생각할 수 없었습니다. 내가 그렇게 생각한 것도 내가 안토니우스에 대하여 들은 바가 있었기 때문입니다. 안토니우스가 언젠가 교회에 나가서 복음서를 낭독한 말씀을 들은 바 있었는데, 그는 그 말씀을 직접 자기에게 하는 것으로 받아들였다는 것입니다. 그 말씀의 내용은 가서 네 소유를 팔아 가난한 자들에게 주라. 그리하며 하늘에서 보화가 네게 있으리라. 그리고 와서 나를 좇으라는 것이었습니다(마 9:21). 그는 이 말씀을 듣자 마자 바로 당신께 돌아갔다고 했습니다. 나는 바로 알리피우스가 있는 곳으로 급히 돌아갔습니다. 왜냐하면 내가 그곳을 일어나 떠났을 때 거기에 사도의 책을 놔두고 왔기 때문입니다. 나는 그 책을 집어 들자마자 펴서 내 첫눈에 들어 온 구절을 읽었습니다. 그 구절의 내용은 "방탕과 술 취하지 말며 음란과 호색하지 말며 쟁투와 시기하지 말고 오직 주 예수 그리스도로 옷 입고 정욕을 위하여 육신의 일을 도모하지 말라"는 말씀이었습니다(롬 13:13-14). 나는 더 이상 읽고 싶지도 않고 또한 더 읽을 필요도 없었습니다. 그 구절을 읽은 후 즉시 확실성의 빛이 내 마음에 들어와 의심의 모든 어두운 그림자를 몰아내었던 것입니다.

30. 나는 손가락으론가 다른 어떤 것으로 책장 사이에 표시를 한 다음 그 책을 덮고 나에게 일어난 모든 이야기를 알리피우스에게 말해 주었습니다. 이때 나의 얼굴은 침착한 모습이었습니다. 그도 자기 안에서 일어난 일에 대하여 내게 말해주었습니다. 그러나 나는 그가 그런 경험을 하고 있었던 줄을 전혀 알지 못하였습니다. 그는 내가 읽었던 구절이 어디냐고 물었습니다. 내가 그에게 그곳을 보여주자 그는 내가 읽었던 곳보다 더 아래에 눈을 돌렸습니다. 나는 그 뒤에 오는 말씀을 모르고 있었습니다. 그 말씀은 믿음이 연약한 자를 받아 주라는 것이었습니다(롬 14:1). 그는 이 말씀이 자신에게 적용된 것이라고 보고 그렇게 나에게 말해 주었습니다. 그는 이러한 말씀의 권고로 힘을 얻었습니다. 나와는 달리 그는 성격이 항상 좋았습니다. 그는 자기의 성격에 알맞은 그 선한 결심과 목적에 자신을 일치해 나아가는 데 머뭇거리지 않았습니다. 우리는 바로 집으로 돌아가 어머니에게 이 사실을 여쭈었습니다. 어머니는 정말 기뻐했습니다. 어떻게 하여 이렇게 되었다는 설명을 해드렸을 때 어머니는 승리감에 기뻐 뛰며 춤을 추었습니다. 그리고 어머니는 우리의 온갖 구하는 것이나 생각하는 것이 더 넘치도록 능히 행하시는 당신에게 찬양을 올렸습니다. 왜냐하면 어머니는 당신이 나를 위해 애절하게 기도했던 것 이상으로 당신이 넘치게 응답해 주셨음을 보았기 때문입니다. 이제 당신은 나를 당신에게로 돌이키게 하셨으니 나는 아내나 세상의 어떤 다른 희망도 찾지 않기로 하였습니다. 나는 오래전에 당신이 나에 대하여 꿈으로 어머니에게 보여주셨던 그 신앙의 교리에 굳건히 서 있었던 것입니다. 이렇게 당신은 어머니의 슬픔을 기쁨으로 바꾸어 주셨습니다(시 30:11). 그

기쁨이란 어머니가 원했던 것보다 훨씬 더 풍성했고 어머니가 내 육신을 통해서 보게 될 손자들을 원하는 것보다 훨씬 더 귀엽고 순결한 것이었습니다.

제9권

어거스틴이 그의 삶을 하나님께 드리기로 결심함

어거스틴이 자신의 인생을 하나님께 헌신하기로 결심하였으며, 자신의 직업인 수사학 교수를 포기함-고요한 시골로 돌아가 세례의 은혜를 받을 준비를 하였으며, 알피우스와 그의 아들인 아데오다투스와 함께 세례를 받음-아프리카로 돌아가던 중 오스티아에서 그의 모친인 모니카가 56세의 일기로 어거스틴의 나이 33세에 사망-모니카의 삶과 인격

1. 오, 주님, 나는 당신의 종이옵니다. 나는 당신의 종이요 당신 여종의 아들입니다. 당신이 나를 죄의 사슬에서 풀어 주셨으니 당신께 찬양의 감사제를 드리리이다. 이제 내 마음과 혀로 당신을 찬미케 하소서. 내 모든 뼈가 소리 질러 주님과 같은 자 누구시리요 라고 외치게 하소서(시 116:16-17). 내 모든 뼈가 그렇게 말할 때 당신께서 나에게 대답하시고 내 영혼에게 나는 네 구원이라(시 35:10) 말씀해 주옵소서. 나는 누구며 어떠한 본성을 가지고 있는 놈이옵니까? 내가 한 행동에 죄 아닌 것이 어디 있습니까? 만일 내 행동에 죄가 없었다면 내가 한 말에는 죄가 없었습니까? 내가 한 말에 죄가 없었다면 내 마음 속에는 없었습니까? 오, 주님, 그러나 당신은 선하시고 자비로우셔서 당신의 오른손을 내 죽음의 심연에 펴서 내 마음의 밑바닥에 있는 깊은 부패의 연못을 제거하여 주셨습니다. 그 결과 나는 내 뜻을 부인하고 당신이 원하시는 뜻을 원하게 되었습니다. 그러면 그 사이 내 자유 의지는 어디에 있었던 것입니까? 오, 나의 도움이시오 나의 구주가 되시는 예수 그리스도시여, 내 자유의지가 순간적으로 나오게 된 그 깊고 은밀한 곳은 어디입니까? 이제 나는 당신의 멍에를 쉽게 메게 되었고 내 어깨는 당신의 짐을 가볍게 짊어지게 되었습니다(마 11:30; 시 19:4).

저 허망한 것들에게서 오는 향락을 버린다는 것이 나에게는 얼마나 큰 기쁨이 되었는지요! 이전에 내가 그렇게 놓기를 두려워했던 것을 놓아 버린 것이 이제 나에게 얼마나 큰 기쁨이 되었는지요! 이렇게 된 것도 참되시고 가장 선하신 당신께서 그것들을 내 안에서 쫓아내 주시고 그 자리에 친히 들어와 계셨기 때문입니다. 당신은 모든 쾌락보다 더 달콤하시지만 그것은 육신에 의한 것이 아닙니다. 당신은 모든 빛보다 더 밝은 분이시지만 내 마음의 심연보다 더 깊은 곳에 계신 분이십니다. 당신은 모든 존귀에 뛰어난 존귀를 받으실 만하지만 스스로 높다고 자칭하는 자들은 그것을 알지 못합니다. 이제 내 영혼은 명예와 탐욕과 간질거리는 정욕을 긁고 뒹구는 괴로운 불안에서 해방되었습니다. 오, 나의 주 하나님이시여, 이제 나는 나의 빛이요, 부요함이요, 구원이 되시는 하나님 당신께 어린 아이와 같이 말할 수 있게 되었습니다.

2. 나는 당신의 존전에서 내 혀를 사용하여 언변을 팔았던 시장에서 물러나려고 결심했습니다. 그것은 당신의 법도와 평화에는 관심이 없고 어리석은 거짓과 법정 논쟁만을 일삼는 젊은이들이 다시는 내 입으로부터 광포한 무기를 사지 못하게 하기 위함입니다. 다행히 포도 수확기[1]까지 며칠이 남지 않아서 그때까지 참았다가 정식으로 학교를 그만 두기로 했습니다. 이제 나는 당신에 의하여 구속함을 받은 자이니 또 다시 언어를 파는 시장에 팔려 가지 않기로 결심했습니다. 당신은 내가 계획한 바를 알고 계셨습니다만 내 주위에 있는 친구들 외에는 아무도 그것을 모르고 있었습니다. 우리들끼리는 이런 사실을 사람들에게 알리지 말자고 결의했습니다. 그러나 우리가 눈물의 골짜기에서 나와 당신께로 올라가는 기쁜 노래를 부를 때 당신은 우리에게 거짓된 혀를 대항하여 싸울 수 있는 날카로운 화살과 불타는 숯불을 주셨습니다. 왜냐하면 그 거짓된 혀는 우리를 도와주는 것 같았지만 실은 우리를 반대하였고 우리를

---

1) 법률가와 해석자들이 휴가를 즐겼던 추수기를 뜻한다.

사랑하는 것 같았지만 사람들이 음식을 먹듯이 우리를 집어삼키는 것이기 때문이었습니다.

3. 당신은 우리 마음을 사랑으로 관통하셨고 우리는 당신의 말씀을 우리의 장부에 박힌 화살처럼 지니고 다녔습니다. 우리 생각의 품속에서는 당신의 종들의 모범된 생활이 함께 쌓여 불탐으로써 우리의 무거운 게으름을 태워 우리가 다시는 밑으로 떨어져 내려가지 않도록 했습니다. 우리는 그 불에 맹렬히 타고 있었으므로 거짓된 혀로부터 나오는 모든 호흡의 바람은 그 불을 끄기보다는 오히려 더 잘 타게 부채질해 주었습니다. 그러나 세상에는 온 땅에서 거룩히 여김을 받으시는 당신의 이름을 찬양하기 위하여 우리의 결심과 목적을 높이 칭찬할 사람들이 있을 줄로 알고 있었습니다. 그러므로 우리 생각에는 얼마 남지 않은 방학 때까지 기다리지 않고 모든 사람이 다 알고 있는 교수직을 당장 그만둔다는 것은 좀 외적인 과시로 보일 것이라 생각했습니다. 왜냐하면 얼마 남지 않은 방학이 오기도 전에 내가 미리 사표를 내는 것을 보고 사람들은 내가 위대한 사람처럼 보이려고 고의적으로 그런다고 말할 것이기 때문입니다. 사람들로 하여금 내 마음의 상태에 대해 그렇게 생각하게 하고 논하게 하여 우리의 좋은 일이 욕을 먹게 된다면 나에게 무슨 유익이 있겠습니까?(롬 14:16)

4. 더욱이 바로 그 여름에 학교의 과중한 업무로 인해 나의 폐[2])가 약해져서 숨을 쉬기가 힘들었습니다. 내 가슴에는 통증이 있었

---

2) 이 가슴의 통증은 그에게 있어서 아주 실제적인 것으로서 그의 고백을 포기하게 만드는 원인으로 언급하고 있다.

고 크게 혹은 길게 소리를 낼 수도 없어서 내 폐가 병들었음에 틀림이 없다고 생각했습니다. 나는 처음에 약간 당황했습니다. 왜냐하면 이럴 경우 나는 할 수 없이 가르치는 일을 그만 두던가 혹시 치료가 되어 회복된다 할지라도 휴양을 위해 잠시 중단할 수밖에 없었기 때문입니다. 그러나 내가 가만히 있어 당신이 주님이 되심을 알기 위하여(시 46:10) 한가한 시간을 가져야 한다는 의욕이 내 속에서 일어나고 굳어지자 나는 꾸민 것이 아닌 이런 솔직한 이유를 갖게 됨을 기쁘게 생각했습니다. 나는 이런 이유를 들어 자기 자식들의 공부를 위해 나를 매어 놓고 싶은 학부모들도 진정시킬 수도 있었습니다. 나는 그런 기쁨으로 가득 차 있었으므로 방학이 될 때까지 참고 기다리기로 했습니다. 그때까지 약 이십일 정도 남았었는데 참고 기다리기란 정말 힘들었습니다. 과거에 이러한 고역을 견디어 내게 한 것은 돈에 대한 나의 욕망 때문이었습니다. 그러나 이제는 그러한 욕망이 나에게서 떠났으므로 만일 인내가 그 욕망의 자리를 대신하지 않았던들 나는 그 일로 인해 압도되었을 것입니다. 아마 나의 형제들인 당신의 종들 중에 어떤 이들은 말하기를 내가 마음을 완전히 당신을 섬기는 데 바쳤다고 하면서 계속 거짓말을 가르치는 직장의 자리에 한 시간이라도 앉아 있다는 것은 죄를 짓는 것이 아니냐고 할 것입니다. 나는 그 말을 논박하고 싶지 않습니다. 오, 가장 자비로우신 주님, 그러나 당신은 거룩한 물로 이러한 나의 죽어야 마땅한 무서운 죄와 나의 다른 죄를 함께 용서해 주시고 면해 주시지 않았습니까?[3]

---

[3] 따라서 어거스틴의 회심은 주후 386년 8월 말이나 9월 초 즈음에 완성된 것으로 보인다.

5. 우리가 이러한 축복을 받았을 때 베레쿤두스는 근심으로 지쳐 있었습니다. 그는 자기를 단단히 묶어 놓고 있었던 쇠사슬 때문에 우리와의 우정 관계를 상실하게 될 것으로 생각하고 있었습니다. 그는 아직 기독교 신자가 아니었으나 그의 아내는 충실한 교인이었습니다. 그러나 다른 무엇보다 아내에게 묶여져 있어 그는 우리가 걷기 시작한 이 순례의 길을 걸어가지 못하였습니다. 그는 이 상태로는 기독교인이 되기는 불가능하다고 생각했습니다. 그러나 그는 아주 친절히 우리에게 자기의 별장을 제공해 주어 그곳에 우리가 오랫동안 머물러 있어도 좋다고 허락해 주었습니다. 오, 주님, 당신께서 그에게 이미 의인의 몫(시 125:3)으로 상 주신 것을 보니 미래에 있을 의인의 부활 때 당신께서는 그에게 꼭 상으로 갚아 주실 것입니다(눅 14:14). 이것을 뒷받침하는 사건이 후에 일어났습니다. 우리가 로마에 있었던 탓으로 그의 옆에 있지 않았을 때 그는 병에 걸렸었습니다. 그는 병중에서 세례를 받고 기독교인이 된 후 세상을 떠났습니다. 이렇게 함으로써 당신은 그에게 뿐만 아니라 우리에게도 자비를 베풀어 주셨습니다. 만일 그가 우리에게 보여 준 드높은 친절을 기억하면서도 그를 당신의 양떼에 속한 한 사람으로 여기지 못하였다면 우리는 견딜 수 없는 슬픔으로 괴로워하였을 것입니다. 우리의 하나님이여, 감사하옵니다. 우리는 이제 당신의 것이옵니다. 당신의 격려와 위로가 이 사실을 말해줍니다. 약속을 신실하게 지키시는 당신께서 카씨키아쿰에 있는 별장을 우리로 하여금 쓰게 한 값으로 베레쿤두스에게 당신의 영원히 푸른 낙원의 즐거움으로 갚아 주소서. 우리는 그 별장에서 세상의 고뇌를 멀리 떠나 당신 안에서 편안히 쉴 수 있었습니다. 이제 그는 지상

에서 지은 자기의 죄를 다 용서받고 젖과 꿀이 흐르는 산, 당신의 산, 저 풍성한 산에 있을 것입니다.

6. 베레쿤두스는 우리가 세상의 직업을 그만 둔다는 말을 듣고 대단히 슬퍼했지만 그를 도와 공부를 가르치고 있었던 네브리디우스는 기뻐했습니다. 그는 아직 기독교 신자가 아니었고 진리이신 당신 아들의 육체를 환상이라고 믿는 오류에 빠져 있었습니다. 그러나 그는 후에 그곳에서 빠져 나와 우리가 믿는 교리를 받아들였습니다. 그는 아직 당신 교회의 성례를 받지 않았으나 진리를 열심히 추구하는 탐구자였습니다. 우리가 회개하여 당신의 세례로 새로 태어난 지 얼마 되지 않아 그도 충실한 기독교인이 되었습니다. 그는 후에 아프리카로 돌아가 온 집안을 기독교로 인도하였고 동향인들 사이에서 살면서 순결과 절제로 당신을 섬겼습니다. 그 후 얼마 되지 않아 당신은 그를 육체에서 해방시켜 주셨으므로 이제 그는 아브라함의 품에서 살고 있습니다. 아브라함의 품이 무엇을 의미하든지 간에 나의 친한 벗 네브리디우스가 그곳에 살고 있습니다. 그는 이제 해방된 노예가 아니라 당신의 양자가 되어 그곳에서 살고 있는 것입니다. 그러한 영혼을 위해 더 좋은 곳이 또 있을 수 있겠습니까? 그는 자기가 지금 살고 있는 곳에 대하여 불쌍하고 어리석은 저에게 자주 묻곤 했습니다. 그는 이제 자기의 귀를 내 입에 대지 않고 오히려 자기의 입을 당신의 샘에 대어 지혜를 마음껏 마실 수 있게 되었습니다. 그는 영원히 행복합니다. 그러나 그가 지혜의 물을 마시고 취하였어도 나를 잊어버리지는 않았을 것입니다. 오, 주님, 왜냐하면 그가 마신 당신은 우리를 항상 기억하고 계시기 때

문입니다. 우리는 회개한 후에도 우리들의 우정 관계를 유지하면서 슬퍼하고 있는 베레쿤두스를 위로하였고 그에게 그의 현 상황, 즉 결혼한 상태에서 신앙을 받아들이라고 권면하였습니다. 사실 우리는 그 당시 네브리디우스가 우리를 따라와 주기를 기다렸습니다. 그는 우리와 입장이 거의 같아서 곧 결심을 하려고 하였습니다. 결국 그 기다리던 기간이 지나갔습니다. 그런데 그 기다리는 매일 매일이 너무 많고 길게 느껴졌던 것은 우리가 자유의 시간을 얻어 마음속으로부터 당신을 찬양하고 싶어서였기 때문입니다. 내 마음이 주께 말하되 내가 당신의 얼굴을 찾으리이다. 오, 주님, 당신의 얼굴을 내가 찾으리이다(시 27:8).

7. 드디어 내가 수사학 교수직에서 해방되는 날이 왔었습니다. 물론 나의 마음은 벌써 여기서 해방되어 있었습니다. 이미 내 마음을 여기서 구해 주신 당신은 이제 내 혀를 여기서 구해내 주신 것입니다. 나는 기쁨으로 당신께 감사하면서 나와 함께 있었던 자들을 다 데리고 별장4)으로 갔습니다. 나는 거기서 당신을 전적으로 섬긴다고 하면서도, 숨 가쁠 때 잠깐 쉬어 숨을 돌리듯 여가를 얻어 학문의 교만을 호흡하고 있었습니다. 내가 거기서 무엇을 했는가에 대해서는 내가 쓴 책들이 증거하고 있거니와 그것들은 주로 친구들과의 대화나 당신 앞에서 행한 나의 독백을 포함하고 있었습니다. 또한 그때 멀리 떨어져 있었던 네브리디우스에게 보낸 나의 편지들이 그곳에서 지낸 우리들의 형편을 말해줍니다. 그때 당신이

---

4) 이 시기에 어거스틴은 자신이 밤마다 "거의 절반의 시간을 진리를 추구하는데 보내는 습관을 형성하는데 썼다"고 쓰고 있다.

우리에게 베푸신 큰 축복을 언제 시간이 있어 다 말할 수 있겠습니까? 특히 이 시간 더 중요한 당신의 자비를 말하려 하니 시간이 더욱 부족한 것 같습니다. 오, 주님, 내가 그 축복들을 기억하고 당신께 고백할 때 내 마음이 그렇게 기쁠 수 없습니다. 즉, 당신이 막대기로 내 마음을 찔러 나를 길들여 주셨던 일, 당신이 내 생각의 높은 산과 언덕을 낮추어 평평하게 하셨던 일, 당신이 나의 굽은 길을 곧게 하시고 나의 험한 길을 평탄케 하셨던 일을 당신께 고백하니 내 마음이 흐뭇합니다. 나는 또한 당신이 내 마음의 형제인 알리피우스를 당신의 독생자이신 우리 구주, 예수 그리스도의 이름에 복종케 하신 것을 기억하고 감사를 드립니다. 알리피우스는 처음에 그리스도의 이름이 우리들의 글에 언급되는 것을 싫어했습니다. 그것은 마치 우리들의 책이 뱀에 물린 상처를 고치기 위해 교회가 제공한 약초의 냄새를 풍기는 것과 같았기 때문입니다. 하지만 지금은 주님께서 알리피우스의 고집을 꺾어 주셨습니다(시 29:5).

8. 나의 하나님, 내가 교만이 없는 다윗의 시편, 그 신앙의 찬미, 그 경건의 노래를 읽고 당신께 무엇을 부르짖었습니까? 당신의 사랑 안에서 아직 초신자요, 예비신자였던 나는 그때 예비신자였던 알리피우스와 우리를 언제나 떠나지 않았던 어머니와 함께 그 별장에서 한가한 시간을 보내고 있었습니다. 어머니는 여자의 옷을 입었으나 남자처럼 강한 신앙을 가지고 계셨고 자신의 연령에 맞는 마음의 평화와 자식에 대한 사랑, 그리고 신자의 경건을 몸에 함께 지니고 계셨습니다. 내가 그 시편을 읽고 당신께 무엇을 부르짖었습니까? 그 시편을 읽고 나의 마음은 당신을 향해 얼마나 불탔습니

까? 가능하다면 나는 그 시편을 온 세계에 큰 소리로 외쳐 인류의 교만을 무찌르고 싶었습니다. 그러나 온 세계는 이미 이 시편을 노래하고 있었으니 당신의 온기를 피하여 숨을 자가 어디 있겠습니까?(시 19:6) 나는 통렬하고 비통한 마음으로 마니주의자들을 향해 분노하고 있었습니다. 그렇게 느끼다가도 나는 오히려 그들을 불쌍히 여기게 되었습니다. 왜냐하면 그들은 우리의 병을 치료하는 약긴 교회의 성례를 모르고 있었고 자신들을 온전케 해주는 해독제를 맹렬하게 거부하였기 때문입니다. 내 생각에는 그들이 나 몰래 어디엔가 내 곁에 가까이 있다가 내가 조용한 시간에 시편 제4편을 읽을 때 내 얼굴을 보고 내 소리를 들어 주었으면 하였습니다. 내가 그 시편을 읽고 어떻게 감명을 받고 있었는지 그들이 좀 보아 주었으면 했습니다. 내 의의 하나님이여, 내가 부를 때 응답하소서, 곤란 중에 나를 너그럽게 하셨사오니 나를 긍휼히 여기사 나의 기도를 들으소서(시 4:1). 내가 원하기는 이렇게 내가 읽는 시를 해석해 말할 때 그들이 나도 모르게 어디서 듣고 있었으면 했습니다. 왜냐하면 내가 그들이 듣고 있었음을 알고 있었다고 그들이 알면, 내가 꼭 그들을 위해서 이런 말을 한 것이라고 그들 스스로 상상할 것이기 때문입니다. 사실 내가 그들이 나를 보았고 내 말을 듣고 있었다는 것을 미리 알았다면 물론 나의 말의 내용과 방법은 달라졌을 것입니다. 그리고 내가 똑같은 말을 했다고 할지라도 그들이 이해하는 바는 내가 당신 앞에서 나 자신에게 자연스러운 마음으로 말하는 뜻과는 전혀 다를 것입니다.

9. 오, 하나님 아버지시여, 나는 두려움에 떨면서도 희망으로 불타고 있었고 당신의 자비에 즐거워하고 있었습니다. 이러한 모든 감정의 표시는 당신의 성령이 나를 향하여 인생들아, 어느 때가지 너의 마음이 둔하며 허사를 좋아하고 거짓을 추구하겠느냐?(시 4:2)고 말씀하실 때 내 눈과 목소리에서 나타났습니다. 그것은 내가 허사를 좋아했고 거짓을 추구했기 때문입니다. 오, 주님, 그러나 당신은 이미 당신의 성자를 영화롭게 하시고 죽은 자 가운데서 일으키사 당신의 오른편에 앉게 하셨습니다. 그는 거기 높은 곳에서 그가 약속하신 보혜사, 즉 진리의 영을 보내 주시겠다고 하였습니다. 이미 그는 진리의 영을 보냈습니다. 그러나 나는 그것을 알지 못했습니다. 그는 이미 영광을 받으시고 죽은 자 가운데서 다시 살아나시어 하늘에 오르셨으므로 세상에 보혜사를 보내 주셨습니다. 그때까지 성령을 보내시지 않음은 예수님께서 아직 영광을 받지 않으셨기 때문입니다. 그런데 예언자는 외쳐 말하기를 "어느 때까지 너의 마음이 둔하여 허사를 좋아하고 거짓을 추구하겠느냐? 주님께서 그의 거룩한 자를 택하여 영화롭게 하신 것을 너희가 알지어다"라고 하였습니다. 그 예언자는 "어느 때까지" 그리고 "너희가 알지어다"라고 외쳤습니다. 그러나 나는 그렇게 오랫동안 알지 못했고, 허사를 좋아했으며 거짓을 추구하였습니다. 그러므로 나는 그 말씀을 듣고 두려워 떨었습니다. 왜냐하면 내가 돌이켜 생각해 보건대 그 말씀은 나처럼 살아왔던 사람들에게 하신 말씀이었기 때문이었습니다. 내가 한때 진리라고 생각했던 그 환상들 속에는 허사와 거짓이 담뿍 들어 있었습니다(엡 1:20; 눅 24:49; 요 14:16-17; 행 2:1-4; 요 7:39). 그러므로 나는 내 과거를 기억하고 슬퍼하면서 솔

직히 큰소리로 많은 말을 하였습니다. 내가 바라기는 아직도 허사를 좋아하고 거짓을 추구하는 사람들이 내가 한 말을 들었으면 하는 것입니다. 아마도 그들은 자신들의 오류를 깨닫고 그것을 내뱉었는지도 모릅니다. 그리고 그들이 당신께 부르짖을 때 당신은 그들의 부르짖음을 들어 주셨을 것입니다. 그것은 그리스도께서 우리를 위하여 육신으로 죽으시고 우리를 위하여 당신께 중보의 간구를 하고 계시기 때문입니다(롬 8:34).

10. 나는 또 "분을 내어도 범죄치 말지어다" 라는 말씀을 읽었습니다(엡 4:26). 오, 나의 하나님, 이 말씀이 나에게 얼마나 큰 감동을 주었는지요! 이제 나는 다시는 죄를 짓지 않도록 과거에 잘못을 저지른 나 자신에 대해 분노하는 것을 배웠습니다. 나는 내 자신을 향해 분을 내는 것이 옳은 것은 내 안에서 죄를 짓게 한 것이 마니주의자들이 말한 것처럼 어둠의 왕국에 속해 있는 다른 본성이 아니요, 나 자신이었기 때문입니다. 마니주의자들은 자기 자신들에 대하여 분을 내지 않으므로 진노의 날, 곧 하나님의 의로우신 판단이 나타나는 그 날에 임할 진노를 쌓고 있는 것입니다(롬 2:5). 나는 또한 나의 참 행복이 나 밖에 있는 것이 아니요, 내 육신의 눈으로 햇빛에 의해 볼 수 있는 어떤 것도 아님을 알게 되었습니다. 외부의 사물에서 행복을 찾으려고 하는 자들은 빨리 허전해지고 보이는 것들과 무상한 것들에 의해 자신들을 쏟아 버리게 됩니다. 그들의 마음은 정말 굶주려 있음으로 자기들의 그림자까지 핥아 먹으려고 합니다. 그들이 배가고파 피곤에 지쳐서 말하기를 우리에게 선을 보일 자 누구뇨?(시 4:6) 할 때 우리가 다음과 같이 대답할

말을 그들은 들을 것입니다. 오, 주여, 당신 얼굴을 들어 우리에게 비추소서. 우리들 자신은 각 사람을 비추는 그 빛이 아닙니다. 이전에 우리는 어두움이었으나 당신 안에서 빛이 되기 위하여 당신으로부터 빛을 받은 것입니다(요 1:9; 엡 5:8). 아, 그들이 자신들 안에 있는 영원한 빛을 볼 수 있었으면 얼마나 좋을까? 나는 그 영원한 빛을 맛보았어도 그것을 그들에게 보여 줄 수 없어서 몹시 괴로워했습니다. 그것은 그들이 당신을 멀리 떠나 세상 사물만 보는 자신들의 눈에 마음을 둔 채 "우리에게 선을 보일 자가 누구뇨?" 하고 나에게 묻기만 하기 때문입니다(시 4:6).

그러나 내 마음의 골방, 내가 나를 탓하여 분을 내었던 그 곳에서(시 4:5), 애통하는 내 마음이 찔림을 받은 그곳에서, 나의 옛사람을 죽여 당신께 제사를 드리고 당신에게만 소망을 두고 새로운 삶을 시작하고자 결심한 그곳에서, 나는 당신의 빛을 맛보았고 당신은 내 마음 속에 기쁨을 주셨습니다(시 4:7). 이처럼 내가 성경 구절을 읽을 때는 밖으로는 소리 내어 읽었고 안으로는 그 뜻을 파악했던 것입니다. 그 이후 나는 시간을 허비하고 또한 시간에 의해 허비되는 이 세상의 좋은 것이 나에게 없어지기를 원했습니다. 왜냐하면 나는 당신의 영원한 단순성 안에서 다른 종류의 곡식과 포도주 기름을 소유하고 있었기 때문입니다.

11. 오, 평화이시오, 항상 동일하신 자시여! 나는 내 마음으로부터 그 다음의 구절을 소리 내어 읽었습니다. 그 구절은 시편 기자가 말한 바와 같이 우리가 당신 안에서 평안히 눕고 자기도 한다(시 4:8)는 것을 말해 주고 있었습니다. 사실 사망이 이김의 삼킨바

되리라는 말씀이 이루어질 때 누가 감히 우리를 대적하겠습니까?(고전 15:54) 확실히 당신은 탁월하게 동일하시고 변치 않으시니 당신 안에만 모든 수고와 근심을 잊게 하는 안식이 있습니다. 아무도 당신과 같으신 이가 없사오니 우리는 당신이 아닌 다른 많은 것들을 위하여 수고를 하지 않아야 합니다. 오, 주님, 그러므로 당신만이 우리를 소망 안에서 살게 하십니다. 이러한 구절들을 읽고 내 마음은 불타올랐습니다. 그러나 저 귀머거리요 죽은 자와 같은 마니교도들에게 무엇이라 말해야 할지 어리둥절했습니다. 한때는 나도 그들 중 하나가 되어 하늘의 꿀처럼 달콤하고 당신의 빛을 받아 빛나는 당신의 성경을 향하여 맹목적으로 또는 병적으로 혹독하게 고함쳤던 자가 아니었습니까? 그러나 이제 나는 이 성경의 원수들 때문에 애를 태우고 있었습니다.

12. 내가 언제 한가하게 지내던 지난 일들을 언제 다 기억하여 기록할 수 있겠습니까? 그러나 그때 당신이 얼마나 심한 통증으로 나를 치셨고 또한 얼마나 빨리 당신의 자비가 역사하셨는지 잊을 수도 없고 묵묵히 그저 지나갈 수도 없습니다. 그때 당신은 나를 치아의 고통으로 치셨습니다. 그 고통이 너무 심해 견딜 수 없어서 내가 말조차 할 수 없게 되었을 때[5] 내게 문득 어떤 생각이 떠올

---

5) "내가 육체의 고통을 두려워하는 유일한 이유는 그것이 나의 연구와 묵상을 방해하기 때문입니다. 이 시기에 내가 치통으로 엄청난 고통을 당했음에도 불구하고 내가 이미 배웠던 것들을 다시 떠올려 생각할 수는 있었으나 내가 문의하고자 했던 것을 온전히 생각해서 배우지는 못했습니다. 그럼에도 마치 내가 전혀 그 고통을 느끼지 못할 만큼 또는 그것이 아무것도 아닌 것처럼 그 진리의 광채가 내 마음에 계시되었던 것입니다."

랐습니다. 그것은 내 곁에 있던 사람들에게 모든 건강을 주시는 하나님, 당신께 나를 위한 기도를 부탁하자는 생각이었습니다. 나는 그 부탁을 글로 써서 그들에게 읽으라고 주었습니다. 우리가 바로 무릎을 꿇고 간절한 간구를 드렸을 때 통증이 곧 사라졌습니다. 무슨 통증이 그렇게도 빨리 사라진 것입니까? 나의 주 하나님이여, 나는 정말 두려웠습니다. 내 일생에 그렇게 아파보기는 처음이었습니다. 그러므로 나는 마음 속 깊이에서부터 당신의 뜻을 깨닫고 믿음 안에서 당신의 이름을 찬양하였습니다. 그러나 그러한 신앙도 내가 과거에 지은 죄 때문에 느끼는 불안을 없이 해주지는 못했습니다. 그것은 그 죄가 당신의 세례로 인해 아직 사함 받지 못했기 때문입니다.

13. 포도 수확기 방학이 끝나자 나는 밀라노 사람들에게 편지하여 학생들에게 나 대신 수사학을 가르칠 다른 교사를 구하라고 했습니다. 내가 그 직장을 그만 둘 수밖에 없었던 것은 당신을 섬긴다는 결심도 있었으려니와 가슴이 아프고 호흡이 곤란해서였습니다. 나는 당신의 거룩한 사람인 암브로시우스 감독에게 서신을 보내어 내 과거의 오류와 현재의 결심을 전하였습니다. 그것은 당신의 은총을 받기 위해 준비를 하는 데는 당신의 책의 어느 부분을 읽는 것이 좋으냐고 조언을 얻기 위해서였습니다. 그는 나에게 이사야서를 읽으라고 권면했습니다. 나는 아마도 이사야가 다른 예언자들보다 더 확실히 복음과 이방인의 소명을 예언하였기 때문일 것이라고 생각했습니다. 그러나 그 책의 첫 부분을 이해할 수 없었고 나머지 부분도 그럴 것이라고 상상했기 때문에 나는 그 책 읽기를 잠시 미루어 놓았습니다. 나는 후일 주님의 말씀에 익숙해진 후 그것을 다시 읽기로 마음먹었습니다.

14. 내가 세례를 받기 위해 내 이름[6])을 써서 넣어야 할 때가 오자 우리는 별장을 떠나 밀라노로 돌아갔습니다. 알리피우스도 당신 안에서 나와 함께 거듭나기를 원했습니다. 그는 이미 당신의 세례에 알맞은 겸손의 옷을 입었고 비상한 인내로 얼어붙은 땅을 맨발로 걸어 다닐 정도로 자신의 육체를 과감하게 제어했던 자였습니다. 우리는 또한 아데오다투스라는 소년을 데리고 갔는데 그는 죄 가운데서 태어난 나의 육신의 아들이었습니다. 그러나 당신은 그를 좋은 소년으로 만들어 주셨습니다. 그의 나이 열 다섯쯤 되었을 때, 그는 재능으로 말하자면 많은 위대한 학자들을 능가할 정도였습니다. 오, 나의 주 하나님, 우리의 모든 잘못을 좋게 고쳐 주시는 만물의 창조주시여, 나는 당신이 주신 선물을 당신께 드려 찬양합니다. 사실 내가 이 소년 안에 지닌 부분이라고는 죄밖에 없었습니다. 우리가 그를 당신의 훈계로 양육하게 된 것도 실은 누구도 아닌 당신께서 친히 우리에게 영감을 주어 그렇게 하게 하신 것입니다. 그러므로 그는 당신이 주신 선물이라고 내가 당신께 고백을 합니다. 우리들의 책 중에 '교사론'이라는 책이 있는데 거기에서 나와 대화하는 자가 바로 그였습니다. 당신이 아시거니와 거기서 나의 대화자로서 말한 모든 것은 그 아이가 열여섯 살 때 펴낸 생각이었습니다. 이 외에도 나는 더 놀랄 만한 많은 재능을 그에게서 발견하였습니다. 그의 탁월한 재능은 나에게 경외감을 주었던 것입니다. 당신 이외에 누가 그러한 경의한 일을 하실 수 있겠습니까? 그런데 당신은 일찍이 그의 생명을 이 땅에서 데려 가셨습니다. 그러기에

---

6) 그들은 부활주일에 세례를 받았고 그들의 이름을 고난주간에 미리 제출했다. 그들은 이 기간에 금식과 겸손과 기도 가운데 엄밀한 심리를 받았다.

이제 나는 그의 소년기나 청년기나 전 생애에 대하여 염려할 필요가 없어 아무 불안감 없이 그를 회상하고 있습니다. 우리는 바로 그 아이를 데리고 가서 당신의 훈계에 따라 같이 양육받기를 원하였습니다. 그리하여 같이 세례를 받고[7] 나니 과거의 그릇된 생활에 대한 우리의 불안이 전부 사라졌습니다. 물론 그 당시에는 인류 구원을 위한 당신의 깊으신 계획을 명상하는 데 있어서 그 오묘한 맛을 충분히 맛보지는 못하였습니다. 그러나 나는 당신을 찬양하는 찬송과 노래를 듣고 얼마나 많이 울었는지 모릅니다. 그리고 당신 교회의 아름다운 음악 소리에 얼마나 깊이 감명되었는지 모릅니다. 그 노랫소리는 내 귀에 흘러 들어갔고 그 진리는 내 마음 속으로 스며들어 안으로는 내 경건의 감정이 차고 넘쳤고 밖으로는 눈물이 넘쳐 흘러나왔습니다. 그러나 그것은 행복의 눈물이었습니다.

15. 밀라노에 있는 교회는 최근에 와서야 위로와 격려의 찬송을 부르며 예배를 드리기 시작했는데 교인들이 열심히 목소리와 마음을 합하여 불렀습니다. 사실은 그때부터 약 1년 전에 소녀 황제였던 발렌티니아누스의 어머니, 유스티나가 당신의 종 암브로시우스를 박해했던 일이 있었습니다. 그때 경건한 교인들은 교회에 모여 철야기도를 하며 당신의 종이요, 자기들의 감독인 암브로시우스와 함께 죽기로 작정했습니다. 당신의 여종인 나의 어머니는 그들이 근심하며 철야하는 데 중요한 역할을 담당하였고 그곳에서 밤낮 기도하고 계셨습니다. 우리는 아직 당신의 성령의 역사하심으로 아주 뜨거워지지 않아서였는지 그 사건에 대해 냉담한 태도를 가졌습니

---

[7] 어거스틴은 암브로우스 감독 자신에게 세례를 받았다.

다만 그래도 온통 놀라고 떠들썩한 도시의 형편을 보고 흥분하지 않을 수 없었습니다. 바로 이때 이곳에서는 동방교회를 본받아 교인들이 슬픔과 지루함으로 피곤해지지 않도록 찬송을 부르고 시를 노래하는 전통이 시작되었습니다. 이러한 관습이 그때부터 지금까지 보전되어 이제는 전 세계에서 거의 온 교회가 그것을 본받게 되었습니다.

16. 그때 당신은 저 유명한 감독이자 당신의 종에게 순교자[8] 게르바시우스와 프로타시우스의 유골이 있는 곳을 가르쳐 주셨습니다. 당신은 이 유골이 썩지 않도록 은밀한 당신의 보고에다 오랫동안 보존해 두셨다가 적당한 때에 내놓으셔서 황제의 어머니인 그 부인의 분노를 저지시켰습니다. 교인들이 그들의 유골을 찾아서 발굴한 후 정중하게 암브로시우스의 교회로 운반 했을 때 더러운 귀신들에 의하여 괴로움을 당하고 있던 많은 사람들이 나음을 얻었습니다. 거기에는 또한 밀라노에서 잘 알려진 한 사람이 있었는데 그는 오랫동안 소경이 되어 앞을 보지 못한 자였습니다. 그는 사람들이 기뻐 떠드는 이유를 묻고 알게 되자 벌떡 일어나 자기 길잡이에게 그곳으로 자기를 인도해 달라고 부탁하였습니다. 그곳으로 인도되자 그는 하나님 앞에서 귀중한 죽음인(시 116:15) 경건한 시신을 손수건으로 만지도록 허락해 달라고 하였습니다. 그가 그렇게 한 다음 그 손수건을 눈에 대자마자 그의 두 눈은 열리어 보게 되었습니다. 그 소문은 널리 퍼져나갔고 이로 인해 사람들이 당신께 드린 영광과 찬송은 더 환희 빛났습니다. 그 사건 때문에 원수가 되었던

---

[8] 이들은 암브로우스 감독이 출생하기도 전 시대의 순교자들이었다.

황제의 어머니의 마음은 진정되어 비록 완전한 신앙으로 고침을 받지는 못했어도 심한 박해는 멈추었습니다. 오, 나의 하나님, 감사하옵니다. 어디서부터 어디까지 당신께서 내 기억을 이끄사 나로 하여금 거의 잊어버릴 뻔 했던 그 위대한 사건들을 상기하여 당신께 고백하게 하십니까? 그러나 그때 당신의 기름의 냄새가 그렇게 향기로울 때도 나는 당신을 향해 쫓아 달려가지 않았습니다(집회서 1:2-3). 그러므로 나는 당신에게 드리는 찬송 소리를 듣고 심히 울었습니다. 그러나 이제 그간 오랫동안 당신을 숨 가쁘게 갈망했던 나도 드디어 이 초막이 허락하는 한 당신을 마음껏 호흡할 수 있게 되었습니다.

17. 뜻이 같은 사람들끼리 한 집에서 같이 살도록 하게 하시는 (시 68:6) 당신께서는 또한 우리들에게 에보디우스를 보내 주셨습니다. 그는 우리 고향사람으로 관직에 있을 때 우리보다 먼저 회개하고 세례를 받은 자였습니다. 그는 그 후 세상의 관직을 그만두고 당신만을 섬기기로 준비를 하고 있었습니다. 우리는 그때 다 함께 있었습니다. 그리고 우리들의 거룩한 목적을 위해 함께 살기로 우리는 계획하였습니다. 그리하여 우리가 당신을 섬기기에 어디가 더 적당할까 생각하고 찾다가 다 같이 아프리카로 돌아가자고 결정하였습니다. 돌아오던 중 우리가 티베리나 강 하구에 있는 오스티아에 도착하였을 때 내 어머니가 이 세상을 떠났습니다. 내가 바쁜 탓으로 많은 것을 언급하지 않고 지나갑니다. 오, 나의 하나님, 내가 말하지 않는 여러 가지 일들에 대하여 당신께 드리는 감사와 고백을 받으시옵소서. 그러나 당신의 여종에 대하여 내 마음에 떠오르는 것은 내가 그저 넘겨버릴 수 없습니다. 어머니는 나를 육신으

로는 시간의 빛에 태어나게 하셨고 마음으로는 영원한 빛에 태어나게 하셨습니다. 내가 지금 말하고자 하는 것은 어머니의 은혜가 아니오라 어머니에게 주신 당신의 은혜입니다. 왜냐하면 어머니가 자기 자신을 만든 것도 아니요, 교육을 시킨 것도 아니기 때문입니다. 당신이 어머니를 창조하셨습니다. 어머니의 부모님들도 자신들에게서 어떤 아이가 태어날 줄을 몰랐습니다. 그러나 그리스도의 채찍, 즉 당신의 독생자의 훈계가 어머니로 하여금 당신을 경외하도록 당신 교회의 충실한 지체인 기독자의 가정에서 교육을 시키셨습니다. 어머니는 자기가 받은 좋은 교육을 말할 때 자기 모친의 열성보다는 자기 집에서 일했던 나이 많은 하녀의 덕택이라고 하였습니다. 그 하녀는 보통 큰 여아가 작은 어린애를 업고 다니듯 어머니의 부친을 자신이 아직 어릴 때 등에 업고 다녔다는 것입니다. 그 하녀는 오랫동안의 봉사와 나이 많음과 좋은 품성 때문에 그 기독교 가정의 어른들에게 칭찬을 받았고 집안에서 일하는 계집종들을 관리하는 일을 맡았습니다. 그 하녀는 식사할 때 외에는 아이들에게 물을 마시도록 허락하지 않았습니다. 그것은 그릇된 습관이 아이들에게서 형성되지 않도록 하기 위함이었습니다. 그 하녀는 언젠가 아이들에게 이렇게 충고한 일이 있었습니다. "너희들은 지금 물을 마시어라. 지금은 너희들이 술을 다스리지 못하기 때문이다. 너희들이 커서 시집을 가서 부엌과 술을 둔 광을 관리하는 주부가 되면 물에는 관심이 없고 술 마시는 습관에 젖게 될 것이다." 그 하녀는 이러한 교훈의 방법과 권위를 가지고 미숙한 아이들의 욕심을 억제하였고 소녀들의 갈증을 적절히 다스려 그들로 하여금 필요 없는 것은 원하지 않도록 가르쳤습니다.

18. 그럼에도 불구하고(당신의 여종이 자기 아들인 나에게 말한 바에 의하면) 한때 자기에게도 술을 좋아하는 버릇이 생겼었다는 것입니다. 흔히 있는 관습에 따라서 부모님이 아직 술맛을 모르는 자기에게(처녀 시절에) 술통에서 술을 따라가지고 오라고 자주 심부름을 시켰습니다. 그럴 때 술을 그릇에 따라 주전자에 붓기 전에 자기 입술 끝에 약간 대서 맛을 보았다는 것입니다. 독해서 그 이상을 마실 수 없었습니다. 어머니가 그렇게 맛만 본 것은 술을 마시고 싶어서가 아니라 보통 그런 나이에 있는 충동과 장난기가 끓어올라 넘쳐흘렀기 때문이었습니다. 그러나 그러한 짓은 어린 시절에는 보통 집안 어른들의 훈계로 견제가 됩니다. 그런데 술맛을 보는 조금씩은 이 조금씩이 매일 더 가산되어(조그만 것을 경시하는 자는 그 조금씩 넘어지게 된다는 말처럼; 집회서 19:1) 나중에 어머니는 그 조그만 잔을 거의 가득 채워 마시기를 좋아하는 습관으로 빠져 들어갔습니다. 그때 그 현명한 나이 많은 하녀는 어디 있었으며 그의 엄격한 금령은 어디에 있었겠습니까? 오, 주님, 당신의 치료하시는 약이 우리를 항상 보살펴 주시기 않았다면 다른 무엇이 우리를 이 은밀한 질병에서 구해내 줄 수 있습니까? 우리들을 창조하셨고, 부르셨고 또한 어른들을 통하여서 우리의 영혼을 구원하는 선한 일을 하시는 당신은 부모나 보호자가 옆에 없을 때도 항상 어머니와 함께 계셨습니다. 나의 하나님, 그때 당신은 무엇을 하고 계셨습니까? 어떻게 당신은 어머니의 그 습성을 고치셨습니까? 어떻게 당신은 어머니의 마음을 온전케 하여 주셨습니까? 당신은 다른 어떤 여자의 마음에서 강하고 날카로운 욕설이 나오게 하여-당신의 은밀한 곳으로부터 나온 의사의 칼처럼 한 번의 칼질로 어머니에게 있었던 더러운 것을 제거하시지 않았습니까? 어머니가

언젠가 술간에 술을 가지러 들어갔을 때였습니다. 그럴 때는 다른 하녀가 자주 어머니와 같이 가곤 하였는데 그때 단 둘이서 말다툼을 하게 되었답니다. 그들 사이에 이런 말다툼은 곧잘 있었답니다. 그 하녀는 어머니가 술을 마시는 것을 보고 "술주정뱅이"라고 말하면서 가장 혹독한 욕설을 퍼부었습니다. 그 욕설에 찔림을 받은 어머니는 자신의 그릇된 행위를 반성하고 바로 그것을 정죄하여 버렸다는 것입니다. 진실로 아첨하는 친구들이 우리를 그르치듯이 원수들의 욕설은 때로는 우리의 잘못을 고쳐주는 모양입니다. 그렇다고 당신은 사람들이 당신의 좋으신 뜻을 이루는 수단으로 사용되었다고 해서 그들에게 상 주시는 것이 아니라 그들이 가지고 있는 좋은 동기를 보고 상을 주십니다. 아마도 성을 내었던 그 하녀는 젊은 처녀(어머니)의 잘못을 고쳐주려고 욕을 하기보다는 골려주려고 그렇게 했을 것입니다. 그래서 그 하녀는 단둘이만 있을 때 그 말다툼을 했을지 모릅니다. 혹은 그 하녀가 오랫동안 어머니의 습성을 교정하지 못한 것에 대한 문책을 받을까봐 염려하여 그랬는지도 모릅니다. 오, 주님, 당신은 천지를 다스리시며 당신의 뜻을 따라 깊이 흐르는 강물을 돌리고 세상의 사나운 파도를 잔잔케 하십니다. 당신은 한 사람의 분노를 통해 다른 사람의 나쁜 습성을 고치십니다. 그러므로 우리가 이런 본을 보고 다른 사람의 잘못을 고쳐주려 할 때 설사 우리가 훈계한 말에 의하여 고침을 받았다고 할지라고 결코 우리의 힘으로 했다고 착각해서는 안 됩니다.

19. 이렇듯 어머니는 얌전하고 조심성 있게 교육을 받았습니다. 실은 당신께서 어머니를 가르쳐 부모님께 순종하도록 하셨지 부모님이 어머니를 가르쳐 당신께 순종하도록 한 것은 아닙니다. 얼마

되지 않아 결혼할 나이에 다다르자 어머니는 남편을 만나 주님을 섬기듯 그를 섬겼습니다. 어머니는 남편인 아버지를 당신께 인도하려고 할 때 자기 행동으로 당신에 대하여 설교 하였으니 당신은 어머니의 행동을 통해 어머니가 아름답게 보이도록 만드셔서 남편의 사랑과 존경과 흠모를 받도록 하시었습니다. 자기 남편이 혹시 결혼생활에 실수가 있어도 그것을 견디어 내셨고 그것으로 인해 남편과 싸우는 일이 없었습니다. 어머니는 오히려 하나님의 자비가 남편에게 내려지기를 기다리며 그도 당신을 믿고 정결케 되기를 원하였습니다. 아버지는 본래 성격이 대단히 친절한 사람이었지만 성질이 불같은 사람이기도 하였습니다. 그러나 어머니는 남편이 성났을 때에는 말과 행동을 조심하여 그와의 충돌을 피했습니다. 어머니는 남편의 성질이 가라앉아 진정되었을 때에 좋은 기회를 틈타 남편의 기분을 상하게 해주었을지도 모르는 자기의 행동을 조용히 설명해 주었습니다.

사실 세상에는 아버지보다 훨씬 온화한 남편들과 사는 부인들도 많았습니다. 그러나 그들은 남편에게 맞아 흉한 얼굴을 지니고 다녔습니다. 그들이 모여 앉아 가끔 자기 남편들의 행동을 욕하는 잡담을 하면 어머니는 농담 섞인 심각한 충고를 하며 그들의 혀를 나무랐습니다. 어머니가 말했던 것은 다음과 같습니다. "결혼 계약서가 그들에게 낭독된 이후부터는 그들은 그 계약서를 종이 되는 문서와 같이 봐야 한다. 따라서 그들은 항상 자신들의 상황을 이해하여 그들의 주인들에게 맞서 교만하게 일어서서는 안 된다." 어머니가 성질 사나운 남편을 참아주고 살고 있다는 것을 알고 있었던 부인들은 어머니가 이때까지 파트리키우스로부터 한 번도 맞은 흔적이 없었고 또한 맞았다는 불평이나 하루를 넘긴 가정싸움이 있었다는 말을 들은 일이 없어서 경의를 금치 못했습니다. 그래서 그들은 어머니에게 어떻게 그렇게 살 수 있었느냐고 은밀히 물어보았답니다. 어머니는 위에서 내가 말한 그 삶의 법을 그들에게 전해 주었습니다. 그 법을 따라 살았던 부인들은 어머니의 충고에 감사할 이유를 발견했고 그렇지 않았던 자들은 계속 눌려 살며 고생만 하였습니다.

20. 한 번은 할머니께서 악한 하녀들이 그녀에게 수군대고 비방하는 바람에 어머니를 향해 대노한 적이 있었습니다. 그러나 나의 어머니는 온유함과 인내로 시어머니를 섬겼고 시어머니의 분노는 곧 풀렸습니다. 그 결과로 시어머니는 자기 아들에게 가서 말하기를 하녀들이 혀를 잘못 놀려 자기와 며느리를 이간질시켰고 가정의 평화를 어지럽게 했으니 그들을 엄벌하여 행동을 고치라고 말했습니다. 아버지는 자기 어머니의 말씀대로 가정의 질서를 바로 잡으며 집 안 사람들끼리 화목하게 살도록 하기 위해 그 사건에 관련된 하녀들을 벌하였습니다. 할머니는 그들에게 경고하여 말하기를 누구든지 자기 눈에 들려고 자기 며느리를 나쁘게 말하는 자들은 같은 벌을 면치 못할 것이라고 하였습니다. 그 후부터는 감히 그런 일을 하려고 하는 자가 없었고 서로 사이가 좋아져서 행복하게 잘 지냈습니다.

21. 자비로우신 나의 하나님이여, 이 위대한 은사를 내게 수여하셨으니, 당신께서는 저 선한 당신의 여종의 태에서 나를 창조하셨습니다. 당신은 바로 저 여종에게 또 다른 큰 은사를 주셨습니다.

그 큰 은사라 함은 사람들이 서로 싸우거나 불화할 때 어머니는 힘이 미치는 한 화평케 하는 자로 나타나 행동하셨다는 것입니다. 사람이 옆에 있는 친구에게 그 자리에 있지 않은 자기 원수에 대하여 이야기할 때, 흔히 과장하여 차마 들을 수 없는 욕설을 퍼붓고 격한 말로 증오심을 표현하곤 합니다. 그러나 어머니는 양편이 서로 상대편에서 퍼붓는 악담을 들을 때에도 서로 화해하게 하는 데 도움이 되는 이야기 외에는 이쪽 말을 저쪽으로 옮기는 적이 없었습니다. 이런 일은 대단치 않은 덕행이라 생각할지도 모르나 그것은 결코 적은 덕행이라 볼 수는 없습니다. 나는 세상에서 많은 사람들이 어떤 무서운 전염병과 같은 죄에 감염되어 서로 싸워 원수된 사람들의 말을 상대편에 전해 줄 뿐만 아니라 하지도 않은 말까지 덧붙여 말을 전하는 슬픈 사실들을 경험했습니다. 그러나 사람다운 사람은 악담을 하지 않음으로써 사람들 사이에서 나쁜 감정을 악화시키거나 증가시키지 않습니다. 그는 오히려 혀를 더욱 잘 사용하여 모든 나쁜 감정을 종식시키려 힘씁니다. 어머니는 바로 이와 같은 사람이었습니다. 당신은 바로 어머니의 깊은 마음의 학교에서 그러한 교훈을 가르친 내적 교사이셨습니다.

22. 결국 나의 어머니는 말년에 자기 남편을 하나님 당신께로 인도하셨습니다. 아버지가 충실한 신자가 된 후에는 그가 회개하기 전에 가지고 있었던 불경건한 생활을 끊었기에 어머니는 그것에 대하여 불평하신 적이 없었습니다. 어머니는 당신을 섬기는 종들의 종이었습니다. 어머니를 알게 된 당신의 종들은 누구나 어머니로 인하여 당신을 찬양하고 영광 돌리며 사랑하게 되었습니다. 그것은

어머니의 거룩한 생활과 그 증거를 통하여 당신이 어머니의 마음속에 계심을 그들이 알았기 때문입니다. 어머니는 한 남편의 아내였고, 부모님께 순종하였으며, 자기 집안을 경건하게 다스렸고, 착한 일을 하여 칭찬을 받았으며, 자식들이 당신의 길에서 떨어져 가는 것을 볼 때는 그들의 출산 시에 산고를 겪는 듯 한 괴로움을 몸에 느끼며 그들을 길러냈습니다(딤전 5:4, 9-10). 오, 주님, 끝으로 당신의 은총이 당신의 종들인 우리로 하여금 더 말하도록 허락하시니 여쭙습니다. 어머니가 당신 안에서 세상을 떠나기 전에 세례의 은총을 받은 우리들은 다 함께 살고 있었습니다. 그때 어머니는 우리들을 보살펴 주실 때는 친구 아들들처럼 보살펴 주셨고 당신의 종들이라 해서 우리를 섬길 때는 딸이 부모를 섬기듯 하였습니다.

23. 이제 어머니가 이 세상을 떠나실 날이 가까이 왔었습니다. 그러나 그 날은 당신만이 알고 계셨지 우리는 알고 있지 않았습니다. 우리가 티베리나 강변에 있는 오스티아에서 머물고 있을 때 어머니와 나는 우연히 단 둘이서 집안의 정원이 내려다보이는 창문가에 기대고 서 있었습니다. 우리는 이곳에서 지루하고 피곤한 여행을 마친 후 사람들을 잠깐 떠나 쉬면서 배를 타기 위해 기다리고 있었습니다. 이런 기회도 실은 우연이 아니고 당신께서 은밀한 방법으로 마련하신 것입니다. 거기서 우리는 단 둘이서 이미 지나간 과거를 잊어버리고 앞에 있는 것을 붙잡으려고(빌 3:13) 애쓰면서 서로 이야기 했는데 그것은 아주 즐겁기만 했습니다. 우리는 진리이신 당신의 존전에서 보지도 못했고 듣지도 못했으며 사람의 마음에도 떠오르지도 않는(고전 2:9) 성인들의 영생이 무엇과 같을까

하고 서로 이야기했습니다. 우리는 마음의 입을 크게 벌려 당신에게 있는 생명의 샘, 즉 당신의 샘으로부터 흘러나오는 하늘의 강물을 목말라 하며 사모하였습니다(시 36:9). 우리는 그 흘러나오는 물의 몇 방울만이라도 우리의 능력에 따라 받아서 그토록 심오한 문제를 어느 정도 생각할 수 있기를 소망했습니다.

24. 우리의 대화가 이런 결론에 도달하게 되자 우리의 육체적 감각의 쾌락은 그것이 아무리 좋고 또한 지상의 빛에 의하여 그 윤택한 빛깔이 드러난다고 할지라도 말로는 표현할 수 없는 행복한 성인들의 생애와는 비교할 수도 없는 것이었습니다. 우리는 마음속에서 이처럼 열정적으로 타오르는 사랑으로 인하여 "항상 동일하신 분"을 향하여 오를 때 점차적으로 여러 계층의 사물들을 통과하여 해와 달과 별들이 지상으로 빛을 보내는 저 하늘에까지 오르게 되었습니다. 그리고 우리는 당신이 만드신 모든 것을 명상하고, 말하고, 감탄하면서 오르다가 우리의 마음에까지 왔었고, 나중에는 그것마저 초월하여 더 올라가 당신이 진리의 음식으로 항상 이스라엘을 먹이시는 곳, 다함이 없이 넘치는 그 풍부한 영역에 다다르고자 하였습니다. 그곳에서는 생명이 곧 지혜였습니다. 그 지혜에 의하여 모든 것, 즉 과거에 있었던 것이나 미래에 있을 그대로 현재에도 존재하고 있습니다. 왜냐하면 그 지혜에는 "있었다"와 "있을 것이다"가 없고 "있음"만 있기 때문입니다. 그러기에 지혜는 영원한 존재요 "있었다"와 "있을 것이다"의 존재는 영원한 것이 아닙니다. 우리가 이처럼 말하고 전심전력을 다하여 그 지혜를 향해 목말라 하는 동안 우리는 순간적으로 그 지혜와 약간 접촉을 하게 되었

습니다. 그리고는 긴 한숨을 쉬면서 성령의 첫 열매(롬 8:23)를 그곳에 묶어 남겨둔 채 우리는 시작이 있고 끝이 있는 인간의 말로 되돌아오고 말았습니다. 우리 주님, 그러나 이러한 인간의 말은 당신의 말씀에 전혀 비교될 수가 없습니다. 당신의 말씀은 항상 자체 안에 머물러 있어 낡아짐이 없이 모든 것을 새롭게 하십니다(지혜서 7:27).

25. 그때 우리는 이렇게 말했었습니다. 만일 우리에게 있어서 육체의 시끄러운 잡음이 진정되고, 땅과 물과 공기의 모습도 잠잠해지며 저 하늘까지도 잠잠해졌고 생각해 봅시다. 또한 우리 영혼도 잠잠해져서 자신을 생각하지 않음으로써 자기를 초월했다고 생각해 봅시다. 그리고 모든 꿈과 환상이 잠잠해지고 모든 혀와 표식과 변화하는 사물들이 잠잠해졌다고 생각합시다-왜냐하면 우리가 그들의 소리를 들으려고 하면 그것들은 말하기를 자기들이 스스로를 만든 것이 아니고 영원한 지존자가 그들을 만드셨다고 소리를 지르고 잠잠해버려 우리의 귀를 그들을 만든 자에게 돌리도록 하기 때문입니다-그러므로 하나님이 이제 말씀하실 때 이런 피조물을 통해서 하시지 않으시고 그 자신이 직접 하신다고 생각해 봅시다. 그러면 우리는 당신이 말씀하신 것을 육체의 혀나, 천사의 음성이나 천둥소리나, 또는 은밀한 비유를 통해서 듣지 않고 그들의 도움 없이 직접 듣게 될 것입니다. 물론 우리는 이 피조물을 통해서 당신을 사랑하게 됩니다만. 이러한 직접적인 경험은 어머니와 내가 그때 번쩍하는 순간적인 생각 속에서 모든 것을 초월한 영원한 지혜를 접하는 경험을 한 것과 같을 것입니다. 만일 이러한 순간의 경험이

지속이 되고 다른 낮은 종류의 모습들을 우리 마음에서 제거한다면, 그리고 이 순간적인 경험만이 그것을 관상한 우리를 즐거움으로 황홀케 하고, 흡수하고, 포괄함으로써 우리의 전생이 영원히 지금 우리가 한숨을 쉬며 바라고 있는 그 순간의 경험과 같아진다고 하면 그것이 바로 네 주님의 즐거움에 참여할지어다(마 25:21)라고 말씀하신 뜻이 아니겠습니까? 그러나 그때가 언제이겠습니까? 그때는 우리가 다 부활할 때요 다 변화될 때가 아니겠습니까?(고전 15:51)

26. 나는 정확히 이런 방식으로 말한 것은 아니지만 대체적으로 이렇게 말하고 있었습니다. 주님, 우리가 이렇게 말하고 있었던 그 날, 아니, 그런 말을 하고 있었던 순간에 이 세상과 그 즐거움은 우리에게 하찮게 보였음을 당신은 알고 계십니다. 그때 어머니는 내게 이렇게 말씀하셨습니다. "아들아, 나는 이제 이 세상에서 누릴 즐거움이라고는 하나도 없다. 이 세상에서 나의 바라던 것이 다 이루어졌는데 내가 더 해야 할 일이 무엇인지, 왜 더 세상에 남아있어야 하는지 알 수가 없다. 내가 이 세상에 잠깐이라도 더 오래 남아있기를 원했던 단 한 가지 이유는 죽기 전에 네가 신자가 되는 것을 보고 싶었던 것이었다. 나의 하나님은 내가 바라던 것보다 더 풍성하게 응답해 주셔서 네가 세상의 행복을 끊고 하나님의 종이 된 것을 나로 하여금 보게 하셨다. 그러니 내가 이 세상에서 할 일이 더 이상 무엇이 있겠느냐?"

27. 저는 이 말을 듣고 어머니에게 무슨 대답을 했는지 잘 기억이 나지 않습니다. 그러나 이런 일이 있은 지 거의 닷새가 지났을

즈음 어머니는 열병으로 눕게 되었습니다. 어머니가 열병으로 앓던 중 어느 날 실신하여 잠깐 의식을 잃은 적이 있었습니다. 우리가 빨리 달려가 보니 어머니는 곧 의식을 회복하시고는 곁에 서있는 나와 내 형님을 쳐다보시며 "내가 어디에 있었지?"라고 말씀하셨습니다. 그리고 슬픔에 말문이 막혀 서있는 우리를 주시하면서 어머니는 "너의 어미를 이곳에다 묻어다오"라고 말씀하셨습니다. 나는 아무 말 없이 서서 터져 나오는 눈물을 억누르고 있었는데 내 형은 어머니가 그래도 고향에서 돌아가셔야지 타향에서 돌아가셔야 되겠느냐고 말했습니다. 어머니는 이 말을 듣고 아직도 그러한 세상의 생각을 하고 있다고 근심스러운 얼굴을 하면서 형을 나무라듯이 쏘아 보았습니다. 그리고는 어머니는 나를 쳐다보며 형이 쓸데없는 소리를 한다고 말씀하셨습니다. 곧 이어 어머니는 우리 둘에게 이렇게 말씀하셨습니다. "내 몸은 어디에 묻어도 좋다. 그 일로 인하여 조금도 염려하지 말아라. 단 한 가지만 너희에게 부탁한다. 너희들이 어디에 있든지 주님의 제단에서 나를 기억해다오." 어머니는 있는 힘을 다하여 이 말로 당신의 소원을 전달하고는 심해져 가는 통증 때문이었는지 더 이상 말씀을 잇지 못하셨습니다.

28. 오, 보이지 않는 하나님, 당신은 신실한 신자들의 마음속에 은총을 심으시고 그것으로부터 놀랄 만한 열매를 맺게 하십니다. 그 은총을 고요히 생각하며 기뻐 당신께 감사를 드렸습니다. 나는 어머니가 얼마나 자기의 묻힐 자리에 대하여 염려하고 걱정해 왔던가를 잘 알고 있었습니다. 어머니는 벌써부터 자신을 위해 아버지의 묘 옆에 자기의 묏자리를 마련해 놓고 있을 정도였습니다. 부

모님은 서로 화목하게 지냈었기 때문에 어머니는 마지막으로 남편의 옆에 묻히는 행복을 원했던 것입니다. 또한 어머니는 당신의 여행을 다 마친 후 마지막에는 고향에 돌아와 지상에서 같이 연합한 남편과 함께 같은 땅에 묻히도록 허락되었다고 사람들이 기억해 주기를 원하기도 했습니다. 그러나 인간의 작은 마음이 어떻게 하나님의 뜻을 파악할 수 있겠습니까? 그런데 언제 이런 헛된 망상이 당신의 선한 뜻에 의하여 어머니의 마음에서 완전히 사라지게 되었는지 알 수 없었습니다만 어머니가 이러한 자기 마음의 상태를 나에게 전해줄 때 나는 놀라면서도 기뻐했습니다. 물론 창문에 기대고 서서 나와 대화한 가운데 "내가 이 세상에서 할 일이 더 이상 무엇이 있겠느냐?"고 하신 말씀 속에 어머니가 이미 자기 고향에서 꼭 죽어 묻히고 싶다는 생각을 포기하신 것으로 생각했습니다. 내가 후에 들은 바입니다만 우리가 아직 오스티아에 있었던 어느 날 어머니는 모성의 확신과 신뢰를 가지고 내 친구 몇 사람과 함께 이 세상 생활을 경시하는 태도와 죽음을 유익하게 보는 점에 대해 말씀하셨다고 합니다. 그들은 당신이 여자에게 주신 그 용기에 놀라며 어머니에게 고향에서 이렇게 멀리 떨어진 곳에다 자기 몸을 묻게 하는 것이 두렵지 않느냐고 물었다고 했습니다. 어머니는 이 질문에 대해 "하나님께 먼 곳이란 아무 것도 없다. 하나님이 세상 끝날에 나를 부활시킬 장소가 어디인 줄 모를까 두려워할 필요가 하나도 없다"고 대답하였답니다. 그러므로 어머니가 병상에 눕게 된 지 9일 째 되던 날, 56세의 일기로 내 나이 33세가 되던 해에 그렇게도 신실하고 경건한 저 영혼이 몸에서 벗어나게 된 것입니다.

29. 나는 어머니의 눈을 감겨 드렸습니다. 말할 수 없는 슬픔이 북받쳐 올라와 눈물이 터져 나왔습니다. 그러나 동시에 나의 눈은 마음의 강한 명령에 따라 그 눈물의 근원을 막았습니다. 이러한 싸움이 나에게는 얼마나 괴로움이 되었는지 모릅니다. 어머니가 마지막 숨을 거두었을 때에 소년이었던 아데오다투스가 큰 소리를 내어 울기 시작했습니다. 그러나 우리가 모두 그를 억제하여 울음을 그치게 했습니다. 내 안에도 어린아이 같은 심정이 있어서 어린아이처럼 소리를 내어 울고 싶기는 마찬가지였습니다만 그것을 억제하고 침묵을 지켰습니다. 그것은 그 엄숙한 장례를 눈물과 슬픔으로 지내는 것이 합당치 않다고 생각했기 때문입니다. 세상 사람들은 대개 죽은 이가 불쌍하다거나 혹은 아주 죽는다고 생각하여 슬퍼합니다. 그러나 어머니는 불쌍하게 세상을 떠나신 것도 아니요 아주 죽으신 것도 아니었습니다. 우리는 이 증거를 어머니의 선한 생활과 거짓이 없는 믿음과 확실한 이성의 근거 위에서 굳게 믿고 있었습니다.

30. 그러면 무엇이 나를 이렇게도 심히 슬프게 만드는 것입니까? 그것은 어머니와 함께 지내왔던 그 귀하고 정든 나의 생활이 갑자기 정지된 데서 받은 새로운 상처 때문이었을 것입니다. 그러나 어머니가 마지막 병석에서 해주신 말씀은 나에게 큰 위로가 되었습니다. 어머니는 자식 된 도리를 다하며 시중을 들고 있는 나를 어루만지면서 효자라고 말씀하셨습니다. 그리고 어머니는 일생 동안 내 입에서 자기를 향해서 던진 심한 말이나 욕설을 들어보지 못했다고 칭찬해 주셨습니다. 우리를 창조하신 하나님, 내가 어떻게

감히 어머니에게 드린 나의 존경을 나를 위한 어머니의 정성어린 봉사에 비교할 수 있겠습니까? 이제 그러한 크신 어머니의 위로가 없어졌으므로 내 영혼은 상처를 받았고 어머니와 하나가 되어 살았던 나의 생명은 찢어진 듯 하였습니다.

31. 아데오다투스가 우리들의 만류로 울음을 그쳤을 때 에보디우스는 시편을 암송하기 시작했습니다. 내가 인자와 공의를 찬송하겠나이다. 오, 주여, 내가 주께 찬양하리이다(시 101:1). 그러자 온 집안사람들이 그 시에 화답했습니다. 우리에게 발생한 일을 듣고 많은 남녀 신자들이 우리를 찾아왔습니다. 관례를 따라 장례를 맡은 사람들이 그 준비를 하고 있는 동안 나는 다른 방에서 나의 몇몇 친구들과 함께 그 상황에 적절하다고 생각되는 문제들을 놓고 이야기했습니다. 그들은 나를 홀로 내버려두면 안 된다고 생각하며 나와 함께 있었던 것입니다. 그런데 이렇게 이야기한 진리의 말씀은 향유처럼 내 아픈 마음을 어루만져 주었습니다. 그러나 그 아픔은 당신만이 아실뿐 다른 사람은 모르고 있었습니다. 그러기에 그들은 내가 하는 이야기를 열심히 들으며 내가 아무 슬픔도 느끼지 않는다고 생각했던 것입니다. 그러나 나는 그들이 듣지 못하도록 당신의 귀에 대고 내 감정의 연약함을 꾸짖고 터져 나오려는 슬픔의 홍수를 억제하였습니다. 그러자 그 슬픔은 잠시 동안 물러갔다가 다시 발작하여 나를 엄습하였습니다. 그러나 내가 눈물을 흘리거나 안색을 변하게 할 정도는 아니었습니다. 물론 나는 그때 내 마음에서 슬픔을 억누르고 있음을 잘 알고 있었습니다. 물론 그러한 느낌은 우리 인간에게 당연하게 생기는 일이요 필연적으로 찾아

오는 운명이지만 그것이 이렇게 크게 나를 뒤흔드는 것을 보고 나는 또 슬펐습니다. 그러니 내 슬픈 심정에 또 새로운 슬픔이 더해져 나는 이중적인 슬픔에 괴로워하고 있었습니다.

32. 이제 보십시오. 어머니의 유해가 장지로 옮겨졌습니다. 우리는 그곳에 다녀왔지만 울지는 않았습니다. 우리는 관습에 따라 유해를 무덤에 묻기 전에 그 옆에 내려놓고 어머니를 위해 구속의 예배를 드리며 당신께 기도를 올렸습니다. 그러는 동안에도 나는 눈물을 흘리지 않았습니다. 그러나 나는 그날 온종일 남몰래 느끼는 슬픔에 못 이겨 괴로운 심정에서 당신께 내 슬픔을 낫게 해주시라고 기도하였습니다. 그러나 당신은 내 기도에 응답해 주시지 않았습니다. 당신은 나로 하여금 영혼이 진리의 말씀으로 양육된다고 할지라도 습관의 힘에 얼마나 많이 좌우되고 있는지 이 한 가지 사실만으로도 알게 하셨습니다. 나는 그 때 목욕을 하러 가는 것이 좋겠다고 생각하게 되었습니다. 왜냐하면 목욕을 한다는 라틴어 '발라네움'은 마음에서 근심을 씻어 버린다는 헬라어 '발라네이온'에서 왔다고 들었기 때문입니다. 아버지가 없는 자들의 아버지가 되시는 하나님이시여(시 68:5), 내가 당신의 자비를 통해 당신께 고백합니다. 내가 목욕을 해보아도 목욕을 하기 이전의 나의 느낌은 그대로 남아 있었습니다. 물이 나의 마음속에 있는 슬픔의 쓴맛을 씻어 내지 못하였습니다. 그래서 내가 한잠을 자고 났더니 나의 슬픔은 어느 정도 가라앉았습니다. 홀로 침대에 누워 있노라니 당신의 종 암브로시우스 감독이 지은 좋은 시가 내 마음에 떠올랐습니다.

만물의 창조주이신 하나님,
  당신을 하늘의 통치자이십니다.
낮을 아름다운 빛으로 입히시고,
  밤을 편안한 잠으로 덮으십니다.
우리의 피곤한 팔 다리를 쉬게 하시고,
  다시 새 힘을 주어 일하게 하십니다.
마음이 지칠 때 일으키시고,
  슬퍼 괴로워하는 마음을 정복해 주십니다.

33. 그 때 당신의 여종에 대한 옛 생각이 점점 내 마음에 되돌아와서 나는 당신의 존전에서는 경건하게 사셨고 우리들에게는 친절하게 대하셨던 어머니를 회상하게 되었습니다. 이러한 어머니를 갑자기 여의게 되었기에 나는 당신 앞에서 어머니와 나를 위하여 울었던 것입니다. 그렇게 우는 것이 나에게는 위로가 되었습니다. 그래서 나는 이때까지 참아왔던 눈물을 흐를 때로 흐르게 하여 눈물을 베개 삼고 누워 있었습니다. 그곳에는 내 울음을 오해하여 경시할 사람들의 귀는 없었고 다만 당신의 귀만이 내 가까이 있었습니다. 오, 주님, 그러나 지금 나는 글로서 이 모든 것을 당신께 고백합니다. 이 글을 읽고 싶은 사람은 읽고 마음대로 해석해도 좋습니다. 그러나 그가 내 눈앞에서 세상을 떠나신 어머니를 위해 잠깐 울었던 것을 잘못이라 생각하여 나를 비웃지는 말게 하소서. 그 어머니는 내가 항상 당신 앞에서 살도록 나를 위해 얼마나 오랫동안 우시었습니까? 그러므로 그가 넓은 사랑을 가진 사람이라면 나를 비웃지 말고 오히려 모든 그리스도인들의 아버지가 되신 당신 앞에서 지은 내 죄에 대해 울어 주어야 합니다.

34. 이제 나의 마음은 그때 받은 상처에서 고침을 받았습니다. 그 상처는 내가 그때 너무 육신의 감정에 사로잡힌 결과로 생긴 것이라 생각하여 후에 나 자신을 탓하였습니다. 우리의 하나님, 그러나 지금 나는 당신의 여종을 위하여 당신께 다른 종류의 눈물을 흘리지 않을 수 없습니다. 그 눈물은 아담 안에서 죽는 뭇 영혼들의 위험을 생각하고, 두려워 떠는 마음에서 흘러나오는 눈물이옵니다. 어머니가 세상을 떠나시기 전 그리스도 안에서 삶을 얻었고(고전 15:22) 믿음과 행실로 당신의 이름을 찬양하며 사신 것만은 사실입니다. 그러나 어머니가 세례로 거듭나게 된 후부터 당신의 계명에 거슬리는 말은 한 번도 하지 않았다고 말할 수 없습니다(마 12:36). 진리이신 당신의 독생자는 누구든지 형제에게 미련한 놈이라 하는 자는 지옥 불에 들어가게 되리라고 말씀 하셨습니다(마 5:22). 아무리 칭찬받을 만한 행동을 한 사람이라 할지라도 당신의 자비 없이 심판하신다면 화를 면치 못하게 됩니다. 그러나 당신은 우리의 죄를 엄하게 캐묻지 않으시기에 우리는 당신의 존전의 한 자리를 바라고 믿사옵니다. 그러므로 누가 감히 당신 앞에서 자기의 공로를 헤아릴 수 있겠습니까? 만일 헤아린다면 당신이 주신 선물을 헤아리는 것밖에 안 됩니다. 아, 인간들은 자신들이 인간밖에 안 된다는 것을 좀 알았으면 좋겠습니다. 그러면 자랑하는 주 안에서 자랑하게 될 것입니다(고후 10:17).

35. 나의 영광이 되시고 생명이 되시는 내 마음의 하나님, 그러므로 이제 나는 잠깐 내 어머니의 선한 행위를 제쳐놓고-물론 어머니의 행위로 인하여 당신께 기쁨으로 감사를 드립니다만-어머니가

지은 죄 때문에 당신께 간구를 하지 않을 수 없습니다. 원하옵나니 십자가에 달리셨다가 이제는 당신의 우편에 앉으사 우리를 위해 간구하고 계신 당신 아들의 이름으로 나의 기도를 들어 주옵소서(롬 8:34). 그는 우리의 상처를 낫게 하는 참 치료책이옵니다. 어머니는 언제나 사람들을 긍휼히 여겼고 자기에게 잘못한 자들을 진심으로 용서해 준 것으로 알고 있습니다(마 18:35; 6:12). 그러므로 당신께서도 어머니가 물로 세례를 받은 이후 오랜 세월 동안 당신에게 지은 죄가 있거든 용서해 주시기를 기원합니다. 오, 주님, 어머니를 용서해 주소서. 당신께 비오니 어머니를 용서해 주소서. 주의 종에게 심판을 행치 마소서(시 143:2). 당신의 긍휼하심이 당신의 정의를 이기게 하소서. 긍휼을 베푼 자에게 긍휼을 약속하신 진실한 말씀대로(약 2:13) 긍휼히 여기는 자로 긍휼히 여김을 받게 하소서(마 5:7). 이것은 당신이 주신 선물이오니 당신은 긍휼히 여길 자를 긍휼히 여기시고 불쌍히 여길 자를 불쌍히 여기시옵니다(롬 9:15).

36. 당신은 이미 내가 간구하는 것을 응답해 주신 줄 믿습니다. 오, 주님, 그래도 내 입의 낙헌제를 받으소서. 어머니는 세상을 떠날 날이 가까이 왔을 때 자기 몸을 화려한 베로 감아주거나 향유로 발라주기를 바라지 않았습니다. 또한 어머니는 아름다운 비석을 원하거나 자기 고향에 묻히는 것도 바라지 않았습니다. 어머니가 우리에게 명하고 부탁했던 것은 그런 것들이 아니고 다만 어머니가 하루도 빠짐없이 섬겼던 당신의 제단에서 자기 이름을 기억해 달라는 것이었습니다. 왜냐하면 그 제단에 희생제물이 바쳐졌고 그 희생 제물로 인하여 우리를 거스르고 우리를 대적하는 의문에 쓴 증

서가 도말되었으며(골 2:14) 그 희생을 통하여 우리의 원수가 패배 당한 것을 어머니는 알고 계셨기 때문입니다. 그 원수는 우리의 잘 못을 계산하여 우리를 책잡으려고 하였으나 그분 안에서는 아무 잘 못을 찾을 수 없었으므로(요 14:3) 우리는 그를 통해 원수를 이기게 된 것입니다. 누가 그의 무죄한 피를 그에게 다시 돌려줄 수 있겠습니까? 누가 우리를 속량한 그 피 값을 다시 치루고 우리를 원수의 손에서 탈취할 수 있겠습니까? 그래서 당신의 여종은 신앙의 띠로 자신의 영혼을 우리의 속량의 성례에 굳게 매어 놓았던 것입니다. 그러므로 아무도 어머니를 당신의 보호하심에서 떼어내지 못하게 하소서. 악마의 화신인 사자나 뱀(시 91:13)이 힘과 교활함으로 어머니의 길을 가로막고 이간질하지 못하게 하소서. 어머니는 자기는 죄가 없다고 대답하다가 교활한 송사자에게 속아 넘어가지는 않을 것입니다. 오히려 어머니는 대답하기를 우리에게 빚진 것이 하나도 없으시나 자신을 내줌으로써 우리의 빚을 갚아 주신 그리스도에 의하여 자기의 죄가 용서함을 받았다고 할 것입니다. 그러나 우리를 위해 그가 치룬 그 빚은 아무도 갚을 수가 없습니다.

37. 그러므로 이제 어머니를 아버지와 함께 편안히 쉬게 하소서. 아버지와 결혼하기 전이나 그가 세상을 떠난 후에나 어머니는 그 외에 다른 남자를 알지 않았습니다. 그리고 어머니는 당신을 위해 인내의 결실을 맺으면서 아버지를 섬긴 나머지 결국에는 그를 당신께로 인도하게 되었습니다(눅 8:15). 나의 주님, 나의 하나님, 내가 말과 마음과 글로 섬기고 있는 나의 형제들인 당신의 종들, 당신의 자녀들, 그리고 나의 스승들에게 감화를 끼치소서. 또한 나의 신앙

의 고백을 읽을 많은 사람들에게도 감화를 끼치소서. 그들이 이 책을 읽고 당신의 여종인 모니카와 남편이었던 파트리키우스를 당신의 제단에서 기억하게 하소서. 내가 어떻게 하여 이 세상에 나오게 되었는지는 몰라도 당신의 이 두 사람의 육신을 통하여 나를 이 세상에 태어나게 하셨습니다. 이제 그들이 경건한 마음으로 이 두 사람 즉, 이 무상한 세상에서는 나의 부모님이 되고, 어머니가 되는 교회와 아버지가 되시는 당신 안에서는 한 형제가 되며, 당신의 백성들이 출생 시부터 그곳을 향해 한숨 쉬며 순례를 하고 있는 저 영원한 예루살렘에서는 같은 시민이 되는, 이 두 분을 기억하게 해 주소서. 그럼으로써 어머니가 임종 시에 나에게 부탁했던 그 요청이 내 개인의 기도를 통해서 보다는 나의 고백을 읽을 많은 사람들의 기도를 통하여 더 풍성하게 이루어지게 하소서.

제10권

어거스틴이 세례를 받은 후 그의 지난 삶을 돌아보고 참회함

제9권에서 세례의 은혜를 받기 전의 자신의 삶에 대해 언급했던 어거스틴이 여기서는 세례를 받은 후 그가 어떤 사람이었는지를 회고함-기억의 신비한 특징에 대해 상술하면서 하나님께서 존재하시지만 인간이 그를 발견하지 못할 때 어떻게 하나님을 알 수 있는지에 대해 문의함-"육체의 정욕과 안목의 정욕 그리고 이생의 자랑"이라는 3가지로 유혹을 구분하면서 자신에게 닥친 시험을 진단함-그리스도인의 절제에 대해 상술함-우리의 모든 연약을 치유하실 유일한 중보자 되시는 그리스도에 대해 논함

1. 오 주님, 당신은 나를 아시옵니다. 당신이 나를 아시는 것처럼 나도 당신을 알게 하옵소서(고전 13:12). 내 영혼의 힘이 되시는 주님! 내 안에 들어오시고 그것을 당신의 뜻에 맞게 만들어 흠도 티도 없는 당신의 소유가 되게 하소서(엡 5:27). 이것이 나의 소망이오니 내가 당신께 고백합니다(시 116:10). 내가 소망 중에 즐거워할 때 나의 기쁨이 더욱 차고 넘칩니다. 이 세상의 삶에 관한 한 우리는 사람들이 더 슬퍼해야 하는 일에 대해서는 조금 슬퍼하고, 조금 슬퍼해야 하는 일에 대해서는 많이 슬퍼해야 합니다. 우리가 알거니와 당신은 진리를 사랑하시고 그것을 행하는 자는 빛으로 오는 자입니다(시 51:6). 바로 이 진실을 내가 고백할 때 당신 앞에서는 내 마음으로, 내 책을 읽게 될 많은 증인들 앞에서는 이 글로 하고자 합니다(요 3:20).

2. 오, 주님, 당신의 눈앞(히 4:13)에서는 인간의 모든 것이 다 드러나고 맙니다. 그러니 내가 그 양심을 당신께 고백하지 않으려 해도 내 안에 있는 그 무엇이 당신의 눈을 피할 수 있으리까? 내가 당신을 보지 않으려 눈을 가린다 해도 나 자신을 당신에게서 숨길 수 없습니다. 이제 내 한숨이 증명하듯이 나는 내 자신에게 불만이오니 당신이 나에게 빛을 비추어 만족케 하시고 나로 하여금 당신만을 사랑하고 원하게 하옵소서. 이제 나는 내 자신이 부끄러워 내 자신을 내던져 버리고 그 대신 당신을 택하옵니다. 그것은 오직 당신 안에서만 내가 당신과 나 자신을 즐거워 할 수 있기 때문입니다. 오 주님, 나는 내 알몸 그대로 당신 앞에 다 드러나 있고 내가 무슨 목적으로 당신께 이 고백을 하게 된 것도 이미 말씀드렸습니

다. 또한 내가 고백을 할 때도 육체의 말이나 소리로 하지 않고 내 영혼의 언어와 반성의 부르짖음으로 합니다. 당신의 귀는 그것을 다 들으십니다. 그러기에 내가 악할 때 나의 고백은 당신 앞에서 나를 경멸하는 것이요, 내가 거룩할 때 나의 고백은 그 공로를 내게 돌리지 않고 당신에게 돌리는 것이옵니다(시 5:12). 오, 주님, 그 이유는 의인을 축복하시는 이가 당신이시며 그가 죄인이었을 때 그를 먼저 의롭게 하신 이 역시 당신이시기 때문입니다. 나의 하나님, 그러므로 당신의 존전에서 당신께 드리는 나의 고백은 소리가 없기도 하며, 때로는 큰 소리로 고백하기도 합니다. 입으로 말하면 내 고백은 잠잠하지만 내 정열로 말하면 내 고백은 큰 소리를 내어 하고 있습니다. 내가 사람들에게 어떤 옳은 말을 한다면 내가 그 말을 하기 전에 당신이 그것을 먼저 나에게서 들으신 것입니다. 또한 당신이 그러한 말을 나에게서 들으셨다면 그것은 당신이 먼저 나에게 말씀해 주신 것이옵니다.

3. 그러면 사람들로 나의 이 고백을 들어야 할 이유가 무엇입니까? 그들이 내 고백을 듣고 내 병을 고쳐주지나 않을까 해서입니까?(시 103:3) 인간이란 다른 사람들의 생활에 대하여 알려고 호기심을 가지고 있으나 자기 자신들의 생을 알고 고치는 데는 매우 게으릅니다. 그들은 어찌하여 내가 누구인가에 대해 그들에게 말해 주기를 원하면서도 자기 자신들이 누구인지에 대해 당신께서 말씀하시는 것은 싫어하는 것입니까? 또한 그들이 내 자신에 대하여 고백하는 나의 말을 듣고 그것이 진실인지 아닌지도 어떻게 알 수 있겠습니까? 사람의 사정은 사람의 속에 있는 영 외에는 아무도 모르

지 않습니까?(고전 2:11) 그렇지만 만일 그들이 자기 자신들에 대하여 당신이 말씀하신 것을 들었다면 "주님께서 거짓말 하신다"고 말하지는 못할 것입니다. 왜냐하면 자기 자신에 대하여 하신 당신의 말씀을 듣는다는 것은 곧 자기 자신을 아는 것이 되기 때문입니다. 따라서 거짓말쟁이가 아니라면 누가 자기 자신을 알고 있으면서도 "그렇지 않다"고 말할 수는 없을 것입니다. 그렇지만 사랑의 줄로 하나가 된 사람들 사이에 사랑은 모든 것을 믿게 해 줍니다(고전 13:7). 물론 내 고백이 진실인지 아닌지를 그들에게 증명할 길은 없습니다. 그러나 사랑으로 내게 그들의 귀를 여는 자는 내가 진실한 말을 하고 있음을 믿게 될 것입니다.

4. 그러나 내 영혼의 의사이신 주님이시여, 내가 무슨 목적으로 이 고백을 하고 있는지 나로 하여금 확실히 알게 하소서. 당신께서는 내 과거의 죄의 고백을 들으시고 그것을 용서하시고 덮어주셨고(시 32:1) 신앙과 성례로 내 삶을 변화시키셨으며, 당신 안에서 행복을 누리게 하셨습니다. 따라서 사람들이 나의 고백을 읽고 들을 때 그들의 마음이 감명을 받게 하시고 스스로 "나는 할 수 없다"고 말하며, 절망 속에서 누워 잠들지 않고 오히려 당신의 은혜를 즐기고 당신의 자비를 사랑하는 마음으로 깨어 일어나게 하옵소서. 이러한 당신의 은총을 통하여 자신의 약함을 알게 된 사람은 약하지만 강한 사람이 됩니다. 그리고 착한 사람들도 용서함을 받은 사람들의 과거의 죄에 대하여 들어보기를 즐깁니다. 그들은 사람들이 저지른 잘못이 좋아서가 아니라 과거에 저지른 그 잘못을 지금은 그들이 반복하지 않기 때문에 그것들을 듣기를 좋아합니다. 오, 나

의 주 하나님이여, 내 양심은 자신의 결백보다는 당신의 자비를 믿고 바라면서 매일 당신께 고백을 하고 있습니다. 그러면 내가 무슨 목적으로 당신 앞에서 사람들에게 이 책을 통하여 내 과거와 현재의 상태를 고백하는 것입니까? 나는 이미 내 과거에 대한 고백의 목적을 언급하였습니다. 그러나 나를 개인적으로 아는 사람들이나 모르는 많은 사람들이 내가 이 『고백록』을 쓰고 있는 나의 현재의 상태를 알고 싶어 합니다. 그들은 내가 직접 한 말이나 나에 대해 다른 사람이 한 말을 들었습니다만 그들의 귀는 나의 모습 그대로를 들으며 가까이 있지를 못했습니다. 그러므로 그들은 자기들의 눈으로나 귀로나 정신으로 꿰뚫고 들어갈 수 없는 내면에 있는 내가 누구인지를 내 고백을 통해서 듣고자 하는 것입니다. 그들은 믿기를 원하는 사람들처럼 듣기를 원하고 있습니다. 그렇다면 과연 그들은 나를 이해할 수 있을까요? 그들을 선하게 만드는 사랑이 내 고백은 참되다는 것을 그들에게 증거할 것이요, 그들 안에 있는 사랑이 이 고백을 하는 나를 믿게 할 것입니다.

5. 그러나 그들은 무슨 열매를 바라고 나의 이 고백을 듣고자 하는 것입니까? 그것은 내가 당신의 은혜로 말미암아 당신께 가까이 나아가고 있음을 그들이 듣고 보고 나와 함께 기뻐하기 위해서입니까? 그리고 내가 죄의 무게로 인해 당신에게서 멀리 떨어져 나가고 있음을 듣고 그들이 나를 위해 기도해 주고 싶어서입니까? 그들이 이것을 원한다면 나는 그들에게 서슴지 않고 내 자신이 어떠한 사람이라는 것을 기꺼이 말해 주겠습니다. 오, 나의 주 하나님이시여, 이렇듯 많은 사람들이 나로 인해 당신께 감사를 드리게 되고(고전

2:11) 또한 나를 위해 기도를 하게 되면 그 열매란 매우 큰 것이 될 것입니다. 그러므로 내 형제들의 마음으로 하여금 당신이 사랑하라고 가르치신 것을 볼 때 사랑하게 하시고 슬퍼하라고 가르치신 것을 볼 때 슬퍼하게 하소서. 그들의 마음이 이방인들이나 그들의 후손들처럼 입으로 궤사를 말하거나 오른손을 들어 거짓을 행하지 않게 하소서(시 144:11). 그들의 마음이 내 안에서 선한 것을 볼 때는 나를 위해 기뻐하게 하시고 내 안에서 죄를 볼 때는 슬퍼하게 하소서. 그들은 내 안에서 선한 것을 보든지 악한 것을 보든지 나를 사랑하기 때문에 나의 형제들입니다. 이러한 사람들에게 나는 서슴지 않고 내 자신이 어떠한 사람이라는 것을 말하여 주겠습니다. 그들로 하여금 나의 선한 행위로 인하여 기뻐하게 하시고 나의 악한 행위로 인하여 한숨짓게 하소서. 나의 선한 행위는 실은 당신이 하시는 일이요, 당신의 선물이옵니다. 그러나 내가 하는 악한 행위는 내 잘못이며 당신이 나에게 내린 심판의 벌이옵니다. 그들이 전자를 보고 기뻐하게 하시고 후자를 보고 한숨짓게 하소서. 그리하여 감사의 찬미와 슬픔의 부르짖음이 향로와 같이 그 형제들의 마음에서 당신의 면전에 오르게 하소서(계 8:3). 오, 주님, 그리고 당신의 성전에 올라가는 그 향기를 흠향하시고 당신의 이름을 위해 주의 인자를 좇아 나를 긍휼히 여기시며(시 51:1) 내 안에서 시작하신 당신의 일을 어떤 이유로도 버리지 마시고 내 안에 있는 불완전한 것을 완전케 하옵소서.

6. 이것은 내가 당신 면전에서 은밀히 떨며 즐거워하고(시 2:11) 소망 중에 은밀히 슬퍼하면서 내 생을 고백하기 위한 것만은 아닙

니다. 이것은 또한 내가 모든 믿는 사람들의 귀에 들리게 고백하기 위함입니다. 그들은 나의 즐거움을 같이 나누는 친구들이요 나와 같은 유한한 존재들이며, 나와 함께 천국의 시민된 자들이요, 나보다 먼저 지상 생애를 살아갔든지 혹은 내 뒤에 올 사람들이든지 또는 나와 함께 이 세상의 길을 걸어가는 사람들이든지 간에 그들은 모두 이 세상의 순례자들입니다. 이들은 당신의 종들이요, 나의 형제들이며, 당신이 당신의 자녀로 택한 자들입니다. 당신이 나에게 명하기를 내가 당신의 은총 안에서 당신과 함께 살기를 원하면 그들을 주인으로 섬기라고 하셨습니다. 그러나 당신의 이 명령이 말씀으로만 나에게 전해지고 실제로 그리스도를 통하여 먼저 나에게 보여주시지 않으셨다면 그것은 나에게 별로 의미가 없었을 것입니다. 그러므로 나는 당신의 명령을 말과 행동으로 따르되 당신의 날개의 보호 아래에서 하려는 것입니다. 그것은 만일 내 영혼이 당신의 날개 아래 깃들어 당신께 복종하지 않고 연약함을 고백하지 않는다면 거기엔 큰 위험이 따를 것이기 때문입니다. 진실로 나는 어린아이밖에 되지 않습니다. 그러나 나의 아버지는 영원히 살아계시어 나의 보호자가 되어 주시니 내게 부족함이 전혀 없습니다. 그는 항상 같으신 분으로서 나를 낳으셨고 나를 보살펴 주십니다. 오, 전능하신 자여, 당신은 나의 모든 선이 되시어 내가 당신과 함께 있기 전에도 나와 함께 하셨습니다. 이제 나는 당신이 나더러 섬기라 명하신 그들에게 과거의 나에 대하여 말하지 않고 현재의 나와 아직도 계속하여 있을 나에 대하여 말하려 합니다. 그러나 나는 나 자신을 판단하지 않사오니(고전 4:3) 내가 말하는 대로 들어주기를 바라는 것입니다.

7. 오직 주님만이 나를 판단하시고 심판하시는 분이십니다. 사람의 사정을 사람의 속에 있는 영 외에는 아무도 모른다고 했지만(고전 2:11) 사람 안에는 자신도 모르는 것이 있는 것 같습니다. 그러나 당신이 사람을 창조하셨기에 당신은 그를 온전히 아시나이다. 내가 당신 앞에서 나 자신을 무시하여 티끌과 재로 여기지만 당신에 대해서는 무엇인가 조금 알고 있습니다. 다시 말하면 내가 어떤 유혹을 물리칠 수 있고, 어떤 유혹을 물리칠 수 없는지 알지 못해도 당신은 절대로 다른 존재에 의해 침해될 수 없다는 것은 알고 있습니다. 물론 우리가 당신을 아는 것은 거울로 보는 것 같이 희미하고 아직은 얼굴과 얼굴을 대하여 보는 것 같지는 않습니다(고전 13:12). 그러므로 내가 당신을 떠나 이 세상의 순례의 길을 가는 동안 나는 당신보다 나 자신에게 더 가까이 하고 있었습니다(고후 5:6). 그러나 나에게 한 가닥의 희망이 있음은 당신이 미쁘시사 우리가 감당치 못할 시험 당함을 허락지 않으시고 시험을 당할 즈음에 또한 피할 길을 내사 우리로 능히 감당하게 하시기 때문입니다(고전 10:13). 그러므로 나는 내 자신에 대하여 알고 있는 것뿐만 아니라 모르고 있는 것도 함께 고백하려 합니다. 그 이유는 내가 나 자신에 대하여 알게 된 것도 실은 당신의 빛이 나를 조명해 주시기 때문입니다. 또한 내가 나 자신에 대하여 모르는 것은 내가 당신을 얼굴과 얼굴을 대하여 봄으로 내 어두움과 대낮(사 58:10)과 같이 될 때까지 계속 남아 있게 될 것이기 때문입니다.

8. 주여, 나는 어떤 의심 가운데서가 아니라 분명한 이해를 가지고 당신을 사랑합니다. 당신께서는 당신의 말씀을 통해 나를 변화시키셨습니다. 그래서 나는 당신을 사랑할 수 있게 되었습니다. 그

뿐 아니라 하늘과 땅과 그 안에 있는 모든 것들이 사방에서 내가 당신을 사랑해야 한다고 소리를 지르고 있습니다. 그들은 끊임없이 이것을 모든 사람들에게 외쳐 사람들로 하여금 핑계치 못하게 합니다. 그러나 당신은 긍휼히 여길 자를 긍휼히 여기고 불쌍히 여길 자를 불쌍히 여기십니다. 그렇지 않는 한 하늘과 땅이 당신에게 찬미하는 소리를 사람들은 귀머거리처럼 알아들을 수 없기 때문입니다. 그러면 내가 당신을 사랑한다 할 때 무엇을 사랑하는 것입니까? 그것은 물체의 아름다움도 아니요, 시의 아름다움도 아니며, 우리의 눈을 즐겁게 하는 찬란한 빛도 아니요, 여러 가지 노래의 아름다운 소리도 아니며, 꽃과 기름과 향료가 풍기는 향기도 아니요, 만나와 꿀도 아니며, 사랑으로 포옹할 때 흐뭇하게 느껴지는 손발도 아닙니다. 내가 하나님을 사랑한다 할 때 이것들을 사랑하는 것은 아닙니다. 그러면서도 어떤 면에 있어서는 내가 하나님을 사랑한다 할 때 어떤 종류의 빛, 소리, 향기, 음식, 포옹을 사랑하고 있는 것도 사실입니다. 왜냐하면 당신은 내 안에 있는 인간의 빛, 소리, 향기, 음식, 포옹이시기 때문입니다. 당신은 내 안에서 영혼에게 어떤 공간도 제한받지 않는 빛을 비추시고, 시간이 빼앗아 가지 못하는 소리를 발하시며, 바람이 불어 흩어 버리지 못하는 향기를 풍기시며, 먹어도 없어지지 않는 음식을 공급하시며, 충만하게 포옹해 주십니다. 바로 이것으로 인해 내가 하나님 당신을 사랑하는 것입니다.

9. 그러면 이 하나님은 어떠한 하나님입니까? 나는 땅에게 당신이 하나님이냐고 묻자 땅은 내게 "나는 그분이 아니라"고 대답했습니다. 나는 바다와 심연과 그 안에서 기어 다니는 생물들에게 물어

보았습니다. 그러자 그것들은 "우리는 당신의 하나님이 아닙니다. 우리 위에 계신 분을 찾으십시오"라고 대답했습니다. 나는 지나가는 바람에게도 물어 보았습니다. 그때 공기와 그 대기권 안에 사는 모든 것들이 "아낙시메네스(공기를 자연에서 제일의 요소라고 가르친 소크라테스 이전의 자연 철학자 가운데 한 사람임)는 속았다 나는 하나님이 아니다"라고 대답했습니다. 나는 하늘과 해와 달과 별들에게 물어 보았습니다. 그들도 "우리 역시 네가 찾는 하나님이 아니라"고 말했습니다. 그래서 나는 내 육체 감각의 주위에 있는 모든 사물들에게 말하기를 "나의 하나님에 대하여 말을 해다오. 네가 그분이 아니라면 그분에 대하여 무엇이라도 말해다오"라고 간청했습니다. 그때 그들은 분명한 큰 소리로 "그분이 우리를 만드셨다"고 말했습니다. 물론 나의 질문은 그들에 대한 나의 관찰이었고 그들의 대답은 그들의 조화의 미에 있었습니다. 이제 나는 나 자신에게 "네가 누구냐?"고 물어 보았습니다. 나는 "사람이다"라고 대답했습니다. 내 안에는 육체와 영혼이 있습니다. 육체는 밖에 있고 영혼은 안에 있습니다. 그러면 이 둘 중 어느 것에 의하여 내가 하나님을 찾아야 하겠습니까? 나는 이미 내 육체를 통해 하나님을 찾으려 땅에서부터 하늘에 이르기까지 특사를 파견했습니다. 그러나 나는 내 "속에 있는 사람"이 "밖에 있는 사람"보다 더 나은 것을 깨닫게 되었습니다. 그것은 내 육체의 모든 감각들이 하늘과 땅과 그 안에 있는 모든 것들이 대답한 메시지들, 즉 "우리는 하나님이 아니다. 하나님이 우리를 만드셨다"고 한 말들을 통치자와 심판자의 역할을 하는 속에 있는 사람에게 알려주었기 때문입니다. 이리하여 속에 있는 사람은 이 모든 것을 밖에 있는 사람의 도움을 통하여 알게 됩니다. 즉 속에 있는 사람인 내 영혼은 육체의 감각을 통하여 이 모든 것을 알게 되는 것입니다. 나는 또한 전 우주에게 나의 하나님에 대하여 물어 보았습니다. 그 우주 역시 "나도 하나님이 아니다. 하나님이 나를 만드셨다"고 대답할 뿐이었습니다.

10. 감각이 건전한 사람이라면 이 세상의 아름다움을 분명하게 알지 않겠습니까? 그러면 그것이 왜 모든 사람들에게 똑같은 말을 해주지 않는 것입니까? 크고 작은 동물들도 그것을 보는 것만은 사실입니다. 그러나 그들은 그것의 의미를 물어 볼 능력이 없습니다. 왜냐하면 그들은 감각에 의하여 전달된 여러 가지 보고들을 판단할 수 있는 이성을 가지고 있지 않기 때문입니다. 그러나 인간들은 그것에 대하여 물어 볼 수가 있어서 하나님의 보이지 않는 것들을 그가 만드신 피조물을 통하여 이해할 수가 있습니다(롬 1:20). 그러나 인간들은 피조물을 너무 좋아한 나머지 그 피조물의 노예가 되어버리고 말았습니다. 노예는 판단의 능력을 가지고 있지 않습니다. 그러므로 이 모든 것들은 판단력을 가진 사람들의 질문에만 대답을 하게 됩니다. 가령 어떤 사람은 피조물을 단순히 보기만 하고 어떤 사람은 그것을 보기만 하는 것이 아니라 질문도 한다고 생각해 봅시다. 이 경우에 그 피조물이 전자에게는 이렇게 후자에게는 저렇게 달리 나타난다는 것은 아닙니다. 다시 말하면 이런 경우에 그 피조물이 자기의 소리를 사람에 따라 변경하는 것은 아닙니다. 그 피조물은 두 사람에게 다 똑같이 나타나지만 단순히 보기만 하는 사람에게는 침묵을 지키고, 보기도 하고 판단을 하는 사람에게는 대답을 해줍니다. 아니, 이렇게 말하는 것이 더 나을 듯합니다. 즉, 피조물은 사실 모든 사람들에게 다 똑같이 말하지만 감각을 통하여

밖으로부터 들어오는 소리를 안에 있는 진리와 비교할 수 있는 사람들만이 그 뜻을 이해한다는 것입니다. 그러므로 진리는 나에게 "하늘이나, 땅이나 어떠한 물체도 너의 하나님은 아니다"라고 말합니다. 그리고 피조물의 본성은 그것을 관찰하는 자에게 "물체에 있어서는 부분의 부피가 전체의 부피보다 더 적다"고 말합니다. 그러나 내 영혼아, 이제 내가 네게 말하노니 너는 나의 가장 나은 부분이다. 너는 육체가 절대로 부여하지 못하는 생명을 네 몸에 주는구나. 그러나 네가 네 몸의 생명이 된다면 너의 하나님은 너에게 생명을 주는 생명의 생명이시다.

11. 그러면 내가 당신을 사랑한다고 할 때 그것은 당신의 무엇을 사랑하는 것입니까? 내 영혼의 머리 위에 계신 분은 누구십니까? 나는 영혼을 통하여 그분에게 올라가야 합니다. 나는 먼저 나를 육체와 연결시켜 주고 또한 그 육체의 전 구조에게 생명으로 충만케 해주는 내 힘을 초월하려고 합니다. 단지 이 힘만으로는 내가 내 하나님을 찾을 수 없기 때문입니다. 만일 가능하다면 이성이 없는 말이나 노새 같은 동물도 자기들의 육체를 움직이는 힘을 가지고 있는 까닭에 하나님을 찾을 수 있어야 합니다(시 32:9). 그러나 나에게는 육체를 움직이는 생명의 힘 이외에 내 육체에게 주어진 감각을 통하여 사물을 지각할 수 있는 힘도 주어졌습니다. 이것은 주님께서 나에게 주신 것으로 눈으로 하여금 듣지 못하게 하고 귀로 하여금 보지 못하게 하여, 즉 눈으로만 보게 하고 귀로만 듣게 하여, 모든 감각으로 하여금 적절한 자기 위치에서 기능을 이행하도록 하게 하신 것입니다. 이와 같이 하나의 영혼인 내가 여러 감

각을 통하여 여러 가지 일을 하게 됩니다. 그러나 나는 이러한 나의 능력까지 초월해야 합니다. 왜냐하면 말이나 노새도 이러한 힘을 가지고 있기 때문입니다. 그들도 육체의 감각을 통하여 사물을 지각하고 있는 것입니다.

12. 따라서 나는 본래 나에게 주어진 이 본성의 힘을 초월하여 단계를 밟아 나를 만드신 그분에게로 오르고자 합니다. 그 때 나는 기억이라 불리는 평야와 넓은 궁전에 오게 되었습니다. 그곳은 창고와 같아서 감각을 통하여 인식된 여러 가지 사물의 모습들이 간직되어 있는 곳입니다. 그 기억 속에는 우리가 감각에 의하여 지각한 것을 어떻게 보태거나 감하거나 변경을 가하여 생각한 것들 또한 망각이 아직 삼켜 버리거나 묻어 버리지 않은 여러 가지 것들이 간직되어 있습니다. 나는 이 기억이라는 창고에 들어가 내가 원하는 것을 찾아 내놓으라고 요구합니다. 그때 어떤 것은 곧 바로 나오고 어떤 것은 깊숙한 구석에서 찾아 끄집어내듯 한참 찾은 후에 나옵니다. 또 어떤 것들은 무더기로 함께 나와서 우리가 찾는 것이 다른 것이라고 할 때는 "아마도 당신이 찾는 것이 우리가 아니냐?"라고 말하듯 앞으로 튀어 나오기도 합니다. 그럴 때 나는 내가 원하는 것이 기억의 은밀한 구석에서 나타날 때가지 내 마음의 손으로 그들을 쫓아버리는 것입니다. 그런데 어떤 것은 내가 원하는 대로 쉽게 그리고 질서 정연하게 나타나 보였다가 뒤를 따라오는 것에 자리를 내주고는 다시 내가 명령할 때까지 자기 자리로 들어가 기다립니다. 내가 마음으로 기억할 때 이 모든 일들이 발생하는 것입니다.

13. 이 기억이라는 창고 속에 모든 것이 그 종류에 따라 제각기 따로 따로 보관되어 있습니다. 그들은 각각 자기들의 감각을 통해 기억이라는 창고에 들어온 것입니다. 예를 들면 빛과 색깔과 물체의 형태는 눈을 통해서 여러 가지 소리는 귀를 통해서 모든 냄새는 코를 통해서 모든 맛은 입을 통해서 그리고 단단하든지 무르든지 차든지 덥든지 거칠든지 매끄럽든지 무겁든지 가볍든지 한 것은 몸 밖에서든지 안에서든지를 막론하고 온 몸에 퍼져 있는 촉각을 통해 들어오는 것입니다. 이렇듯 은밀하고도 말로 표현할 수 없이 무수한 구석을 가지고 있는 기억의 창고는 이 모든 것을 받아들여 간직해 놓았다가 필요할 때마다 다시 불러 찾아 내놓습니다. 다시 말하면 이 모든 것은 제각기 자기의 문을 통하여 기억 안으로 들어가 거기에 간직되는 것입니다. 그러나 우리가 지각한 사물 그 자신들이 그대로 거기에 들어가는 것이 아니고 다만 지각된 사물의 모습들만이 들어가 간직되어 있다가 그것을 기억하는 사람의 생각에 떠오르게 되는 것입니다. 나는 이 모습들이 감각을 통해서 안으로 들어와 간직되어 있다는 사실은 확실히 알아도 어떻게 하여 그 모습들이 형성되었는지는 모릅니다. 누가 그것을 알 수 있겠습니까? 내가 어둠과 침묵 속에 있을 때에도 나는 마음대로 내 기억 속에서 색깔을 떠오르게 하여 흑색과 백색과 다른 색을 분별할 수 있습니다. 이때 소리의 모습이 갑자기 나타나 눈을 통해서 들어와 사료되고 있는 모습들을 어지럽히지 못합니다. 왜냐하면 소리라는 모습들도 기억 안의 어느 구석에 따로 간직되어 있기 때문입니다. 이 소리도 내가 원하면 불러내어 들을 수 있습니다. 그 소리는 내가 부르는 대로 바로 나오기에 나는 혀와 목청을 움직이지 않고도 원하

는 대로 노래를 부를 수 있습니다. 또한 거기에 있는 색깔의 모습도 갑자기 나타나 귀의 감각을 통하여 들어와 있다가 호출을 받고 나오는 모습들을 덮쳐 방해하지를 않습니다. 이처럼 나는 다른 여러 감각을 통하여 들어와 쌓여 있는 모습들을 마음대로 불러내올 수 있습니다. 나는 실제로 그들의 냄새를 맡지 않고도 백합화의 향기를 제비꽃의 향기로부터 구별할 수 있습니다. 또한 나는 단순히 이 기억을 통하여 맛을 보거나 만지지 않고 꿀이 술보다 좋으며, 매끄러운 것이 거친 것보다 좋다고 말할 수 있는 것입니다.

14. 나는 기억이라고 불리는 나의 넓은 궁정에서 이 모든 일들을 수행하는 것입니다. 그 안에는 내가 망각한 것을 제외하고는 감각을 통하여 지각한 다른 모든 것들과 하늘과 땅과 바다가 현존해 있습니다. 나는 이 기억에서 나 자신을 만나고 기억합니다. 또한 나는 거기에서 내가 언제 어디서 무엇을 했으며 그것을 할 때 어떻게 느꼈는지에 대해서도 기억합니다. 거기에는 내가 경험했던지 혹은 다른 사람들에게 들어서 기억한 모든 것이 있습니다. 그리하여 나는 같은 기억의 창고에서 내가 과거에 경험했거나 그 경험을 토대로 하여 믿게 된 것의 모습들을 꺼내어 새로운 모습들을 구성해 보고 그것들이 과거의 맥락에 맞는가 견주어 보기도 합니다. 그리고 그것을 토대로 하여 나의 미래의 행동과 사건과 희망을 추측해 봅니다. 또한 나는 이 모든 것을 현재적인 사실로 생각하는 것입니다. 그렇게도 많고 큰 모습들로 가득 찬 넓은 창고인 내 마음에서 나는 나에게 말하는 것입니다. "내가 이것을 할까 저것을 할까?" "그러면 이런 결과 아니면 저런 결과가 따라 나오겠지!" "오, 다만

이것 또는 저것이 생겼으면!" 혹은 "하나님이 이것 또는 저것을 막아 주셨으면!" 나는 이렇게 나 자신에게 말합니다. 내가 이렇게 말할 때 그 순간 내가 말하고 있는 모든 것들의 모습들이 동일한 기억의 창고로부터 나와 내 앞에 나타나게 되는 것입니다. 만약 내 기억에 그 모습이 없다면 나는 그것에 대해 어떤 말도 할 수 없을 것입니다.

15. 오, 나의 하나님, 이 기억의 힘은 얼마나 위대한지요! 그것은 너무 크고 끝이 없는 내면의 궁전입니다. 누가 그 깊이를 측량할 수 있겠습니까? 그럼에도 그것은 내 마음, 내 본성안에 속해 있습니다. 하지만 나는 내 자신의 전부를 파악할 수 없습니다. 그러므로 내 마음은 자기 자신 전체를 포괄하기에는 너무 좁은 듯합니다. 그러면 포괄될 수 없는 부분이란 어디에 있습니까? 그것이 마음 안에 있지 않고 마음 밖에 있습니까? 그렇다면 마음이 왜 자신을 포괄할 수 없습니까? 이러한 문제를 생각해 볼 때 내 마음은 어리둥절해져서 경의감에 사로잡히게 됩니다. 사람들은 밖으로 나가서 높은 산, 바다의 큰 파도, 넓고 긴 강의 흐름, 끝없이 넓은 대양, 별의 운행 등을 바라보고 놀라움을 금치 못합니다만 안에 있는 자신들은 내가 눈으로 직접 보지 않고도 그것들에 대하여 말하고 있다는 사실을 이상하게 생각하지 않습니다. 아니, 나는 그것들을 내 기억 속에서 보고 말하는 것입니다. 내가 과거에 본 그러한 산, 파도, 강, 별들이나, 다른 사람의 말을 듣고 믿는 바다와 그것들 사이에 놓여 있는 넓은 공간들을 내가 마치 그것들을 나 밖에서 보는 것처럼 내 안의 기억 속에서 보지 않는다면 나는 그것들에 대하여

한 마디의 말도 할 수 없는 것입니다. 그런데 내가 그것들을 눈으로 볼 때 본다는 감각을 통해서 그것들을 내 안으로 끌고 들어온 것은 아닙니다. 사물 자체들은 그대로 내 외부에 있습니다. 다만 그것들의 모습만이 내 안에 들어오게 됩니다. 그러나 내 육체의 어떤 감각의 통로를 통하여 내 마음에 이러한 모습들이 들어 왔는지 나는 분명히 알고 있습니다.

16. 그러나 내 무한한 기억이 단순히 이것들만을 보유하고 있는 것은 아닙니다. 기억 안에는 또한 학문의 지식에서 배운 것으로 망각되지 않는 모든 것이 더 깊숙한 곳, 즉 내면의 장소에 간직되어 있습니다. 그것들은 사물의 모습들이 아니라 학문 그 자체들입니다. 왜냐하면 문학이나 논리학이나 다른 부문의 문제에 대하여 배운 나의 지식은 그대로 내 기억 속에 간직되고 있기 때문입니다. 이 경우는 실체는 밖에 있고 그 모습만 기억 안으로 들어오는 경우와는 다릅니다. 예를 들면 그것은 소리가 한번 들렸다가 사라져도 그 흔적은 마음에 새겨져서 후에 다시 기억을 하기만 하면 그 소리가 밖에서 들리지 않아도 그 소리를 마음에서 듣는 것과 같지 않다는 말입니다. 또한 냄새가 코를 찌른 후 바람을 타고 사라져도 그 냄새의 모습은 후각을 통해 기억 안으로 들어와 있다가 후에 우리가 그것을 기억하여 그 냄새를 재현하는 것과 같지도 않습니다. 또는 음식이 배에 들어가면 그 맛을 잃어버리지만 그 맛의 모습은 기억에 남아 잇는 것과 같은 것도 아닙니다. 또한 촉각으로 몸에 무엇을 느꼈을 때 외부의 대상과 접촉이 끊어졌어도 그 촉각의 모습이 기억에 남아 있는 것과 같은 것도 아닙니다. 왜냐하면 이런 경우들에

는 사물 그 자체들이 기억 안으로 들어온 것이 아니기 때문입니다. 다만 그들의 모습만이 무섭게 빨리 포착되어 소위 기억의 굉장한 밀실에 간직되는 것입니다. 그리고 그 모습들은 밀실로부터 신기한 방법으로 기억의 작업을 통하여 다시 불려 나오게 되는 것입니다.

17. 그러나 이제 나는 사람들이 보통 세 가지 질문 즉 "그것이 과연 존재하는가?" "그것이 무엇인가?" 그리고 "그것은 어떤 종류의 것인가?"라는 질문을 던지는 것을 듣게 됩니다. 이런 질문을 들으면 나는 그 말이 구성하고 있는 음성의 모습을 간직하게 됩니다. 그리고 그 음성은 소리를 내고는 공기 속으로 사라져 없어져 버림을 나는 알고 있습니다. 그러나 나는 그 음성이 나타내고 있는 "본질"은 육체의 감각을 통해서 만지거나 보지는 못했습니다. 나는 오직 마음으로 그것을 파악한 것뿐이었습니다. 이 경우 내 기억에 간직되어 있는 것은 사물의 모습들이 아니고 본질 자체들입니다. 어떻게 하여 그것들이 내 마음으로 들어오게 되었는지 아는 사람은 말해보라고 하십시오. 왜냐하면 나는 내 육체의 감각의 문을 다 살펴보았어도 그것들이 들어온 문을 찾아볼 수 없었기 때문입니다. 내 눈은 말하기를 "그것들이 색깔을 가지고 있었더라면 우리가 통고해 주었을 것이다"라고 하였습니다. 내 귀가 말하기를 "그것들이 소리를 냈다면 우리가 그것을 알려 주었을 것이다"라고 하였습니다. 내 코가 말하기를 "그것들이 냄새를 가지고 있었더라면 나를 통해서 그것이 마음으로 들어갔을 것이다"라고 하였습니다. 내 미각도 말하기를 "그들이 아무 맛도 가지고 있지 않다면 나에게 물을 필요도 없다"라고 하였습니다. 내 촉각도 말하기를 "그들이 형체를

가지고 있지 않다면 나는 만질 수가 없고, 만지지 못한다면 나는 마음에 연락도 할 수 없다"라고 하였습니다. 그러면 그것들이 어디서 어떻게 하여 내 기억에 들어오게 된 것입니까? 나는 그것을 알 수가 없습니다. 왜냐하면 내가 그것들에 대하여 배워서 알게 되었을 때 다른 사람의 마음을 의존한 것이 아니요, 내 마음 안에서 그것들을 시인하여 "옳다"고 긍정한 것이기 때문입니다. 그리고 나는 그것들을 마음에 위탁하여 간직해 놓았다가 필요할 때 다 꺼내는 것입니다. 그러므로 그것들은 내가 그것들에 대하여 배워 알게 된 이전에도 이미 내 마음 어디에 있었다는 것입니다. 다만 그것들이 내가 배우기 전에는 기억에 나타나지 않은 것뿐입니다. 그러면 그것들은 본래 어디에 있었습니까? 어떻게 하여 다른 사람들이 그것들에 대하여 하는 말을 듣고 내가 그것들을 시인하며 "그것은 그렇다. 정말이다"라고 말할 수 있습니까? 그것은 그것들이 이미 내 기억 속에 있었던 때문이 아닙니까? 그러나 그것들은 기억의 아주 깊숙한 구석에 파묻혀 있기 때문에 다른 사람의 교훈으로 그것을 끄집어 내지 않았다면 나는 아마도 그것들을 인식하지 못했을 것입니다.

18. 그러므로 우리는 감각을 통하여 우리 마음에 들어오지 않는 존재들, 즉 아무 모습 없이도 물 자체를 우리 안에서 알게 된다는 것은 기억 속에 이미 있으나 흩어지고 혼돈된 상태로 있는 것들을 사고의 과정을 통하여 거두어 모으는 것밖에 안 된다는 결론을 내리게 됩니다. 그렇게 거두어 모은 것을 우리는 주의를 쏟아 질서 있게 정리하여 기억 안의 가까운 곳에 간직하여 두게 됩니다. 그러면 전에는 숨겨져 있고, 버려져 있고, 흩어져 있었던 것들이 마음

에 낯이 익어 쉽게 떠오르게 됩니다. 내 기억은 자기 마음에서 이렇게 발견하여 간직해 놓은 것들을 많이 가지고 있습니다. 이것을 가리켜 우리는 그것들에 대하여 배워서 알게 된 것이라고 말합니다. 그러나 내가 잠깐이라도 그것들을 생각하지 않으면 그것들은 또다시 기억의 깊숙한 구석으로 흩어져 들어가 버리고 맙니다. 만일 내가 그것들에 대하여 다시 알기를 원한다면 그것들을 같은 장소에서 다시 불러 내와야 합니다. 그것들이 다른 곳으로 가 있을 곳이란 없기 때문입니다. 다시 말하면 안다는 것은 흩어져 있는 것들을 거두어 모은다는 것입니다. 여기에서 생각한다는 말이 나온 것 같습니다. 그것은 내가 한다ago와 내가 계속한다agito가 서로 연관되어 있고 내가 만든다facio와 내가 자주 만든다factito가 연결되어 있듯이 내가 cogo 내가 다시 생각한다cogito가 서로 연결되어 있기 때문입니다. 그러나 사람들은 내가 생각한다라는 말을 마음의 기능에만 적용하여 사용했기 때문에 다른 곳에서 모아진 것이 아니고 마음 안에서 거두어 모아진 것만을 생각한다는 말로 부르게 된 것입니다.

19. 또한 기억은 셀 수 없이 많은 원리와 수와 크기의 법칙을 그 자체 안에 포함하고 있습니다. 그것에는 색깔이나 소리나 맛이나 감촉 등이 없기 때문에 육체의 감각을 통해 기억에 내장된 것이 아닙니다. 나는 사람들이 그것들에 대하여 논할 때 그 원리를 상징해 말하는 소리를 듣습니다. 그러나 그 말의 소리는 말이 상징하는 원리와 같지 않습니다. 말로 표현할 때 헬라어와 라틴어의 말소리가 서로 다르지만 그 말이 표현하는 내용은 헬라어도 아니요 라틴어나 다른 어떤 언어도 아닙니다. 나는 또한 설계사들이 그린 거미줄 같

은 선들을 보았습니다. 그러나 수학적인 선들이란 이런 선들과는 다른 것입니다. 그것들은 내 육신의 눈이 보는 것과 같은 그런 선들의 모습이 아닙니다. 그러한 수학적인 선들을 이해하는 사람은 어떤 물체를 생각함이 없이 그 자신 안에서 그것들을 보고 시인하는 것입니다. 나는 또한 무엇을 계산할 때 사용하는 숫자들을 내 육체의 감각으로 알고 있습니다. 그러나 셈하는 수는 이 숫자들과 전혀 다릅니다. 이 수는 숫자들의 모습들도 아닙니다. 그러므로 그 수는 진정으로 존재하는 것입니다. 이것을 알지 못하는 사람은 내가 이런 말을 한다고 비웃을 것입니다. 그러나 그가 나를 비웃는 동안 나는 그를 불쌍히 여기게 될 것입니다.

20. 나는 이 모든 것을 잘 기억하고 있으며, 그것들을 어떻게 배웠는지도 기억하고 있습니다. 나는 또한 그릇되게 이러한 이론을 반대하는 많은 논증들을 듣고 그것도 기억하고 있습니다. 비록 그러한 논증들이 그릇된 것이라 할지라도 내가 그것을 기억하고 있다는 것만은 그릇된 것이 아닙니다. 나는 또한 내가 진리와 그와 반대되는 오류를 구별하였다는 것을 기억하고 있습니다. 이리하여 내가 알게 된 것은 지금 진리와 오류를 식별하고 있다는 것과 내가 과거에 이 문제를 생각할 때 그러한 식별을 했다는 사실을 기억하는 것 사이에 큰 차이가 있다는 것이었습니다. 그렇다면 나는 과거에 내가 이러한 사실을 이해했었다는 것을 기억하고 있고 또한 현재 내가 식별하고 이해하고 있다는 것을 기억하고 있는 것이 됩니다. 이렇게 현재에 내가 이해하고 있는 것은 미래에 내가 그것을 그때 이해했었다고 기억하게 될 것입니다. 따라서 나는 내가 기억

한다는 사실을 기억하고 있는 것입니다. 이처럼 만일 내 미래에 내가 한때 이러한 사실들을 기억했었다고 기억한다면 그것은 내 기억력으로 그것을 불러 내오는 것밖에 안 됩니다.

21. 이 동일한 기억은 내 마음의 여러 가지 감정도 포함하고 있습니다. 그러나 이 감정은 내가 그것을 경험할 때 느낀 그대로가 아니라 기억력에 따라 적절하게 다른 상태로 채색된 감정이 됩니다. 왜냐하면 내가 지금 기쁘지 않으면서도 과거에 기뻤었다고 기억할 수 있고 동시에 내가 지금 슬프지 않으면서도 과거에 슬펐었다고 기억할 수 있으며, 더욱이 또한 내가 지금은 두려워하지 않으면서도 과거에 두려워했었다는 것을 기억할 수 있고, 내가 지금은 욕심이 없으면서도 과거에 욕심을 부렸다는 것을 기억할 수도 있기 때문입니다. 때로는 이와 정반대로 내가 지금은 기쁜데 과거의 슬픔을 기억할 때가 있고 내가 지금은 슬픈데 과거의 기쁨을 기억할 때가 있습니다. 그러나 내가 이런 사실을 보고 이상하게 생각할 필요가 없는 것은 마음과 몸이 서로 다르다는 것을 알고 있기 때문입니다. 그러므로 내가 과거 내 몸의 통증을 지금 기쁨으로 기억한다 해도 그것은 전혀 이상한 것이 아닙니다. 그러나 마음과 기억은 서로 다른 것이 아니고 같은 것입니다. 우리는 기억을 마음이라고까지 부릅니다. 그러기에 우리가 다른 사람에게 무엇을 기억할 것을 명할 때 흔히 말하기를 "여보게, 이것을 마음에 기억해 두게"라고 하며 무엇을 망각했을 때는 "내 마음에 떠오르지 않는다" 또는 "내 마음에서 빠져 나갔다"고 말하는 것입니다. 그렇다면 내가 현재 기뻐하면서도 과거의 슬픔을 기억하고 있을 때, 즉 마음에는 기쁨이

있고 기억에는 슬픔이 있을 때 어찌하며 마음은 자기 안에 있는 기쁨 때문에 즐거워해도 기억은 자기 안에 있는 슬픔 때문에 슬퍼하지 않습니까? 그것은 기억이 마음에 속해 있지 않아서 그렇습니까? 누가 그렇게 당돌하게 말할 수 있겠습니까? 그러므로 기억이란 말하자면 마음의 위장과 같고 기쁘고 슬픈 경험은 달고 쓴 음식과 같다고 보는 것이 좋을 듯합니다. 기쁘고 쓴 경험이 기억 안으로 한번 들어가면 위장에 들어가 있는 음식처럼 그곳에 간직은 되어 있어도 그 맛은 볼 수 없는 것과 같습니다. 기억이 위장과 같다고 하는 비유는 좀 우스운 것 같으나 아주 틀린 비유는 아닙니다.

22. 또한 내가 네 가지 종류의 감정, 즉 욕망, 기쁨, 두려움, 슬픔이 있다고 말할 때 그것은 내가 그것들을 나의 기억에서 *끄집어* *낸* 것임을 의미합니다. 내가 그 감정들을 종속적인 개념으로 분류하고 정의하여 논할 때도 나는 하려고 하는 말을 기억에서 찾고 거기에서 *끄집어내는* 것입니다. 그러나 내가 이 감정들을 기억하여 마음에 떠오르게 한다 하여도 나는 그것들에 의하여 하등의 영향을 받지 않습니다. 사실은 내가 그것들을 상기하여 생각하기 이전에도 그것들이 내 기억 안에 있었던 것입니다. 그러기에 나는 그것들을 상기하여 그곳에서 불러내 온 것입니다. 그러므로 마치 소가 위에서 음식물을 *끄집어내어* 새김질을 하듯이 사람은 이런 감정들을 상기하여 기억 속에서 *끄집어내는* 것입니다. 그러면 왜 사람들이 감정들을 상기하여 논할 때 그들의 생각의 입에서 기쁨의 단맛과 슬픔의 쓴맛을 느끼지 않습니까? 아마도 이 점에서 상기한다는 것은 새김질한다는 것과 같다는 비유가 맞지 않을지 모릅니다. 만일 우

리가 슬픔과 두려움을 말할 때마다 슬퍼지고 두려워진다면 누가 감히 이러한 문제에 대하여 말하려고 하겠습니까? 그러나 우리가 만일 육체의 감각을 통하여 마음에 들어온 모습으로서의 감정의 언성이나 감정 자체의 개념들을 기억 안에서 찾지 못한다면 우리는 감정적인 경험들에 대하여 전혀 말할 수가 없습니다. 그 감정 자체의 개념들이란 육체의 감각을 통하여 마음에 들어온 것이 아닙니다. 마음 그 자체가 감정을 경험할 때 그것을 의식하고 기억에 맡겨 두든지 혹은 마음이 의식적으로 기억에 맡기지 않아도 기억이 그것을 그대로 맡아 두든지 합니다.

23. 그러나 이것이 모습으로 인하여 생기게 되는 것인지 아닌지 누가 쉽게 말할 수 있겠습니까? 나는 그것을 경험하지 않더라도 돌을 돌이라 태양을 태양이라 부릅니다. 그때 사물 자체들은 내 감각에 실제적으로 나타나지 않아도 그것들의 모습은 내 기억 안에 있다는 것을 의미합니다. 만일 내가 육체의 통증이란 말을 할 때, 실제적인 통증이 나에게 없다면 나는 아픈 것이 아닙니다. 그러나 그 통증의 모습이 내 기억 안에 없다면 그것에 대하여 무어라 말할 수가 없고 또한 통증을 기분 좋음과 식별해 말할 수도 없습니다. 나는 또한 내 몸이 건강할 때 육체의 건강을 말합니다. 그때 내가 말하는 건강 조건이 나에게 있는 것만은 사실입니다. 그러나 건강이라는 모습이 내 기억 안에 있지 않으면 건강이라는 말이 무엇을 의미하는지 나는 알 수 없습니다. 그러므로 병든 사람도 자신은 건강하지 않지만 건강이라는 모습이 기억 안에 간직되어 있기 때문에 건강이라는 말을 들을 때 그 뜻을 알게 되는 것입니다. 나는 또한

계산할 때 수를 말합니다. 그러나 이때 내 기억 안에 있는 것은 수의 모습이 아니고 수 그 자체입니다. 내가 태양의 모습에 대하여 말할 때도 내 기억 안에 있는 것은 그 모습의 모습이 아니고 그 모습 자체입니다. 그러므로 내가 태양을 상기할 때 그 모습이 기억에 떠오르는 것입니다. 내가 기억에 대하여 말을 할 때도 나는 그것을 알고 있습니다. 기억이 아니고서는 내가 그것을 어떻게 알 수 있겠습니까? 그것은 그 자체가 아니라 그것의 모습을 통해 나타나는 것입니까?

24. 내가 망각이라는 말을 할 때 나는 그것을 어떻게 알고 이해했습니까? 내가 망각했다는 것을 기억함이 없이 어떻게 그것을 이해할 수 있겠습니까? 여기서 나는 그 낱말의 소리를 말함이 아니고 그 말의 소리가 의미하는 것을 말하는 것입니다. 내가 만일 그것을 잊었다면 망각이라는 말을 해도 그 뜻을 이해할 수 없었을 것입니다. 그러므로 내가 기억을 기억할 때는 그 기억은 자신을 통하여 자신과 함께 현존해 있지만 망각을 기억할 때는 망각과 기억, 즉 기억하는 기억과 기억된 망각이 함께 현존해 있습니다. 그러면 망각이란 무엇입니까? 망각이란 기억이 없는 상태가 아니고 무엇이겠습니까? 그렇다면 망각이 내 기억 안에 현존해 있는 한 내가 그것을 기억하지 못해야 하는데 어떻게 하여 내가 그것을 기억하고 있는 것입니까? 만일 우리가 기억하는 것만을 기억에 간직하고 망각한 것은 기억하지 못한다면 망각이라는 말을 듣고도 그 말의 의미를 이해할 수 없을 것입니다. 그러므로 망각이라고 하는 것도 우리 기억 안에 간직되어 있음이 틀림없는 사실입니다. 망각은 우리

로 하여금 망각한 것을 완전히 잊지 않도록 하기 위해 우리 안에 있는 것이지만 바로 그 망각이 우리 안에 있기 때문에 우리는 잊어버리는 것입니다. 그러면 우리가 망각을 기억할 때 그 망각 자체가 아니고 그 모습이 우리 기억 안에 현존해 있는 것이라고 결론지을 수 있습니까? 왜냐하면 만일 망각 그 자체가 기억에 현존해 있다면 그것은 우리로 하여금 잊은 것을 상기케 하는 것이 아니라 아주 잊게 하는 것이기 때문입니다. 누가 이것을 살필 수 있겠습니까? 도대체 그것이 어떠한지를 누가 이해할 수 있겠습니까?

25. 주님, 나는 이 문제로 인해 진실로 고통하고 있습니다. 내가 이렇게 땀을 흘리며 고생하고 있는 것은 바로 나 자신입니다(창 3:19)). 우리는 하늘의 영역을 수색하는 것도 별들의 공간을 재는 것도 아니며, 지구가 공중에 어떻게 매달려 있는지 살피는 것도 아닙니다. 내가 알고자 하는 것은 기억하는 나 자신인 마음입니다. 왜냐하면 내가 경탄하고 있는 것은 나 자신에게서 멀리 떨어져 있는 것들에 대해서가 아니고 나에게 가장 가까이 있는 내 자신이기 때문입니다. 생각해 보건대 나는 나에게 그렇게 가까이 있는 기억력을 이해하지 못하고 있습니다. 그럼에도 불구하고 그 기억력이 없이는 나는 나 자신의 이름을 부를 수도 없습니다. 그러면 내가 분명히 망각을 기억하고 있을 때 무어라고 말해야 합니까? 내가 기억하는 것이 내 기억 안에 없다고 말해야 합니까? 그렇지 않으면 내가 아주 잊어버리지 않기 위해 망각이 내 기억 안에 있다고 말해야 합니까? 이 두 견해는 다 이치에 맞지 않습니다. 그러면 제 삼의 견해가 가능합니까? 즉, 내가 망각을 기억하고 있을 때 망각 그

자체를 기억하고 있는 것이 아니라 그 망각의 모습을 기억하고 있는 것이라 말할 수 있습니까? 그러나 내가 이렇게 말할 수도 없는 것은 어떤 사물의 모습이 기억 안에 간직되기 위해서는 먼저 그 사물 자체가 존재해 있어야 하기 때문입니다. 내가 카르타고나 내가 방문한 여러 장소를 기억하는 것도 그렇습니다. 내가 만나 본 사람들의 얼굴을 기억하는 것이나 다른 감각을 통하여 알게 된 사물들을 기억하는 것도 그렇습니다. 또한 내 몸의 건강이나 병을 기억하는 것도 그렇습니다. 이러한 대상들이 내 앞에 현존할 때 내 기억은 그것들로부터 모습을 받아 간직해 두었다가 그 대상들이 내 눈 앞에 있지 않을 때도 그것들을 기억하고 싶으면 상기해 내어서 생각해 보는 것입니다. 그러므로 만일 망각이 기억 안에 간직되어 있다면 그것은 망각 자체가 아니고 그 모습일 것입니다. 그렇다면 망각은 모습으로 기억되기 전에 객관적으로 존재해 있어야 합니다. 그러나 망각이라는 것은 이미 기억된 인상들을 지워버리는데 어떻게 그것이 자신의 모습을 기억에 기록해 둘 수 있습니까? 이것이 도대체 어떻게 이렇게 되는지 이해하거나 설명할 수는 없어도 내가 확실히 아는 것은 내가 이미 기억한 것을 지워버리는 망각 그 자체까지도 기억하고 있다는 사실입니다.

26. 오 나의 주 하나님, 기억의 능력이란 실로 위대한 것이요, 무서운 존재입니다. 바로 그것이 내 마음이요, 나 자신입니다. 오, 나의 하나님, 그러면 나는 무엇입니까? 나의 본성이란 어떠한 것입니까? 정말로 복잡하고 다양한 생명이므로 그것을 측량할 수 없습니다. 내 기억의 넓은 들과 동굴과 깊이를 들여다 볼 때 나는 거기

에서 무수한 종류의 것들이 한없이 간직되어 있음을 발견하게 됩니다. 사물들은 모습을 통해서, 지식은 그 자체의 현존으로, 마음의 감정들은 어떤 종류의 관념이나 인상의 형태로 그 안에 간직되어 있음을 발견하게 됩니다. 감정은 지금 마음이 느끼지 못한다 할지라도 기억 안에 간직되어 있는 한 마음 안에 있다고 할 수 있습니다. 나는 이 모든 것들 사이를 이리 저리 뛰어다니고 날아다니며 그들을 깊이 투시해 보려고 하는 것입니다. 그러나 그것들의 밑바닥은 보이지 않습니다. 기억의 힘이 이렇게 크고 죽을 몸이지만 그 안에 있는 생명의 힘이 그렇게 크나 봅니다. 나의 참 생명이 되신 나의 하나님, 그러면 내가 무엇을 하여야 합니까? 나는 기억이라고 일컫는 이 능력을 초월하고자 합니다. 나는 이 기억을 초월하여 사랑스러운 빛이 되신 당신에게 다다르고자 합니다. 당신은 나에게 지금 무엇을 말씀하시고 계십니까? 이제 나는 내 마음을 통하여 내 위에 계신 당신을 향해 올라갑니다. 즉 나는 기억이라고 일컫는 이 능력을 초월하여 당신과 접할 수 있는 곳에서 당신을 접하고 당신을 붙들 수 있는 곳에서 당신을 붙들려고 합니다. 왜냐하면 동물들이나 새들도 기억력을 가지고 있기 때문입니다. 그 기억력 때문에 그들은 자기들의 동굴이나 둥지를 찾아갈 수 있으며 습관처럼 여러 행동들을 할 수 있습니다. 이런 기억력이 없다면 그들은 아무 것에도 길들여지지 않게 됩니다. 그러나 당신은 나를 네발 달린 짐승들과 구별하시고 공중에 나는 새들보다 더 지혜롭게 만드셨으니 당신께 도달하기 위해서는 나는 그런 기억마저 초월해야 합니다. 그러므로 나는 내 기억을 초월하여 올라가 당신을 찾고자 합니다. 그러면 내가 어디서 나의 참된 선이시오, 나의 확실한 사랑이신 당신을 찾을 수 있는 것입니까? 만일 내가 기억 없이 당신을 찾는다면 나는 당신을 기억하지 못하고 있는 것입니다. 그런데 내가 당신을 기억하고 있지 않다면 어떻게 내가 당신을 찾을 수 있겠습니까?

27. 드라크마 하나를 잃어버린 여인이 등불을 켜 그것을 다시 찾았습니다. 하지만 이 여인이 그것을 기억해 내지 못했다면 그것을 결코 다시 찾지는 못했을 것입니다. 만일 그 드라크마를 기억하고 있지 않았다면 그 여인이 그것을 다시 찾았을 때에도 자기가 찾고 있었던 것인지 아닌지 어떻게 알 수 있겠습니까? 나에게도 물건을 잃었다가 다시 찾은 일이 많이 있었습니다. 내가 잃어버린 물건을 찾고 있을 때 누가 나에게 "이것이 네 것이냐?" 또는 "저것이 네것이냐"라고 물으면 나는 찾고 있는 것이 나타날 때까지 "아니라"고 대답합니다. 그러나 그것이 무엇이든지 간에 내가 잃어버린 것을 기억하고 있지 않았다면 나는 그것을 찾아 나에게 보여 주어도 알아볼 수 없었을 것입니다. 이것은 우리가 잃어버린 것을 기억하고 있지 않았다면 그것을 찾아 나에게 보여 주어도 나는 그것을 알아볼 수 없었을 것입니다. 이것은 우리가 잃어버린 것을 다시 찾을 때 항상 있는 현상입니다. 어떤 물건이 우리 시야에서는 사라졌어도 기억에 남아 있으면, 그 물건의 모습이 우리 마음에 간직되어 있으므로 그 물건이 눈앞에 나타날 때까지 찾는 것입니다. 그리고 그 물건을 찾았을 때는 마음 안에 있는 모습에 의하여 그것을 알아보게 되는 것입니다. 따라서 우리가 그것을 인식하지 못하는 한 잃어버린 것을 찾았다 말할 수 없습니다. 따라서 그것이 우리 시야에서 사라졌으나 기억에서 사라진 것은 아닌 것입니다.

28. 그러나 우리의 기억이 무엇인가를 잊어버렸을 때, 그리고 그것을 다시 기억해 내고자 할 때, 우리는 그것을 다른 곳에서가 아니고 기억 안에서 찾으려 노력합니다. 그리고 우리가 찾고 있는 것을 기억이 내놓을 때까지 기억이 내놓는 다른 것들은 다 거절합니다. 그러다가도 우리가 찾고 있는 것이 나타나면 바로 "이것"이라고 말합니다. 그러나 우리가 그것을 알아보지 못했다면 그런 말을 할 수 없고 우리가 그것을 기억하고 있지 않았다면 알아볼 수도 없었을 것입니다. 우리는 다만 그것을 망각하고 있었던 것이 확실합니다. 그러나 혹시 그것의 전부가 기억에서 빠져나가지 않고 그 일부가 남아 있어서 기억이 빠져나간 부분을 찾고 있는 것입니까? 이때 기억은 그것을 통째로 간직하고 있지 않아 일부분이 없어 균형을 못 이룸을 알고 부족한 부분을 회복하라고 요청하는 것입니까? 예를 들어 우리가 알고 있는 어떤 사람을 보든지 혹은 생각 할 때 그의 이름이 생각나지 않는 경우가 있습니다. 그의 이름을 상기하려고 애를 쓸 때 다른 이름이 기억에 떠올라도 그것이 습관상 그 사람을 부르는 것과 맞지 않아서 그에게 적용하지를 않습니다. 그러므로 우리가 그 사람을 알고 익숙하게 부르는 이름이 나타날 때까지 모든 이름을 받아들이지 않는 것입니다. 그러나 그 이름이 기억에서가 아니면 어디서 나타나겠습니까? 누가 우리에게 암시를 주어서 그 이름을 생각나게 했다고 할지라도 그것이 기억에서 온 것만은 확실합니다. 왜냐하면 그때 알게 된 이름은 전혀 새로운 것이 아니고 우리가 기억을 하고 있었으므로 그 이름이 맞다고 시인하는 것뿐이기 때문입니다. 그러나 만일 그 이름이 우리 마음에서 완전히 지워져 버렸다면 다른 사람이 암시를 주어도 그것을 생각해 내

지를 못했을 것입니다. 그러므로 우리가 무엇을 망각했다고 한 사실을 기억하고 있는 한 그것을 완전히 망각한 것은 아닙니다. 만일 우리가 무엇을 완전히 망각했다면 우리는 그것을 찾을 수 없을 것입니다.

29. 그러면 내가 주님을 어떻게 찾을 수 있겠나이까? 나의 하나님, 내가 당신을 찾는 것은 행복을 찾기 위해서입니다. 나는 내 영혼이 살기 위하여 하나님 당신을 찾고 있는 것입니다. 왜냐하면 내 육신은 영혼으로 말미암아 살고 있고 내 영혼은 당신으로 말미암아 살고 있기 때문입니다. 그러면 내가 어떻게 해야 그 행복을 찾을 수 있습니까? 내가 이것이 바로 행복이다. "이제는 만족한다"라고 말할 수 있을 때까지 나는 결코 행복할 수가 없습니다. 그러면 내가 그 행복을 어디서 어떻게 찾아야 합니까? 내가 행복을 망각했어도 망각했다고 하는 것은 기억에 어렴풋이 남아 있기 때문에 나는 그것을 기억하여 그 행복을 찾아야 합니까? 그렇지 않으면 내가 전혀 알지 못하는 행복을 알려고 하는 욕망 속에서 찾아야 합니까? 행복이란 모든 사람이 원하는 것이 아닙니까? 누가 행복을 원하지 않겠습니까? 그러면 사람들이 어디서 그 행복을 알게 되어 그것을 소유하려고 그렇게 원하고 어디서 그것을 보고 그렇게 사랑하게 된 것입니까? 어떤 면에 있어서는 우리에게 어느 정도의 행복이 있는 것만은 사실입니다. 그러나 그것이 우리에게 어떻게 하여 들어오게 되었는지 나는 모르겠습니다. 어떤 사람은 어느 정도의 행복을 현재 누리고 있습니다. 어떤 사람은 희망 속에서 행복감을 느끼기도 합니다. 후자는 전자보다 덜 행복하겠지만 현실로나 희망으로도 행복감을 느끼지 못한 사람들보다는 훨씬 나은 것입니다. 그러나 현

실로나 희망으로 행복을 느끼지 못한 사람들이라고 할지라도 어느 정도 행복이 무엇임을 알고 있는 것만은 사실입니다. 그렇지 않다면 그들이 행복하려고 원하지도 않았을 것입니다. 어떻게 하여 그들이 행복을 알게 되었는지 나는 확실히 알지 못해도 행복에 대한 어느 정도의 지식을 가지고 있는 것만은 사실입니다. 그 지식이 기억에 있는지 그렇지 않은지에 대하여 나는 잘 모르겠습니다. 행복에 대한 지식이 기억에 있다면 우리가 한 때 행복했었던 것이 사실입니다. 혹시 우리가 한 때, 제각기 다 행복했었는지 그렇지 않다면 아담 안에서 우리가 먼저 죄를 지음으로 죽게 되었고(고전 15:22) 그를 통하여 우리가 모두 비참한 운명 속에서 태어나게 된 그 안에서 모두 행복했었는지에 대해서는 논하고 싶지 않습니다. 그러나 내가 꼭 묻고 싶은 것은 행복이 기억 속에 간직되어 있느냐 하는 것입니다.

그러나 우리는 두 가지 경우 모두 다 사랑하지 않아야 했고 알지도 못했습니다. 우리가 행복이라는 말을 들을 때는 모두 그 말이 상징하는 행복을 소유하려고 합니다. 단순히 말소리만 듣고 행복할 수는 없습니다. 헬라 사람이 라틴말로 행복이라는 말을 들었다고 해도 그 말소리가 무엇을 의미하는지 모르기 때문에 기뻐하지 않을 것입니다. 그러나 그 사람이 헬라어로 하는 소리를 들으면 라틴어를 이해하는 우리가 라틴어로 하는 소리를 듣고 기뻐하듯이 기뻐할 것입니다. 행복이라는 단어는 단지 헬라어나 라틴어가 아니고 헬라 사람들이나 로마 사람들이나 다른 언어를 가진 모든 사람들이 공통으로 추구하는 것입니다. 이렇듯 모든 사람들은 다 행복이 무엇인지 알고 있습니다. 그렇기에 "그들에게 행복해지고 싶은지"를 물어본다면 틀림없이 "그렇다"고 대답할 것입니다. 그러나 이런 대답은 행복이라는 말이 상징하는 행복 그 자체가 우리 기억 안에 간직되어 있지 않았다면 불가능합니다.

30. 그러면 행복이라는 것은 내가 눈으로 보았던 카르타고를 기억하는 것과 같다고 할 수 있습니까? 그렇지 않습니다. 행복이란 물질적인 대상과 같이 눈으로 볼 수 있는 것이 아니기 때문입니다. 그러면 우리가 행복을 기억할 때 수를 기억하듯이 기억하는 것입니까? 그렇지 않습니다. 왜냐하면 어떤 사람이 수의 개념을 마음에 갖고 있다고 해서 그 수를 더욱 소유하려고 하지 않기 때문입니다. 그러나 행복에 대해서는 우리가 그것을 이미 알고, 사랑하며 더욱 행복하고자 계속 추구합니다. 그러면 행복을 기억하는 것은 웅변을 기억하는 것과 같습니까? 그렇지 않습니다. 웅변에 능하지 못한 자들도 웅변이라는 말을 듣고는 그 말의 뜻을 바로 알게 됩니다. 또한 많은 사람들이 그 말을 듣고 자기들도 웅변가가 되기를 원합니다. 이때에 그들이 웅변에 대하여 무엇을 알고 있는 것이 사실입니다. 그러나 다른 사람의 웅변을 알게 되는 것이나, 그것을 즐기게 되는 것이나, 자신들도 그렇게 되고 싶어하는 것들이 모두 육체의 감각을 통하여 일어나는 것입니다. 그들이 웅변에 대하여 어떤 내적 개념을 가지고 있지 않았다면 그것을 즐기지 못했을 것이요, 또한 그들이 그것을 즐기지 못했다면 자기들도 그처럼 되고 싶어하지는 않았을 것입니다. 그러므로 다른 사람의 행복을 우리로 하여금 알게 하는 것은 육체의 감각이 아닌 것입니다.

그러면 행복을 기억하는 것은 우리가 기쁨을 기억하는 것과 같습니까? 아마 그럴지 모릅니다. 왜냐하면 내가 불행할 때도 행복을 기억할 수 있듯이 내가 슬플 때도 기쁨을 기억할 수 있기 때문입니다. 그러나 나는 기쁨을 육체의 감각을 통하여 보거나, 듣거나, 냄새를 맡거나, 맛을 보거나, 만져보지를 않습니다. 기쁨은 내가 즐거울 때 내 마음에서 경험한 것이요, 그때 그 기쁨에 대한 지식은 내 기억 속에 깊이 새겨지게 되는 것입니다. 그리하여 내가 후에 여러 가지 사정에 따라 그 기쁨을 때로는 경시하면서 때로는 그리워하면서 회상(기억)하게 되는 것입니다. 그러므로 나는 한때 부끄러운 일들에서 어떤 기쁨을 느끼기도 하였습니다만 지금에 와서는 그것을 기억할 때 미워하고 싫어하게 됩니다. 또한 어떤 때는 좋고도 덕스러운 일들에서 어떤 기쁨을 느꼈던 것을 회상하며 그리워합니다. 그러나 또한 그 기쁨이 지금 내게 없음으로 나는 지나간 날의 기쁨을 회상할 때 슬픔을 느끼게 됩니다.

31. 그러면 내가 언제 어디서 행복을 경험해 본 적이 있었기에 그것을 기억하고, 사랑하며, 그리워하는 것입니까? 이렇듯 행복하기를 원하는 사람은 비단 몇 사람만은 아닙니다. 그러나 우리가 행복이 무엇인지 확실히 알고 있지 않았다면 그토록 강한 의지를 가지고 그것을 소유하려 하지 않았을 것입니다. 이제 하나의 예를 들어 봅니다. 여기에 두 사람이 있는데 그들에게 군복무를 하겠느냐고 물으면 한 사람은 "예"하고 다른 한 사람은 "아니요"라고 대답할 수 있습니다. 그러나 두 사람에게 행복하기를 원하는가라고 물으면 그들은 틀림없이 "예"라고 곧 대답할 것입니다. 그러므로 행

복하기 위하여 한 사람은 군복무를 원하고 한 사람은 군복무를 원치 않은 것입니다. 그러므로 어떤 사람은 자기의 기쁨을 이런 일에서 찾고, 어떤 사람은 자기의 기쁨을 저런 일에서 찾는 것이 아니겠습니까? 이와 같이 모든 사람에게 물어 보면 기뻐하기를 원하듯 행복하기를 다 원합니다. 바로 이 기쁨을 사람들은 행복이라고 말합니다. 어떤 사람은 이렇게, 어떤 사람은 저렇게 각기 다르게 기쁨을 추구하지만 한 가지 공통되는 목적은 모두가 다 그 기쁨에 도달하고자, 즉 그것을 얻고자 힘쓰는 것입니다. 이 기쁨을 경험해 보지 않았다고 말하는 자는 하나도 없을 것입니다. 그러므로 사람들이 행복이라는 말을 들을 때 자기들의 기억 속에서 그 기쁨을 회상하여 알게 되는 것입니다.

32. 당신 앞에 고백하는 당신의 종의 마음에서 이런 것들을 멀리 하여 주옵소서. 내가 이 세상에서 기쁨을 경험한다 할지라도 그것으로 인해 내가 참으로 행복하다고 느끼지 않게 하소서. 당신은 참된 기쁨을 불경건한 자들이 아니라 오직 당신만을 예배하는 자들에게만 수여하십니다. 그러기에 당신만이 그들의 기쁨이 되시옵니다. 참다운 행복이란 당신 안에서 당신을 향하여 그리고 당신 때문에 기뻐하는 것이옵니다. 참 행복이란 이것뿐 그 외에는 없습니다. 혹시 다른 종류의 행복이 있다고 생각하는 사람들은 다른 종류의 기쁨을 추구할 것입니다. 그러나 그것은 참된 기쁨이 아닙니다. 하지만 그들이 기쁨의 그림자에서 완전히 등을 돌린 것은 아닙니다.

33. 그러나 모든 이들이 참 행복이 되시는 당신 안에서 기뻐하기를 원하는 것은 아닙니다. 그렇다면 이 말은 모든 사람이 다 행복을 원하지 않는다는 것을 의미합니까? 혹은 모든 사람들이 다 행복을 원하지만 육체의 욕심은 성령을 거스리고 성령은 육체를 거스려 그들이 원하는 것을 못하게 될 때(갈 5:17) 자기들이 할 수 있는 것으로 전락되어 거기에서 만족하는 것입니까? 이렇게 되는 이유는 사람들이 할 수 없는 일을 하려고 할 때 그것을 성취하려는 의지가 약하게 되어 그렇습니까? 이제 내가 사람들에게 진리 안에서 기뻐하겠느냐 아니면 거짓 안에서 기뻐하겠느냐고 물으면 모두 서슴지 않고 대답하기를 "진리 안에서" 기뻐하겠다고 할 것입니다. 그것은 그들에게 무엇을 원하느냐고 물을 때 그들이 "행복을 원한다"고 서슴지 않고 대답하는 것과 똑같습니다. 왜냐하면 참 행복이란 진리 안에서 기뻐하는 것이기 때문입니다. 그것은 곧 진리이신 하나님(요 14:6) 안에서 기뻐하는 것이 됩니다. 나의 빛 이시요, 내 얼굴을 구원하시는 내 하나님이여, 이 행복이 바로 모든 사람들이 원하고 있는 것입니다(시 27:1; 42:11). 이러한 삶이 바로 모든 사람들이 원하는 행복인 것입니다. 즉, 진리 안에서 기뻐하는 삶을 모든 사람들은 원하고 있는 것입니다.

나는 남을 속이는 많은 사람들을 만났습니다. 하지만 속임을 당하기 원하는 자는 한 사람도 만나보지 못했습니다. 그렇다면 진리를 알게 되는 것이 바로 행복을 알게 되는 것이 아닙니까? 사람들이 속기를 원하지 않는 것을 보면 진리를 사랑하고 있는 것이 분명합니다. 또한 그들이 행복, 즉 진리 안에서 누리는 기쁨을 사랑한다면 진리를 사랑하고 있음이 틀림없습니다. 그러나 그들이 그것에 대한 어떤 지식을 기억에 간직하고 있지 않았다면 그것을 사랑하게 되지 않을 것입니다. 그러면 왜 사람들이 진리 안에서 기뻐하지 않습니까? 왜 사람들이 행복하지 못합니까? 그것은 사람들이 그들을 행복하게 해주는 진리는 희미하게 기억을 하고 있고 그들을 불행하게 해주는 여러 가지 잡무에는 너무 관심을 가지고 있으므로 후자의 힘이 전자의 힘보다 더 커서 그러는 것입니다. 그러나 사람들에게는 아직도 꺼지지 않은 적은 빛이 남아 있으니 그들로 하여금 그 빛에 의하여 걸어가게 하소서. 어둠이 그들을 뒤덮지 않도록 하소서(요 12:35).

34. 그러면 어떻게 "진리가 미움을 낳는 것"입니까? 진리를 전하는 당신의 백성들은 도리어 왜 진리의 적이 되는 것입니까? 그 이유는 사람들이 진리를 사랑한다고 하면서 진리 아닌 것을 진리인 것처럼 사랑하기 때문입니다. 그들은 스스로 속는 것을 원하지 않기 때문에 자기들이 속고 있음을 시인하려고 하지 않습니다. 그러므로 그들은 진리의 자리에 자기들이 사랑하는 것들을 가져다 놓고는 그것들을 위해 진리를 미워하는 것입니다. 그들은 진리가 그들을 조명해 줄 때는 그것을 사랑하나, 진리가 그들을 꾸짖을 때는 미워합니다. 그들은 스스로 속기는 싫으나 남을 속이기는 좋아하므로, 진리가 그들에게 드러날 때는 그것을 사랑하나 진리가 잘못된 그들을 들추어 낼 때는 그것을 미워합니다. 그러나 진리에 의하여 들추어냄을 받기 싫어하는 사람들도 결국은 싫지만 진리에 의하여 노출되고 마는 심판을 받게 됩니다. 하지만 진리는 그와 같은 사람들에게는 자신을 드러내 보여 주진 않습니다. 이렇듯 우리 인간의

마음은 눈이 어둡고 병들었으며, 악하고 흉하여서, 자기 자신은 숨기려 하면서 자기에게는 아무 것도 숨겨서는 안 된다고 합니다. 그러나 사실은 정반대의 현상이 나타납니다. 즉, 인간의 마음이 진리 앞에서는 자기를 숨기지 못하지만 진리는 그러한 마음에서 숨어 버리고 맙니다. 이렇게 비참한 인간의 마음이지만 거짓 안에서보다는 진리 안에서 기뻐하고자 합니다. 그러므로 인간의 영혼이 다른 많은 일들로 인해 방해를 받지 않고 유일한 그 진리 안에서만 기쁨을 누리게 될 때 비로소 행복하게 될 것입니다.

35. 오, 주님, 내가 당신을 찾아다닐 때 얼마나 넓은 길을 여행했었는지요! 그러나 내가 당신을 알게 된 때부터 내 기억에 새겨진 당신의 모습 이외에는 찾아볼 수 없었습니다. 내가 처음으로 당신을 알게 된 이후 당신을 잊어본 적이 없습니다. 그것은 내가 진리를 찾은 그곳에서 진리 자체가 되신 나의 하나님을 찾았기 때문입니다. 따라서 나는 진리를 처음으로 알게 된 때부터 진리를 잊어본 적이 없습니다. 그러므로 내가 당신을 알게 된 이후 계속 당신은 내 기억에 임재해 계셨습니다. 내가 바로 그곳에서 당신을 기억하고 당신 안에서 기뻐할 때 당신을 찾아 만나게 되는 것입니다. 이것은 당신께서 내게 주신 자리를 통해 허락하신 나의 거룩한 기쁨입니다.

36. 오, 주님, 그러면 당신은 내 기억 어느 곳에 좌정해 계시는 것입니까? 그곳에 당신을 위하여 어떠한 거처를 만들어 놓으신 것인지요? 거기에 당신을 위하여 무슨 성소를 지으셨습니까? 당신은

당신이 거처할 자리를 내 기억 안에다 만들어 두심으로써 내 기억에 영광을 주셨으니, 이제 나는 당신이 내 기억의 어느 부분에 거처하고 계신지 알아봐야 하겠습니다. 내가 당신을 생각한다고 할 때는 동물도 가지고 있는 기억의 부분을 초월하여야 했습니다. 왜냐하면 나는 기억 속에 간직되어 있는 물들의 모습들 사이에서 당신을 찾아 만나볼 수 없었기 때문입니다. 그러므로 나는 그 부분을 뛰어넘어서 내 마음의 감정을 간직해 놓은 곳으로 갔습니다. 그곳에서도 나는 당신을 찾아볼 수 없었습니다. 그래서 나는 내 기억 안에 있는 바로 내 마음의 자리에까지 들어갔습니다. 그곳에서는 마음이 그 자신을 기억(생각)하는 것이었습니다. 그러나 그곳에도 당신은 계시지 않았습니다. 그러므로 당신은 어떤 물체의 모습도 아니요, 살아있는 사람들의 감정(우리가 즐거울 때나 슬플 때, 무엇을 원하거나 두려워할 때, 무엇을 기억하거나 망각할 때, 혹은 그와 같은 것을 느낄 때의 감정 등)도 아닙니다. 또한 당신은 마음 자체도 아닙니다. 왜냐하면 당신은 그 마음의 주님이 되시고 하나님이 되시기 때문입니다. 이 모든 것들은 다 변합니다만 이 모든 것들을 초월하여 계시는 당신은 불변하십니다. 그렇지만 당신은 내가 당신을 알게 된 때부터 내 기억 안에 거하기로 택하셨습니다. 그러면 내가 왜 당신이 기억 안에 어떤 특정한 장소에 계신 것처럼 당신이 거하시는 곳을 찾고 있는 것입니까? 그것은 내가 처음 당신을 알게 되었을 때부터 당신을 기억하고 있었기 때문이며 또한 당신을 생각할 때마다 내가 내 기억 안에서 당신을 찾기 때문입니다.

37. 그러면 당신을 알기 위해서는 어디서 당신을 찾아야 합니까? 내가 당신을 알게 되기 이전에는 당신은 내 기억 안에 계시지 않으셨습니다. 그러면 내가 당신을 어디에서 찾아 만나야 당신을 알 수 있겠습니까? 내 위에 계시는 당신 안에서만 당신을 찾을 수밖에 없습니다. 당신이 계시는 장소는 따로 있는 것이 아닙니다. 우리가 앞으로 나아갔다, 뒤로 물러갔다 하지만 그것은 장소를 가리켜 말하는 것은 아닙니다. 진리이신 당신은 어디에든지 계시어 당신께 간구하는 소리를 들으시며 모든 사람들의 여러 가지 요구를 동시적으로 들어 주십니다. 그러나 사람들은 그 확실한 대답을 확실하게 듣지를 못합니다. 사람들은 자기들의 소원을 당신께 간구합니다. 그러나 그들이 항상 자기들이 소원한 대로 당신의 응답을 듣는 것은 아닙니다. 자기가 원하는 것을 하나님 당신이 들어 주기를 소원하기보다는 오히려 당신께서 말씀하신 뜻을 듣기 원하는 자가 바로 당신의 진정한 종인 것입니다.

38. 그토록 오래 되셨음에도 여전히 영원토록 새로우신 하나님 당신을 너무 늦게야 사랑했습니다. 당신이 내 안에 계셨음에도 나는 당신을 밖에서만 찾고 있었습니다. 결국 흉하게 되어 버린 나는 당신이 아름답게 만드신 피조물들 속으로 떨어지고 말았습니다. 당신이 나와 함께 계셨건만 나는 당신과 함께 있지 않았습니다. 그 피조물의 아름다운 겉모습이 나를 당신에게서 멀리 떠나게 한 것입니다. 그러나 그것들은 실로 당신 안이 아니고서는 존재할 수도 없는 것들인데 말입니다. 그래도 당신은 부르시고 소리 질러 귀머거리 된 내 귀를 열어 주셨습니다. 또한 당신은 당신의 빛을 나에게

번쩍 비추사 내 눈의 어두움을 쫓아 버렸습니다. 당신이 당신의 향기를 내 주위에 풍기셨을 때 나는 그 향기를 맡고서 당신을 더욱 갈망하였습니다. 나는 당신을 맛보았기에 이제 당신만을 갈망하며 목말라 합니다. 당신이 나를 만져 주셨기에 나는 이제 불붙도록 당신의 평강을 사모하고 있습니다.

39. 내가 전심으로 당신과 연합하게 될 때, 내게는 더 이상 슬픔과 괴로움이 없을 것입니다. 그때에 내 생은 당신으로 충만한 참다운 삶이 될 것입니다. 당신은 이렇듯 당신으로 말미암아 충만하게 된 사람을 붙들어 올리십니다. 그러나 나는 아직도 그렇게 당신으로 채워져 있지 않기에 스스로 무거운 짐이 되어 버렸습니다. 이 세상에는 내가 슬퍼해야 할 삶의 즐거움과 즐거워해야 할 삶의 슬픔이 늘 싸우고 있어 어느 편이 승리하게 될지 알 수 없습니다. 주여, 가련한 나를 불쌍히 여기소서. 나의 나쁜 슬픔이 선한 즐거움과 싸우고 있습니다. 어느 편이 승리하게 될지 나는 모릅니다. 나는 당신의 눈을 피해 내 상처를 숨기지 않습니다. 당신은 나의 의사이시오 나는 병자입니다. 당신은 자비로우시며 나는 지금 당신의 자비가 필요한 자입니다. 이 땅에서 사는 인생은 시련이 아니고 무엇이겠습니까?(욥 7:1). 누가 이 고통과 어려움을 좋아하겠습니까? 당신은 우리에게 명하여 이 어려움을 좋아하지 말고 참으라고 하십니다. 세상에 누가 자기가 참고 있는 것을 좋아하겠습니까? 사람들은 어려움을 즐거이 참을 수는 있으나 참고 있는 그 어려움은 좋아하지 않습니다. 사람들이 자기가 어려움을 참을 수 있다는 인내력은 좋아하지만 참아야 할 어려움은 없기를 바랍니다. 나는 역경에

처하였을 때는 번영을 바라고 번영할 때는 역경을 두려워합니다. 그러면 인간의 생이 시련을 겪지 않는 그 중간의 상태가 어디에 있습니까? 이 세상에서는 번영할 때에도 우리에게 계속 두 가지의 저주가 따르게 되오니 그것은 곧 역경에 대한 두려움이요, 왜곡되어진 즐거움입니다. 이 세상의 역경에는 세 가지의 저주가 따르오니 그것은 번영을 바라는 욕심이요, 역경에서 받는 쓰라림이며, 그 역경을 견디어 내는 인내력이 무너질까 두려워함입니다. 이 땅에서 사는 인생은 모두 시련이 아니고 무엇입니까?

40. 나의 모든 소망은 오직 당신의 크신 자비에만 있사옵니다. 당신이 명하시는 것을 행할수 있도록 도와주시고 당신이 원하시는 것을 명하소서. 당신은 우리에게 절제하라 명하십니다. 하나님이 주시지 않으면 아무도 절제할 수 없다는 것을 알게 되었을 때 그것이 누구의 은혜인지 알게 된 것도 지혜라는 말을 들은 적이 있습니다(지혜서 8:21). 바로 이 절제로 인하여 분산된 우리 자신들이 거두어 모아져서 본래의 하나로 돌아오게 되는 것입니다. 누가 세상의 것들을 사랑하되 당신을 위한 수단으로 사랑하지 않고 당신과 동등하게 사랑을 하면 그는 당신을 덜 사랑하는 자가 됩니다. 오, 항상 타오르고 계시며 결코 꺼지지 않는 사랑이여, 나의 사랑, 나의 하나님이여, 간구하오니 당신의 사랑으로 나를 불태워 주소서. 당신은 나에게 절제하라 명하십니다. 당신이 명하시는 것을 행할 수 있도록 도와주시고 당신이 원하시는 것을 명하소서.

41. 진실로 당신은 "육신의 정욕과 안목의 정욕과 이생의 자랑"을 절제하도록 명령하십니다(요일 2:16). 당신은 나에게 간음하지 말라고 명령하셨습니다. 당신은 나에게 결혼을 금하지는 않으셨으나 그보다 더 나은 길을 택하라고 권면하셨습니다. 당신이 나에게 은혜를 베풀어 주시어 나는 성례를 집전하는 사제가 되기 이전에 이미 당신의 권면을 따랐습니다. 그러나 내가 지금까지 많은 말로 기술했던 내 기억 속에는 이전의 내 나쁜 습관이 새겨 놓은 여러 가지 쾌락의 모습들이 남아 있습니다. 내가 깨어 있을 때는 이런 모습들이 밀어 닥쳐도 나는 별 영향을 받지 않았습니다. 그러나 꿈을 꾸는 중 그것들이 덮쳐와 나를 기분 좋게 할 뿐만 아니라 나의 동의까지 얻어 내어 깨어 있을 때의 행동과 흡사하게 영향을 끼칩니다. 이러한 모습들은 단순히 환상이지만 내 마음과 육체에 끼치는 영향이 너무 커서 내가 깨어 있을 때 실제의 인물을 보고도 하지도 못한 짓을 꿈을 꾸면서 나를 설득하여 하도록 하는 것입니다.

오, 나의 주 하나님이여, 내가 꿈을 꾸고 있을 때는 나 자신이 아닙니까? 그러나 깨어 있다가 잠이 든 나와 잠들었다가 깨어난 나 사이에는 큰 차이가 있습니다. 내가 깨어 있을 때는 현실의 유혹이 닥쳐와도 그것에 굴하지 않고 강하게 물리치는 그 이성이 내가 몽중에 있을 때는 어디로 가 있습니까? 내가 눈을 감고 잠을 잘 때 그 이성도 같이 눈을 감은 것입니까? 그렇지 않으면 내 육체의 감각과 함께 자는 것입니까? 그러면 우리가 몽중에서도 그러한 유혹을 물리치는 일, 즉 우리의 결심을 의식하여 순결을 지키며 그러한 유혹에 굴하지 않는 일은 어떻게 하여 일어나는 것입니까? 그러나 깨어 있을 때의 나와 잠들어 있을 때의 나 사이에는 큰 차이가 있으므로 우리가 몽중에서 받는 유혹이나 하는 행동에 대해서는 아무 책임도 물을 수가 없음을 알고 있습니다. 그러므로 우리가 꿈속에서 그러한 유혹을 받다가 깨어나면 마음에 큰 안도감을 갖게 됩니다. 그러나 그것이 비록 꿈속에서의 행위라 할지라도 우리 자신 안에서 행하여 졌다는 사실에 대하여 우리는 슬퍼하게 됩니다.

42. 오, 전능하신 하나님이여, 당신은 내 영혼의 모든 병을 치료해 주시는 능하신 하나님이십니다(시 103:3). 당신은 더 풍성한 은혜를 베풀어 취중에서도 나를 충동시키는 이 음탕한 불을 꺼줄 수 있으십니다. 주님, 나에게 당신의 은혜를 더 풍성히 베풀어 주시사 내 영혼이 정욕의 쇠사슬에서 풀려 나와 당신을 향하는 나를 따르게 하소서. 내 영혼이 자신을 배반하지 말게 하시고 혹시 몽중에서라도 내 육신을 충동시키고 더럽히는 저 동물적인 모습들이 일으킨 추행을 행하거나 그것에 승복하지 말게 하소서. 당신은 전능하사 우리의 온갖 구하는 것이나 생각하는 것에 더 넘치도록 능히 하실 분이십니다. 그러므로 그러한 추잡한 영향이 꿈속에서라도 정결한 자의 마음에 만족감을 주지 못하도록 하는 것은 당신에게 있어서 그렇게 큰일은 아니옵니다(엡 3:20).

나는 이미 베풀어 주신 당신의 은혜에 두려움과 떨림(시 2:11)으로 기뻐하지만 아직도 온전하게 되지 못한 나 자신을 두고 슬퍼하고 있습니다. 그러므로 바라옵기는 내가 온전한 평화에 이르게 되기까지 당신의 자비가 계속 내 안에서 역사해 주시옵소서. 그러면 사망이 이김에 삼킨 바가 될 때 나의 전 존재는 당신과 함께 그 완전한 평화를 누리게 될 것입니다(고전 15:54).

43. 이 세상에는 그 날에 족한 또 다른 종류의 괴로움이 있습니다(마 6:34). 우리는 당신이 종말에 음식과 배(stomach)를 폐하실 때까지 매일 먹고 마심으로써 우리의 육체의 소모를 보충해 나갑니다(고전 6:13; 15:54). 그때가 오면 당신은 놀랄 만한 만족감으로 우리의 공복감을 없이 해주시고 우리의 썩을 육신을 영원히 썩지 않을 생명으로 옷 입혀 주실 것입니다. 그러나 지금 나는 먹어야 사는 필연성에서 쾌락을 맛보고 있으며 그 쾌락의 노예가 되지 않도록 계속 싸우고 있습니다. 그러므로 나는 매일 금식을 함으로써 그 쾌락과 싸우고 있으며 계속 내 몸을 쳐서 복종케 하고 있습니다(고전 9:27). 그러나 금식 후에는 먹고 마시는 쾌락이 배고픔의 아픔을 쫓아 줍니다. 사실 배고픔과 목마름은 하나의 아픔이 아닐 수 없습니다. 그것은 열병과 같아서 음식이라는 약으로 치료해 주지 않으면 우리의 몸을 불태워 죽게 합니다. 그러나 땅과 물과 공기로 하여금 우리의 연약함을 돌보도록 하시는 당신의 은혜의 치료책을 쉽게 구할 수 있으므로 우리는 이런 불행을 즐거움이라고 부르기까지 합니다.

44. 이것은 나로 하여금 음식을 약을 먹듯이 먹도록 배우게 만들었습니다. 그러나 내가 배고픔에서 포만의 만족감으로 옮겨가는 그 과정에 정욕의 올무가 나를 기다리고 있었습니다. 왜냐하면 첫째로는 거기로 옮겨가는 과정에 나는 기분이 좋고, 둘째로는 그곳으로 가는 다른 길이 없으며, 셋째로는 필요에 의해서 나는 꼭 그 길을 걸어갈 수밖에 없기 때문입니다. 나는 건강을 목적으로 먹고 마시는데 위험한 쾌감은 종처럼 따라다닙니다. 때로는 쾌감의 목적

이 건강의 목적을 앞질러 나가 내가 먹고 마시는 것이 건강을 위한 것이라 말하면서도 실은 그것은 쾌감을 위한 것이 되고 맙니다. 더욱이나 건강과 쾌감이 요구하는 적량이 서로 같지 않아서 건강에 넉넉한 음식의 양이 쾌감에는 부족하기도 합니다. 뿐만 아니라 때로는 내 몸을 돌보기 위한 필요성이 음식을 요구하는지 그렇지 않으면 쾌감을 만족시키려는 탐식의 기만이 잘 먹기를 원하는지 나는 확실히 알 수 없습니다. 이러한 애매한 상태를 불쌍한 내 영혼은 좋아하며 그것을 이용하여 자신을 은폐하고 변명합니다. 내 영혼은 건강에 넉넉한 적량이 얼마인지 확실히 모르는 그 애매함을 이용하여 건강을 위한다는 미명아래 쾌감의 추구를 즐거이 은폐하는 것입니다. 나는 매일 이러한 유혹을 물리치고자 애를 쓰며 당신의 오른손이 나를 도와주시기를 간구합니다. 나는 아직도 이 문제를 해결하지 못하고 있기 때문에 나의 괴로움을 당신께 아뢰옵니다.

45. 나는 "너희는 방탕함과 술 취함으로 마음을 둔하게 하지 말라"고 말씀하시는 하나님의 명령의 말씀을 듣습니다(눅 21:34). 술 취함은 나와 멀지만 당신께서 내게 자비를 베풀어 주사 그것이 나에게 가까이 오지 못하게 하옵소서. 한편 방탕은 나도 모르는 사이에 자주 나를 엄습하곤 합니다. 내게 자비를 베푸사 이것도 내게 멀리 하여 주옵소서. 당신께서 주시지 않으시면 아무도 절제를 할 수 없사옵니다(지혜서 8:21). 당신은 우리의 간구에 응답하여 많은 것을 허락하여 주시옵니다. 우리가 간구하기 전에 가지고 있었던 좋은 것도 실은 당신께서 주신 것이옵니다. 더 나아가서는 당신께서 우리에게 주신 것이라고 알아보게 된 것도 당신께서 주신 은혜

입니다. 나는 술고래가 되어 본 일은 없습니다. 그러나 나는 많은 술고래들이 당신의 은혜로 술을 끊고 온전하게 된 사실을 알고 있습니다. 그러므로 어떤 사람이 한 번도 술고래가 되어 본 일이 없었다는 것도 당신의 은혜요, 어떤 사람이 술고래였으니 이제는 아니라고 하는 것도 당신의 은혜이며, 또한 이 두 사람이 당신의 은혜로 이렇게 되었다고 알게 되는 것도 당신의 은혜이옵니다. 나는 정욕을 따르지 말고 쾌락을 멀리 하라는 당신의 음성을 들었습니다(집회서 18:30). 나는 또한 우리가 먹지 아니하여도 부족함이 없고 먹어도 풍성함이 없으리라는 말씀을 듣고 크게 기뻐하였습니다(고전 8:8). 이 말씀의 뜻은 우리가 먹지 않았다고 해서 비참하게 되는 것도 아니요, 먹었다고 해서 풍성하게 되는 것도 아니라는 것입니다. 나는 또 다음과 같은 당신의 말씀을 들었습니다. 내가 비천에 처할 줄도 알고 풍부에 처할 줄도 알아 모든 일에 배부르며 배고픔과 풍부와 궁핍에도 일체의 비결을 배웠노라. 내게 능력 주시는 자 안에서 내가 모든 것을 할 수 있느니라(빌4:12-13). 여기에 하늘의 군대에 속해 있는 군인이 있으니 보시옵소서. 우리는 티끌이 아니옵니다. 주님, 그러나 당신께서 인간을 티끌로부터 만드셨으니(시 103:14; 창 3:19) 우리는 사실 티끌밖에 안된다는 것과 인간은 잃었다가 다시 찾은바 되었다는 것을(눅 15:32) 기억하게 하옵소서. 당신의 영감을 받아서 내게 능력 주시는 자 안에서 내가 모든 것을 할 수 있다고 말한 바울도 자기 힘으로 무엇을 할 수 있었던 것은 아닙니다. 내가 그 말을 듣고 그를 좋아하게 되었지만 그 역시 같은 티끌 같은 존재밖에 되지 않습니다. 그러므로 모든 것을 할 수 있도록 나에게도 힘을 주소서. 당신이 명하신 것을 행하게 해주시고 당신이 원하신 것을 명하소서. 바울도 고백하기를 자기가 이 능력을 당신으로부터 받았으니 자랑할 때 주 안에서 자랑한다고 하였습니다(고전 1:31). 나는 또한 어떤 사람이 당신으로부터 무엇을 얻고자 다음과 같이 간구하는 말을 들었습니다. 배의 탐욕을 내게서 제거해 주소서(집회서 23:6). 거룩하신 하나님, 그러므로 우리가 당신이 하라고 명하시는 것을 할 수 있게 된 것 역시 당신께서 우리에게 힘을 주셔서 그렇게 된 것이 분명합니다.

46. 선하신 아버지여, 당신은 다음과 같은 말씀으로 나를 가르쳐 주셨습니다. 깨끗한 자들에게는 모든 것이 깨끗하나 "거리낌으로 먹는 사람에게는 악하니라(롬 14:20; 딤전 4:4). "하나님이 지으신 모든 것이 선하매 감사함으로 받으면 버릴 것이 없나니", "식물은 우리를 하나님 앞에 세우지 못하나니…", "먹고 마시는 것으로 인하여 누구든지 너희를 폄론하지 못하게 하라", "먹는 자는 먹지 않는 자를 업신여기지 말고 먹지 못하는 자는 먹는 자를 판단하지 말라"(고전 8:8; 골 2:16; 롬 14:13). 나의 스승이 되신 나의 하나님, 이런 교훈을 내게 가르쳐 주셨으니 당신께 감사와 찬양을 드리옵니다. 당신은 내 귀의 문을 두드리시고 내 마음을 비춰 조명해 주시옵니다. 모든 유혹에서 나를 구하여 주옵소서. 내가 두려워하는 것은 불결한 음식이 아니오라 불결한 내 욕심이옵니다. 내가 아는 바로는 노아는 음식으로 적합하다고 생각한 고기는 어떤 것이라도 먹었고, 엘리야도 고기를 먹었으며, 금욕주의자였던 세례 요한이 산 동물인 메뚜기를 잡아먹었어도 불결하게 되지 않았습니다(창 9:3; 왕상 17:6). 반면에 에서는 팥죽 한 그릇이 먹고 싶어 속아 넘어갔

고, 다윗은 목말라 물을 찾는 자신을 꾸짖었으며, 우리 왕 되신 그리스도는 고기가 아닌 빵으로 시험을 받으셨음을 나는 알고 있습니다. 그러므로 광야에서 이스라엘 백성들이 꾸지람을 받은 것은 고기를 원하여서가 아니라 고기를 먹고 싶은 탐심에서 주님을 원망했다는 데 있었습니다(창 23:34; 삼상 23:15-17; 마 4:3; 민 11장).

47. 이와 같은 시험의 한 가운데 놓여 있던 나는 매일 먹고 마시고 싶은 탐욕과 전투하고 있었습니다. 왜냐하면 이 탐욕은 단번에 끊어 버리고 다시는 만지지 않겠다고 결심할 수 있는 정욕과는 아주 다른 것이었기 때문입니다. 그러므로 나는 내 목구멍의 고삐를 너무 죄지도 않고 너무 늦추지도 않는 그 중간을 적절히 유지해야만 했습니다. 주님, 그런데 자기의 필요한 한계선을 넘어 가지 않는 자가 있다면 그 사람은 위대한 사람입니다. 그 사람은 그렇게 할 수 있는 것에 대해 당신을 찬미해야 합니다. 그러나 나는 그러한 사람이 되지 못합니다. 왜냐하면 나는 죄인이기 때문입니다(눅 5:8). 그래도 나는 당신의 이름을 찬양합니다. 왜냐하면 세상을 이기신이가 나의 죄를 위하여 당신께 간구하며(요 16:33; 롬 8:34), 나를 그의 몸 된 교회의 약한 지체 중의 하나로 삼아 주셨기 때문입니다. 또한 당신의 눈은 내가 아직 조성되지 않았을 때도 나를 보고 계셨으며 나의 모든 것을 당신의 책에 기록해 두셨기 때문입니다(고전 12:22; 시 139:16).

48. 또한 나는 향기의 유혹에 대해서 그렇게 크게 염려하지 않았습니다. 향기가 없다고 해서 그것을 찾거나 향기가 있다고 해서

그것을 싫어하지도 않습니다. 나는 또한 그것이 전혀 없어도 살아갈 수 있는 준비가 되어 있습니다. 혹시나 내가 스스로 속고 있는 줄도 모릅니다. 왜냐하면 슬프게도 내 안에 있는 능력은 깊은 어두움에 싸여 있어 내 마음이 자신의 능력에 대하여 생각할 때도 쉽게 자신의 판단을 믿으려고 하지 않기 때문입니다. 또한 내 마음 안에 이미 있는 것도 거의 은폐되어 있어서 어떤 경험이 그 것을 드러내지 않으면 나는 그것을 확실히 알 수 없기 때문입니다. 우리는 이처럼 계속적으로 시련(욥 7:1)이 되는 이 세상 생활에서는 안도감을 갖고 살 수 없습니다. 그러기에 우리는 자신의 생이 나쁜 상태에서 좋아지게 될 때도 좋은 상태에서 나빠지게 되는 것은 아닌지 마음을 놓지 못하는 것입니다.

49. 귀를 즐겁게 해주는 쾌감은 나를 더 강하게 유혹하여 붙들어 놓았습니다. 그러나 당신은 이것에서도 나를 해방시켜 주셨습니다. 사람들이 당신의 말씀으로 영감을 받아 지은 찬송을 잘 훈련된 목소리로 아름답게 노래하는 소리를 들을 때 나는 마음으로부터 기쁨을 느낍니다. 그러나 내가 그 노래에 유혹되어 발이 땅에 붙어 있을 정도는 아닙니다. 내가 노래를 듣다가도 원하면 언제나 일어나 나올 수가 있습니다. 그럼에도 불구하고 때로는 노래의 생명이 되는 가사와 함께 그 노래도 내 마음 안으로 들어와 거기에서 존경받을 만한 높은 위치를 차지하고자 합니다. 하지만 적당한 위치를 마련해 주기가 그렇게 쉽지 않습니다. 당신의 말씀이 노래로 잘 울릴 때는 그렇지 않을 때보다 내 마음이 더 헌신적으로, 더 열정적으로 신앙의 불길에 타오르게 되어 나는 그 노래에 과분한 자리를

내주는 듯 하기도 합니다. 내가 관찰하기에는 노래와 소리에 있는 어떤 양상이 내 마음의 여러 가지 감정의 양상과 상관관계를 가지고 있어서 내가 알지 못하는 은밀한 방법으로 감정을 고무시키는 듯합니다. 그러나 나의 육체적 쾌감은 나를 자주 속임으로 나의 마음은 그것에 넘어가 약화되어서는 안됩니다. 육체의 감각은 이성을 돕도록 되어 있는데 그를 인내로 뒤따르려 하기보다는 오히려 앞에서 인도하려고 합니다. 이런 경우에 나는 무의식적으로 죄를 짓게 됩니다. 그러나 후에야 내가 죄지었음을 의식하게 됩니다.

50. 그러나 때때로 나는 이러한 시험을 너무 두려워한 나머지 지나치게 엄격해지는 실수를 범하기도 합니다. 이럴 때 나는 다윗의 시를 노래로 부르는 모든 찬송이 내 귀에서뿐만 아니라 온 교인들의 귀에서도 사라졌으면 좋겠다고 원하기까지 합니다. 그럴 때 가장 안전한 길은 언젠가 들은 바 있었던 알렉산더의 주교 아타나시우스의 충고를 따르는 것입니다. 그는 시낭독자로 하여금 소리의 굴곡을 적게 하여 말을 하는 것처럼 소리 내게 했습니다. 그러나 나는 내가 믿음을 회복했던 첫날에 교인들의 찬송 소리를 듣고 울었던 일을 기억합니다. 나는 지금도 교인들이 확실한 음성과 적절한 곡조로 찬송을 부를 때 그 노래 부르는 자체보다는 부르는 가사의 뜻에 깊은 감명을 받고 있습니다. 이렇게 보면 교회 안에서 찬송 부르는 관습이 대단히 유익함을 인정하기도 하는 것입니다.

그러므로 나는 찬송에 관한 한 위험한 감각적인 즐거움과 내 신앙의 경험 사이에서 결정적인 의견을 내놓지 못한 채 망설이고 있습니다. 그러나 귀의 즐거움을 통해서 마음이 약한 자들이 경건의 감정으로 자극받도록 교회 안에서 찬송 부르는 옛 관습을 허락하는 편으로 나는 쏠리게 됩니다. 그럼에도 불구하고 내가 혹시 찬송의 가사의 뜻보다는 찬송 부르는 그 자체에 의하여 감명을 더 받을 때는 슬퍼해야 할 죄를 짓고 있는 것입니다. 그럴 때는 내가 오히려 그 찬송 부르는 것을 듣지 않는 것이 더 좋을 듯합니다. 내가 지금 어느 상태에 있는지 보시옵소서. 누구든지 자기 마음에 선한 마음을 품고 선한 행동을 하는 이들은 나와 같이 나를 위해 울어 주시오! 이러한 마음을 품고 있지 않은 자들은 내가 무슨 말을 하는지 이해 못할 것입니다. 오, 나의 주 하나님, 나를 굽어보시고 내게 귀를 기울이소서. 나를 불쌍히 여기시고 치료하여 주옵소서(시 6:3). 당신께서 아시듯 나는 내 자신에게 골치거리가 되어 버렸으니 이것이 바로 나의 연약이옵니다(시 77:10).

51. 내 육체의 눈을 통하여 들어오는 시험에 대해서도 당신에게 고백합니다. 당신의 성전의 귀, 즉 사랑스럽고 경건한 교인들의 귀가 이 고백도 듣도록 하여 주옵소서. 이것으로 나는 육욕의 시험에 대하여 끝을 맺으려고 합니다. 이 시험은 탄식하며 하늘로부터 오는 우리 처소로 덧입기를 간절히 사모하는 나를 아직도 괴롭히고 있습니다(고후 5:2). 나의 눈은 여러 가지 아름다운 형체와 밝고 부드러운 색깔을 좋아합니다. 그러나 이것들이 내 영혼을 주관하지 못하게 하옵소서. 이 모든 것을 아주 좋게 만드신 당신만이 내 영혼을 맡아 주관하여 주옵소서(창 1:31). 당신만이 나의 선이시오, 그것들은 아니옵니다. 그러나 이 안목의 즐거움은 내가 눈을 뜨고 있는 한 언제나 나에게 영향을 주고 있습니다. 나는 때때로 노랫소

리나 다른 소리가 들리지 않는 고요함 속에서는 쉴 수가 있는데 보이는 것들로부터는 내가 쉬지 못합니다. 채색의 여왕이라고 말할 수 있는 빛은 내가 다른 일에 골몰하여 그것을 의식 못할 때도 보이는 모든 것에 비추어 낮에는 내가 어디에 있는지 여러 가지 모양으로 나를 시험합니다. 그 빛이 내게 주는 영향이 너무 강하기 때문에 나는 그것이 갑자기 없어지면 그리워 찾게 되고 오랫동안 없게 되면 우울해집니다.

52. 눈이 멀었을 때 토비아Tobias가 보았던 빛 되신 주 하나님이시여, 그가 눈이 어두워 보지 못했어도 자기 아들에게 생명의 길을 가르쳤으며 사랑의 발길로 그를 앞서서 인도하며 걸어갈 때도 길을 잃지 않았습니다(토비아 4장; 창세기 27장). 이삭이 보았던 빛이시여, 그는 나이가 많아 육신의 눈이 흐려서 누가 누구인지를 모르고 자기의 두 아들을 축복했습니다. 그러나 그는 그들을 축복하는 도중에 그들을 구별하는 능력을 얻었습니다. 야곱이 보았던 빛이시여, 그가 늙은 나이로 인해 눈이 어두워졌으나 그의 마음은 조명되어 그의 자식들로부터 태어나게 될 족속들을 미리 보았던 것입니다. 그리하여 야곱은 요셉의 두 아들을 축복할 때 묘하게도 손을 바꾸어 오른손은 작은 아들에게 왼손은 큰 아들에게 얹었습니다. 요셉이 이를 보고 손의 위치를 바꾸어 얹었다고 고쳐 주려고 하여도 야곱은 자기 안에서 비치는 빛에 의하여 그들을 장차 어떻게 될 것을 식별했던 것입니다(창세기 48장).

이 빛이 참다운 빛입니다. 이 빛은 하나이기 때문에 이 빛을 보고 사랑하는 사람들은 하나가 됩니다. 그러나 내가 방금 말한 바 있는 물질적인 빛은 그것을 맹목적으로 사랑하는 사람들의 현 생활을 위험스러운 화려함으로 매혹을 합니다. 그렇지만 그 빛을 주신 당신을 찬양할 줄 아는 자들은 "만물을 창조하신 하나님"[1]이라는 찬송에 그것을 끌어들여 당신을 찬양하고 결코 영혼의 잠에 끌려들어가지 않습니다. 나는 그러한 사람이 되고 싶습니다. 내가 당신의 길을 걸어가다가 내 발이 안목의 유혹의 그물에 걸려 넘어지지 않도록 나는 그 유혹을 물리칩니다. 그리고 내 발이 그물에서 벗어나도록 내 영혼은 그 눈을 들어 당신을 앙망합니다(시 25:15). 내 발은 자주 그 그물에 걸려들기 때문에 당신은 늘 내 발을 그 그물에서 빼내 주십니다. 내가 이처럼 계속 내 주변에 놓여 있는 그물에 걸려들고는 합니다만 당신은 계속 내 발을 거기에서 빼내 주십니다. 진실로 이스라엘을 지키시는 자는 졸지도 않고 주무시지도 않으십니다(시 121:4).

53. 사람들은 여러 가지 기술과 공예를 통해 안목의 정욕을 위해 다양한 옷과 신발과 도자기와 기타 필수품 등, 그리고 그 외에도 그림을 그리고 조각품을 만들어 냅니다. 이렇게 만들어진 물건들을 보면 대개 도를 넘어 우리 생활에 필요하지 않든가 적절하지 않든가 혹은 경건 생활에 도움이 되지 않는 것들이 많습니다. 이렇듯 사람들은 안목의 쾌락을 위해서 이런 것들을 더 만들어 내놓고 있습니다. 그들은 밖으로는 자기들이 만든 물건들을 좇아 살고 있고, 안으로는 자기들을 만드신 창조주와 창조주가 그들 안에 만들어 놓으신 인간성을 잊어버리고 있습니다. 내 아름다움이 되신 나

---

[1] 그 밤의 예배의 시작에 불렸던 암브로우스 감독의 찬송시의 첫 부분.

의 하나님, 그러나 나는 이것들로 인하여 당신께 찬송을 부르며 나를 성화시키신 당신께 감사와 찬양의 제사를 드립니다. 왜냐하면 인간의 재간 있는 손으로 전달되는 그 아름다운 형상도 사실은 그 영혼 위에 존재한 최고의 아름다움에서 온 것이기 때문입니다. 나는 이 최고의 아름다움을 갈망하여 밤낮으로 한숨 쉬고 있습니다. 외모의 아름다움을 만들거나 추구하는 사람들은 바로 이 최고의 아름다움에서 그 판단의 기준을 찾습니다. 그러면서도 그 판단의 기준을 받아들여 그 아름다운 것들을 사용하려고 하지는 않습니다. 그 판단의 기준이 거기에 있는데도 그들은 그것을 보지 못합니다. 만일 보았다면 그들이 그 판단의 기준에서 떨어져 나가 길을 잃지 않았을 것이고 당신을 위해 간직해 둔 그 힘을 피곤하게 하는 쾌락에 탕진하지는 않았을 것입니다(시 58:10). 그러나 이렇게 말하고 이렇게 알고 있는 나 자신의 발도 낮에는 외모의 미에 걸려 있습니다. 주님, 그러나 당신이 나를 빼내어 주실 것입니다. 당신이 나를 빼내어 주실 것을 알고 있습니다. 그것은 당신의 인자하심이 내 목전에 있기 때문입니다(시 26:3). 내가 가련하게 그물에 걸려 있으면 당신의 인자하심이 구해 줍니다. 때로 당신이 구원해주셨음에도 그것을 인식하지 못하는데 그것은 내 발이 살짝 걸렸다가 구출되었기 때문입니다. 때로는 당신이 구해 주실 때 고통을 느끼는데 내가 깊이 빠져 있다가 구출되었기 때문입니다.

54. 여기에 더하여 더욱 심각하고 위험한 유혹이 도사리고 있습니다. 육신의 정욕은 우리의 모든 감각과 쾌락의 추구를 충족시켜 주려다가 그들의 노예가 되게 하고 하나님 당신을 멀리 하여 힘이

탕진되고 망하게 됩니다(시 73:27). 이것 이외에도 우리에게는 다른 유혹이 있으니 그것은 우리 영혼이 육욕의 쾌락을 얻으려고 하기 보다는 감각을 통하여 어떤 경험을 얻으려고 하는 허망한 호기심입니다. 이 호기심은 학문과 지식이라는 미명의 가면을 둘러쓰고 있습니다. 그런 지식은 주로 오관 중에서도 제일 주요한 눈을 통하여 얻어지는 것이므로 성경에서는 이것을 가리켜 안목의 정욕이라 부릅니다. 왜냐하면 본다는 것은 특별히 눈의 기능이지만 우리가 다른 감각기관을 통하여 지식을 획득하는 경우에도 이 본다는 단어를 적용해 쓰기 때문입니다. 그래서 우리는 얼마나 번쩍이는지 들어라, 얼마나 빛나는지 만져보라, 얼마나 냄새가 나는 지 맛보라, 또는 얼마나 번쩍이는지 만지라고 말하지 않습니다. 우리는 이 모든 경우에 '보다' 라는 동사를 써서 말합니다. 따라서 우리는 눈으로 볼 수 있는 것에 한하여만 얼마나 빛나는지 보라고 말하지 않고, 더욱 넓혀서 어떻게 들리는지 보라, 어떠한 냄새가 나는지 보라, 얼마나 단단한지 보라고 말합니다. 그러기에 내가 위에서 말한 바와 같이 감각적인 경험을 통틀어 안목의 정욕이라 말하는 것입니다(요일 2:16). 왜냐하면 '본다' 는 것은 주로 눈의 기능에 속하는 것이지만 다른 감각이 지식을 획득하는 데 관계되어 있을 때에도 이런 유비를 써서 본다는 말을 다른 감각에도 적용하기 때문입니다.

55. 이러한 사실에 있어서 우리는 감각을 통해서 추구하는 쾌락과 호기심의 차이를 보다 분명하게 구별할 수 있습니다. 쾌락은 보기 좋고, 듣기 좋고, 냄새 좋고, 맛 좋고, 부드러워 만지기 좋은 것을 추구하지만 호기심은 새로운 경험을 얻으려는 것이 목적이어서

때로는 전자와 정반대의 방향으로 가기도 합니다. 물론 그것은 불쾌한 것을 경험하고자 하는 목적이 아니라 새로운 것을 탐색하고 발견해 보자는 욕구 때문입니다. 우리를 소름끼치게 하는 만신창이가 된 시체를 보고 쾌감을 느낄 사람이 어디에 있습니까? 그러나 사람들은 그러한 시체가 근방에 놓여 있을 땐 호기심으로 가서 보고 놀라며 슬퍼합니다. 그들은 누군가에게 강제로 끌려가서 그 광경을 보고 놀라는 것처럼, 혹은 누가 잘못 전하는 소문을 듣고 미관을 보러 간 줄 알고 갔다가 그 광경을 보고 놀라는 것처럼, 꿈결에서라도 그런 광경을 볼까 두려워합니다. 그래도 그들은 알아보고자 하는 호기심에서 가 보는 것입니다. 이런 경우는 다른 감각에도 마찬가지입니다. 그런 예를 들자면 한이 없습니다. 바로 이 호기심 때문에 극장에서는 괴상한 광경의 장면을 사람들에게 보여주며, 이 호기심 때문에 사람들은 자기들의 생활에 관계없는 자연의 비밀마저 알아보려는 것입니다. 그러한 것은 우리 인간에게 아무 도움도 주지 않지만 사람들은 다만 아는 그 자체를 목적으로 알려고 하는 것입니다.[2] 또한 사람들은 무엇을 알려고 하는 그릇된 호기심 때문에 마술도 추구합니다. 이런 경향은 종교생활에까지 영향을 미쳐서 사람들은 기사와 이적을 보여 달라고 하나님을 시험합니다. 그들이 이렇듯 하나님께 간구함은 그들 자신의 구원 때문이 아니라 다만 기사와 이적을 보려는 욕구에서 그렇게 하는 것입니다.

---

[2] "만일 인간의 육체의 움직임의 원인이 우리에게 알려졌다면, 우리 건강에 영향을 끼치는 것에 대해 알려는 중요성 보다 더 중요한 것은 없게 될 것입니다. 그러나 우리들은 이에 대해 무지하기 때문에 하늘과 땅의 감추어진 신비에 대해 무지한 것이 얼마나 만족해야만 하는 일인지 모르는 의사들에게 문의하는 것입니다."

56. 오, 나의 구원의 하나님이여, 당신이 내게 주신 바와 같이, 함정과 위험이 많은 끝없는 광야에서 나는 당신의 은혜를 힘입어 많은 유혹을 잘라내고 떨쳐 냈습니다. 그러나 이런 종류의 많은 시험은 아직도 내 생활의 주변에서 우글거리고 있으니 내가 어찌 감히 그것들에게 흥미를 갖도록 자극을 받지 않으며, 그것들을 탐하려는 욕구가 없다고 말할 수 있겠습니까? 물론 내가 이제는 극장에 끌려가지도 않고, 점성술 연구에도 관심이 없으며, 귀신들에게 내 운명을 점치지도 않고 신성모독의 모든 종교적인 의식을 좋아하지 않는 것만은 사실입니다. 내가 겸손과 충성을 다 바쳐서 섬기는 나의 주 하나님, 그러나 나의 원수는 온갖 흉계와 암시로 나를 꾀어 당신에게 어떤 기적을 구하라고 합니다. 우리의 왕이 되신 그리스도와 순결하고 정결한 우리 본향, 예루살렘의 이름으로 구하오니 내가 그러한 생각에 동의하려는 가능성을 나에게서 아주 멀리, 더 멀리 떠나게 하소서. 그러나 내가 다른 사람의 구원에 대하여 당신께 구할 때는 나의 구하는 목적이 아주 다르옵니다. 당신은 당신이 원하시는 대로 하시오니 나에게 은혜를 주사 즐거이 당신의 뜻을 따라가도록 도우소서(요 21:22).

57. 그럼에도 불구하고 우리의 호기심으로 말미암아 사소하고 경멸스러운 것들에 의해 시험을 받는 경우가 얼마나 그리 많은지요! 그리고 그 시험에 빠져들어 가는 경우는 또 얼마나 많은지요! 때때로 사람들은 쓸데없는 말을 우리에게 합니다. 그때 혹시나 마음이 약한 자들을 기분 상하게 할까 염려하여 우리는 처음에는 그런 말을 듣기 싫어도 꾹 참고 들어줍니다. 그러다가도 나중에 우리

는 그런 말을 좋아하게 되고 듣고 싶어 하는 때가 얼마나 많습니까? 이제는 내가 원형극장에 가서 개가 토끼를 쫓는 구경을 하지는 않습니다. 그러나 길을 가다가 우연히 들에서 그와 같은 광경을 보게 되면 나는 심각한 생각을 하다가도 쉽게 마음을 그쪽으로 주게 됩니다. 물론 내가 타고 가는 말의 머리를 그쪽으로 돌리지는 않지만 내 마음의 경향이 그쪽으로 기웁니다. 당신께서 나에게 나의 약함을 알게 하시고 경종을 울려 내 생각을 그 광경에서 돌려 당신께로 향하도록 해주시지 않는다면 혹은 내가 그 광경을 전혀 무시하고 당신의 길을 가도록 해주시지 않는다면 나는 그곳에 마음이 팔려 멍하니 서 있을 것입니다. 때로 나는 집에 앉아서 도마뱀이 파리를 채 먹는 것이나 파리가 거미줄에 걸렸을 때 거미가 그것을 둘러 감는 것을 봅니다. 여기에 관련된 동물들은 다 작습니다만 호기심을 일으켜 내 주의를 끄는 것은 여전합니다. 나는 그런 광경을 보고 모든 것을 오묘하게 창조하시고 질서 가운데 통치하시는 당신을 찬양하게 됩니다. 그러나 내가 처음에 이런 광경을 보자마자 당신을 찬양코자 하는 생각을 갖게 된 것은 아닙니다. 내가 넘어졌다가 곧바로 일어난 것은 처음부터 넘어지지 않은 것과 전혀 다릅니다. 나의 생은 이런 것들로 가득 차 있으니 나의 유일한 희망은 오직 하나님 당신의 자비뿐입니다. 내 마음이 이런 것들을 받아들이는 창고가 되어 헛된 것들로 가득 차 눌려 있을 때 우리의 기도는 방해를 받게 됩니다. 우리가 당신의 존전에서 당신의 귀를 향한 마음의 기도를 올릴지라도 그것이 어디서 왔는지 모르는 쓸데없는 생각으로 방해를 받아 중단되기도 합니다.

58. 우리는 이런 일을 그렇게 중요하지 않은 것이라 생각하며 무시해 버리고 지나갈 수 없습니다. 이제 당신이 우리를 변화시키기 시작하였으니 우리가 잘 알고 있는 당신의 자비 외에는 다른 소망이 없습니다. 당신이 이미 나를 얼마나 변화시켜 주셨는지 당신은 잘 알고 계십니다. 당신은 먼저 내 자신을 변명하려는 내 주장의 병을 고쳐주시고, 그 후에야 내 모든 죄악을 사하시고, 내 모든 병을 고치시며 내 생명을 파멸에서 구속하시고, 인자와 긍휼로 관을 씌우시며, 좋은 것으로 내 소원을 만족케 하셨습니다(시 103:3-5). 당신은 나에게 당신을 두려워하는 마음을 주사 내 교만을 꺾으시고 내 목을 길들여 당신의 멍에를 메도록 하셨습니다. 지금 내가 그 멍에를 메고 있는데 이 멍에는 쉽고 가볍습니다(마 11:30). 그것은 당신이 그렇게 약속하셨고 또한 그렇게 되도록 역사하셨기 때문입니다. 진실로 그 멍에가 가벼웠음에도 나는 그것을 알지 못해 멍에 메기를 두려워했습니다.

59. 오, 주님, 오직 당신만이 참 주이시기 때문에 당신만이 교만치 않고 만물을 통치하십니다. 내가 이제 묻사오니 이 세 번째 유혹이 나에게서 떠나갔습니까? 그렇지 않으면 언젠가 내 생전에 아주 떠나가 버릴 때가 있겠습니까? 그 유혹이란 다른 사람이 나를 두려워하고 사랑해 주기를 바람으로써 어떤 즐거움을 누리려고 하는 욕구입니다. 그러나 그것이 어찌 참 즐거움이 되겠습니까? 그것은 오히려 비참한 생이요 추잡한 허식밖에 안 됩니다. 바로 이런 이유 때문에 사람들은 당신을 순수하게 사랑하거나 두려워하지를 못합니다. 그러므로 당신은 교만한 자를 대적하시고 겸손한 자들에

게 은혜를 주십니다(약 4:6). 또한 당신은 세상의 권력욕에 벼락을 치시고 산의 터를 흔들어 놓으십니다(시 18:7). 그러나 인간 사회에는 직책이 있기 마련이고 사람들이 그 직책 맡은 사람들을 두려워하고 좋아하게 됨은 당연한 일입니다. 하지만 바로 그것 때문에 우리의 참된 행복을 해치는 원수는 우리에게 가까이 와서 "잘했다. 잘했다"라는 칭찬의 덫을 우리 주위에 많이 펴놓습니다. 그러면 우리는 그 칭찬의 말을 좋아서 듣다가 알지 못하는 사이에 그 덫에 걸려들어 당신의 진리에서 즐거움을 찾으려고 하지 않고 사람들의 위선에서 그것을 찾으려고 합니다. 이리하여 우리는 "당신을 위해서"가 아니고 "당신 대신" 사람들이 우리를 두려워하고 사랑해 주기를 좋아합니다. 이러한 방법을 통하여 우리의 원수는 사람들을 자기와 같은 자로 만들어 소유하게 되며 사랑 안에서 연합하게 하기보다는 같이 벌을 받는 도당들이 되게 합니다. 또한 저 원수는 자기의 보좌를 북쪽에(사 14:13-14) 이룩해 놓고 부당하고 왜곡된 방법으로 당신을 모방하면서 춥고 어두운 백성들로 하여금 자기를 섬기도록 만들려고 합니다.

주님, 우리는 당신의 적은 무리들입니다(눅 12:32). 우리를 당신의 것으로 삼으시고 당신의 날개를 펴사 당신의 날개 밑에 피난처를 찾게 하소서. 당신만이 우리의 영광이 되어 주소서. 우리가 사람들로부터 사랑을 받되 당신을 위해서 받게 하시고 우리 안에 당신의 말씀을 두려워하는 마음을 갖게 하소서. 당신이 좋게 여기시지 않으신다면 누가 사람들로부터 칭찬을 받고자 하겠습니까? 당신이 사람을 심판하시면 아무도 그를 변호할 수 없습니다. 당신이 사람을 정죄하시면 아무도 그를 구원할 수 없습니다. 죄인이 자기의 욕구대로 칭찬을 받는 일이 없으며 악을 행하는 자가 축복을 받는 경우가 없습니다(시 10:3). 그러나 사람들은 보통 당신이 어떤 사람에게 주신 재능을 보고 그를 칭찬합니다. 이 경우에 만일 그 사람이 당신에게서 그 선물을 받은 것에 대해 즐거워하기보다 사람들이 칭찬하는 것을 더 즐거워하면 그 사람은 사람들에게서는 칭찬을 받지만 당신에게서는 비난을 받게 될 것입니다. 그럴 때는 그를 칭찬하는 사람들이 칭찬을 받는 사람보다 훨씬 낫습니다. 왜냐하면 전자는 그 사람에게 주신 하나님의 선물을 좋아하지만 후자는 하나님이 주신 것보다 사람들이 자기에게 준 것을 더 좋아하기 때문입니다.

60. 오, 주님, 우리는 매일 매일 이런 유혹으로 공격을 받고 있습니다. 끊임없이 시험을 당하고 있습니다. 우리가 매일 시련을 받고 있는 도가니는 다름 아닌 인간의 혀입니다(잠 27:21). 이에 대해서도 당신은 우리에게 절제를 명하십니다. 당신이 명하신 것을 하게 하시고 당신이 원하시는 것을 명하시옵소서. 내가 이런 일로 인해 얼마나 괴로워하고 눈물을 흘리며 당신께 애원하는지 당신은 아시나이다. 내가 어느 정도 이 질병으로부터 깨끗함을 받았는지 알아내기가 그리 쉽지 않습니다. 그래서 당신은 알고 계시지만 내가 알지 못하고 있는 그 은밀한 죄를 나는 심히 두려워합니다(시 19:12). 나는 다른 종류의 유혹에 대해서는 어느 정도 자신을 알고 제어할 수 있는 능력을 가지고 있습니다. 그러나 이 유혹을 제어할 수 있는 능력은 거의 가지고 있지 않습니다. 다시 말하면 육체의 쾌락을 추구하는 것과 무엇을 알아보려는 헛된 호기심은 내가 그런 유혹들을 의도적으로 피하든가 하여 나 자신이 어느 정도 제어할 수 있음

을 알고 있습니다. 왜냐하면 나는 그때 그것 없이 내가 얼마나 좌절감을 갖게 되는지 스스로 물어볼 수 있기 때문입니다. 인간이 자기의 세 가지의 욕구(제10권 30장 참조) 중 그 하나나 혹은 둘이나 혹은 셋 전부를 만족시키려고 재물을 원할 때도 마찬가지입니다. 그 재물을 가지고 있는 영혼이 그것에서 초연한가 안 한가 알아보기 힘들 때는 일단 그것은 포기해 봄으로써 자신을 시험할 수 있습니다. 그러나 칭찬을 받지 않고도 지낼 수 있는 우리의 능력을 시험해 보려고 할 때 우리가 어떻게 하면 됩니까? 우리가 못된 생활이나 막된 생활을 하여 사람들이 우리를 싫어하도록 해야 합니까? 이렇게 말하고 행동하는 미친 짓이 또 어디에 있겠습니까? 그러나 칭찬은 보통 착한 생활이나 착한 행동에 수반되는 것이기 때문에 칭찬이나 착한 생활을 다 버릴 수는 없습니다. 하지만 무엇이 없어서 내 기분이 상하는지 그렇지 않은지를 알려면 일단 그것이 나에게서 없어져야 할 것입니다.

61. 오, 주님, 그러면 이 칭찬의 유혹에 대하여 내가 당신께 고백하는 것이 무엇입니까? 내가 남에게서 칭찬받는 것도 좋아하지만 그보다는 진리를 더 좋아합니다. 그러므로 누가 내게 "네가 모든 일에 있어서 미친 짓이나 잘못을 저질러도 사람들이 칭찬해 주기를 좋아하겠느냐, 그렇지 않으면 사람들이 비난을 하여도 진리에 확신을 가지고 굳게 서 있기를 좋아하겠느냐?"라고 묻는다면 내가 어떤 편을 택할 것이라는 것은 명백합니다. 그러나 사람들이 내 안에 있는 어떤 좋은 점을 보고 칭찬했다고 해서 내 즐거움이 증가되지 않기를 원합니다. 솔직히 말하면 사람들이 나를 칭찬할 때 내

즐거움이 증가되고 비난할 때 내 즐거움이 감소됩니다. 내가 이러한 나의 비참한 형편에 대하여 슬퍼하고 있을 때 하나의 변명의 구실이 생각났습니다. 그 구실이 얼마나 좋은 것인지는 당신이 아십니다. 나는 그것에 대해 잘 모르겠습니다. 당신은 우리들에게 절제뿐 아니라 정의도 같이 명하셨습니다. 즉 어떤 것에는 사랑을 억제하고 어떤 것에는 사랑을 부여하라는 명령을 하신 것입니다. 그래서 당신은 우리들이 당신을 사랑할 뿐 아니라 우리 이웃도 사랑해야 한다고 명하시는 것입니다. 그 이유 때문에 그런지는 몰라도, 어떤 사람이 문제를 충분히 이해하고 나를 칭찬해 주어서 내 마음이 즐거울 때는 이웃이 가지고 있는 능력과 장래성에 대해서 나는 즐거워합니다. 반면에 이웃이 능력이 없어서 좋은 것을 좋다고 못하거나 더욱이 좋은 것을 비난하게 되면 나는 그의 그릇된 행동에 대해 슬픔을 금치 못합니다. 때로는 이웃이 내가 좋아하지 않는 내 성질을 칭찬하거나 또는 나에게 있어서 썩 좋지 못하고 낮은 층에 속하여 있는 선한 것을 분수에 넘치게 높이 평가하여 칭찬하는 말을 들을 때 나는 슬픔을 금치 못합니다. 그러나 내가 이렇게 느끼는 것은 나를 칭찬해 주는 사람의 평가가 내 자신에 대한 나의 평가와 틀리지 않기를 원해서 그러는지 모릅니다. 내가 그렇게 느끼는 것도 그 사람의 이익을 위해서가 아니고 내 안에 있는 어떤 좋은 것이 다른 사람을 즐겁게 해주면 그것으로 인해 내가 더 즐겁게 될 것이라고 생각하기 때문입니다. 어떤 면에 있어서 내 자신의 자기 평가가 다른 사람에 의해 받아들여지지 않으면 내 자신이 칭찬받지 못한 것과 같습니다. 환언하면, 내가 좋아하지 않는 것을 사람들이 칭찬한다든가 내가 중요하지 않게 여기는 것에 중요한 가치를 부여할 때 사실 그들은 나를 칭찬하는 것이 아닙니다. 그렇다면 이 점에 있어서 나 자신을 잘 모르고 있는 것이 아닙니까?

62. 오, 진리이신 주 하나님, 내가 칭찬을 받아 즐거울 때, 그것은 나 자신이 아니라 나의 이웃을 위해 그렇게 해야 된다는 것을 알고 있습니다. 그러나 사실 내가 그렇게 느끼고 있는지에 대해서는 나 자신도 확실히 모릅니다. 이것에 대해서는 당신이 나보다 나 자신을 더 잘 알고 계십니다. 오, 나의 하나님, 내가 바라오니 나 자신을 나에게 알게 해주시어 나를 위해 기도하는 형제들에게 나의 약점을 고백하게 하소서. 나로 하여금 나 자신을 더 자세히 성찰할 수 있게 하옵소서. 내가 칭찬을 받을 때 정말로 이웃의 이익을 위하여 내 마음이 즐겁다면 왜 내 이웃이 억울하게 욕을 먹을 때는 내가 욕을 먹을 때보다 마음이 덜 흥분합니까? 우리가 똑같이 잘못하여 같이 현장에서 욕을 먹을 때도 왜 나는 이웃이 욕을 먹을 때보다 내 자신이 욕을 먹을 때 더 흥분하는 것입니까? 내가 이것을 잘 모른다고 하겠습니까? 혹시나 아직도 나 자신을 속이고 당신의 면전에서 내 혀와 마음으로 진실을 말하지 않고 있는 것이 아닙니까?(갈 6:3; 요일 1:8) 주님, 이런 거짓을 나에게서 멀리 해주소서. 내 입이 나에게 머리만 번지르르하게 하는 죄인의 기름이 되지 말게 하소서(시 141:5). 나는 가난하고 궁핍한 자입니다. 그러나 나의 결점이 고쳐지고 치료되어 교만한 자의 눈이 보지 못하는 평화에 이르게 될 때까지 내가 나 자신에 대하여 불만을 느끼며 은밀히 신음하면서 당신의 자비를 구하면 나는 점점 더 나아질 것입니다(시 109:22).

63. 사람들이 나에 대해서 하는 말과 그들에게 알려진 나의 행동에는 언제나 위험한 칭찬의 유혹이 함께 따라다닙니다. 그렇기에 칭찬을 좋아하는 자는 자기 개인의 영광을 내세우기 위하여 사방으로 돌아다니면서 거지가 동냥을 구하듯 다른 사람들로부터 칭찬을 구걸합니다. 이렇듯 칭찬받기를 좋아하는 허영의 시험은 내가 속으로 그것을 꾸짖을 때도 나를 시험합니다. 아니, 내가 그것을 꾸짖는다는 그 자체 속에 남에게서 칭찬을 받고자 하는 허영의 유혹이 작용하고 있습니다. 왜냐하면 인간은 자기의 허영을 꾸짖는 일 그 자체에서 자기를 헛되이 자랑하고 있기 때문입니다. 그러므로 이 경우에 인간은 자기를 자랑하는 허영을 실제로 꾸짖는 것이 아닙니다. 왜냐하면 인간은 자기가 자랑하는 것을 결코 경멸하지 않기 때문입니다.

64. 또한 우리 안에는 비슷한 또 다른 유혹에서 발생하는 또 다른 악이 있습니다. 이것은 자기 만족에 도취된 사람들의 허영입니다. 그들은 다른 사람들이 좋아하거나 싫어하는 것에 관심이 없을 뿐 아니라 남을 좋아하려 노력하지도 않습니다. 그러나 그들은 자기 자신들을 좋아함으로써 당신을 심히 노엽게 하는 자들입니다. 여기에서 그들의 잘못은 좋지 않은 것은 좋은 것처럼 즐기는 데 있을 뿐 아니라, 당신께서 주신 좋은 것을 마치 자기들의 것인 것처럼 생각하는 데 있으며, 또한 당신께서 주신 것을 마치 자기들이 받을 만한 공로가 있어서 받은 것처럼 생각하거나 혹은 당신의 은혜로 그것을 받은 줄 알면서도 다른 사람에게 주신 당신의 은혜를 질투하여 그들과 함께 즐길 줄 모르는데 있습니다. 하나님 당신은

이와 같은 모든 위험과 고통 속에서 내 마음이 떨고 있는 것을 보고 계십니다. 내가 이런 것들로 인해 어려움을 당치 않기를 원하기보다는 오히려 당신의 은혜로 고침을 받기 원합니다.

65. 하나님 당신께서 어디인들 나와 동행하지 않으셨던 적이 있습니까? 내가 이 땅에서 볼 수 있는 모든 것들에 대해 당신께 아뢰고 당신의 뜻을 구할 때 당신은 나와 동행하시며 내가 무엇을 원하고 삼가야 할지를 가르쳐 주셨습니다. 나는 외적 감각을 통하여 할 수 있는 한 이 세상을 두루 살펴보고 내 육체의 생명과 내 감각 자체까지도 관찰해 보았습니다. 거기서 나는 내 기억의 깊은 방 속으로 들어가 보았습니다. 그 안에는 넓은 방들이 많이 있었고 그 방들은 놀랍게도 셀 수 없이 많은 것들로 가득 차 있었습니다. 나는 그것들을 보고 깜짝 놀라 서 있었습니다. 왜냐하면 나는 그것들 중 어느 것도 하나님 당신 자신은 아니지만 아니면서도 당신의 도움 없이는 어느 하나도 인식할 수 없음을 알게 되었기 때문입니다. 나는 이 모든 것을 고찰하며 그것들을 가치의 계층에 따라 구별하고 평가해 보려고 노력도 했습니다. 그들 중 어떤 것은 내가 육체의 감각을 통해 보고를 받은 그대로 받아들인 것이었습니다. 어떤 것은 나 자신과 밀접히 관련되어 있어 내가 깊이 고찰해 보았습니다. 나는 또한 나에게 보고해 주는 여러 가지 감각을 살펴보고 식별해 보기도 했습니다. 때로는 내 기억의 넓은 창고에 간직되어 있는 여러 가지 것들을 고찰하며 그 중 어떤 것은 저장해 두고 어떤 것은 꺼내 보기도 했습니다. 그러나 이런 일을 하는 나나 이런 일을 할 수 있는 나의 능력은 진리이신 당신이 아니었습니다. 당신은 다함

이 없는 영원한 빛이시므로 나는 이 모든 것들에 대하여 그들이 사실 존재하는지, 그들의 본질이 무엇인지, 그들의 가치가 무엇인지 당신에게 물어보았습니다. 그때마다 나를 가르치시고 명령하시는 당신의 말씀을 나는 들었습니다. 나는 자주 이렇게 모든 것을 살피며 당신께 여쭈어보는 것에서 하나의 기쁨을 느낍니다. 그러므로 나의 일과 중에 쉴 수 있을 때마다 이와 같은 기쁨을 찾습니다.

그러나 내가 이렇게 하나님 당신께 자문을 구하여 살피고 있는 이 모든 것들에는 내 영혼이 안전히 쉴 장소가 없습니다. 오직 당신 안에만 내 영혼이 쉴 수 있는 장소가 있습니다. 그러므로 당신 안에서 흩어진 내 자신을 하나 되게 모아 주시고 나의 어떤 지체도 당신을 떠나지 못하게 하옵소서. 때로는 당신이 내 안에 역사하셔서, 나로 하여금 평상시와 다른 경험, 즉 말로 다할 수 없는 단맛을 맛보게 하십니다. 그러한 경험이 내게서 완성 된다면 그것은 이 세상에서 경험할 수 있는 것이 아닐 것입니다. 그러나 나는 자신의 비참한 무게에 눌려 평상시의 일에 다시 떨어져 내려와 나의 옛 습관에 사로잡히게 됩니다. 내가 그것에서 벗어나려고 그렇게 슬피 울어도 나는 여전히 그것에 붙잡혀 있습니다. 이럴 정도로 습관의 힘은 나를 억누르고 있습니다. 나는 여기에 머무를 수 있지만 이것에 안주하고 싶지는 않습니다. 달콤한 맛을 맛보는 그곳에 내가 머물러 있고 싶습니다. 하지만 그렇게 할 수 없습니다. 그러니 나는 가련한 존재일 뿐입니다.

66. 따라서 나는 내 죄의 질병을 세 가지의 정욕에 비추어 생각해 보고 당신의 오른손이 나를 구해주시기를 부르짖었습니다. 내가

상한 마음으로 당신의 광채를 보지만 눈이 부시어 당신을 보지 못하고 엎드려졌습니다. 그때 나는 소리 지르면서 "누가 저기로 올라갈 수 있습니까? 나는 주의 목전에서 끊어졌다"(시 31:22)고 외쳤습니다. 오직 당신만이 모든 것을 다스리시는 진리 자체이십니다. 나는 욕심 때문에 진리이신 당신을 잃고 싶지 않았습니다. 그러나 동시에 나는 거짓도 놓고 싶지 않았으며 당신과 거짓을 동시에 소유하고 싶었습니다. 그것은 진리를 알고 있기에 거짓말을 하는 것과 같은 것입니다. 그리하여 나는 당신을 잃어버리고 말았습니다. 왜냐하면 당신은 거짓과 함께 거하실 수가 없는 분이시기 때문입니다.

67. 그러면 어디에서 나를 당신께 화해시킬 분을 찾을 수 있겠습니까? 하늘의 천사들에게 부탁을 해야 합니까? 무슨 기도를 올려야 합니까? 어떤 종교의식을 행해야 합니까? 내가 듣기로는 많은 사람들이 당신께 돌아가려고 하였으나 자기들의 힘으로는 할 수가 없어 이런 방법을 시도해 보았다고 했습니다. 그러나 그 결과는 그들이 이상한 환상이나 보기 바라는 정신 빠진 자들로 전락되어 버렸다는 것입니다. 그들은 스스로 높다 하여 가슴을 치기보다는 앞가슴을 내밀며 학문의 교만에서 당신을 찾으려 했던 것입니다. 그러다가 그들은 교만의 동역자요 공모자인 공중 권세잡은 자(엡 2:2)를 자기들에게로 끌어들였습니다. 그들은 중보자를 찾았지만 그를 찾지 못하고 오히려 권세 잡은 자에게 속기만 했습니다. 그들이 찾은 것은 중보자가 아니고 광명한 천사로 가장한 사탄이었던 것입니다(고후 11:14). 그 사탄은 육체가 없었으므로 그들의 교만의 육체를 더 유인했던 것입니다. 화해를 필요로 하는 그들은 죽을

수밖에 없는 죄인들입니다만, 주여, 화해를 하시는 당신은 불멸하시고 죄가 없으십니다. 그러므로 하나님과 인간을 화해시킬 중보자는 하나님과 같아야 하고 동시에 인간과도 같아야 합니다. 만일 그렇지 않고 그 분이 인간과 같기만 하다면 하나님에게서 너무 멀고 하나님과 같기만 하다면 인간에게서 너무 멀어 중보자가 될 수 없습니다. 그러나 저 거짓 중보자인 사탄은 인간과 한 가지 공통점을 가지고 있습니다. 그것은 그 역시 다름 아닌 죄이라는 사실입니다. 당신의 은밀한 심판은 인간의 교만이 그 사탄에 의하여 미혹되게 하십니다. 그런데 그 사탄은 죽을 수밖에 없는 육체를 입고 있지 않다고 해서 마치 하나님과 같은 불멸의 본성을 가지고 있는 것처럼 보이려 합니다. 그러나 죄 값은 사망(롬 6:23)이라는 점에서 그는 인간과 공통점을 가지고 있으니 그 역시 인간과 함께 죽음을 피할 수 없도록 운명 지어져 있습니다.

68. 그러나 하나님 당신은 은밀한 자비를 통해 우리에게 참된 중보자를 보여 주셨습니다. 당신은 그를 보내어 인간으로 하여금 그의 겸손을 통해 겸손을 배우도록 하셨습니다. 그는 인간과 하나님을 화해케 하시는 중보자 예수 그리스도로서 죽을 수밖에 없는 죄인들과 불멸하시고 의로우신 하나님 사이에 나타나셨습니다(딤전 2:5). 그는 인간과 같이 죽을 수 있지만 하나님과 같이 의로우신 분이십니다. 따라서 의로우심의 삯은 바로 생명이요, 평화이므로 그는 의를 통하여 하나님과 하나가 되어 인간들의 죽음을 친히 전담함으로써 의롭게 된 죄인들의 죽음을 없이해주셨습니다. 그는 옛날 성도들에게 나타나서 우리가 지금 오래 전에 일어난 그의 고난

을 믿음으로 구원 얻을 수 있도록 역사하셨습니다. 그가 인간에 있어서는 중보자이시십니다. 그러나 말씀으로는 하나님과 인간 사이의 중간적 존재가 아니십니다. 왜냐하면 그는 하나님과 동등하시고 하나님과 함께 계시며 하나님과 하나이신 분이시기 때문입니다.

69. 선하신 하나님 아버지시여, 당신께서 우리를 얼마나 사랑하셨는지요?[3] 당신은 우리를 사랑하사 당신의 독생자를 아끼지 않으시고 죄인인 우리를 위하여 십자가에 죽게 하셨습니다(롬 8:32). 하나님 당신은 우리를 사랑하사 당신의 독생자가 당신과 동등 됨을 취하지 않게 하시고 죽기까지 복종케 하셨으니 곧 십자가 위에서 죽으시기까지 하게 하셨습니다(빌 2:6). 오직 그분만이 죽은 자들 가운데서 자유로우시고, 그분만이 자기 생명을 버릴 권세도 있고 다시 얻을 권세도 있어서 우리를 위하여 당신 면전에서 승리자도 되시고 희생제물도 됩니다. 즉, 그가 희생제물이 되셨기 때문에 승리자가 되셨던 것입니다. 그는 우리를 위하여 당신 앞에서 제사장과 제물이 되셨습니다. 즉 제물이 되셨기에 제사장이 되신 것입니다. 그는 당신에게서 나시었으나 우리를 섬김으로써 우리를 종으로부터 자녀들로 만들어 주셨습니다. 바로 그에게 나의 소망을 거는 것은 하나님 당신께서 우리의 모든 연약을 고쳐 주시고(시 103:3) 하나님 우편에 계셔서 우리를 위하여 간구하시는 자이시기 때문입니다(롬 8:34). 만일 그렇지 않다면 우리는 아주 절망할 수밖에 없

---

[3] "띠끌 같은 인간을 만드시고 그 생명을 취하시며 당신의 피조물을 위하여 독생자를 죽게 하셨으니, 그가 얼마나 우리를 사랑하시는지요. 누가 이것을 말할 수 있겠습니까? 더욱이 누가 이것을 생각하기에 합당한 자가 되겠습니까?"

었을 것입니다. 나의 질병은 많고도 심각합니다. 그러나 당신의 치료책은 나의 질병보다 강합니다. 당신의 말씀이 육신이 되어 우리 가운데 거하시지 않으셨다면, 우리는 당신의 말씀이 인간에게서 멀리 떨어져 있다고 생각하고 절망했을 것입니다(요 1:12).

70. 나는 내 죄악과 비참의 무게로 놀라고 괴로워 광야로 도망칠까 하는 생각도 해보았습니다(시 55:7). 그러나 당신은 이러한 나의 생각을 금하시고 나를 위로하시면서 저가 모든 사람을 대신하여 죽으심은 산 자들로 하여금 다시는 저희 자신을 위하여 살지 않고 오직 저희를 대신하여 죽었다가 다시 사신 자를 위하여 살게 하려 함이니라고 말씀하셨습니다(고후 5:15). 오, 주님, 이제부터는 내가 살기 위해 내 모든 근심을 당신께 맡기고 당신의 법의 기이한 것을 상고하겠나이다(시 55:22). 당신은 나의 무지와 병을 아시오니 나를 가르치시고 치료해 주옵소서. 그 안에 지혜와 지식의 모든 보화가 감추어 있는 당신의 독생자가 이제 그의 피로 나를 속량해 주셨나이다. 이제는 교만한 자가 나를 비방하지 못하게 하소서(시 119:122). 그것은 내가 항상 나를 속량하신 그 값을 생각하며 그것을 먹고 마시고 다른 사람들에게 나누어 주기 때문입니다. 그리고 가난한 자로서 그것을 먹고 배부른 자들 중에서 나도 먹고 배부르기 원합니다. 무릇 주를 찾는 자들은 그를 찬송할지어다(시 119:18; 골 2:3; 시 119:122; 22:26).

생각해보기

1. 제1권에서 어거스틴은 처음 다섯 장에 걸쳐 일련의 질문을 던진다. 그것들을 신중하게 살펴보고 이 질문들이 과거에 여러분이 했던 질문인지 생각해 보라. 어거스틴은 어떤 결론에 도달했는가?

2. 제2권에서 어거스틴은 많은 비유와 직유를 사용하여 자신의 죄와 청소년 시절 허비했던 자신의 삶을 생생하고도 솔직하게 묘사하고 있다. 읽어가면서 그것들이 무엇인지 기록해보라. 그러한 언어들은 실용적 원리가 할 수 없는 메시지를 철저하게 적용하는데 어떠한 도움을 주는가?

3. 제4권에서 어거스틴은 자신의 친한 친구의 죽음의 슬픔에 대해 통렬하게 쓰고 있다. 친구를 잃어버린 이 사건은 그에게 어떤 영향을 끼쳤는가? 그는 이것을 어떻게 견디어 냈고 우리 삶에 있어서 애정과 슬픔의 역할 그리고 우리가 사랑하는 사람과 하나님을 향한 우리 사랑 사이의 관계에 대한 결론은 무엇인가?

4. 어거스틴의 회심 체험은 제8권 12장에 기록되어 있다. 그것을 신중히 읽고 자신의 변화에 대해 어거스틴이 어떤 표현을 하고 있는지 주목하라. 이 회심의 순간까지의 이끌었던 모든 과정을 살펴보라. 어거스틴으로 하여금 궁극적으로 하나님께 복종하게 만든 사람들과 독서 그리고 경험들은 무엇인가? 이것은 개인의 삶에 역사하시는 하나님의 사역에 대해 무엇을 교훈하는가?

5. 어거스틴의 『고백록』은 어거스틴 자신이 제10권에서 다루고 있는 기억의 산물이라 할 수 있다. 그의 삶과 하나님께로 오게 된 과정에 관한 이 오랜 기록에 대한 어거스틴의 동기는 무엇인가? 이것이 오늘날의 현대 기독교 전기와는 어떤 차이가 있는가?

R. A. 토레이 지음/ 류근상 옮김/ 신국변형판/ 168면/ 5,000원/ 크리스챤출판사

본서는 미국 무디출판사에 "Moody Classics" 시리즈로 현대인에 맞게 최근에 출판된 책이다. R. A. 토레이의 이 "기도에 관한 작은 책"은 솔직하면서도 매력적이다. 토레이는 영적인 기도, 그리스도 안에 거하는 것, 기도의 장애물들, 기도하기에 가장 좋은 시간, 기도를 통한 부흥의 추구 등과 같은 '인생을 변화시키는 기도'의 핵심요소들을 간결하게 잘 다루고 있다. 토레이는 또한 살아있는 영으로 하나님과 대화하기 위한 실제적인 방법에 대해서도 약술하고 있다. 이 책은 평신도를 비롯한 모든 크리스챤들에게 영적 활력을 불러일으킬 것이다.

앤드류 머레이 지음/ 류근상 옮김/ 신국변형판/ 144면/ 5.000원/ 크리스챤출판사

본서는 미국 무디출판사에 "Moody Classics" 시리즈로 현대인에 맞게 최근에 출판된 책이다. 앤드류 머레이는 이토록 평이한 설교와 글로 당대의 젊은이들과 소외된 자들에게 다가갈 수 있었다. 그리고 주님 안에 온전히 거했던 그의 삶처럼, 이 시대에도 그리스도의 말씀들은 뚜렷하게 다가온다. 이 간결한 작품은 누구나 하나님의 말씀을 명쾌히 알도록 하기 위해 저술되었다. 이 작은 묵상집을 통해 수많은 사람들이 은혜를 받았듯이 이 책을 통해 주님을 만나고 그분의 세미한 음성을 듣게 될 것이다.

G. I. 윌리암슨 지음/ 나용화 & 류근상 옮김/ 신국판/ 560면/ 16,000원/ 크리스챤출판사

본서는 오랫동안 사용해 오던 제1판의 내용을 추가하고 수정하고 보완해서 나온 제2판이다. 본서는 기독교의 성경교리를 가장 체계적으로 조직화해 놓은 책으로 교리와 신앙생활에 관한 성경적 가르침에 대한 탁월한 신앙교육서이다. 각 장의 서술들은 개혁주의 교리의 요점을 설명해 놓았으며, 부가된 질문들은 많은 사상들과 여러 가지 논의들을 하게 될 것이다. 본서는 이미 그 가치를 입증 받았으며, 신앙교육서로서 개인과 교회들에게 지속적으로 사랑을 받게 될 것이다.

J.G. 보스 & G.I. 윌리암슨 지음/ 류근상 & 신호섭 옮김/ 신국판/ 744면/ 15.000원/ 크리스챤출판사

역사적으로 교회는 성경이 가르치고 믿는 바를 신조를 통해 요약해왔다. 그 유명한 웨스트민스터 표준문서들(신앙고백서, 대요리문답, 소요리문답)이 바로 그것이다. 대요리문답은 성경의 중요한 교리들을 요약해서 신자의 믿음을 증진시킬 뿐만 아니라 오류를 바로잡고 이단의 공격에 맞서 진리를 수호하는 중대한 역할을 해 왔다. 본서는 우리가 믿는 신앙의 여러 항목(articles)들에 관한 성경적 진리의 조직적 진술을 묻고 답함으로 이루어지는 교리교육이라 할 수 있다. 성경의 교훈들을 요약해 주고, 성경의 올바른 이해에 도움을 주며, 거짓된 교훈과 생활을 막아주는데 있어서 공적 표준으로서의 방패가 된다.